이별 후의 삶

Original title: Wenn wir uns Trennen, lernen wir uns Kennen.
Ein Beziehungsbuch
by Sabrina Fox
© 2019 by Wilhelm Goldmann Verlag,
a division of Verlagsgruppe Random House GmbH, München, Germany.

Korean Translation Copyright © 2023 by Ulysses Publishing Co.
Korean edition is published by arrangement with Verlagsgruppe Random House GmbH through BC Agency, Seoul.

이 책의 한국어판 저작권은 BC 에이전시를 통해 저작권자와 독점 계약한 율리시즈에 있습니다.
저작권법에 의해 국내에서 보호를 받는 저작물이므로 무단 전재와 복제를 금합니다.

이별의 상처를 극복하고
홀로 서기 위한 치유가이드

이별
후의
삶

사브리나 폭스 지음
김지유 옮김

율리시즈

- 이별하는 중, 그런데 이별의 아픔을 어찌 감당해야 할지 모르겠다
- 내 안의 분노를 어떻게 다루어야 할까
- 결혼, 관계, 우정이 끝나버렸다
- 사랑하는 이가 세상을 떠났다
- 인간관계에서 받은 상처와 오래된 습관을 이젠 끝내고 싶다
- 끝난 관계 때문에 마음이 무너진다
- 다시 시작된 사랑에서는 과거의 '실수'를 되풀이하고 싶지 않다
- 친구에게 도움이 되고 싶다
- 내면의 성장을 이루고 싶다
- 새로운 가족을 이루었지만 어떻게 행동해야 할지 잘 모르겠다
- 부적절한 관계를 맺고 있거나 맺은 적이 있다. 그런 상황에 어떻게 대처해야 하는지, 여전히 서툴다
- 부모님이나 가족의 요구가 지나친데, 건강한 방법으로 선을 그으려면 어떻게?
- 친구관계에 문제가 있지만 어떻게 해결해야 할지 모르겠다
  등등

목차

서문

     '이별'이라는 단어를 들으면 작별, 슬픔, 실패가 떠오릅니다. 하지만 이별은 새로운 시작이기도 하죠. 어렸을 때 유치가 빠지고 영구치가 나고, 학교를 졸업하고, 나쁜 습관을 고치면서 성장했듯, 이별 없이는 성장도 없어요. 꼭 익숙하고 오래된 것을 지켜나가는 것만이 삶은 아니니까요.

    이 책을 통해 이별을 기회로 보는 새로운 시각을 얻게 되기를 기대합니다. 살다 보면 가끔 막다른 골목에 내몰린 것처럼 암담할 때가 있지요. 이런 상황과 마주했을 때 나 자신에 대해 알아가려는 마음의 준비가 잘 되어 있다면, 분명하게 행동할 수 있어요.

    이별은 돌이킬 수 없는 일이 아닙니다. 하지만 그러려면 두 사람 모두 자기 '마음의 숙제'를 해결하고, 각자에게 진정한 행복이 무엇인지를 알고, 두려움을 극복한 상태여야 하지요.

    자기 자신을 알려면 우선 스스로에게 관심을 갖고 탐구해야 합니다. 그런데 이건 사실 생각만큼 간단하지 않아요. 이리저리 뻗어 나온 생각의 가지가 마음을 혼란스럽게 하거든요. 가끔은 어떤 생각에 빠져들기도 하고, 온갖 생각이 뒤섞이며 마음을 어지럽히기도 합니다. 그래서 이 책을 통해 여러분이 관계를 비롯해 우정이나 가족 등 삶에서 중요한 것을 마음속에 담아낼 여유를 되찾도록 조금 돌아가는 길을 제시해보려고 합니다.

지금까지는 책을 쓸 때 보통 장과 섹션으로 나누는 구성을 사용했지만 이 책은 좀 다르게 쓰고 싶었습니다. 책을 쓰는 과정에서 특히 강조해서 보여주고 싶은 중요한 문장들이 마음속에 남았거든요. 그래서 이전에 쓴 책들과는 달리 조금 자유로운 구성으로 만들어봤습니다. 쉽게 말하면 나무 같은 구조인데, 나무의 줄기처럼 핵심인 주제가 있고, 여기서 작은 곁가지가 멀리 뻗어 나왔다가 다시 줄기로 돌아오는 구조로 생각하면 되겠습니다.

어쩌다 보니 마치 연습문제집 같은 느낌이네요. 읽으면 내용을 이해할 수 있지만, 실천하면 자기 것으로 만들 수 있답니다. 그러니 여러분도 이 책의 내용을 직접 실천해보시길 바랍니다.

연습문제집 같은 책이 되면서 자연히 어투에 대한 고민도 깊어졌습니다. 몇 년간 독자 여러분을 만나면서 함께 많은 일을 경험했어요. 자연히 어투도 좀 더 편안해졌고요. 서로 편해진 것에 어느새 익숙해진 느낌이 당연한 듯싶다가도, 가끔은 새삼 신기하고 놀라울 때가 있어요.

처음에는 이 책도 제 다른 책들처럼 문어체로 썼습니다. 그렇게 하는 것이 존경을 표현할 수 있는 방법이라고 생각했거든요. 하지만 심사숙고한 결과 온라인 강의를 비롯해 여러분과 함께하는 워크숍에서도 서로 친근하고 편안한 말투로 이야기하자는 데 의견이 모아졌습니다.

하지만 책에서 그래도 되는 건지는 잘 모르겠더라고요. 고민 끝에 SNS 계정에 '문어체로 할까요? 아니면 구어체?'라는 질문을 던졌습니다. 개인적으로 좋아하는 방식이기도 해서요. 투표 결과 90퍼센트의 독자가 구어체를 선호해서 이번에는 구어체를 썼습니다. 이 점 양해를 부탁드립니다.

이해를 돕기 위해 많은 사례를 인용했어요. 이름이나 개인정보는 바꿔서 썼지만, 모두 워크숍이나 감정 코칭을 통해 알게 된 분이나 제 지인들의 실제 사례입니다.

이런 사례들을 통해 이별 전, 이별하는 도중, 이별 후의 시간을 살펴볼 거예요. 또 관계를 시작할 때, 또는 관계를 쌓아가는 과정에서 어떤 선택을 하는지, 왜 그랬는지 이유도 알아보겠습니다. 그러면 관계를 좀 더 깊이 이해할 수 있겠지요.

또한 아이가 있는 부부, 아이가 없는 부부의 이혼, 우정, 원가족, 죽음 등 여러 사례를 통해 다양한 관계를 알아볼 참입니다. 특히 부모가 이혼할 때 아이들이 어떤 마음인지를 중점적으로 다루었습니다. 이별할 때는 참 많은 일이 일어나는데 이는 특히 아이들에게 힘든 일이죠. 그런데 사실 이별은 그렇게 힘들 필요가 없기도 합니다. 부모가 어떻게 대처하는지에 따라, 아이들에게 힘들고 슬프지만은 않을 수도 있답니다.

누구에게나 관계를 맺을 권리와 이별할 권리가 있습니다. 그 사실을 아는 것만으로도 많은 것(사랑, 우정, 퇴사)이 수월해지지 않나요?

이별은 실수도 실패도 아닙니다. 그저 삶의 일부입니다. 하지만 이별을 어떻게 다룰지는 스스로 결정하는 것입니다.

자기 자신과 문제를 더 민감하게 의식하고 깨어 있을수록 삶은 더 나아집니다. 진심으로 이 책이 여러분께 도움이 되길 바랍니다. 우리는 잘못한 게 아니라 단지 결정을 내렸을 뿐이니까요.

진심을 담아,
사브리나 폭스 드림
2019년 6월, 뮌헨

들어가며

이 책은 영성적인 부분에 기반을 두고 관계와 이별을 탐구합니다. 그래서 시작하기에 앞서 몇 가지 개념을 분명히 짚고 넘어가려고 합니다. 다른 책에서도 그랬지만 이 책에서도 실제로 제 경험과 그 과정에서 깨달은 것들을 전해드릴 겁니다. 누구나 그렇듯 저도 경험을 통해 입장을 확실히 하고, 또 깨달음을 얻곤 하거든요.

저는 제가 영혼을 소유한 것이 아니라, 영혼이 저를 소유한다고 생각합니다. 그리고 영혼이 삶을 통해 경험을 얻을 수 있도록 저, 사브리나라는 인격과 육체를 만들어낸 것이라고요. 저는 환생을 믿습니다. 삶의 다양한 측면을 경험하면서 서로를 더 깊이 이해하기 위해 다시 태어나는 거라고 생각하지요.

마치 영화감독이 작품 전체를 세세한 부분까지 꿰뚫고 있듯이, 영혼도 현재 내 삶 전체를 낱낱이 이해하고 있습니다.

영혼과 정신은 서로 다릅니다. '영혼'이란 마음속 민감한 부분을 표현할 때 자주 사용되는 단어지만 그런 식으로 설명되어선 안 된다고 생각합니다. 영혼은 아픔을 느끼지 않습니다. 아픔을 느끼기 위해서는 감정이 필요한데, 감정은 영혼이 아닌 인격의 한 측면이거든요. 영혼은 그저 존재할 뿐이죠. 영혼은 기본적으로 사랑과 호의로 충만한 상태입니다. 반면 인격은 자신의 현재 상태, 성장, 만족감을 표현하는 수단으로 감정을 필요로 하죠.

이해를 돕기 위해 사과나무를 예로 들겠습니다. 사과나무에 꽃이 펴서 지고 나면 열매가 열립니다. 나무는 열매를 잘 알고 있어요. 꽃이 사과 열매로 성장한다는 것을 알고, 폭풍이 오면 열매가 떨어질 수도, 열매가 땅에 떨어져 거름이 될 수 있음을 알죠. 사람들이 열매를 먹고 영양분을 섭취한다는 것도 압니다. 나무는 '그 상태로 존재' 합니다. 열매가 열리지 않았을 때도 사과나무는 사과나무인 것이죠.

사람은 저마다 재능과 소질과 선호하는 것이 있습니다. 씨앗에서 꽃이 피어나듯 우리에게도 내면의 씨앗을 틔워 꽃을 피우는 근원이 있습니다. 씨앗은 우리와 닮았어요. 씨앗에 내재된 꽃을 피우기 위해서는 물, 빛, 토양, 사랑을 담은 보살핌 같은 것들이 필요합니다. 물, 신선한 토양, 충분한 빛, 사랑을 담은 눈길과 보살핌을 주지 않으면 식물은 말라갑니다. 사람도 마찬가지여서 내면의 씨앗이 꽃을 피워내도록 계속 돌봐야 합니다. 이렇듯 우리의 성장은 스스로 만들어 가는 것입니다.

성장이란 참 흥미롭습니다. 인간이 젖먹이에서 어린이, 십대, 성인 이라는 과정을 거쳐 성장하는 것은 누구나 잘 압니다. 그리고 성인 이 되면 성장이 끝났다고 생각하는 사람들도 많지요.

하지만 성인이 되는 스무 살은 인간의 삶 전체에서 보면 4분의 1 이나 5분의 1인 지점에 불과합니다. 그러니 성인이 된 이후 육체와 작별하는 시간까지는 정신적 성장을 이루게 됩니다. 이와 관련해 몇 가지 생각해볼 문제가 있어요. '내 안의 가능성은 외부의 영향을 받을까?', '감정, 목표, 갈망, 걱정 때문에 조급한가?', '현재가 아닌 과거나 미래에 집중하고 있는가?' 등이 그렇습니다.

또 다른 질문도 있습니다. '나는 정말 자신을 사랑하는가?', '나의 직감을 믿는가?', '나에게 이로운 것이 무엇인지 알고 있나?', '주변 사람들에게 나를 맞추는 편인가?', '현실을 직시하는가?', '예상치 못한 일이 일어나도 침착한가?', '삶이 주는 기쁨을 즐기고 있는가?' 등입니다.

우리 내면에는 항상 정신적으로 깨어 있으며 만족스러운 삶을 영위하고 싶은 열망이 있습니다. 내게 일어나는 일은 모두 나의 성장에 나름의 의미가 있어요. 내가 경험한 일과 그것에 대한 나의 반응을 관찰해보면 어떤 부분에서 성장했고 어떤 부분에서 아직 부족한지를 알 수 있죠.

영혼의 눈으로 바라본 세상에는 실수라는 단어가 없습니다. 이런 세상에서는 모든 것이 하나의 경험이고, 누구나 자기 경험과 지식에 따라 최선을 다해 삶을 살아냅니다.

반면 인격의 눈으로만 보면 세상은 우연, 행운, 불운, 옳고 그름, 바보 같은 사람들로 가득 차 있을 뿐이죠.

인간관계 안에서 자기 자신을 잃어버렸다면

이별만이 나를 되찾는 유일한 길입니다.

이별, 끝날 때까지는
끝난 게 아니다

이별을 할 때 사람들은 대부분 복잡한 감정을 느낍니다. 놀라운 일은 아니지요. 슬프고, 걱정하고, 상처입고, 화를 내고, 외로워하고, 겁먹고, 망가지고, 복수심에 불타고, 상실감을 느끼고, 충격받고, 항거불능에, 무력해졌다가, 죄책감을 느끼거나 그것에서 벗어나고, 안도하고, 자유를 느끼다, 결국 다시 행복해지곤 하니까요. 이별할 때의 이런 기분은 폭풍처럼 휘몰아치는 감정이 다가오고 있다는 암시이기도 합니다.

　이별하는 우리에게 필요한 것은
- 폭풍우가 다가오는 시간
- 상처가 낫는 시간
- 슬퍼하는 시간
- 새롭게 시작할 시간
- 관련된 모든 사람들이 이 모든 것을 '소화'하고 새로운 상황에

적응할 여유를 가질 시간입니다.

사실 이별하면서 겪는 것을 객관적으로 바라보기란 쉬운 일이 아니에요. 이별하는 순간에는 감정 변화에 부대끼고 지쳐 갈피를 잡지 못합니다. 조언해주는 사람이야 넘쳐나지만 그 조언이 서로 모순될 때도 많고, 상황을 진정시킨다기보다는 오히려 더 악화시킬 때도 있고요. 복수를 다짐하다 그냥 다시 안정을 찾으려 해도 방법을 모릅니다. 결국에는 이 모든 것이 어서 지나가기를, 그리고 누군가 내 마음을 편하게 해주거나 혹은 진짜 복수(또는 파괴)할 수 있게 모든 것을 해결할 조언을 해줬으면 싶죠.

누구나 관계를 매듭지으려 노력한 적이 있을 겁니다. '매듭'지어야 할 그 끈이 사슬이든, 밧줄이든, 노끈이든, 이제 더 이상 쓸 수 없는 끈입니다. 그럼 이 끈을 버리실 건가요, 아니면 풀어나갈 건가요? 가위로 잘라버리면 바로 끝나니 쉽고 간단하겠죠. 그런데 말이죠, 매듭을 풀어나가면 자르는 것보다 훨씬 복잡하고 오래 걸리겠지만 만족감은 훨씬 더 클 거예요.

이렇게 매듭을 풀듯 관계를 정리하다 보면 상황이 왜 그렇게 되었는지 분명히 알게 되는데, 그 이유를 안다는 건 분명 도움이 됩니다. 지금 이별하고 있는 관계는 이제 끝이 나겠지만, 앞으로는 새로운 관계를 맺으며 살아갈 테니까요. 그리고 다음 관계는 좀 더 깨어 있는 관계가 되기를 바랄 테고요.

관계라는 매듭을 풀기 위해서는 우선 매듭을 관찰해야 합니다. "아, 여기 고리가 있네. 여기는 꼭 풀어야겠다. 이 부분은 돌아가야겠구나⋯⋯." 이런 식으로 꽁꽁 묶인 매듭을 살펴보는 것이죠. 그 과정이 쉽지 않아 좌절할 때도 있을 거예요. "못 푸는 거 아냐? 왜 이렇게 묶어놓은 거지? 누가 이렇게 해놓은 거야?"라며 단단히 묶인 매듭을 그냥 쓰레기통에 내던지고 싶을 때도 있겠죠. 그럴 때면 잠시 쉬면서 마음을 가라앉히세요. 신선한 공기를 마시면서 마음을 가다듬는 겁니다. 그리고 나서 다시 차분하게 인내심을 갖고 풀다 보면 어느새 매듭은 풀려 있을 거예요.

꼬인 관계 역시 꼬인 매듭을 푸는 것처럼 시간이 걸리게 마련입니다. 관계를 풀기 위한 건강한 해결책을 찾으려면 내가 처한 상황을 얼마간 거리를 두고 객관적으로 바라봐야 해요.

우리는 관계가 끝나고 나면, 둘이 함께 맞을 수 있었을 미래를 생각하며 슬퍼합니다. 어쩌면 그 관계에 엄청난 시간과 노력을 들였을 수도 있고요. 함께 아이를 낳았거나 파트너의 아이를 함께 키우고, 집을 사거나 살림을 꾸렸을 수도 있고, 익숙한 환경을 떠났을 수도, 직업을 포기했을 수도, 함께하기 위해 어떻게든 서로 맞춰나갔을 수도 있죠. 내 잘못으로 함께할 미래가 사라졌다거나, 상대에게 너무 많은, 또는 너무 적은 요구를 해서 관계가 끝난 거라는 죄책감에 사로잡히기도 합니다. 새로운 사랑을 찾은 경우도 있을 테고, 상대의 죽음으로 인한 충격에서 벗어나지 못하는 경우도 있겠죠.

물론 이것은 연인관계에만 국한되는 것이 아니라 친구, 동료, 주변 사람 등 모든 관계에 적용될 수 있어요. 이런 관계도 오랜 시간과 사랑과 관심으로 가꾸어온 것이니까요. 그중에는 어린 시절부터 이어온 관계도 있을 테고요. 함께 많은 것을 경험했고 서로의 편에 서서 도움을 주었을 것입니다. 주변 사람들과 어울려 함께 많은 일을 했을 수도 있지요.

이런 생각을 하다 보면 한때는 함께 미래를 결정했는데, 이제는 더 이상 그러지 못한다는 것을 새삼 깨닫습니다. 그러면 지금 내가 함께한 이를 떠나고 있다는 사실을 비로소 실감하지요.

폭풍 같던 이별을 겪으면서도 어쨌든 결정을 내립니다. 그런데 몇 주, 혹은 몇 달 후 상황이 진정된 뒤에 그때 내렸던 결정을 돌아보면 참 비현실적이라고 느껴질 때가 있어요. 아니면 너무 격한 심정에 적절하지 못한 말을 퍼부었던 것이 아닌가 싶기도 하고요.

가끔은 당장 그 자리에서 결정해야 할 때도 있습니다. 이럴 때는 결정을 내리는 것만으로도 상황이 한결 나아지죠. "이 상황에서 우리 가족이 어떻게 해야 할지 아직 결정하지 못했지만, 앞으로 4주 동안 고민해보고 결정하겠습니다"라거나 "우리 서로 관심사가 달라지고 있는 것 같네요. 지금 내 안에서 무슨 일이 일어나고 있는지 한 걸음 물러서서 객관적으로 생각해볼 때인 것 같아요"처럼 유보적인 결정을 내릴 수도 있습니다.

일단 이 정도면 충분해요. 아시다시피 어떤 식이든 결정한 뒤에야 그 상황이 옳은지 아닌지를 알게 되기도 하니까요. 이런 경우에는 정말 시간이 약입니다.

그런가 하면 불확실한 상황을 정리하고 미련 없이 돌아서기 위해 바로 결정해 끝내려는 사람도 있습니다. 하지만 변화에는 시간이 필요한 법입니다. 변화란 하나의 과정이기 때문에 기간을 단축하는 것이 별 효과가 없고, 때로는 줄이는 것 자체가 불가능할 때도 있어요. 사춘기 시기를 마음대로 줄일 수 없었던 것처럼, 이별하는 과정도 줄일 수 없습니다. 변화란, 자연스럽게 끝날 때까지는 끝나지 않는 과정이랍니다.

빠른 해결책보단 내면의 과정을 따르기

내면의 과정을 찾는 것은 신중히 접근해야 하는 일이에요. 그래서 이 과정에서 충분히 시간을 들여 자기 자신을 알아가고, 깊게 생각해보고, 느끼고, 소통해야 합니다. 이 과정이 길고 심오할수록 더 많이 성장할 수 있거든요. 이별이라는 긴 과정에서 지쳐갈 때 이 시간은 분명 큰 위로가 될 거예요. 장기적 관점에서 봐도 분명히 유익한 시간이고요.

이별의 폭풍이 휩쓸고 지나간 후에는 정말 오만가지 생각이 들죠. 불행했던 관계가 끝났다면 다시는 그런 관계를 되풀이하지 말아야겠다고 생각하고, 행복한 관계가 끝났다면 그 관계를 잃은 것을 슬퍼할 겁니다.

'이별 지침서'란 관계에 대한 지침서이기도 해요. 왜 그 사람과 사랑에 빠졌는지, 왜 그 사람을 선택했는지, 그리고 그 관계에서 어떤 습관을 갖게 되었는지를 알아야 과거의 아픔을 치유할 수 있고, 나아가 앞으로의 관계에서도 더 확실하고 현명한 결정을 내릴 수 있기 때문입니다.

그렇기 때문에 이별 얘기를 하기에 앞서 관계의 시작에 대해 알아보려고 합니다. 관계가 끝나면 한 번쯤은 그 관계를 찬찬히 되돌아보고, 그것을 어떻게 쌓아왔는지 생각해보게 되죠. 그 과정에서 깨달음을 얻고 성장하기도 하고요. 돌이켜보면 그 안에서 참 좋았던 부분도 있었을 것이고, 지금이라면 그렇게 행동하지 않았겠다 싶은 상황도 있습니다. 이처럼 기쁘고 행복했던 순간도, 악마처럼 못되게 굴었던 순간도 모두 끝나고 난 지금에야 그 모든 걸 좀 더 객관적으로 바라보게 된 거예요. 그러면 이제, 정확히 무슨 일이 일어났던 것인지 알아봅시다.

왜 당신이어야 했을까

당신은 선택을 했고, 결과는 주어졌습니다. 상대가 결혼하자고 이야기했고, 당신은 '좋다'라고 답했습니다(강제로 결혼하게 된 경우도 있겠지만 그런 상황은 논외로 합니다).

아마 대부분 사랑에 '빠져'본 경험이 있을 거예요. 꼭 연인만이 아니라 우정이나 공동체도 마찬가지로 처음에는 사랑에 빠지면서 시작합니다. 상대에 대한 관심, 호기심, 친해지고 싶다는 마음이 생겨 끌리는 것이지요. 우정도 사랑과 마찬가지로 상대에게 '빠져' 참 흥미롭고 매력적인 사람이라고 생각하는 것이 시작이잖아요.

이런 감정은 느리게 피어날 때도 있고, 친구로 지내던 사람에게 서서히 사랑을 느끼는 경우도 있습니다. 또는 '첫눈에 반했다'라는 말처럼 번개처럼 강렬한 순간이 찾아올 때도 있지요.

관계를 시작하면 행복도 함께 시작됩니다. 엄청나게 들뜨게 되고, 세상이 그 어느 때보다 아름다워 보입니다. 서로가 매우 특별한 사람처럼 여겨집니다. 운명의 상대를 찾았다고 생각하며 상대의 눈에 비친 자신의 모습에 경이로움을 느끼기도 하지요. 사랑이라는 천국 같은 삶에 빠져들어 그 외 다른 모든 것은 뒷전이 되어버립니다. 그리고 이번에야말로 이 관계와 행복한 상태가 '영원히' 지속되기를 바라지요.

물론 꼭 마법 같은 사랑에 빠지지 않았어도 파트너를 선택할 때가 있습니다. 안정감 때문에, 혹은 상황에 떠밀려 파트너를 선택하는 경우도 있고요. 혼자가 되는 것, 또는 계속 혼자인 것이 두려워 선택하는 사람도 있습니다. 사회적 지위를 고려하는 사람도 있고, 사회적인 '신분 상승'을 위해 결혼하는 사람도 있죠. (힘들었던 어린 시절 또는 힘들었던 다른 관계로부터) 상대방을, 또는 자기 자신을 '구하려고' 결혼하는 사람도 있고, 자신이 대체 불가한 사람임을 확인하려고 결혼하는 사람도 있습니다. 단순히 첫사랑이어서, 또는 그저 함께하는 것이 즐거워서 일찌감치 결혼하는 사람도 있습니다. 새 친구를 사귀거나 새로운 공동체에 들어가는 경우 역시 대체로 비슷한 이유들이 나타납니다.

이렇게 왜 사랑에 빠졌는지를 생각해보면 당시의 결정을 되돌아볼 수 있습니다. 시간을 내어 지금 맺고 있는 관계, 혹은 지난번 관계를 돌아보세요. 관계가 시작된 시점으로 돌아가 당시의 감정을 느껴보는 것입니다.

현재 및 지난 관계에 대한 질문

지난번 관계에서 상대방의 어떤 점에 이끌렸나요?

(상대의 외모, 재능, 육체적 매력, 사회적 지위, 부, 행동, 매력, 재치, 깊이, 친숙함 등)

그 사람과 함께하기로 결정한 이유는 무엇이었나요?

('사랑에 빠졌다'라는 단순한 답 말고 다른 이유를 말해보세요)

제안 가끔 책의 내용을 실천하는 것이 어렵다는 생각이 들면, 우선 중간 중간 제시하는 질문에 답하는 것만으로도 도움이 될 거예요. 저도 예전에는 읽으면서 대충 지나치거나 '나중에 해보지 뭐'라고 생각하곤 했답니다. 하지만 이제는 책을 한쪽에 치우고, 방금 읽은 내용을 깊이 생각해야 책에서 배운 내용을 유용하게 활용할 수 있다는 사실을 알고 있어요. 아마 여러분도 다들 비슷할 것입니다. 다음 내용이 궁금하고, 계속 읽고 싶기도 하지만(인격의 측면), 한편으로는 그 내용을 곱씹어보고 싶다는 생각도 들 거예요(영혼의 측면).

우리는 분명히 상대에게 이끌렸고, 여기에는 분명히 이유가 있습니다.

✦

연인관계의 시작: 호르몬인가, 영혼인가

호르몬에 끌린다는 것이 무슨 뜻인지는 설명하지 않아도 아시겠지요. 바에 앉아 있는 낯설지만 매력적인 남자와 같이 어울리는 게 그다지 좋은 일이 아니라는 걸, 머리로는 당연히 알고 있지만 빌어먹게도 그는 너무 멋지고, 그 눈을 지그시 들여다보면 내 안의 모든 것이 흔들리기 시작하죠. 또는 가슴골에서 시선을 뗄 수 없을 정도로 매력적인 여성이라면 그녀가 한마디 부탁만 해도 가진 모든 것을 내어줄 수 있을 것만 같습니다. 상대방의 매력에 강렬하게 이끌려 단숨에 내 모든 것을 바치게 될까 두려운 기분마저 듭니다.

그러나 단지 호르몬에 이끌려 맺어진 관계는 대부분 폭풍처럼 휘몰아칩니다. 내 모든 것에 상대방이 중심을 차지하고, 그 사람이 없는 순간은 모두 시간 낭비 같죠. 이런 관계는 '열망'이라는 단어에 느낌표 세 개를 붙인 듯 강렬하고, 그와 헤어져 다시 혼자가 된다고 생각하면 더 이상 살아갈 의미가 없을 것만 같습니다. 이전에 맺은 관계는 모두 어린애들 장난 같을 만큼 이번 사랑이 위대하다는 생각도 들지요. 이제야 비로소 내 반쪽을 찾았고, 이 사람이 내 인생의 사랑, 유일무이한 내 짝이며, 당연히 '영원할' 것이라고 생각합니다.

이렇게 천국에서 헤엄치듯 행복한 시간을 보내다가도 이성이 돌아오는 순간, 서로 다른 행성에서 온 사람처럼 너무 다르다는 것을 알게 됩니다.

얼마 전 페루에서 돌아온 한 여성이 있습니다. 그녀는 페루의 페스티벌에서 만난 페루인 음악가와 2년간 함께 지내다 돌아왔습니다. 그를 만난 순간, 특별한 남자라는 것이 느껴졌어요. 보험중개사였던 전 남편과는 너무나 달랐던 것이 더 특별하게 다가왔다고 합니다. 플루트를 연주할 때면 그는 항상 그녀를 바라보았고, 음악도 지금까지 듣던 음악과는 다르게 마음을 울렸습니다. 경제적 안정보다 더 중요한 가치를 아는 남자를 이제야 찾았다는 생각이 들었죠.

(그녀의 표현에 따르면) 매일 저녁 여성 팬들에 둘러싸이는 페루 남자가 자신에게 손을 내밀었을 때는 인정받는 기분이 들었습니다. 수많은 팬 중에서 선택받은 특별한 사람이 된 것만 같았지요.

하지만 2년 후 오스트리아로 돌아왔을 때 그녀는 지쳐 있었습니다. 처음 사랑에 빠졌을 때의 열정은 거의 사라졌습니다. 페루 남자는 자주 여행을 떠났고, 물론 그가 자신을 선택하기는 했지만, 그저 수많은 선택 중 하나일 뿐이었다는 느낌을 받곤 했습니다. 재정 상태는 거의 파산 수준이었고 점차 그토록 싫어했던 전남편처럼 돈 얘기를 하는 모습이 자신에게서 보였다고 해요. 페루 사람들만큼 산을 사랑하지 않았고 하이킹을 좋아하지도 않았던 그녀는 자신이 이방인이라는 느낌을 지울 수 없었습니다. 페루에 정착하는 것이 쉽지 않으리라는 것은 물론 알고 있었지만, 감정이 폭풍우처럼 휘몰아치던 밤들이 지나자 이게 정말 원했던 삶인지 스스로에게 묻는 순간이 많아졌습니다. 처음에는 여행도 많이 하고 새로운 사람, 새로운 나라와 만나는 것이 자유라고 생각했지만 그조차 점차 버거워졌습니다. 깊게 교류할 만큼 스페인어를 잘하는 것도 아니었고, 자기 재능과 소질을 발휘하는 것이 아니라 한낱 예술가의 조수로 전락했다는 사실에 몹시 좌절했습니다.

그러다 캐나다 몬트리올에서 개최된 다른 페스티벌에서 과거의 자신처럼 '자신의' 페루 남자에게 매혹된 한 여성을 보면서 2년 전 자기 모습을 떠올렸습니다. 그리고 페루 남자의 눈에서도 2년 전과 같은 관심이 반짝이는 것을 본 후에는, 곧장 호텔로 돌아가 눈물을 흘리며 짐을 싸서 원래 집으로 돌아갔습니다.

영적 관계란 호르몬에 이끌린 관계의 반대말이 아닙니다. 만약 그렇다면 그것도 참 안타까운 일이겠지요. 이 두 종류의 관계는 서로 밀접하게 결합하여 깊고 친밀한 관계로 발전할 수 있습니다. 이 두 관계가 잘 어우러진 경우에는 가끔 천국에 있는 듯한 시간도 물론 있지만, 대부분의 시간을 서로 '같은' 행성에서 보냅니다.

그러면 영적 관계란 무엇일까요? 이는 단순한 육체적 끌림을 뛰어넘는 교류를 말합니다. 함께 성장할 가능성이 높고 서로를 알아갈 준비가 되어 있으면서도 친밀한 관계이지요. 만난 지 얼마 안 되었지만 말로 설명할 수 없는 친숙한 느낌을 받는 경우도 많아요. 이런 관계에서는 마침내 '소울 메이트'를 찾은 게 아닌가 하는 희망에 부풀게 됩니다.

그런데 '소울 메이트'라는 단어에는 환상적 요소가 다분합니다. 마치 진정한 소울 메이트를 찾기만 하면 영원히 신혼여행의 단꿈에 젖어 살 것처럼요. 굳이 말하지 않아도 서로를 이해하며, 그 어떤 유혹에도 흔들리지 않고 서로만 바라볼 것 같습니다. 상대와 몸이 닿는 모든 감각이 깊고 충만합니다. 두 사람 사이에는 아무 문제도 없을 것처럼 생각되지요.

하지만 이는 매우 허황된 착각입니다. 진정한 소울 메이트를 찾았는지의 여부를 떠나, 성장할 여지가 있는 관계에서는 항상 함께 넘어야 할 문제도 있게 마련이거든요. 삶에서 배움을 얻고 싶은 것은 누구나 마찬가지예요. 하지만 함께 넘어야 할 문제들을 무시해버리고 해변에서 샴페인 잔을 든 채 서로 껴안고 있는 듯한 생활에서는 아무것도 배울 수 없습니다. 기껏해야 햇볕에 그을릴 뿐이겠죠.

파트너 선택의 기준

연인이나 친구를 찾을 때 상대를 선택하는 네 가지 기준이 있습니다. 첫째는 익숙한 행동패턴을 가진 사람, 둘째는 친해지고 싶은 사람, 셋째는 매력을 느끼는 사람이고, 넷째는 함께 소속감을 느끼고 싶은 사람입니다.

행동패턴이 익숙한 사람이란 어린 시절에 유사한 경험을 했거나 가까운 사람과 비슷한 사람을 말해요. 저는 가끔 아내를 끔찍이 위하고 아끼는 남성들을 만납니다. 하지만 이렇게 다정한 남편에게 아내는 차갑고 심드렁한 태도를 보입니다. 예전에는 이런 남성의 아내라면 능력이 뛰어나고 어딘가 특별한 면이 있을 거라고 생각했는데, 오히려 남편 쪽이 참을성이 많고 고통을 감내하는 능력이 강했어요.

계속 대화를 나누다 보면 이런 남성들은 어머니의 사랑을 갈망하는 데 익숙해 있다는 느낌을 받았습니다. 어린 시절 어머니 말에 따르지 않으면 사랑받지 못한 경우가 많았던 거죠. 그래서 자기 어머니와 비슷한 여성에게 끌리는 겁니다. 이런 남성은 마음이 따뜻하고 사랑을 자주 표현하며 자신을 아껴주는 여성은 익숙하지 않기 때문에 그 사랑을 의심하고 믿지 않습니다.

그런가 하면 오로지 여성성만 중요시하고 여성성을 드러낼 때만 살아 있음을 느끼는 여성도 있죠. 이런 이들은 상대를 유혹하려고 합니다. 아마 어린 시절 아버지가 교묘하게 유도했기 때문에 그럴 수 있어요. 어렸을 때 여성성을 드러내 원하는 것을 얻은 경험이 있다면 (이는 학대일 수 있습니다) 그것을 원하는 것을 얻기 위한 '유일한' 수단으로 생각하게 됩니다. 이런 사람들의 경우, 성인이 되었다는 것은 단순히 성적 행위를 넘어 성을 권력의 수단으로 활용한다는 것을 의미하기도 해요. 이들은 제스처나 말, 또는 옷차림으로 남성에게 치근댑니다. 그리고 다른 여성을 경쟁자로 생각하거나 남성의 시선을 끄는 것만이 유일한 관심사이기도 하죠. 이들에게 남성은 트로피와 같아서 이를 '쟁취해낸 것'을 자랑스럽게 생각합니다. 남성의 지위, 이미지, 처음에 보이는 무관심, 다른 사람과의 친밀한 모습이 그들을 자극하고, '저 남자 갖고 싶다!'거나 '다른 사람이 있든 말든 내가 좋으니 빼앗을 거야', 또는 '저 여자보다 내가 낫고 더 예쁘니 그녀를 떠나 내게 올 거야'라고 생각합니다. 혹은 '나는 보살핌과 보호가 필요한 사람'이라고 생각하기도 합니다. 성적 매력이 없는 자신은 존재가치가 없다며 고통스러워하고요.

이런 사고를 하는 사람들은 사실 마음속으로는 참 괴로운 경우가 많습니다. 겉모습만이 유일한 가치라고 생각하게 되면 영혼은 혼란을 느끼거든요. 다른 사람들이 자신의 진정한 모습을 받아들여주기를 바라면서도 정작 남 앞에서는 살아 있는 바비 인형 같은 모습만 보여주니까요. 이런 경우 자아는 외부에서 받아들이는 이미지를 자양분으로 삼을 수 있겠지만, 영혼은 그 너머의 공허함을 느낍니다. 물론 어릴 때는 성적인 측면에서 여러 시행착오를 겪을 수 있습니다. 그러면서 경험이 쌓이고 올바른 결정을 내릴 만큼 성숙해지는 것이죠.

열다섯 살짜리 딸을 둔 어머니는 침대 시트를 세탁하려다 아이가 친구에게 쓴 쪽지들을 발견했습니다. 쪽지에는 '남자애들이 우리한테 미쳐버리게 할 수 있다는 거, 진짜 대단하지 않아?'라고 쓰여 있었습니다. 다른 쪽지도 몇 장 있었는데, 쪽지 말고도 남자아이들을 '미치게' 만드는 두 아이의 사진이 나왔습니다. 그날 저녁 어머니는 딸과 함께 앉아 그 쪽지를 건넸습니다.

딸이 뭔가 해명하기 전에 어머니는 몇 년 전에 발견했던, 재미있다고 생각한 카드를 한 장 읽어주었습니다. 그 카드의 앞면과 뒷면에는 각각 이런 내용이 적혀 있었지요.

앞면에는 '여자를 유혹하는 법: 꽃을 선물한다. 아름답다고 말해준다. 멋진 식사에 초대한다. 그녀의 말을 경청한다. 선물을 한다. 사랑을 담은 편지를 쓴다. 웃게 해준다. 깜짝 놀라게 해준다'라고 쓰여 있었습니다.

딸은 놀란 듯 어머니를 바라보았습니다. 어머니는 카드를 뒤집었지요. 뒷면에는 '남자를 유혹하는 방법: 맥주를 가져온다. 옷을 벗는다'라고 쓰여 있었습니다.

어머니는 딸에게 말했어요. "남자를 유혹하는 건 그렇게 어렵지 않아. 누구나 할 수 있지. 하지만 그것이 목표가 되어선 안 돼. 그건 네 만족감을 채우자고 상대를 이용하는 거란다. 상대의 마음에 대한 예의가 아니야. 네 마음에 대한 예의도 아니지. 이런 행동을 계속할지 곰곰이 생각해보렴. 아까 말했듯이 유혹은 누구나 할 수 있는 거란다."

이 말에 딸은 다소 실망한 기색이었습니다.

당신이 원하는 상대는 어떤 사람?

바쁜 생활에 쫓겨 휴식이 필요한 상황이라고 생각해볼까요. 그러면 차분하고 편안한 사람에게 이끌릴 수 있겠죠. 하지만 몇 년, 아니 몇 달만 지나도 바로 이 평온과 편안함 때문에 짜증이 날 수 있습니다.

아니면 그 반대도 생각해볼까요? 좀 더 활기차게 살고 싶은 사람이라면 열정적으로 사는 사람에게 끌리지만, 역시 시간이 지나면 이 넘쳐나는 활력을 감당 못해 지치게 되죠.

정신적으로 깨어 있는 상태에서는 내가 상대방에게 왜 이끌리는지 분명히 인지합니다. 또 나에게 없는 재능을 가진 누군가와 삶을 함께한다는 그 사실만으로도 '깨어 있는' 상태에서는 온전한 행복감을 느낍니다. 이런 경우라면 균형 잡힌 건강한 관계를 만들어나갈 수 있지요. 열정이 과해 피곤해지지도, 너무 조용해 지루하고 답답해지는 것도 아니니까요.

이상적인 관계에서는 서로에게 배울 점을 찾으며 상대의 재능을 인정하고 존중합니다. '너무' 느긋한 사람이라면 좀 더 활동적으로 사는 법을 배우겠죠. 상대가 쏟아내는 수많은 아이디어와 제안에서 예전 같으면 생각지 못했을 새로운 기회를 발견하는 겁니다.

반대로 '너무' 활동적이던 사람은 가끔 쉬어가는 법을 배웁니다. 머릿속에 떠오르는 모든 생각을 그 자리에서 바로 실천하지 않는 법을 배우는 거지요. 좀 더 느긋하게 여유를 가져보기도 하고요. 예전 같았으면 멋진 피아노 연주곡을 듣자마자 피아노를 샀을 텐데, 이제는 내가 정말 피아노를 갖고 싶은지 다시 한 번 생각하게 됩니다.

이상적인 관계에서는 두 사람 모두 관계를 의식적으로 생각하고, 어떤 부분에서 서로 맞춰나가야 하는지 알고 있습니다. 이때 중요한 것은 관계에서 균형을 지키고 서로 상대의 고유한 특성을 이해하며, 상대를 자신의 복제품으로 만들지 않는 거예요. 이게 잘되면 서로가 서로에게 믿을 수 있는 든든한 지원군이 되지요. 하지만 그러려면 상대방의 특성을 소중히 생각하고 지지해주면서 솔직하게 대화해야 합니다. 예를 들어 열정이 넘치는 사람은 느긋한 파트너에게, 나중에 후회할지도 모를 결정을 성급하게 내리려고 할 때 말려달라고 부탁할 수 있겠죠.

 차분한 사람: 자기야, 지금 프로젝트 기간에는 그냥 교육받으면서 좀 기다려보는 건 어떨까?

활발한 사람: 그러게, 또 일을 벌일 뻔했네. 지금 일만 해도 너무 바쁘긴 하지. 말해줘서 고마워!

또는 반대로 이런 상황일 수도 있겠죠.

 활발한 사람: 자기야, 지금 하자!
차분한 사람: 그러네, 자기 말대로 지금은 정말 결정을 내릴 때야. 생각은 할 만큼 했으니까. 결정할 용기를 줘서 고마워.

우리는 다른 사람을 가르치려 들 때가 많습니다. 저 역시도 그렇습니다. 하지만 그러면 서로 힘들어질 수 있어요. 중요한 것은 상대를 계도하는 것이 아니라 우리 재능이 모두 다르다는 것을 이해하고 그 재능을 필요한 곳에 활용하는 거니까요. 체계적인 것에 익숙하지 않은 사람에게 휴가 계획을 짜라고 하는 것은 효율적이지 않죠. 요리를 좋아하지 않는 사람이라면 요리보다는 다른 일을 맡아 하는 것이 효율적인 법이고요. 또한 우리 내면에는 다른 사람이 실패하기를 바라는 마음이 조금씩은 있습니다. 상대가 실패했을 때, 너는 그 부분에 재능이 없다고 주장할 수 있는 근거를 얻기를 바라는 것이죠. 물론 상대가 재능은 없지만 배우고자 하는 열의가 있다면 그건 또 다른 문제입니다.

가끔 나와 완전히 다른 삶을 사는 사람에게 큰 매력을 느낄 때가 있습니다.

- 중산층 가정에서 자란 여성이 세계를 유랑하는 자유 영혼에게 빠집니다.
- 성공한 중소기업 CEO와 결혼한 여성이 가난한 학생과 사랑에 빠집니다.
- 보험중개사와 결혼했던 여성이 그다음에는 페루인 음악가와 사랑에 빠집니다.
- 증권설계사인 여성이 발리에서 활동하는 프리랜서 예술가에게 빠집니다.

일상이 평범하고 지루하게 느껴질 때가 있죠. 그럴 때 갑자기 나와는 다른 세계에 사는 사람을 만나면 내 삶도 마찬가지로 새로워질 것 같은 생각이 들곤 합니다. 상대방은 이미 새 삶을 사는 방법을 '확실히' 알 테니 그런 사람과 함께하면 용기가 충분치 않아도 새로운 삶을 살 수 있다고 생각하는 거죠. 이런 상황에서는 호르몬이 조금만 작용해도 곧장 사랑에 빠집니다. 물론 금방 식어버리지만요.

지금까지 상대에게 매력을 느낄 수 있는 몇 가지 요소를 이야기해 보았어요. 정리하자면 우리는 낯설기 때문에 신선하고 매력적인 삶의 철학과, 그리고 내게 없는 상대방의 모습에 끌리는 것입니다.

소속감이 필요해

소속감 역시 상대방을 선택하는 기준 중 하나입니다. 우리는 내가 어떤 집단에 속해 있는지 알고 싶어 하니까요. 우리 가족은 어떤 가족일까? 나는 어떤 집단에 속하지? 어디 있어야 내 마음이 편안할까? 이런 것을 알고 싶어 하는 것입니다. 특히 어린 시절 소속감에 결핍이 있었다면 특히 그런 생각을 많이 합니다. 이런 경우에는 명확한 소속, 확실한 (또는 많은 경우 엄격한) 규칙, 구체적인 행동양식을 요구하는 폐쇄 집단에서 편안함을 느끼곤 하죠.

소속감에 대한 욕구는 다른(낯선) 인종, 다른(낯선) 국가, 다른(낯선) 성적 지향성 또는 다른(낯선) 문화에 방어적 태도를 보이는 근본 원인이기도 합니다. 이런 다른 것들을 '모르는' 것 또는 '나와는 다른' 것이라 치부해버리는 것이지요. 이런 경우, 본인이 지금 불안정한 상태인 것 같으면 낯선 것이 더욱 불편하게 느껴집니다. 또 주변이 익숙한 것들로 채워지기를 바라는데, 이때 익숙하다는 것은 나와 비슷한 것을 말해요. 이 역시 영혼의 눈이 아니라 인격의 눈으로 바라보는 거지요. 잘 모르는 것에 두려움을 느끼기 때문에 이렇게 행동하는 것입니다.

파트너에게 이끌리는 이유에 대한 질문

지금 관계 또는 이전 관계에 대해 다음 몇 가지 질문에 답해보세요.
상대에게 끌렸던 이유가 익숙함이었는지, 나에게 없는 상대의 능력 때문인지,
새로운 것이 주는 매력이었는지, 혹은 어딘가에 속하고 싶었던 것인지를
알아보는 시간입니다.

상대에게 끌렸던 친숙한 점이 있었나요?

상대의 어떤 점이 매력적이었나요?

어떤 새로움에 끌렸나요?

또는 (이전) 상대가 당신의 어떤 점을 익숙해하는 것 같았나요?

상대는 당신에게서 어떤 매력을 느꼈나요?

상대가 전에 만났던 사람들과 당신을 비교했을 때
당신의 어떤 점이 새롭거나 매력적이었을까요?

상대의 특성이 대단해 보였나요, 아니면 거슬리는 점이 있었나요?
만약 그렇다면 특히 어떤 특성이 불편하게 느껴졌나요?

다른 사람의 특성이 가끔 불편하게 느껴지는 것은 정상입니다.
사람은 저마다 다르니까요. 이런 점을 감안하여 상대의 성격을 생각했을 때
그의 행동은 '정상'이었나요?

상대의 그런 행동을 받아들일 수 있었습니까?

정신적으로 깨어 있는 관계에서는 견해나 행동방식이 달라도 상대의 그런
모습을 받아들이고 집중합니다. 상대방의 말이나 행동이 당신의
말과 행동보다 더 의미가 있나요? 만약 그렇다면 그 이유는 무엇인가요?

당신의 생각이 상대의 생각보다 확실히 더 낫다고 생각합니까?

내가 상대보다 모든 점에서 낫다고 생각해 무시하면 그의 모습을 있는 그대로 받아들일 수 없습니다. 상대를 계속해서 평가하게만 되죠.

서로의 재능이나 행동방식이 다른 경우, 상대가 어리석거나 무능하다고 생각하면 두 사람 사이에 문제가 생겨요. 그러므로 행동하고 받아들이는 방식이 서로 다르다는 것을 염두에 두는 것은 정말 중요합니다. 항상 상대의 말을 그대로 따르라는 말은 아니에요. 상대방의 행동이 마음에 들지 않아도 바로 지적하는 대신 상대의 말을 경청하며, 더 나은 방향으로 나아가며 두 사람이 함께 즐길 수 있는 것들을 찾아 나가는 것이죠.

항상 발전하는 사람은 친구나 파트너도 비슷한 사람을 고를 거예요. 그렇게 생각해보면 장기적인 관계에서 서로가 발전해 나가는 것은 참 중요하지요. 지금 당장 발전을 이루라는 말은 아니지만, 관계를 오래 이어가려면 분명히 서로 발전하고 성숙해질 필요가 있습니다.

그리고 성숙해지기 위해서는 서로 생각을 나누고, 스킨십을 나누고, 관심을 나누며, 사랑을 담은 배려와 이해를 나누는 등 나눔이 있어야 해요.

그런데 한쪽이 발전하면 처음에는 관계 전체가 흔들립니다. 불편은 하겠지만 나쁘지는 않아요. 모든 것은 변하게 마련이고 관계도 예외는 아니니까요. 하지만 한쪽이 발전하는데 다른 쪽은 익숙함에 안주해 변화를 거부한다면 그 관계는 언젠가 무너지겠죠.

우리는 모두 선택하며 살아갑니다. 단순히 좋다 싫다고 말하거나,

혹은 아무 말 하지 않는 것도 선택입니다. 심지어 결정을 회피하는 것조차도 이미 하나의 선택일 때가 있죠. 어느 날 문득, 자신이 다른 사람의 결정을 따르기만 했다는 생각이 들 때가 있습니다. 그렇다는 건 이 관계를 떠나 다시 자신에게 집중할 때가 되었다고 영혼이 신호를 보내는 것입니다.

두 번의 결혼과 이혼,
마침내 자유

누구나 다른 사람의 삶은 객관적으로 바라볼 수 있습니다. 그래서 제 경험을 들려드릴까 해요. 이를 통해 독자 여러분은 저의 습관, 결정, 배움의 과정을 객관적인 시선으로 볼 수 있을 것입니다.

과거라는 낯선 나라

과거라는 낯선 곳에서는 완전히 다른 삶이 펼쳐집니다. 엊그제 저녁에 뭘 먹었는지도 가물가물한데, 내 어린 시절이 어땠는지 세세히 기억할 수 있다고 생각하시나요? 그럴 필요도 없고 가능하지도 않습니다. 우리가 기억하는 순간과 말은, 사실 과거 그 일이 일어났을 때 우리 시선으로 본 기억일 뿐이에요. 대화할 때 내 말을 상대방이 잘못 이해할 수 있는 것처럼 우리 기억도 왜곡될 수 있다는 사실은 누구나 압니다. 과거의 한 장면을 머릿속에서 계속 반복하고 다른 사람에게 이야기하는 과정에서 그 기억 속 정말 사소한 부분을 확대 해석하거나 아예 왜곡할 수 있다는 것이죠. 과거란 사실 그런 것입니다. 적어도 부분적으로는 우리가 만들어낸 이야기라는 것.

하지만 영혼의 눈으로 볼 때, 기억은 확실한 사실이 아님을 알고 있어요. 즉, 분명한 사실이라기보다는 단지 해석이 들어간 기억일 뿐임을 아는 거지요. 그렇기에 과거와 기억의 단편에 사로잡혀 괴로 워하지 않고 넘길 수 있습니다.

지금 과거를 생각하면 기억도 희미하고, 감정도 완전히 달라졌습니다. 그때 왜 그런 행동을 했는지 (대부분) 기억하고 있음에도 과거의 행동에 저 자신도 놀랄 때가 많아요. 이 역시 자연스러운 과정입니다. 이런 과정을 통해 경험을 쌓고 많은 것을 배우며 섬세한 인식을 갖게 되거든요.

이제 저의 옛 관계에 대해 이야기해보겠습니다. 여러분과 솔직하게 소통하고 싶지만, 동시에 상대도 존중하고 싶은 마음에 이름은 빼고 쓸게요. 과거를 폭로하는 것이 아니라 도움이 되길 바라기에 제 경험을 예로 드는 것뿐입니다. 우리는 다른 사람의 경험에 자신을 비추어 바라볼 수 있으니까요.

우리는 서로 비슷한 경험을 하고, 또 비슷한 부분에서 어려움을 느낍니다. 그리고 다른 사람이 겪은 일에 공감하면서 자기 경험을 명확하게 바라보기도 하죠. 이렇게 다른 이의 경험을 객관적으로 보는 것이 도움이 될 때도 있고요. 제 경험을 통해 여러분도 그랬으면 좋겠습니다.

자신과 관련 있고 특별히 마음에 와닿는 문장이 있다면 그것에 표시하거나 따로 적어두겠지요. 나중에 기회가 될 때마다 그것을 곰곰이 되새겨보면 좋을 거예요. 어떤 문장에 의구심이 든다면, 당신이 그 문장에 깊이 파고들었다는 신호입니다. 이 신호에 당신의 생각, 감정, 육체는 어떻게 반응할까요? 어떤 기억이 떠오르고, 무슨 생각이 분명해지고, 또 어떤 지혜가 솟아나게 될까요?

인생이란 언제나 여행

여행에는 장기 여행도 있고 단기 여행도 있죠. 여행에서 경험을 중요시하는 사람이 있는가 하면, 새로운 풍경을 둘러보는 것을 좋아하는 사람도 있고요. 어떤 여행이 되었든 여행은 스스로 만들어가는 것이라는 공통점이 있습니다. 여행에서 새로운 경험을 하려면 기본적으로 새로운 삶을 살아보려는 마음이나 희망이 있어야 하죠. 삶도 마찬가지입니다. 새로운 삶을 살려는 사람은 다른 지역, 다른 기후, 다른 언어, 다른 문화권에서 살아볼 생각도 하지요.

저도 제 삶을 180도 바꿔본 적이 있습니다. 30대 초반에 직업적으로 심각할 만큼 힘들었는데, 그러다 보니 저 자신과 행동에 확신을 갖지 못하고 자꾸 회의감이 들더라고요. 이 시기에 많이 고민하면서 인격이 아닌 영혼의 눈으로 바라보는 방법을 알게 되기도 했지만요.

글로 쓰니 간단해 보이지만, 실제로는 몇 년 동안 정말 힘든 시기를 보냈습니다. 그 시간을 이겨내는 데 특히 도움이 되었던 것은 마음속 두려움을 똑바로 마주하는 것이었습니다. 그 두려움을 직시하니 지금 무슨 행동을 해야 할지 분명히 알겠더라고요. 제 안의 두려움은 대부분 어린 시절에 생겨난 것이었어요. 괴로운 경험을 하고 나면 그런 감정을 느끼지 않는 방향으로 결정을 내리게 되지요. 또 그런 고통을 느낄 것 같으면 아예 피해버리기도 하고요. 이런 회피는 평생 나타나기도 합니다.

이런 반응은 '상처받은 내면 아이'라는 심리학 이론을 통해 이해하고 극복할 수 있어요. 위급한 상황에 처하면 어린 시절부터 발달한 감정이 자기도 모르게 나타납니다. 이제는 상황을 객관적으로 파악할 수 있는 어른이 되었는데도, 평소라면 분명 내리지 않았을 법한 결정을 자기도 모르게 내리는 거지요. 이런 점에 주목해서 예전에 내렸던 결정을 잘 살펴보고 파악하고 이해하고 고쳐나가다 보면 행동도 바꿀 수 있어요.

저는 예전에는 거짓말을 참 많이 했는데 이제는 솔직해졌습니다. 편협하던 마음도 관대해졌고요. 전에는 뒤끝이 있었는데 이제는 좀 더 이해해보려고 합니다. 외부의 시선에 많이 신경 썼지만 이제는 내면에 좀 더 집중하지요. 비밀도 참 많았는데 지금은 단 하나의 비밀도 없어요. 저를 옭아매던 두려움에서 벗어나 자유로워졌습니다.

자신을 차분히 들여다보면서, 성장하고 관계를 개선하고자 하는 제 안의 열정을 통해 변할 수 있었어요.

그러면서 정신적으로도 좀 더 깨어나게 되었습니다. 그리고 위기를 경험할 때마다 저 자신을 더 잘 알게 됐죠. 그 당시 내게 무엇이 중요했고 무엇이 덜 중요했는지도 배웠습니다. 장점과 단점은 물론,

발전하고 있는 부분과 또 앞으로 개선해야 할 부분도 분명히 알게 되었습니다.

관계를 통해 무수한 경험을 하면서 비로소 저 자신을 알게 된 거지요.

관계를 통한 경험, 그리고 교훈

제가 처음 접한 결혼생활의 인상은 당연히 부모님의 일상이었습니다. 저는 부모님이 서로를 사랑으로 대하는 모습을 본 적이 없어요. 또 아버지의 알코올 중독 증세가 점점 더 심각해지면서 어머니와 저희 세 자매는 점점 지쳐갔습니다.

그러니 어린 나이에도 결혼생활이 대체 무엇인지 혼란스러웠어요. 적어도 우리 가족 같은 모습이 이상적인 결혼은 아니라는 것만은 분명했죠. 가족과의 생활은 마치 흔들리는 작은 배에 타고 있는 것처럼 항상 불안했어요. 그때 '나는 이렇게 살고 싶지 않아'라는 결정을 내렸습니다.

아버지는 특별한 이유도 없이 감정 기복이 심했고, 그런 모습을 볼 때마다 저는 항상 짜증이 났어요. 정확히 몇 살 때였는지는 기억나지 않지만, 어머니와 아버지가 큰 소리를 질러가며 싸우고 난 후 제가 어머니를 위로한 적이 있었습니다. 그때 부모님이 이혼해야 우리 가정에 평화가 가능하겠다는 확신이 들었어요. 돈 때문에 이혼하지 못한다는 것을 알고 있어서, 앞으로 용돈을 받지 않겠다고 말했는데 하지만 그때 어머니는 눈물범벅인 얼굴로 저를 바라보며 "하지만 나는 네 아버지를 사랑한단다!"라고 말씀하셨죠. 그 말에서 저는 두 가지 교훈을 얻었습니다.

- 이런 것이 사랑이라면 필요 없어.
- 남자에게 의존하지 않으려면 앞으로 돈을 벌 수 있는 능력을 갖춰야겠구나.

어린 시절 저는 주변에서 이상적인 결혼생활을 하는 부부를 보지 못했습니다. 다들 그다지 행복해 보이지 않았고, 서로를 애정 어린 눈으로 바라보는 부부도 없었어요.

함께 웃고 즐거운 시간을 보내지만, 서로 깊이 이해하고 사랑하는 것 같지는 않았습니다. 물론 그때는 감정을 드러내지 않는 것이 미덕으로 여겨지는 시대였고, 우리 부모님 세대는 복종을 배우고 자랐지요. 또 아이에게 너무 다정하게 대하면 버릇없어진다고 말하는 책이 서점에서 팔리던 시대였으니까요. 당연히 아이의 의사는 존중되지 않았고, 친밀하게 대하거나 애정을 주지 않았겠죠. 이렇게 자란 아이들이 서로 애정을 표현하기란 결코 쉽지 않았을 거예요.

그렇지만 그 시절의 저는, 결혼해야만 진짜 어른이 될 수 있다고 생각했습니다. 결혼하지 않는 사람은 마치 선택받지 못한 것처럼 취급하는 게 사회통념이었거든요.

저는 어머니는 착한 사람, 아버지는 나쁜 사람이라고 부모님을 선과 악으로 나누어 생각했어요. 물론 그때는 어렸기 때문에 부모님의 삶도 녹록지 않으리라는 것까지 헤아리지 못했죠. 나쁜 사람으로 생각했던 아버지도 알고 보면 참 불행한 사람이라는 생각이 든 것도 아주 나중에서였으니까요. 또 착하다고만 생각했던 어머니가 사실은 우리 자매를 지켜주지 못했다는 것을, 저도 엄마가 되고 나서야 어렴풋이 짐작할 수 있었습니다.

물론 어머니에게도 그럴 만한 이유가 있었습니다. 어머니는 맞서는 법을 배우지 못했거든요. 젊었을 때 상사에게 몹쓸 짓을 당하고도 아무도 믿어주지 않겠다 싶어 말 못한 경험이 있었어요. 순응하며 자랐고, 의견은 존중받지 못했습니다. 경제력도 없었고요. 그렇기 때문에 어머니가 우리를 지켜주지 못했다는 말은, 비난이 아니라 단지 그 사실을 깨달았다고 말해야겠습니다. 누구나 최선을 다해 자기 삶을 살아냈고, 그건 어머니도 마찬가지였어요.

불행한 유년기에도 감사를

유년기가 불행하지 않았다면 아마 전 지금 행복하지 않았을 거예요. 어린 시절이 행복하지 않았기 때문에 변화하고 의식적으로 깨어 있으려고 더 노력하게 되었거든요.

어린 시절은 불우했지만 즐거운 순간도 많았습니다. 어머니는 음악과 노래로 우리 자매와 자신을 위로하고 마음을 편안하게 만들어주셨습니다. 지금까지도 감사하게 생각하는 큰 선물이었죠. 또 과묵했던 아버지를 보면서 표현하고 소통하는 것이 얼마나 중요한지도 배웠습니다. 아버지가 주신 이런 선물도 정말 감사하게 생각해요.

용서하는 법을 배울 수 있었다는 것도 참 감사합니다. 부모님도 항상 최선을 다하셨다는 것을 알아요.

가족 안에서 서로 치유하고 치유받는 일도 많았습니다. 함께 예전 일을 이야기하며 눈물이 날 때까지 웃던 때가 지금도 어제 일처럼 생생해요.

마음의 치유는 어린 시절로부터

어릴 때 저는 부끄러움이 많았고 외로움도 많이 탔습니다. 적응을 잘하지 못하는 특이한 아이였어요. 과학자가 현미경으로 미생물을 관찰하듯 제 주변을 세세히 관찰하곤 했어요. 다른 사람은 느끼는 감정들을 저만 느끼지 못하는 것 같았거든요. 선물을 받을 때도 그다지 기쁘지 않아서 다른 사람들은 그럴 때 어떻게 행동하는지 관찰해서 따라 하려고 노력했습니다. 어찌 된 일인지 감정을 느끼지 못해 가족이나 주위 사람들에게 연기를 했습니다. 아무래도 제가 남과 다르다는 생각이 들었지요. 전 제가 이상한 사람이라는 결론을 내렸고, 남들과 다르니 거기에 맞춰야 한다고 마음먹었습니다.

또 어린 시절에 책을 읽을 때나 무언가에 깊이 몰입해 있을 때 방해받은 적이 많았어요. 주로 어머니가 그릇의 물기를 닦으라거나, 청소를 하라거나, 동생을 돌보라고 말씀하셨죠. 이렇게 방해받았던 경험도 삶에 영향을 주었습니다.

그렇다고 어머니가 일부러 방해했던 것은 아니에요. 어머니는 잠시도 '가만히 앉아 있지 못하는' 사람이었을 뿐입니다. 어머니 어린 시절에 생긴 습관이 자연스럽게 제게도 영향을 준 것이죠. 올해 92세인 어머니는 제가 다섯 살 때 갓난 동생을 태운 유모차를 끌고 가게 앞에 가만히 서 있었던 일을 아직도 참 기특하다는 듯 말씀하시곤 합니다.

그러면 이제 우리 어린 시절의 기억과 경험을 살펴볼까요?

어린 시절에 대한 질문

어린 시절에 친밀하고 다정한 시간을 보냈나요?

어린 시절 자신의 있는 그대로의 모습을 보여줄 수 있었나요?

다른 사람과 다른 행동을 하면 배제되는 기분을 느꼈나요?

외부의 시선에 신경 써야 했나요?
(예: 네가 그러면 이웃이 뭐라고 하겠니?)

다른 사람에게 자신을 맞춰야 했나요?

어른들이 당신의 말을 주의 깊게 들어주었나요?

사랑받는다는 기분을 느꼈나요?

부모님 사이를 중재해야 한다는 느낌을 받았나요?

성인인 부모나 보호자가 당신에게 의지했나요?

그때 자신이 어떤 상태라고 느꼈나요? 어른이 되었다고 느꼈나요?
만약 그렇다면 그 사실이 자랑스러웠나요, 아니면 부담스러웠거나
그것도 아니면 그 중간이었나요?

당신을 추궁하려는 질문은 아닙니다. 그저 어린 시절에 어떤 감정을 느끼고 어떤 경험을 했는지 묻는 거예요. 아이일 적에 어른에게 존중받지 못한다는 기분이 들었다 해도, 아마 당신의 부모는 꿈에도 그렇게 생각하지 않을 수 있고요. 다만 어린 시절의 경험과 그 과정에서 내렸던 결정은 성인이 되어서도 계속 삶과 관계에 영향을 미치기 때문에 이런 점을 알아볼 필요가 있습니다.

건강한 분위기에서 상호작용하며 살아가는 가족도 있지요. 그런데 가족 간에 건강한 분위기란 무엇일까요? 가족 성장에 대한 비버스 척도Beavers scale를 보면 건강한 가족의 분위기와 그렇지 않은 분위기가 무엇인지 알 수 있습니다. 정신과 의사인 W. 로버트 비버스W. Robert Beavers에 따르면 가족의 분위기는 다섯 단계로 나뉩니다.[1]

- 심각: 규칙도 없고, 통제하는 사람도 없습니다. 자포자기하고 냉소적인 분위기가 가득한 일종의 무정부 상태죠. 이런 분위기에서 아이들은 그 누구에게도 의지할 수 없습니다. 질서나 규칙이 전혀 없어 어떻게 행동해야 할지도 모르는 상태입니다.

- 경계: 이 단계는 보호자가 마치 독재자처럼 생활을 일일이 통제합니다. 보호자는 모든 것을 이분법적으로 엄격하게 나누고 융통성이 전혀 없습니다. 행동뿐 아니라 감정도 통제해야 하죠. 기준이 없고 고압적인 행동 때문에 아이들은 분노, 정서적 거리감, 우울감 등을 겪을 수 있습니다.

- 평균: 독재자는 없지만, 이번에는 심판입니다. 예를 들어 "너 이러는 거 보면 동네 사람들이 대체 뭐라고 하겠니?" 등의 말로

아이의 행동을 통제하는 식이죠. 부정적인 감정은 허락되지 않는 분위기에, 감정을 이용해 아이를 협박합니다. 가령 "나를 사랑한다면 이렇게 행동해야 해"라고 말하는 거죠. 이런 보호자는 사람들 사이에서 조금이라도 튀는 행동을 하면 아이를 압박합니다. 물론 분명히 소통하고 있지만, 사랑이라는 이름으로 아이를 통제합니다.

- 좋음: 가끔은 상대의 죄책감을 유발해 주도권을 잡으려는 모습이 나타날 때도 있지만, 대부분 서로 있는 그대로의 모습을 받아들입니다. 자기감정을 솔직히 표현하면서도 가족 간에 사랑이 흐릅니다.

- 이상적: 서로의 화합을 가장 중요하게 생각하는 가족입니다. 아이의 장단점을 인정하고 아이도 사랑받고 있다는 느낌을 받습니다. 조금 튀는 행동을 해도 그대로 수용해줍니다. 서로 주도권을 놓고 경쟁하는 식의 소통이 아니라, 제대로 소통하고 이야기를 나눕니다. 각자의 소망과 개성을 존중하고 소중하게 생각합니다. 따뜻함, 친밀함, 애정 어린 유머 등이 기본적인 특성입니다.

가정에서는 대부분 이 중 여러 개의 요소가 동시에 나타납니다. 부모 혹은 (여러 형태의) 보호자 가정의 관계를 자세히 살펴보면, 성인이 될 때까지 가족과 생활하며 관계에 대해 무엇을 배웠는지를 알 수 있어요.

관계의 롤모델에 대한 질문

어린 시절의 관계에서 좋았던 점 세 가지를 떠올려본다면?

부모님 혹은 보호자 가정의 가족관계에서 배웠던 좋지 않은 점 세 가지는?

이 두 질문에 답을 생각하면 자신에 대해서도 많은 것을 알 수 있어요. 이미 알았던 것일 수도 있고, 새로운 것일 수도 있겠죠. 아니면 그동안 인식하지 못했던 나의 어린 시절과 내가 맺는 관계의 연관성을 갑자기 깨닫게 될 수도 있습니다.

이렇듯 우리는 경험을 통해 가족을 사랑하는 법을 배우는데, 이는 첫사랑에서도 분명하게 나타납니다.

첫사랑, 첫 경험

제게 아버지가 미지의 세계였던 것처럼 남자아이들 역시 낯선 존재였습니다. 저는 또래 중 가장 늦게 첫 연애를 시작했어요. 이제 드디어 평범한 여자아이가 된 것 같아 마음이 놓였고 기쁘기도 했습니다. 그 시절엔 남자아이가 먼저 사귀자고 말할 때까지 기다리는 게 일반적이었지요. 첫 키스, 새로운 사람과의 관계, 여자친구라는 나의 새로운 역할 등등 연애를 하면서 몹시 설레고 들떴고, 마치 어른이 된 듯한 기분이었죠.

임대주택에서 살며 딱히 내세울 것 없던 제가 첫 남자친구에게 해줄 수 있던 것은 새로운 경험을 하게 해주는 것뿐이었습니다. 새로운 경험이라면 같이 늦게까지 밖을 쏘다니는 것, 섹스, 마약 등이겠죠. 그런데 일단 마약에는 관심이 없었습니다. 아버지가 알코올 중독으로 통제력을 잃는 모습을 너무 오랫동안 보아왔기 때문에, 약에 손을 대는 게 너무 무서웠거든요. 그리고 늦게까지 밖을 돌아다니는 스타일도 아니었어요. 그렇다면 남은 건? 섹스밖에 없죠. 친구들과 비교해보면 저는 좀 늦은 편이었습니다. 다른 아이들에 비해 뒤처진다고 느꼈던 저는 어서 다른 아이들처럼 첫 경험을 하고 싶었어요.

나이는 어렸지만 나름 '커플'이었던 우리는 언제나 함께 시간을 보냈습니다. 당시 함께 다니던 친구들과 많은 것을 하며 함께 놀기도 했지요. 저는 마치 배우가 연기하듯 사랑스러운 여자친구의 모습을 꾸며내 보여주었고, 남자친구는 과묵한 편이었습니다. 아버지와 비슷했죠. 우리는 서로의 감정에 대해 이야기를 나눈 적이 없습니다. 내 기분이 어떤지, 어떤 점에 감동받았는지, 무슨 생각을 하는지를 표현하는 대신 속으로만 삼켰지요.

제가 성경험이 없다는 사실을 남자친구에게 고백했을 때 (당시에는 그래야 한다고 느꼈어요) 그는 불평하듯 "그럼 내가 책임져야 하는 거잖아"라고 말했어요. 물론 결국 저를 이해해주기는 했지만 사실 속으로는 그렇지 않으리라는 사실을 알고 있었죠.

첫 성관계는 서로 아무 말도 없었고, 너무 아팠으며, 애무나 어떤 준비과정 같은 것도 없어서, 그와의 결합에서 육체적인 만족을 전혀 느끼지 못했습니다. 하지만 당시는 원래 그런 것인가 보다 생각했어요.

그 후 남자친구는 '진짜 싸우기 전에 헤어지는 게 낫겠다'라면서 저를 떠났습니다. 그 말이 진심이었는지는 모르지만 그 후 45년간 첫 남자친구에 대해 이야기할 때마다 계속 곱씹었기 때문에 그 말은 제 마음속 깊이 박혔습니다.

그때 '대체 걔한테 나는 뭐였지?'라는 생각에 기분 나빴던 것이 아직도 생생해요. 다른 아이들보다 늦게 '이제 겨우' 남자친구가 생겼는데, 6주 만에 (내 처녀성과 함께) 갑자기 사라져버리다니요. 그때 저는 제 몸에 불만이 많았어요. 못생기고 뚱뚱하고, 게다가 두꺼운 안경까지 끼고 있었으니까. 결국 나는 못생겼으니까 남자친구가 갑자기 헤어지자고 한 것도 놀라운 일은 아니라는 결론을 내렸죠.

그 뒤 몇 주도 안 돼 그는 우리가 같이 어울리던 그룹에 새 여자친구를 데리고 나타났는데, 그 아이는 확실히 저보다 훨씬 예쁘고 성숙하고 똑똑한 것 같았습니다.

안타까웠어요.

그때까지 저는 정상적인 소통을 해본 경험이 없었습니다. 제 의견을 표현하는 방법도 배우지 못했죠. 솔직한 사람이 되고 싶었지만 자주 거짓말을 했고, 그 사실을 저도 알고 있었어요. 아버지에게 뭔가를 부탁하려면 어머니는 제게 아버지 기분이 좋을 때까지 기다리라고 하셨죠. 아버지가 제 부탁을 들어줄지 거절할지는 그때 기분이 어떤지에 달려 있곤 했습니다. 그리고 아버지는 제 질문에 한 번도 제대로 대답한 적이 없어서, 부당하다고 생각했습니다.

첫 연애가 끝나고 남자친구에게 복수하고 싶었던 저는 임신했다고 거짓말을 했어요. 십대들이 원래 그런 것처럼 저 역시도 상황을 예측하고 상대의 반응을 제대로 판단하는 능력이 부족했던 거죠. 그래도 임신하면 언젠가 아이가 태어나야 한다는 정도는 알았어요.

워낙 거짓말을 해 버릇했기에 임신했다는 거짓말도 정말 구체적으로 할 수 있었어요. 그리고 임신하면 나중에 아이가 태어나야 하니까, 그 가짜 임신에 대해 적당히 둘러댈 결말도 미리 생각해두었고요. 하지만 그때는 친구들의 반응이 평소와는 좀 달랐어요. 제가 슬픈 듯이 임신했다고 말하자, 친구들이 그러지 말라고 저를 타일렀던 겁니다. 다들 제가 거짓말을 하고 있단 걸 알았던 거지요.

여기서도 배운 점이 있었어요.

우선 임신처럼 큰 사건에 대해 거짓말을 하려면 좀 더 신중할 필요가 있겠다는 것과, 복수가 실제로는 그렇게 효과적이지 않다는 것이었죠. 적어도 제가 기억하는 한 그 남자친구는 아무 반응도 보이지 않았으니까요. 결국 저는 의미 없는 자작극을 벌였던 겁니다.

사실 애초에 거짓말할 생각은 아니었어요. 그냥 자연스럽게 입이 열리고 실제로 그랬다면 좋겠다고 생각한 이야기가 과장되고 꾸며진 상태로 입 밖으로 떠밀려 나오고 만 거죠. 이야기를 지어낼 때는 부끄럽지 않았습니다. 꾸며낸 이야기가 저를 빛나는 사람으로 만들어주었고, 대단한 사람이 된 것 같았거든요. 관심이나 공감도 얻을 수 있었고요. 그때는 무슨 말이라도 해서 이런 반응을 끌어내고 싶었어요. 어른이 되고 나서 비로소 알게 된 것도 있는데, 우리 집 지하실에서는 말을 키운다는 둥 아주 어렸을 때 처음으로 했던 거짓말들이 사실은 암울한 현실을 벗어나 어린 시절이 좀 더 아름답기를 소망하고 상상한 것에서 비롯되었다는 것이 그것이에요.

사람들이 내 말을 믿지 않을 때도 사실은 거짓말이었다고 솔직히 얘기할 수 없었어요. 거짓말이 목을 조여오던 그 느낌, 의심으로 가득한 친구들의 얼굴, 의심과 비난으로 점철된 그 눈빛들, 거짓말이 진짜인 것처럼 보이도록 표정관리를 하려 노력하던 그 느낌이 아직도 생생하게 떠오릅니다.

가끔은 사람들이 거짓말을 알아챌 때도 있었습니다. 그냥 사실대로 말하라는 얘기를 들으면, 강제로 발가벗겨진 듯 부끄러웠어요. 거짓말이라고 솔직히 인정할 수 없었어요. 거대한 벽이 마음속에서 막아선 것 같았거든요. 이런 경험이 쌓이면서 거짓말임을 인정하는 건 참으로 어렵다는 것을 알게 되었죠.

첫 연애에 대한 질문

당신의 첫 연애는 어땠나요? 첫사랑은 보통 부모 중 한쪽과 닮아 있습니다. 제 첫사랑은 아버지를 닮았죠. 그 친구는 제 아버지와 비슷하게 말이 없었고 적극적이지 않았으며 별로 소통하지도 않았습니다.

당신의 첫 연애는 어땠나요? 첫사랑이 부모님 중 한 분과 닮아 있었나요?

어머니:

아버지:

기타 다른 보호자(패치워크 가족, 양부모 등):

재미없고 매력적이지 않아서 주변 사람들이 자꾸 나를 떠나는 게 아닌가 생각한 적도 있어요. 제가 봐도 재미도 매력도 없는 아이 같았으니까요. 스스로 별로라고 생각했으니, 어떻게든 더 나은 사람인 척 꾸며내고 싶었던 거지요.

몇 년 전 〈꽃가루〉라는 연극 대본을 쓰면서 여성과 남성의 첫 성 경험에 대해 인터뷰를 했습니다. 그러면서 '처음'이라는 부분에 중점을 두고 첫 경험이라는 주제를 탐구해보려고 했죠. 설문조사에 참여한 약 100명의 응답자 중 3분의 1은 멋진 경험이었다고 답했고, 다른 3분의 1은 복합적이었다고, 나머지 3분의 1은 불편하거나 아팠다고 대답했습니다. 상대 남성이 섬세하게 장미 꽃잎, 좋아하는 음료, 향초를 준비했다고 답했던 여성이 있는 반면, 거의 강간이나 다름없는 첫 성관계를 경험한 후 오랫동안 '모든 남자'가 다 그렇다고 생각한 여성도 있었습니다. 제 친구 한 명은 아버지가 자기를 성매매업소에 보내 두 명의 여성과 첫 관계를 갖게 했다고 했어요. 처음이 그러했으므로 그는 한 사람과 성관계를 하면 어딘가 부족하다는 느낌을 받는다고 합니다.

　　이런 이야기를 터놓고 나누면서 사람들의 경험과 그 경험이 이후의 행동에 어떤 영향을 미치는지에 대해 많은 것들을 알게 되었습니다. 첫 경험의 기억이 자신에게 미친 영향을, 저와 대화하면서 처음으로 깨달은 사람도 있었지요.

　　그다음으로 사귄 남자친구는 제 첫 남편이 되었습니다. 전 남자친구와 같은 친구 그룹에 속해 있었죠. 우리가 어떻게 사귀게 되었는지는 기억나지 않지만, 서로가 아주 열정적이고 뜨겁게 사랑한 것은 아닌 것 같아요. 불타는 사랑은 아니었지만 그래도 우리는 젓가락 한 쌍처럼 매일 붙어 다녔습니다. 우리가 살던 지역에서는 이런 관계를 두고 '그럭저럭'이라고 표현합니다. 같은 친구 무리였던 우리도 그렇게 '그럭저럭' 사귀었어요.

첫 관계에 대한 질문

당신의 첫 관계는 어땠나요?

(부드러움, 무관심, 긴장, 흥분, 지루함, 짜증, 아픔, 환상적임, 난폭함, 만족스러움 등)

첫 관계 이후 어떤 생각을 했나요?

(앞으로는 더 조심해야겠다/더 많이 하고 싶다/상대가 말하는 것을 따르겠다

다른 것을 해보고 싶다/능숙해지고 싶다/상대를 감탄하게 만들고 싶다

조심스럽게 행동해야겠다 등)

첫 관계가 지금까지 삶에 영향을 미치는 부분이 있나요?

만약 그렇다면 어떤 방향으로 그러한가요?

상대에 대해 무엇을 알게 되었나요?

그러다 스무 살에 결혼했습니다. 결혼식장은 온통 흰색으로 장식된 교회였어요. 집 때문에 한 결혼이었습니다. 1978년 당시는 결혼하지 않으면 함께 살 집을 구하기가 거의 불가능했거든요. 결혼하지 않은 커플에게는 집을 내줄 수 없다는 집주인의 말에, 남편은 "그

럼 그냥 결혼하자"라는, 참 실용적이고 멋없지만 그다운 말로 청혼
했습니다. 당시에는 함께 살 수 있는 방법이 결혼뿐이라고 생각했어
요. 또 이제 어른이라는 것을 다른 사람들에게 보여주고 싶었고, 당
시 미혼 여성을 부르던 '아가씨'라는 호칭에서 벗어나고도 싶었죠.

　그때 저는 살을 빼고 렌즈를 껴서 좀 더 예뻐졌습니다. 정말 다정
하고 신뢰할 수 있는 남편도 찾았습니다. 저보다 몇 살 더 많을 뿐이
지만 바위처럼 든든한 사람이었죠. 그는 말 그대로 '죽음이 우리를
갈라놓을 때까지' 함께 살자고 말하는 그런 우직한 남자였습니다.
이상적이라고 생각했어요. 그런데도 웨딩로드를 걷는 순간 영혼이
내 몸에서 빠져나와 저 자신을 내려다보며 '너 거기서 뭐 하니?'라고
말하는 것만 같았습니다.

　결혼할 때 제게는 목표가 하나 있었어요. 여자친구로서는 헤어져
도 딱히 아쉬울 것 없는 매력 없는 사람이었다면, 아내로서는 정말
최고가 되고 싶었습니다. 행복하지 않았던 부모님과는 다르다는 것
을 보여주고 싶었지요.

　당시 저는 그를 행복하게 해주는 것, 즉 제가 그를 돌보는 것이 결
혼이라고 생각했습니다. 요리를 하는 것은 저였습니다. 빨래를 하는
것은 저였습니다. 청소를 하는 것도 저였죠. 그때는 저도 사회생활
을 시작한 때였어요. 그것만이 부모님처럼 살지 않을 수 있는 유일
한 방법이라는 것을 알고 있었거든요. 항상 경제적으로 부족하게 자
랐기에 저는 야망이 컸습니다. 그때까지 가본 적 없는 휴가를 떠나
보고도 싶었고 멋진 집도 갖고 싶었어요. 그러려면 돈을 더 많이 벌
어야 했고, 더 나은 직업을 가져야 했지요.

4년간 '완벽한' 결혼생활을 하던 중 어느 날 집 근처를 산책하게 되었어요. 별생각 없이 숲에 들어갔는데, 나올 때는 마음속으로 결혼생활을 마감한 채였습니다. 무슨 일이 있었던 것일까요?

그 숲속에서 저는 인격이 아닌 영혼의 눈으로 제 삶을 객관적으로 보게 되었어요. 물론 그랬다는 사실은 당시에는 알지 못했죠. 오랫동안 생각하다 보니 지금까지 삶의 중심이 나 자신이 아닐 때가 더 많았다는 사실을 깨달았습니다. 당시 저는 '완벽한 아내'가 되기 위해 자신을 희생했거든요. 지금이라면 도저히 할 수 없는 일이었죠.

결혼이라는 역할극에는 나 자신이 없다는 생각이 문득 들었어요. 결혼생활 동안 저는 그저 그가 원하는 것을 채워주었을 뿐이었고, 그것을 기쁨이라고 생각했죠. 축구를 좋아하지 않는데도 매주 토요일마다 함께 축구장에 갔고, 새로운 식당에 가고 싶어도 그 사람을 생각해 늘 다니던 식당에 갔으며, 그가 좋아한다는 이유로 내키지 않는 요리를 하고 먹었죠. 사실 따지고 보면 상대가 고마워해야 하는 일인데 그걸 내 기쁨이라고 생각한 게 문제였답니다.

한편 저는 사진 편집자로 승진하면서 그동안 접하지 못했던 새로운 사람과 새로운 기회를 마주하게 되었습니다. 제 아버지는 수공업자였고 어머니는 가정주부였습니다. 아버지가 술에 취해 저를 집에서 쫓아냈을 당시 실업계 고등학교에 막 합격했던 제가 이제는 어엿하게 성장해 기자, 예술가, 크리에이터들을 만나고 함께 일하는 사람이 되었다는 것이 자랑스러웠어요. 하지만 남편은 제가 일을 그만두고 자기처럼 금요일 오후에 퇴근해서 주말 이틀을 쉬는 시 공무원이 되기를 바랐습니다. 하지만 제 일을 사랑했던 저는 그제야 삶에 대한 우리의 견해가 서로 너무나 다르다는 것을 알게 되었죠. 결혼 전에도, 결혼생활을 하면서도 우리는 각자의 인생관에 대해 이야기를 나눈 적이 전혀 없었거든요.

저는 이혼하고 싶다는 말을 언제, 어떻게 해야 할지 몇 달간 고심했습니다. 그리고 마침내 그 말을 했을 때 남편은 큰 충격을 받았어요. 그전에는 제가 행복하지 않다는 말을 한 적이 없었거든요. 항상 삶을 연기해오던 저는 그때는 이미 능숙한 배우가 되어 제 마음속 모든 감정을 감쪽같이 숨길 수 있는 경지에 달했으니까요. 저는 어머니의 모습과 어머니의 만트라mantra인 '참고, 참고, 또 참고' 그리고 '티 내지 말 것'을 항상 봐왔고 이런 모습들이 제 안에도 깊이 자리하고 있었던 거죠.

결국 그는 떠났습니다. 그리고 '우리'와 함께해온 친구들은 선택해야 한다고 느꼈는지, 제가 아닌 그의 친구로 남았죠. 그 과정에서 '친구관계를 유지해라'라는 교훈을 얻은 것은 평생 감사할 일입니다.

그리고 당시는 몰랐지만 몇 년이 지난 뒤 깨달은 게 있습니다. 바로 파트너에게 내 감정 상태를 표현하지 않는 것은 옳지 않은 행동이라는 것을요.

놀랍게도 이별 후 느낀 감정은 안도감이었어요. 저는 일단 '결혼'을 해본 사람이었으니까. 누군가에게 선택받은 적이 있었고, 결혼 후 남편을 따라 성을 바꾸었으므로 다른 사람들도 제가 결혼했던 사람이라는 걸 알 수 있었습니다. 결혼해야만 가치를 인정받는 사회 풍조여서, 결혼이라는 단계를 이미 거쳤다는 사실에 안도했던 거죠. 그때 저는 스물네 살이었습니다.

당시 저는 대외적으로는 이혼했다는 사실을 밝히지 않는 것이 낫겠다는 직감이 들었어요. 왜 그런 생각이 들었는지는 몰랐지만, 그래도 일단 그 직감을 따랐습니다. 제 의사와는 상관없이 누군가 치근대는 것이 싫었기 때문에 저 자신을 보호할 수 있기도 했고요. 원래 단호하게 제 의사표시를 못 하는 성격이라 결혼했다고 핑계를 대는 것이 편하다고 생각했어요. 그리고 만약 다시 결혼을 해야 한다면 그전에 좀 더 오래 고민하고 결정해야겠다는 생각도 했습니다. 이혼에는 시간이 걸리니까요.

이런 마음가짐이 처음에는 효과가 꽤 좋았어요. 이혼 후 처음 만났던 사람은 아내의 외도로 이혼한 남자였습니다. 저는 그를 위로해주었고 제가 누군가를 위로해주는 그 상황이 꽤 마음에 들었어요. 그는 술을 많이 마셨는데, 아내의 외도 때문에 괴로워 마시던 술이 나중에는 습관이 되어버렸죠.

이 관계를 통해 새로운 우정과 커리어에 대한 새로운 시각을 얻을 수 있었어요. 그리고 누군가에게 '속는다'는 새로운 경험도 해보았습니다. 아마 그는 아내의 외도로 인한 상처를 자신의 외도로 치유하고 싶었던 것 같아요. 저를 두고 바람을 피웠던 거죠. 그 사실을 저만 빼고 모두가 알고 있었다는 것을 알아챘을 때는 정말 바보가 된 기분이었습니다.

이 관계에서도 저는 진짜 제 모습을 보여주지 못했어요. 상대가 원하는 여성상을 연기하고 있었고, 그 관계에 헌신하며 제 즐거움이나 행복은 전혀 생각하지 않았던 겁니다.

그때까지도 저는 항상 상황이나 상대에 나 자신을 맞추었습니다.

이런 성격은 여행하며 낯선 곳에 가거나 새로운 상황에 적응해야 할 때는 좋겠지만, 상대에게만 오롯이 나를 맞추는 것은 아무래도 문제가 있었죠. 그때 저는 내 욕망과 약점은 꼭꼭 감추어두고, 내가 무엇을 좋아하고 원하는지는 생각해본 적이 없었습니다.

저는 그에게 저와 바람 상대 중에 함께하고 싶은 사람을 선택하라고 충분히 2주간의 시간을 주었습니다. 결국 그는 저를 선택했지만, 이미 우리의 관계는 망가져 있었지요. 어떻게든 관계를 회복해 보려고 애를 써봤지만 '그 여자에게는 있고 나에게는 없는 그것이 무엇이었을까?', '그 여자는 할 수 있지만 나는 할 수 없는 그것이 무엇이었을까?'라는 생각을 머릿속에서 도저히 떨쳐낼 수 없었습니다.

그리고 그와 헤어지면서 저는 그 당시 가장 친했던 친구도 함께 잃었습니다. 한 남자와 이별하고 나서 완전히 녹초가 된 저는 그날 밤 작은 여행가방을 들고 친구 집으로 도망쳤어요. 당시 남자친구와 동거를 막 시작했던 친구는 집 열쇠를 건네면서 손님방에서 자면 된다고 말해주었지만, 몇 시간 후에 "그런데 내일은 어디로 갈 거야?"라고 묻더라고요.

그때 저는 힘들 때 다른 사람들이 곁에 있어 줄 수 있도록 앞으로 친구들을 더 잘 챙겨야겠다고 생각했어요. 이런 생각을 했다는 것을 보면 이때도 분명 영혼의 눈을 뜬 상태는 아니죠.

그에게 저와 바람피운 상대 중에서 선택하라고 시간을 준 건, 그래야 '쿨한' 여자친구로 보일 거라고 생각했기 때문이에요. 그리고 전략을 세워 그를 휘두르려고 했죠. 그 2주 동안 우리는 자주 외출했는데, 밖에서 만난 남자들과 괜히 친한 척을 하며 제가 남자들한테 인기 있는 여자라는 걸 과시하려고 했어요. 이때도 저는 내면이 아닌, 겉으로 보이는 모습에 신경 쓰고 있었습니다. 그의 행동과 반응에 온통 신경이 쏠려 있었던 거죠.

제게는 상대가 패를 보일 때까지 기다린 후 나중에 그에 맞는 패를 내려는 습관이 몸에 배어 있었습니다. 일단 상대가 무엇을 원하는지 탐색하고 그것을 충족시켜줍니다. 그런 후에야 상대가 혹시 나의 작은 소망 하나를 들어주지 않을까 조심스럽게 알아보는 식이었죠.

하지만 그러면서 뭔가 속았다는 기분이 들면서 사람들이 저를 비웃는 것 같다고 느끼는 일도 많아졌어요. 나중에 방송 진행자로 일하기 시작하면서는 이런 일을 더 자주 겪게 되었습니다. 물론 이것이 결국 나중에 내면의 평화를 얻는 데 도움이 되긴 했지만요. 이런 일을 겪으면서 저는 애초에 그가 보여준 특징을 제가 전혀 눈치채지 못했다는 사실을 깨닫게 되었어요. 그 특징이란 그가 처음부터 전부인을 나쁘게 말했다는 것입니다. 그리고 이제는 저에 대해 그렇게 말하고 있겠죠.

이를 통해 새로운 연인이 이전 관계를 어떻게 말하는지 주의 깊게 듣는 건 정말 중요하다는 사실을 알게 되었어요. 그러면서 그의 과거에 한 발짝 들어가 볼 수 있거든요. 새로운 연인이 이전 관계에 대해 나쁜 말만 늘어놓고, 아직도 화가 나 있고, 너무 세세한 부분까지 예민하게 반응한다면 우리 관계가 끝났을 때 이 사람이 어떻게 행동할지 미리 알 수 있습니다. 이는 반대로 우리도 끝난 관계를 성찰하고 반성해야 한다는 말이기도 해요.

상처받은 사람들을 위로하면서 그를 슬픔에서 '구해주고 싶다'는 생각이 들 때 특히 함정에 빠지기 쉽습니다. "정말 속상하겠다. 그 사람 진짜 나쁜 사람이네!"라면서 상대를 위로하다 보면, 내가 대단한 사람이 된 것 같고, 적어도 그의 전 파트너보다는 훨씬 낫다는 우월감을 느끼게 되죠. 우리 자아는 이런 함정에 아주 쉽게 빠집니다. 이런 유형의 남성은 처음에는 사랑스러운 모습만 보여주기 때문에 이 사람이 예전 관계에서 문제의 원인이었을 것이라고는 전혀 생각할 수 없게 되거든요.

그에게 했던 그 말은, 결국 내게 돌아옵니다

그와 헤어지고 나서 (잠재적인) 파트너가 전 여자친구나 전 부인을 어떻게 이야기하는지도 살펴봐야 한다는 것을 알게 되었습니다.

이전 관계에 대한 질문

우선 당신이 이전 관계를 어떻게 이야기하는지 살펴볼까요?
단순히 아름다웠던 과거를 추억하는 시간이 아니라, 문제의 원인과 결과를 성찰해보는 것입니다.

당신은 과거의 관계에 대해 어떻게 이야기하나요?
(몇 가지 사례: "충만한 관계였다", "아직도 그가 생각나", "이제 그 사람 생각은

전혀 안 나", "그 사람은 별로 생각하고 싶지도 않아", "그가 잘못했지", "그냥 흔해빠진 관계였어", "나는 이용당한 거야", "그 사람은 나를 이해 못 해" 등)

지금 만나는 파트너가 이전에 사귄 사람들에게 질투를 느끼나요?

만약 그렇다면 그 이유는 무엇인가요? 생각해볼 만한 재미있는 질문이에요. 우리는 왜 상대의 과거를 질투하는 걸까요? 불안 때문에? 아니면 이전 상대가 우리보다 나을까 봐 (더 예쁘고, 똑똑하고, 잘나가고) 샘이 나거나 혹은 이전 상대에게 사랑하는 사람을 빼앗길까 봐 두려운 걸까요?
그것도 아니라면 상대의 과거에 질투를 느끼는 이유는 무엇일까요?
지금 당신은 질투하고 있나요?

왜 이런 생각이 들까요? 혹시 상대를 신뢰하지 못해서 그런 거라면 그 이유는 무엇인가요? 아니면 직감적으로 상대가 신뢰하기 어렵다는 느낌이 드나요?
내 남자 주변에 여자라곤 아무도 없었으면 좋겠습니까?
이전에 배신당한 경험 때문에 남자를 신뢰할 수 없게 된 건 아닌가요?
사실 질투를 느끼는 데는 전에 배신을 당해서가 아니라
다른 것이 원인인 경우가 많습니다.
그러면 우리는 왜 이렇게 자주 질투심을 느끼는 것일까요?

이전에 사귄 사람들과 아직도 연락하고 있나요? 그 이유는요?

연락하고 있지 않다면 그 이유는요?

자신에게 솔직한가요, 아니면 아직도 거짓말을 많이 하나요?
꼭 연애 관계에 관한 질문만은 아닙니다.

어떤 상황에서 거짓말을 하나요?

그 습관을 고치고 싶은가요?

저는 스물다섯 살 때 프리랜서 보도 사진가로 일했습니다. 그때는 이미 부모님과 떨어져 산 지 오래되었는데도 항상 부모님이 제 일에 방해가 된다고 생각했죠. 그런데 실제로 일을 방해하는 것은 나 자신이었어요. 제가 안 좋게 생각했던 부모님의 모습들이 제 습관으로 자리 잡았던 것이죠.

성적인 측면에서도 항상 '멋진 애인'이 되고 싶었지만 정작 상대가 얼마나 만족시키고 배려해주는지는 생각해본 적이 없었어요. 이것도 어린 시절에 좋아하는 것을 포기해야만 했던 경험들과 전혀 무관하지는 않지요. 그리고 저는 '이런 부분까지도' 계속 연기를 하고 있었습니다.

그 무렵 연애경험이 아주 많은 사람을 만났어요. 그는 제가 몹시 긴장하는 걸 보고 놀라더니 이내 저를 꼭 껴안고 '그냥 가만히 누워 있어도 돼'라고 말해주었죠. 그렇게 몸은 가만히 있었지만 정신은 없었죠. 몸을 가만히 맡기자 머릿속에서 팽팽 도는 듯한 강렬한 느낌이 요동쳤습니다. 차분해지고 몸으로 느껴지는 감각을 즐길 수 있게 될 때까지는 시간이 꽤 많이 걸렸어요. 그때 처음으로 성적인 만족감을 느낄 수 있게 되었지만(사람들이 왜 그렇게 열광하는지 알게 되었지요) 어째서인지 우리 사이가 성적인 부분에만 국한될 것이라는 느낌을 받았고, 그와 점점 거리를 두다 이내 헤어졌습니다.

그 뒤, 저는 한 방송의 게스트로 출연하기 시작했어요. 그러면서 혼자 지내는 법도 배우기 시작했습니다. 혼자 있는 것을 견디기 어려워했던 저는 항상 약속을 잡았고, 집에도 항상 TV를 켜놓고 지냈습니다. 항상 곁에 누군가가 있어야 했고, 주변에 아무도 없으면 몇 시간이나 통화하며 허전함을 채웠죠. 평화와 고요함을 간절히 원하면서도, 사랑받지 못한다는 불안이 항상 저를 괴롭혔어요.

혼자 살기에 대한 질문

혼자가 되었을 때 어떻게 지내나요?

혼자 보내는 시간을 어떻게 생각하나요?

혼자인 시간을 즐기나요?

만약 즐기지 않는다면 이유는 무엇인가요?

혼자 지낼 때 어떤 행동을 하나요?

기분전환을 하거나 창의적인 활동, 개인적인 취미생활을 하나요?

　그와의 짧은 만남이 끝난 후, 방송국에서 대화가 잘 통하는 동료를 알게 되었어요. 서로 이야기가 통하다 보니 그와 많은 시간을 보냈고 친한 친구가 되었습니다. 그는 여성들의 고백을 자주 받는 매력적인 남자였어요. 그 역시 그런 관심을 분명히 즐겼고, 대화 도중에도 자기를 쳐다보는 여성들을 의식하느라 집중하지 못할 때도 종종 있었죠. 이런 모습을 볼 때마다 그 사람 여자친구가 아니라서 참 다행이라는 생각을 했습니다. 한편 그는 전 여자친구에 대해서 좋게 말하던 사람이었어요.

그런데 결국 우리는 사랑에 빠졌습니다. 처음에 그가 변할 것이라는 희망을 품었던 건 사실이에요. 물론 우리 관계는 아주 좋았습니다. 흔히, 남자는 여자가 항상 그 모습 그대로이기를 바라고, 여자는 남자가 변하기를 바란다고 하는데 그건 맞는 말이었어요. 저도 그랬으니까요.

하지만 현실은 달랐습니다.

저는 그에게 매달리기 시작했습니다. 우리는 직업이나 관심사에 대해서는 엄청나게 잘 맞았지만, 연인과의 거리나 생활에서 연애가 차지하는 비중에서는 너무나도 달랐지요. 공적인 자리에 가면 그는 다른 사람들과 어울리고 저 혼자 남겨질 때가 많았습니다. 하지만 그를 잃고 싶지 않았기 때문에 제 감정은 혼자서 롤러코스터를 타곤 했지요. 그에게 여전히 끌리면서도 한편으로는 화가 났고, 또 그러면서도 솔직히 그런 드라마 같은 상황을 즐기기도 했어요. 아직도 내 행복보다는 다른 사람을 더 신경 썼던 거죠.

그렇게 4년여가 지났을 무렵, 그가 다른 여성들과 비밀스럽게 만난다는 것을 눈치채고 뒷조사를 했습니다. 사람의 본성은 그리 쉽게 변하지 않는다는 걸 그때도 잘 몰랐죠. 한편 그와 함께할 때도 저는 참 솔직하지 못했다는 것을 나중에야 깨달았습니다. 낮에도 밤에도 마치 배우처럼 연기하며 살았던 거예요. 저에게 '진심'이란 머나먼 미지의 세계의 언어와도 같았습니다. 침대에서 보여주는 모습은 진정한 저 자신이 아니었어요. 우리 관계에 대한 대화도 모두 피상적이었습니다. 싸우고, 비꼬고, 눈물도 흘렸지만 그러면서도 서로 마음 깊은 곳에 있는 솔직한 생각을 이야기한 적은 없었습니다.

대화가 잘 통했을 뿐 아니라 그의 가족을 정말 좋아했다는 것도 그 관계에 매달렸던 이유였습니다. 그 집에서는 대화의 주제가 단순히 주변 이웃이나 TV 프로그램에 국한되지 않았거든요. 그의 가족과 이제 함께하지 못한다는 사실을 깨달은 순간의 아픔은 이별의 아픔보다 더 컸습니다.

하지만 이 관계에서 개인적으로 성장한 부분도 있었어요. 남자친구와의 관계가 끝나도 친구관계를 잘 지키겠다는 결정을 드디어 실천에 옮긴 거죠. 헤어질 때도 친구들에게 그와 저 중에서 선택하라는 얘기 따윈 하지 않았습니다. 아이도 반려동물도 없었던 우리가 완전히 '남남'이 될 때도 '앞으로 각자 어떤 술집에 갈 것인지'라는 단 하나의 규칙만 세웠습니다. 어쨌든 그와 계속 마주치고 싶지 않았으니까요. 그와 헤어지고 난 후 전 자신감을 완전히 상실했습니다. 그렇지만 겉으로는 밝고 아름다우며 성공한 방송 진행자의 모습을 계속 유지할 수밖에 없었죠.

헤어지고 난 후 새 여자친구를 사귄 그는 저와 만날 때와는 완전히 달라서 좀 놀라웠어요. 그는 다시 사랑에 빠졌는데(제 기준에는 너무 빨랐습니다. 저와의 이별을 좀 더 오래 슬퍼했다면 자존심이 덜 상했을 텐데 말이죠), 새 여친을 위해 그는 말 그대로 '모든 것'을 바쳤습니다. 심지어 함께 여행을 가려고 차를 팔 생각까지 했다고 하더라고요. 저랑 사귈 때는 눈 오는 날 차에 시동이 걸리지 않아 한참 씨름할 정도였는데 말이죠.

물론 저도 뭔가 잘못한 게 있었을 테지만, 그렇다고 제가 못 하는 것을 다른 여자라고 할 수 있었을까요? 다른 여자들은 침대에서 너무 환상적이어서(그때는 진심으로 이렇게 생각했습니다) 별이라도 따다 바칠 기세인 걸까요? 그는 저와 헤어지고 나서 갑자기 세심하고, 다정하고, 사랑의 황홀함에 취한 듯 변해버렸어요. 4년이나 사귀면서도 한 번도 본 적 없는 모습이었습니다. 저는 몇 년이 지나고 나서야 그 이유를 이해할 수 있었어요. 새 여자친구는 저와는 완전히 다른 사람이었던 거예요. 그녀는 그에게 엄마 노릇을 하지 않았습니다. 말과 행동이 일치했고 자신감도 넘쳤고요. 자신이 무엇을 원하는지를 분명하게 아는 사람이었죠.

시간이 한참 흐른 뒤, 우리는 방송국이나 일에 대해 다시 이야기를 나눌 수 있는 사이가 되었습니다. 대화하면서 진심으로 웃기도 했고요. 저는 헤어진다고 사랑을 꼭 끝낼 필요는 없다는 점을 배웠어요. 헤어졌더라도 인간적인 애정을 가지고 서로를 존중하며 지낼 수 있는 거니까요. 그 교훈을 바탕으로 그 후에 사귄 모든 다른 남자들과도 그렇게 지내고 있습니다.

성에 관한 질문

이상적인 경우라면 성적인 관계는 모든 관계 중 가장 친밀한 관계죠. 서로 눈을 맞추고 상대방으로 인해 기쁨을 느끼며, 부드러움과 강렬함을 동시에 느낄 수 있습니다. 내키지 않거나 불편한 것은 강요하지 않고, 강압이나 수치심을 느끼지 않지요. 깊은 친밀감을 느끼는 시간이고, 욕망은 있을 수도 있고 없을 수도 있겠네요. 지치지도 않고, 서로 동등하게 주고받으며, 충분히 즐길 시간도, 휴식도 있는 시간입니다. 이럴 때는 호르몬의 큰 변화를 겪는 완경기 등 서로의 내밀한 부분도 터놓고 이야기할 수 있지요.

성은 관계에 좋은 의미로 긴장감을 줍니다. 당신은 어떤가요?
침대 위에서 연기를 하시나요?

어떤 어려움이 있나요?

어려움이 있다면, 어떤 부분에서 그런가요?

자신의 모든 것을 보여주고 있나요?

다른 사람과 자신을 비교하나요?

사랑을 나누는 동안 상대와 눈을 마주하나요?

정말로 좋아하는 행위에만 동의하고 있나요?

한번은 사귄 지 일 년 만에 성생활을 거의 하지 않았던 적이 있었습니다. 거부당하는 기분이었고 많이 울었으며 좌절도 많이 했죠. 그 문제로 싸우고 싶지 않았기 때문에 대화도 시도해보고, 유혹도 해봤고, 심지어는 욕을 하며 멀리한 적도 있었습니다. 마치 그가 만든 게임 속에서 그가 정한 규칙에 따라 움직이는 캐릭터 같다는 기분이 들었어요. 결국 마음을 결정하고 그를 떠날 때까지는 오랜 시간이 걸렸습니다. 단순히 성생활이 없었다는 이유 때문만은 아니었어요. 그는 대화를 거부하고, 함께 해결책을 찾으려고 하지 않았으며, 제 욕구를 무시했죠.

우리의 성생활에서 스스로를 어떻게 대하는지 알 수 있었습니다. 저는 상대에게 솔직한 모습을 보여준 적이 없었어요. 저도 제 진짜 모습이 무엇인지 잘 몰랐으니까요. 감정도 보여주지 않았고, 제 몸이 무엇을 원하는지도 생각해보지 않았습니다. 몸이 이끄는 대로 자연스럽게 행동하는 대신 어떻게 움직이고 행동할지를 다 계산했지요. 다른 사람이 제 행동을 받아주고 인정해주기를 바랐습니다. 끊임없는 생각의 늪에 갇혀 있었습니다. 그러면서 어떤 결론도 내리지 않았습니다. 그랬으므로 겪어본 적이 없는 상황이 닥치면 어떻게 대처해야 할지 몰라 쩔쩔맸죠.

어느덧 스물여덟이 되었고, 그 사이 아버지가 돌아가셨습니다. 하지만 슬프지 않았고 오히려 안도했어요. 돌이켜보니 가족의 든든한 지지를 받은 적이 없다는 것을 비로소 깨닫게 되었던 거죠. 집을 나왔을 때부터 혼자 힘으로 살았고, 그 시간은 성장하는 데 큰 도움이 되었습니다. 돌아갈 안식처가 없었기에 악착같이 살았던 거죠. 그렇다 해도 마음속에는 늘 안식처에 대한 갈망이 남아 있었어요.

두 번째 결혼

결혼식에 갔다가 두 번째 남편을 알게 되었고 사랑에 빠졌습니다. 그는 열렬하게 구애했고, 쉽게 흔들리지 않는 한결같은 사람이었습니다. 이전에 하나같이 외부 유혹에 흔들리는 이들만 만나온 저로서는 그런 모습에 무척 마음이 놓였지요. 마침내 자신이 무엇을 원하는지 잘 아는 사람을 만났다는 사실이 퍽 감동적이기도 했고요.

그때는 저도 예전보다는 제 욕구를 더 잘 알게 되었지만 실제로 관계 속에서 실천해볼 기회는 없었는데, 그 사람이 좋은 계기가 되어주었죠.

새 남편이 처음으로 소개해준 사람은 그의 전 여자친구였는데 우리는 친한 친구가 되었어요. 그때는 친구를 사귀고 그 관계를 유지하는 방법도 많이 터득했거든요. 거짓말도 전보다 훨씬 줄어서 피치 못할 상황이 아니라면 거의 하지 않게 되었습니다.

두 번째 남편과 결혼하면서 미국으로 이민을 갔습니다. 그동안 독일에서 일했기 때문에 미국이라는 낯선 땅에서 경제활동을 못 하고 그러면서 자연스럽게 전업주부가 될까 봐 처음에는 정말 두려웠어요. 물론 나중에는 방법을 찾았지만요.

두 번째 결혼생활에서 저는 생각을 더 분명하게 전달하는 법을 천천히 배워갔습니다. 아이를 낳고 엄마가 되었고, 다행히 계속 방송 진행자로 일할 수 있었어요. 그런데 얼마 지나지 않아 직업적으로 위기를 겪으면서 정말 힘든 시간을 맞았습니다. 고통스러웠던 그 시기를 겨우 극복해낸 후, 저는 두려움이라는 감정을 탐구하기 시작했어요. 개인적으로는 내면의 성장을 이루고 좋은 습관을 만드는 데 집중했고요.

남편과의 결혼생활에서 저는 완전히 달라졌습니다. 저 자신을 더 잘 알고 이해하기 위해 다양한 심리치료와 훈련을 받았죠. 그 누구도 아닌 오롯이 저를 위한 일이었어요. 이런 노력 끝에 드디어 거짓말을 멈출 수 있게 되었어요. 다른 사람을 통해서가 아니라 저 스스로 이루어낸 것이었습니다.

결혼생활에는 이런저런 문제가 있었지만 자질구레한 언급은 생략하고, 가장 큰 문제는 우리가 함께하기에는 서로 너무나 달랐다는 것이었습니다. 결혼을 유지하고 싶다는 생각을 수년간 지속했고 딸을 위해서도 그러고 싶었지만 결국 불가능하다는 사실을 깨달았죠. 우리는 여러 면에서 맞지 않았어요. 부부 상담도 여러 번 받았고, 마지막에는 "처음 만났을 때 본모습을 숨겼던 거지!"라고 절규하기까지 했어요. 정말 놀라웠던 것은 그가 저를 바라보며 이렇게 말했다는 것입니다. "당연하지! 안 그랬으면 너랑 결혼 못 했지!"

이 과정에서 문득 우리 관계가 변한 것이 아니라 그가 저를 만나 사랑에 빠졌을 때 잠시 달라졌다가 다시 자기 본모습으로 돌아왔다는 걸 알게 됐습니다. 그와 헤어지고 난 뒤에야 비로소 말이에요.

남성상(또는 여성상)의 문제 고치기

저는 남자친구보다 여자친구가 훨씬 많았어요. 이성 친구와 동성 친구는 우정의 깊이에서도 큰 차이가 났지요. 어린 시절 아버지에게서 남자에 기대서는 안 된다는 것을 제대로 깨우친 셈이죠. 좀 다른 얘기지만 결혼생활을 하면서도 정서적 지지를 거의 받아본 적이 없어요. 제가 감정적으로 성숙해질 수 있었던 것도 모두 스스로 노력해서 이룬 것이었습니다. 결혼생활에서 깊은 교감을 할 수 없었기에 저는 정신적 교감에 대한 열망도 정말 컸습니다. 그런데 이처럼 자신을 탐구하려는 노력에 전남편은 굉장히 부정적으로 반응했어요.

상대를 진심으로 용서하고 이해하기 위해서는 우선 자신의 남성상 또는 여성상이 어떤지 분명히 알아야 합니다. 제 경우, 10년 넘게 수요일마다 열리는 작가 모임에 참석하고 있는데, 이 모임이 정말 큰 도움이 되었습니다. 모임의 주최자인 낸시 바칼이 결정, 상실, 새 출발, 친밀감, 곤란함 등 주제를 정해주면 모든 사람이 30분간 그 주제로 글을 쓰고 한 명씩 낭독해가며 다른 사람들이 피드백을 주는 식으로 운영되는 모임이었습니다.

그 모임에서 저는 인생 처음으로 자신을 온전히 내보이고 표현하는 남성을 보았어요. 아주 신선한 충격이었죠. 여성과 남성이 같은 감정을 느낀다는 사실을 그때 처음 알았습니다. 한번은 그가 첫사랑에 대해 쓴 적이 있었어요. 무려 40년이 흘렀는데도 애정과 헌신을 담아 첫사랑 그녀의 향기, 그녀의 존재, 그녀의 미소, 그녀에게 닿았을 때의 행복한 떨림을 묘사한 글은 그 자리에 있던 모두에게 큰 감동을 주었죠.

모임에서 몇몇 남성들의 이야기를 듣고 나니 이성을 대하는 마음이 달라지더라고요. 아버지를 보면서 남자들이란 이상하고 바보 같은 존재라고 생각했는데, 그들도 나와 비슷하고 민감한 감정을 세심하게 느낄 수 있는 인간임을 비로소 알게 된 거지요.

어린 시절에 어떤 경험을 하는지에 따라 성인이 되어 관계를 맺는 방식은 크게 달라집니다. 어린 시절 마음속에 이성에 대한 어떤 이미지가 확고하게 자리 잡았는데 스스로 그 사실을 모르고 있으면, 계속 특정 유형에게만 끌리게 됩니다. 그래서 원래 잘 알던 유형과 다른 새로운 사람을 만났을 때는 상대를 자세히 살펴 새로운 유형을 배워갈 필요가 있어요.

성별과 이성에 대한 인식은 성별에 따라 정해지는 것이 아니라, 유아기에 어떤 경험을 하는지에 따라 결정됩니다. 그러니 유년기에 어떤 경험을 했는지 생각하다 보면 자신에 대해 정말 많은 것을 알 수 있지요.

스스로 이성을 어떻게 생각하는지도 시간을 들여 생각해보면 좋아요. 꼭 연애 관계만을 말하는 것이 아니라 일반적으로 살아가며 만나는 이성들을 생각해보는 거죠. 사회화 과정에서 성 역할에 대한 이미지가 내면에 고착화되기 때문에, 이런 생각은 도움이 됩니다. 이에 대해 한 가지 사례를 보여드릴게요.

그녀는 '아빠 껌딱지'였습니다. 그녀가 아버지와 함께 있을 때면 어머니는 질투 섞인 말을 던지고 방해할 때도 많았습니다. 학교에서도 남자아이들과 더 친하게 지냈지요. 청소년기에는 남자아이 무리에 속한 유일한 여자아이였고 심지어 가깝게 지내는 여자친구 하나 없었습니다.

직장에 들어가서도 그녀는 항상 여성 동료를 미더워하지 않았죠. 여성이란 신뢰할 수 없고 불안정하며 질투심이 강한 존재라고 생각했어요. 남자들 무리에서 홍일점일 때가 많았고, 본인도 어느 정도 그 사실을 즐겼지요. 그런데 새로운 상사가 오면서 모든 것이 변했어요. 새 상사는 그녀가 여성 동료에게 퉁명스럽게 대하는 것을 그대로 두지 않았습니다. 그렇다고 해서 그녀를 배제하거나 통제나 압박하지는 않았어요. 다른 상사들과는 아주 다른 대응을 보였어요. 자기 집으로 저녁 식사 초대를 한 겁니다. 식사 자리에서 나눈 대화는 그녀가 자신을 돌아보는 계기가 되었습니다. "팀장을 맡기고 싶은데, 같이 일하는 여성 직원에게 그런 식으로 대하면 승진시킬 수 없어요. 여성에 대해 긍정적으로 생각하는 면이 있기는 한가요?"

그 말을 하는 상사의 표정에서 비난이 아닌, 진정한 관심에서 나온 질문임을 알 수 있었다고 해요. 그 대화를 계기로 그녀는 다른 직원들과 대화도 시도하고 여성과의 관계에 대해 배우려고 노력했어요. 여성 직원과 협력하고 함께 일하면서 그녀뿐 아니라 다른 동료 여성들의 삶까지도 달라졌다고 합니다. 서로 협력하고 챙겨주는 경험이 쌓여가면서, 여성을 경쟁상대로만 여기던 그녀가 나중에는 그들의 멘토가 되기까지 했으니까요.

자신도 모르게 항상 여성과의 우정을 원하고 있었다는 것, 그리고 무의식적으로 자기 안의 여성적인 측면과 다른 직원의 여성성을 거부하고 있었음을 깨달았을 때는 마음이 아팠다고 해요. 나중에는 어머니도 여유롭고 편안하게 대할 수 있게 되었고, 어머니가 왜 그렇게 행동했는지를 알아가고 대화를 나눠볼 마음도 생겼다고 합니다. 알고 보니 어머니도 어린 시절에 비슷한 경험을 했고, 그런 불안정한 여성상을 자신이 그대로 물려받았던 겁니다.

다른 사람들에 대한 인식을 알아보는 것은 참 흥미로운 일입니다. 이번 질문에는 '제3의 성별'에 대한 내용도 추가했어요. 모든 사람을 여성과 남성이라는 두 성별만으로 분류할 수는 없으니까요. 그 중간도 있을 수 있고, 중간이 아니더라도 두 성별 사이 어딘가에 있는 사람들도 참 많잖아요. 그런 사람이 주변에 없다고 해도 질문에 답해보시죠. 내가 평소에 어떤 생각을 하고 있는지 알아볼 수 있으니까요.

여성상, 남성상에 대한 질문

여성의 특성 중 어떤 점을 좋아하나요?

남성의 특성 중 어떤 점을 좋아하나요?

트랜스젠더의 특성 중 어떤 점을 좋아하나요?

여성의 특성 중 무엇이 당신을 괴롭게 하나요?

남성의 특성 중 무엇이 괴롭게 하나요?

트랜스젠더의 특성 중 무엇이 불편하게 느껴집니까?

성별에 따라 사람의 특성이 다르다고 생각하나요?

여성과 남성에 대해 좋다고 느끼는 특성이 다른가요?

만약 그렇다면 그 이유는 무엇인가요?

다른 성별의 특성이라고 생각되는 특징을 내가 가져서는 안 된다는 느낌을
받은 적이 있나요? 유년기에 특정 성별의 특성을 강요받은 적이 있나요?
예를 들어 여자아이에게 '그렇게 거칠게 행동하면 안 돼'라거나
남자아이에게 '남자가 참아야지'라는 식 말입니다.

성별에 따라 사람을 다르게 대하나요? 이는 호모포비아(다른 성적 지향성에
대한 혐오)에서 나타나는 태도입니다. 동성애를 지향한다는 이유만으로
그에 대한 편견을 갖는 것을 말하지요.

이런 질문들을 생각하며 자기 자신을 돌아보는 것도 좋지만, 주변의 소중한
사람들과 함께 이야기를 나눠보는 것도 좋습니다. 그러다 전혀 예상치 못했
던 새로운 시각을 얻게 되는 경우도 많거든요. 그러니 당신을 잘 아는 주변
사람들과 다음 질문에 대해 이야기를 나눠보세요.

내가 고쳐야 할 특성은 무엇인가요?

나에게서 좋다고 생각하는 특성은 무엇인가요?

누구나 보고 싶은 것만 봅니다

저는 사람을 볼 때 중요하게 생각하는 특성을 성별에 따라 다르게 보지 않습니다. 아마 여러분도 마찬가지일 거예요. 하지만 사회적 통념이 영향을 미치는 부분도 분명히 있습니다. 가령 어머니는 다정하고 헌신적이며, 아버지는 강하고 자신감이 있어야 이상적이라는 인식이 사회적으로 깊게 뿌리박혀 있는 거죠.

헌신적인 남자라는 말을 들으면 어쩐지 좀 매력이 없는 것처럼 느껴지죠. 강하고 자신감 있는 어머니라는 말은 어떤가요. 은근히 거부감이 들지 않나요?

다음 사례를 보면, 무엇을 보려는지에 따라 세상에 대한 인식도 달라진다는 것을 알 수 있어요.

세 여성이 여행을 떠납니다. 한 명은 임신한 상태이고, 한 명은 배가 고프고, 다른 한 명은 자기 짝을 찾고 있습니다. 이들은 작은 동네로 가서 그곳을 잠시 둘러봅니다.

돌아오는 길에는 이런 대화를 나눕니다. "괜찮은 남자 진짜 많더라." 그러자 다른 한 명이 말합니다. "뭐? 난 그런 사람 없던데. 근데 괜찮은 식당은 많더라." 그리고 나머지 한 명은 이렇게 말하죠. "식당? 남자? 난 못 본 거 같은데. 아무튼 임산부는 진짜 많았어."

이 이야기를 관계에 적용하면 어떨까요? 사랑이나 우정에서 하나의 특징만 보고 원래 그런 거라고 일반화해버리면 다른 특징은 더 이상 눈에 들어오지도 않겠죠. 일단 그렇게 되면 변화하기란 너무 어려워집니다.

사람은 모두 변하지만, 그 속도는 다 달라요

두 번째 결혼으로 저는 개인적으로 거의 완전히 다른 사람이 되었어요. 남편은 제가 매력적이고 성공한 방송 진행자이면서도 소탈했기 때문에 결혼했는데, 몇 년 같이 살다 보니 저라는 여자는 정말 이해하기 힘든 부분이 많다는 걸 알게 되었죠. 집에만 틀어박혀 지내며, 소탈하지도 않고, 크리스마스에 집 안에 미니텐트를 설치하고 싶어 하는 별난 사람에다가, 이상한 친구를 집에 데려오고, 매일 명상을 하고, 수요일에는 무슨 이유에서인지 몰라도 말을 한마디도 안 하며, 정신 나간 사람들만 읽는 책을 쓰는 사람 말이에요.

사회적으로 성공한 자신에게 어울릴 만한 사회적 지위를 갖춘 이상적인 여성이라고 생각했는데, 알고 보니 짜증나는 이상한 여자였던 거죠. 하지만 저는 완전히 그 반대라고 생각했어요. 전에는 항상 다른 사람에게 나를 맞추고 자유롭지 못했는데, 이제야 불합리한 것에 의문을 제기하고 의견을 편하게 말할 수 있게 되었으니까요. 그 무렵, 남편은 적어도 일주일에 한 번은 제가 잘못되어가고 있다고 말했습니다.

관계란 계속 변화하게 돼 있습니다. 물론 변화나 새로운 것이 두려울 때도 가끔 있죠. 하지만 영혼의 눈으로 봤을 때 변화는 정말 중요합니다. 특히 30년 이상 행복한 결혼생활을 지속하는 커플을 보면 수많은 변화를 경험했고, 그 과정에서 한동안 힘든 시기를 겪기도 했지만 결국 서로가 발전하고 성숙해지는 모습을 볼 수 있지요.

결혼생활 과정에서 저는 개인적으로 '영성' 분야에 관심을 갖게 되었어요. 남편은 이런 부분과는 너무나 거리가 먼 사람이었죠. 하지만 저는 이미 변했고, 그것은 이전으로 되돌릴 수 없을 만큼 확고한 변화였습니다.

관계가 유지되고 성장하기 위해서는 서로 소통해야 합니다. 소통하면서 그동안 몰랐던 서로의 약점이 비로소 드러날 때가 있죠. 이 약점은 어렸을 때 어른들이 말을 가로막거나 귀담아듣지 않았고, 혹은 의심하거나 위협해서 생긴 것일 수 있어요. 어린 시절에 이런 경험을 하면 그 기억이 남아서 관계를 맺거나 이별하는 과정에서 드러나게 됩니다.

어린 시절에 위협적인 상황이나 모욕 등을 경험해서 트라우마가 생기면, 자기도 모르게 그런 고통스러운 상황을 피하려고 안간힘을 쓰게 되죠. 이처럼 살아오며 얻은 경험과 어린 시절에 형성된 인식이 우리의 행동을 결정합니다.

어린 시절에 폭력을 경험하면 성인이 되어서도 움츠러들게 됩니다. 누군가에게 비웃음을 당한 적이 있다면 상대에게 약한 모습을 보여주지 않으려 행동하겠죠. 어릴 적에 어떤 상황에서 어떤 결정을 내렸다면 그건 그럴 수밖에 없었을 거예요. 하지만 성인이 된 지금은 결정하는 방법이 달라질 필요가 있는데, 그 사실을 인식하는 것 자체가 중요합니다.

그런데 어릴 적에 그렇게 행동할 수밖에 없었던 이유는 뭘까요? 아마 그때는 단순히 그 자리에서 고통과 분노를 피하고 싶었을 거예요. 어린아이였기 때문에 별다른 선택지도 없었을 테고요. 부모나 주변 사람들이 우리를 쉽게 통제할 수 있는 상황이었으니까요.

하지만 이제 우리는 성인이고, 다르게 대처하는 방법을 알지요. 어린 시절에 어떻게 행동했는지 의식적으로 인식하지 못하면 그 시절의 행동에서 벗어날 수 없습니다. 제 경우에는 거짓말하는 습관이 고쳐지지 않고 계속 이어졌죠. 자신의 행동을 인식하고 극복하는 과정도 앞서 언급했던 '내면의 아이 작업'의 일부입니다.

또 다른 이별, 또 다른 배움

15년간의 결혼생활, 그리고 가족관계를 끝내는 것은 너무나 아픈 일이었어요. 이혼할 때 아이가 있으면 상황이 완전히 달라지죠. 남편과 저는 딸까지 이혼의 아픔을 겪게 하고 싶지 않았어요. 혼자서 울기도 많이 울었죠. 특히 이 결정이 딸에게 어떤 영향을 미칠지를 생각하면 너무 슬프고 감당하기 힘들었습니다. 처음에는 성인이 될 때까지 이혼을 미루는 것도 생각했지만 그러려면 남편을 속여야 했어요. 정상적인 부부를 연기하다가, 3년 후 딸이 성인이 되면 이혼하고 가정은 순식간에 연기처럼 사라져버리는 거죠. 하지만 그런 식의 행동은 명예롭지 못했기에 결국 이혼을 결심했어요.

이혼하는 과정은 정말 힘들었습니다. 참 오랫동안 흔들렸지만, 결국 각자 원하는 것을 지켜냈고, 딸에게는 계속 좋은 부모가 되어 줄 수 있었어요. 비록 이혼했어도 남편과는 좋은 친구로 관계를 이어나갔죠. 우리가 서로를 신뢰하고, 딸의 원가족이라는 사실은 달라지지 않았어요. 나중에 각자 새로운 사람을 만나더라도 같이 가족의 일에 함께해줄 수 있는 사람이어야 하며, 그렇지 않으면 만날 수 없다는 사실도 알게 되었죠.

함께 살던 집을 남편이 갖는 것도 제게는 중요한 일이었어요. 그래야 제가 조금 더 수월하게 새 터전을 마련할 수 있었거든요. 딸도 아빠와 그 집에서 함께 지내면 새로운 환경에 적응할 필요가 없었고요. 지낼 만한 곳을 찾을 때까지 저도 그 집에 살면서 손님방에서 잠을 잤습니다. 또, 딸을 엄마처럼 살뜰히 챙겨주는 사람도 있었어요. 그동안 집안일을 도와주던 도우미가 딸에게는 거의 이모 같은 분이었는데, 그분이 계속 집안 살림을 맡아주었습니다. 딸은 2주마다 엄마와 아빠 집을 오가며 지냈는데, 정확히 언제 어떤 집에 지내야 한다는 규칙은 없었어요. 우리는 아이 아빠의 일정에 맞췄고 일주일에 한 번은 가족끼리 식사하는 시간을 가졌습니다. 딸이 엄마와 아빠를 같이 만나고 싶어 하면 그렇게 했어요. 친구들은 제게 독일로 다시 돌아가고 싶지 않느냐고 물었습니다. 물론 그러고 싶었죠. 하지만 딸이 아빠를 만나지 못하게 되는 상황은 피하고 싶었기 때문에 그 후로도 몇 년간은 미국에 머물렀습니다.

이 결혼에서 제가 배운 것은 무엇이었을까요? 결혼생활 동안도 그렇고 결혼이 끝난 후에도 저는 선을 긋는 것이 어려웠어요. 뒤에서 몰래 울었던 적도 많았죠. 참다 참다 도저히 안 될 때만 강한 거부반응을 보였어요. 저는 변화를 원했고 그런 저를 잘 알고 이해해주는 남자와 결혼했지만, 그는 자기 삶의 변화를 원하지 않았던 거죠. 그는 자기 방식대로 살고 싶어 했어요.

저는 아니었습니다.

저는 마음 편하게 지낼 시간이 필요한 사람입니다. 하지만 그는 성격상 그런 것을 받아들일 수 없는 사람이었어요. 감정 기복도 심했고요. 물론 저는 그것에 대처하는 법을 잘 알았지만 그 과정에서 스트레스를 많이 받았습니다. 마치 아버지 기분을 맞춰드리던 어린 시절로 돌아간 것 같았어요. 저는 감정 기복이 별로 없기도 하고, 조용하게 살고 싶었거든요. 물론 그 사실을 깨달은 것은 얼마 되지 않았어요. 사귀는 사람 없이 혼자 지낼 때면 사랑받지 못한다는 느낌이 들었고 초조해지곤 했거든요. 그래서 혼자인 시간을 오롯이 즐길 수 없었지요. 내가 왜 이러는지 알게 된 것도 나중의 일이었어요.

그 당시 아직 고치지 못한 습관이 네 가지 있었어요. 상대가 내 행동에 반응해줄 거라는 희망과 기대를 버리지 못했거든요.

● 제 주변의 모든 것에 대해 책임감을 느끼고 있었어요. 모든 것을 제대로 해내고 싶었기 때문에 즐겁지 않은 일을 할 때도 많았죠. 그러면서 내가 이 일을 좋아하지 않는다는 것을 다른 사람들이 알아채고 그만하라고 말해주기를 기대했습니다. 하지만

사실 제가 다른 사람을 책임질 이유는 없을뿐더러, 모든 것을 완벽하게 해내는 것도 불가능하죠.

- 저는 여전히 다른 사람들의 삶에 너무 많이 개입하고 있었어요. 그러면서 주변 사람들을 모두 편안하고 정서적으로 안정된 상태로 만들어주려고 했습니다. 모두가 행복하면 마침내 평화로워질 거라 기대했거든요. 하지만 실제로 제가 이룰 수 있는 평화는 내면의 평화뿐이었어요. 다른 사람들도 마음의 평화는 본인 스스로 찾아야 하는 것이었고요.

- 의무감 때문에 남의 청을 거절하지 못하는 경우가 여전히 너무 많았습니다. 그러면 그들이 저를 사랑해줄 거라고 기대했어요. 하지만 실제로는 다른 사람의 감사나 존경도 받지 못하고, 아직도 부족하다는 자격지심만 생길 뿐이었죠.

- 저보다 다른 사람의 행복을 더 중요하게 생각했어요. 적어도 상대가 감사를 표현해줄 거라고 기대했지요. 하지만 아무리 기다려도 그런 일은 없었습니다. 대신 간섭하고 자만하며 통제하려드는 사람이라는 인상만 줄 뿐이었죠.

나의 습관 및 그에 따른 기대에 대한 질문

어떤 습관을 없애고 싶은가요?

그 습관에서 무엇을 기대하고 있나요?

그 기대는 헛된 희망일 뿐인가요, 아니면 정말로 가능할 것 같나요?

자신의 행복도 돌보고 있나요?

자신의 행복을 돌보는 일에서 기대하는 점이 있나요?

그 기대가 실제로 이루어졌나요?

그 기대가 이루어질 때까지 얼마나 기다릴 수 있나요?

마지막 질문의 이유는 무작정 계속 기다린다고 성공할지 알 수 없기 때문입니다. 다음 사례를 보면 이해하기 쉬울 거예요.

그에게는 목표가 있었습니다. 그는 스타트업에서 일했는데, 몇 년 전부터 투자 소문만 있을 뿐 투자를 받지 못해 회사 형편이 어려웠지요. 한편 아내는 그가 가진 비전을 언제나 높이 평가해주었어요. 부부는 다른 나라로 이주할 계획이었고, 그 나라에서 살기를 원했습니다. 그동안 아내가 생활비를 댔지만 이제는 가진 돈도 거의 바닥나고 있었죠. 시간이 흘러 어느덧 그의 나이 일흔, 아내는 예순다섯 살이 되었습니다. 그런데도 두 사람은 여전히 그 '비전'에만 매달리고 있지요. 지금까지 절약해 모아둔 모든 것을 바로 그 '비전'에 쏟아부었으니 이제는 거기에 두 사람의 노후가 달려 있었거든요.

이들은 10년째 그런 생활을 하고 있습니다. 이제 부인은 자기 삶은 뒷전이고 남편의 삶에만 매달립니다. 남편에게 물어보면 항상 곧 돈이 들어올 것이라고, 이미 변호사를 통해 계약을 체결하는 중이라고 합니다. 그러는 사이 부인은 친구들과도 점점 멀어졌어요. 친구들은 그녀가 잘난 척은 있는 대로 하지만 사실은 사기꾼이나 다를 바 없고, 환상 속에 갇혀 현실을 모른다고 생각하지요. 그녀는 남편과 함께하는 것이 행복하지 않지만, 현실을 직시하는 것이 겁납니다. 또 나이가 들면서 건강도 안 좋아졌는데 그냥 무시하고 삽니다. 약해진 다리는 계속 다치고, 여러 차례 골절상을 입어 이제 주행 보조기가 없으면 제대로 걸을 수 없는 지경이 되었는데도 말이죠. 그녀는 두꺼운 천으로 현실을 가린 채 외면하고 있습니다. 그러면서 원한다면 언제든 현실을 볼 수 있고, 또 그럴 거라고 생각합니다. 꿈(편안하고 걱정 없는 삶)이 사라지는 걸 원하지 않는 것이죠. 그리고 지금 자신의 행동이 옳다고 확신합니다. 그리고 생각하죠. 다음 주에는 꼭 투자를 받게 될 것이라고.

그녀는 이제 '영혼의 눈'을 통해 남편의 삶이 아닌 자기 삶으로 돌아가 지금 상황을 객관적으로 봐야 합니다. 지금까지 두려움 때문에 현실을 회피했다는 것을 인정해야 하죠. 하지만 그녀는 그걸 원치 않습니다. 그녀의 '인격'이 이를 거부하는 것입니다. 영적인 것은 동화에나 나오는 이야기일 뿐이라고 생각하지요. 우리의 인격과 자아가 너무 과한 요구를 해서 영혼이 이를 받아들일 수 없을 때도 있어요. 이 사례에서도 그녀는 몸이 불편하다는 것을 알고도 이를 무시했습니다. 모든 부상을 단순한 '우연'으로 치부하는 거지요. 이런 악순환을 끊지 못하는 이유는 지금 일어나지 않는 일을 바라기 때문이죠. 그녀가 자기 삶을 살려면 결정을 내려야 합니다. 이런 경우 기한을 정해두는 것이 도움이 됩니다. 일단 기한을 정하면 그때까지 계속 그 일을 생각하면서 점차 결정에 다가가게 되거든요. 하지만 그녀는 마음속 환상을 전혀 의심하지 않고 기약 없는 성공에만 매달리고 있습니다. 이런 경우라면 더욱더 기한을 정할 필요가 있지요.

제가 느끼는 영성적 소망에는 두 종류가 있습니다. 하나는 영혼이 가진 소망이고, 다른 하나는 인격이 가진 소망입니다. 그럼 뭔가를 원할 때 그것이 영혼의 소망인지 인격의 소망인지를 어떻게 구분할 수 있을까요? 그것을 구분하기란 사실 아주 쉽습니다. 인격(자아)의 소망이란 사실 존재하지 않거든요.

저는 바라는 것이 있으면 저만의 의식을 치러 그 소망을 세상으로 내보냅니다. 이 의식에서 가장 중요한 점은 그 소망이 이미 이루어졌다고 생각하는 거예요. 실제로 이루어진 것처럼 자기 최면을 걸어 성취감을 즐기고, 의식을 진행하는 동안 계속 그 상태를 유지합니다. 마지막에는 살짝 웃으면서 '안 된다고 손해볼 건 없지'라고 한마디를 더합니다.

그러고 나서 그 소망을 그냥 흘려보냅니다. 그러면 의식은 그만하고 현실로 돌아와 제 비전과 소망을 계속 추구해 나갑니다. 물론 발전을 위해서는 실천이 따라야겠죠. 실천 과정에서 주변에 어떤 기회와 가능성이 있는지 잘 살펴봅니다. 그러면서 감정과 신체가 어떤 상태인지를 깊이 탐구하며 내가 아직도 그 소망에 설레는지, 지금도 그 소망을 이루고 싶은지를 알아봅니다.

그리고 이 의식을 치르는 동안 나타나는 마음속 변화를 차분히 들여다봅니다. 그 소망이 이루어진 기분을 즐기며 미래를 즐겁게 꿈꾸지만 그것에 집착하지는 않습니다. 조금 모순 같겠지만 이것이 소망을 다루는 저만의 방식이에요. 저는 제 소망을 자연스럽게 공기 중에 놓아주고 싶습니다. 그리고 그것이 영혼의 소망이라면 반드시 이루어진다고 확신하죠. 만약 이루어지지 않는다면 그것은 인격이나 자아의 소망입니다. 소망이 없다면, 그 역시도 좋은 일이에요.

영혼은 도전을 통해 발전합니다

두 번째 이혼 후 제가 해결해야 하는 문제점이 무엇인지 이해하고 변할 수 있었어요. 그리고 이 과정을 전남편과 함께했습니다. 우리는 결혼생활을 아름답게 끝낼 수 있던 것에 감사했습니다. 하지만 함께하는 배움은 이것으로 끝이 아니었어요. 저는 상대방의 행동에 반응하기 전에 우선 생각할 시간을 갖는 법을 배웠습니다. 물론 배운 것을 실천해 나중에 다른 논쟁을 하게 되었을 때 이전과 다른 반응을 보이기까지는 꽤 오래 걸렸지만요. 전남편의 기분을 맞춰주지 않아도 된다는 것도 배웠죠. 기분을 맞추는 것은 알코올 중독자인 아버지와 살면서 몸에 배어버린 일종의 재능이었습니다. 이제는 그러는 대신 대화를 줄이는 것에서 그칩니다. 모든 것을 완벽히 하지 않아도 된다는 것을 알게 되었으니까요.

'이제 모든 것을 완벽히 하지 않아도 된다'라는 건 말은 쉽지만 사실 배우는 과정은 너무 힘들었어요. 저 자신도 모르는 부분까지 전부 고쳐야 한다는 사실이 처음에는 막막하고 절망적일 때도 많았죠. 하지만 조금씩 내려놓는 법을 배우니 마음이 점점 편해졌습니다.

저는 아이 아빠와 딸의 둘만의 대화에서 빠지는 법을 배웠습니다. 부녀에게는 둘만의 관계가 필요한 법이니까요. 둘 사이에 생긴 문제는 자연스럽게 해결되는 것이 아니며, 함께 생활한다고 자연스럽게 친밀감이 형성되는 것이 아니라는 것도 알게 되었고요. 이 사실을 알았을 때는 새로운 이론을 발견한 과학자처럼 충격을 받았습니다.

아이 아빠와 딸이 지금처럼 친해지고 가까워질 수 있었던 것도 우리 부부가 이혼한 덕분이었어요. 워커홀릭이어서 딸과 많은 시간을 보내지 못했던 남편은 이혼 후 딸을 더 잘 알게 되었어요. 제가 없으니 딸은 제 도움 없이 스스로 아빠와 대화하고 맞춰나가야 했죠. 사적인 부분이라 시시콜콜한 것까지 얘기하긴 그렇지만 어쨌든 쉬운 일은 아니었어요. 거의 15년이 지난 지금 돌이켜보면 이 부녀 사이에 친밀감, 사랑, 배려가 쌓이고 문제를 극복할 수 있었던 건 이별이 준 축복인 것 같습니다. 저는 항상 딸이 아버지와 친밀하고 단단한 관계를 맺기를 바랐는데, 이것도 '이별'을 통해 성공할 수 있었지요.

이별로 인해 배운 건, 다음 관계에서 알 수 있다

이혼 후 새 거처를 꾸렸을 때 저는 마흔다섯 살이었습니다. 앞으로 몇 년간 싱글로 살아야겠다고 마음먹었지만 놀랍게도 어릴 때 만났던 사람과 다시 사랑에 빠지게 되었죠. 이번에는 처음 시작할 때부터 시간을 들여 상대방이 어떤 사람인지 꼼꼼히 탐색했어요. 그와 처음 통화했을 때부터 이미 우리 관계가 발전하고 있다는 것을 느낄 수 있었습니다. 그는 아이가 없었는데, 대화 도중 아이를 낳지 않은 것을 후회한다는 이야기를 했어요. 그가 나중에 만나보자는 얘기를 꺼냈을 때 저는 이렇게 대답했습니다. "네가 아이를 원한다면 안 될 것 같아. 난 이제 아이를 더 낳지 않을 거라서."

당시 저는 머릿속으로 계산하며 말하는 습관을 버리고 싶었어요. 앞으로의 관계는 서로 뭔가 감추거나 계산하지 않고 솔직하기를 원했고, 그 솔직함을 위해 위험을 감수할 준비도 되어 있었습니다. 좀 이상한 사람 같다거나 너무 직설적이고, 너무 솔직하고, 매력 없어 보일 수 있는 위험을 감수하는 거죠. 친구에게 그와 통화로 나눈 이야기를 전했더니 친구조차도 제 말을 믿지 못했어요. 친구는 "너 미쳤어? 그렇게 대놓고 말하면 안 되지!"라고 말했습니다.

하지만, 그래도 됩니다. 저는 그러고 싶었어요. 서로 안 맞는다는 사실을 한참 뒤에 아는 것보다 미리 아는 게 낫다고 생각했거든요.

사랑에 빠지고 나니 십대로 돌아간 것 같았습니다. 청소년기에 경험하지 못했던 것을 뒤늦게 따라잡는 기분이었어요. 그러면서도 한편으로는 제가 사랑에 빠져 딸이 원하는 것들을 놓치지 않도록 신경을 썼습니다. 그와 진지한 관계가 될 수 있을지에 대한 확신도 필요했고요. 그래서 그와 만난 지 반년이 지나서야 딸에게 소개했지요. 다음 사례를 보면 알겠지만 서둘러 다른 가족을 꾸리려는 것이 아이들에게는 너무 큰 부담이 되는 경우를 자주 보았거든요.

"이분이 네 새 할머니시란다."

할아버지는 머리를 깔끔하게 손질하고 새 여자친구와 함께 손자 앞에 나타났습니다. 손자는 눈을 크게 뜨고 처음 보는 할머니를 바라보았습니다. 손자는 이내 "새 할머니는 필요 없어요. 원래 할머니가 좋아요"라고 말하더니 울면서 자기 방으로 들어가버렸습니다.

거실에는 어른 넷이 우두커니 서 있었습니다. 할아버지는 딸과 사위, 그리고 사랑하는 손자에게 새 여자친구를 자랑스럽게 소개하고 싶었습니다.

"아빠, 대체 무슨 생각으로 이러시는 거예요?"라고 딸이 물었고, 사위도 고개를 저으며 장인의 새 여자친구에게 미안하다는 표정을 지으면서도 이렇게 말했습니다. "죄송해요. 하지만 장인어른과 장모님의 이혼은 저희에게도 그렇고 아이에게도 그렇게 쉽게 받아들일 수 있는 일은 아니었어요."

할아버지는 식탁에 앉아 이야기했습니다. "곧 진정될 거야. 삶은 계속 이어지는 법이잖니. 시간이 지나면 익숙해질게다."

아버지의 말이 거슬렸던 딸은 떨리는 목소리로 소리쳤습니다. "아빠, 너무 하시는 거 아니에요? 엄마가 돌아가신 것도 아니고, 이혼한 지 얼마나 되었다고 금세 여자친구를 데려오는 건 말도 안 되죠." 그리고 아버지의 새 여자친구에게도 변명하듯 이야기했습니다. "새로운 할머니라고 소개하다뇨. 아빠, 그게 최선이었어요?"

아버지는 "내가 너무하다고? 그게 무슨 소리냐. 우리는 과거에 사는 게 아니라 지금 현재를 살아가는 거야. 너도 항상 그렇게 말했잖아"라고 말하며 딸을 이해할 수 없다는 표정으로 바라보았습니다. "그래서 난 지금 현재를 살고 있는 거야. 친구들도 내가 행복하게 지내서 다행이라고 말해. 나야말로 하나뿐인 딸이 이렇게 반응하는 것을 쉽게 받아들일 수 없구나."

"그래요 아빠. 현재를 사는 게 맞죠. 그렇지만 우리는 지금도 여전히 슬퍼요. 이별을 받아들이는 데 오래 걸리는 사람도 있어요. 미리 말씀도 안 해주시고 갑자기 오셔서 이렇게 통보해버리면 안 되죠." 이렇게 말하는 딸은 몹시 힘들어 보였습니다.

아버지는 깜짝 놀라 딸을 바라보았습니다. "내가 내 이야기를 너무 안 한다고 항상 불만이었잖니. 그래서 네 말대로 했는데 이것도 마음에 안 든다는 거냐? 그리고 아이를 이렇게 버릇없이 키워서 되겠니? 애한테도 안 좋은 일이야. 이 사람도 그렇게 말했다"라면서 자랑스러운 눈으로 여자친구를 바라보며 한마디 덧붙였습니다. "이 사람이 심리학을 전공했거든."

이별을 극복하기 위해 어떤 노력을 하는지는 사람마다 다릅니다. 새로운 사랑으로 이별의 아픔에서 벗어나려는 사람도 있죠. 하지만 이런 행동은 습관이 될 수 있으니 주의해야 합니다. 관계와 관계 사이에 공백기가 거의 또는 아예 없다면, 말 그대로 이별의 고통을 새로운 사랑으로 '때우는' 셈입니다. 그러면 관계를 시작해 이별로 끝을 맺는 그 전체 과정에서 교훈을 얻지 못하고, 다음 관계도 기존 패턴대로 흘러갑니다. 즉 사랑에 푹 빠졌다가 점점 식어가고, 실망하며, 이내 끝이 나는 뻔한 과정이 반복되는 거지요.

저는 그렇게 되는 것은 싫었습니다. 결혼생활 동안에도 몇 년간 외로움을 느꼈던 저는 제게 새로운 관계를 맺을 마음이 있다는 것을 알게 되었어요. 그리고 정말로 곧 사랑에 빠졌지만 그러면서도 '사랑에만' 빠져 있지 않고 삶을 챙기기 위해 노력했습니다. 이전과는 달리 남자친구와 서로 많은 이야기를 나누었고, 이런 대화를 통해 나중에 발생할 수 있는 상처를 미리 가늠해보았습니다. 상대에게 나의 모든 것을 보여주었어요. 그리고 저 자신의 행복에 집중하기도 했고요. 하지만 아직도 배우지 못한 것이 있었습니다. 말만 할 게 아니라 실천해야 한다는 것이었죠. 하지만 그때도 실천은 하지 못했습니다. 흔히들 그렇듯이, 저도 사랑에 빠진 순간의 들뜨고 설레는 기분에 젖어 있고 싶었거든요.

제 영적 성장, 제 일, 세상을 바라보는 제 시선은 그의 방식과 맞지 않았어요. 그는 이런 면을 지지해주기보다는 그냥 참는 사람이었습니다. 그때까지 경험해보지 못한 새로운 유형의 그에게 저는 항상 하던 대로, 생각보다 훨씬 더 많이 그에게 나를 맞추었죠.

그러는 사이 전남편도 사랑에 빠졌고 새로운 가정을 꾸리려고 했습니다. 가족 모임, 딸의 행복에 관한 대화, 우리 사이의 우정 등 처음에는 수월했던 일들이 자꾸 어긋나면서 다투게 되었어요. 그의 새 여자친구를 만나보고 싶었지만 그녀는 그 제안을 거절했습니다.

저는 더 분명히 의사를 전달하고, 선을 잘 그으면서도 우리가 조화롭게 살아갈 수 있도록 계속 노력했어요. 그러면서 딸의 부모 역할을 어떤 식으로 지속할 것인지도 계속 생각했죠. 전남편의 여자친구는 그의 과거를 최대한 빨리 매듭짓고 결혼하기를 원했어요. 자신을 보살펴줄 상대를 찾고 있었던 겁니다. 얼마 지나지 않아 전남편은 그녀가 자신을 손안에 넣고 통제하려고 한다는 것을 깨닫고 그녀와 헤어졌습니다.

한편, 저는 남자친구와 약혼했습니다. 그를 진심으로 사랑했지만 결혼은 신중해야겠다고 생각했거든요. 그의 유머나 삶의 방식은 딸과 제게 조금 낯설었지만, 서로를 점점 알아가면서 편안하게 지냈어요.

우리는 함께 사랑으로 가득한 즐겁고 활기찬 시간을 보냈습니다. 그로부터 저는 삶을 즐기는 방법과 그럼에도 모든 것을 포기하지 않는 법을 배웠어요. 하지만 시간이 지나면서 함께하는 시간에 대한 걱정이 생겼는데, 그는 한 번 이야기를 나눈 주제를 다시 깊이 이야기하는 것을 별로 좋아하지 않았습니다. 어쨌든 그가 싫어하는 문제를 거론하지만 않으면 좋은 관계를 유지할 수 있었죠.

하지만 5년 후 우리는 헤어졌습니다. 제가 또 그에게 맞춰주고 있다는 사실을 문득 깨달으면서 다시 길을 잃었다는 것을 알게 되었거든요. 다시 삶에 집중하면서, 함께하는 삶에 대한 우리의 소망이나 마음가짐은 돌이킬 수 없을 정도로 달라졌습니다. 결국 서로의 행복을 빌어주며 이별을 택했죠.

돌이켜보면 관계를 시작할 때 이미 문제의 징후가 있었지만 저는 그 신호를 무시했어요. 삶의 방식이 너무 다르다는 것을 느꼈지만 사랑과 호르몬이 작용해 합리화했던 것이죠. '영성에 대한 생각이 근본적으로 다르다는 건 사실 별로 중요하지 않아. 서로를 존중해주기만 하면 되잖아? 어차피 나도 내 주장을 너무 내세우는 버릇을 고치고 싶었고, 그걸 연습하기 딱 좋은 상황이야. 취미가 완전히 다르다는 것도 그래. 나중에 나도 그 취미를 즐길 수도 있는 거고, 또 거기에서도 배울 점이 있을 수 있잖아'라는 식으로 말이죠.

그 밖에도 제 잣대로 다른 사람을 판단하고 있다는 것도 깨달았어요. 다른 사람이 어떻게 살아야 하는지를 제가 더 잘 알고 있다고 생각했습니다. 그래서 제 기준에 누군가 '제대로' 살지 않는 것을 보면 도저히 견딜 수가 없었어요. 이런 것도 상대를 통제하려는 생각이죠. 저는 스스로를 다른 사람보다 똑똑하고 유능하다고 생각할 때가 많았습니다. 영적으로 깨어 있지 않으며 의식적이지도 않은 삶을 수용하기 어려워했고요. 아직도 다른 사람을 있는 그대로 받아들이지 못한다는 것도 알았죠. 여전히 다른 사람을 제 기준에 맞추려고 했습니다. 특히 상대가 제 파트너인 경우에는 더 심했죠.

이 사람과 헤어지고 나서 깨달은 게 있는데, 중년에 접어들면 아무리 노력해도 변화하기 어렵다는 사실이었어요. 하지만 만나보기 전에 어떻게 알겠어요. 어찌 됐든 그는 자신이 원하는 삶을 살았고, 저는 아직 그러지 못하는 상태였습니다. 상대에게 나를 맞추면서 일어날 수 있는 위험을 아직 극복하지 못하고 있었죠. 그래서 1년간 새 사람을 만나지 않고 혼자만의 시간을 갖기로 결정했습니다.

이렇게 긴 시간을 혼자 보낸 것은 처음이었어요. 그러면서 진정한 나 자신을 서서히 알게 되었지요. 다른 사람을 돌볼 필요가 없었어요. 딸은 보스턴에서 대학을 다니기 시작했고, 저는 애완동물도 키우지 않으니까요. 전남편은 새로운 사랑을 시작했고요.

글을 쓰고 싶을 때면 새벽 두 시에 침실 불을 켜도 상관이 없었죠. 밤 열한 시에 친구를 집에 초대할 수도 있었고, 새벽 세 시에 노래를 부를 수도 있었어요. 마치 이마에 '나는 연애 안 한다'라고 크게 써놓은 사람처럼 행동했죠. 그래도 스킨십은 필요했기 때문에 2주에 한 번은 마사지를 받았어요.

나 자신을 사랑하기 시작하며

당시 제 마음은 편안하고 자유로웠습니다. 1년 동안 다시 찾아온 자유를 온전히 즐겼지만, 사랑이라는 것 자체를 끝냈다고 생각하지는 않았습니다. 당시 저는 옳은 길로 가고 있다고 생각했어요. 마음속 목소리를 듣는 법도 배웠고, 혼자 살았기 때문에 남에게 맞출 필요도 없었으니 편했던 거죠. 그해에 저는 '있는 그대로'의 나 자신이 되겠다는 목표로 내면을 가꾸는 데만 전념했습니다.

어쩌면 앞으로는 사랑이라는 관계를 더 이상 맺지 않고 살 수도 있겠다, 남은 인생에서 사랑이란 딸과 친구들뿐일 수도 있겠다는 생각도 들었어요. 이런 생각으로 그해 말에는 명상에 전념했고, 그러면서 관계에 대한 선택을 내릴 때 영혼이 주체가 되었습니다. '남자가 목에 리본을 매고 선물처럼 문 앞에 나타나지 않는 한, 내게 연애는 없다'라고 생각했죠. 적어도 제가 연애하려고 직접 상대를 탐색하고 데이트 약속을 잡지 않으리라는 것은 분명했으니까요.

그렇게 생각했지만 이내 새로운 사람을 만나게 되었습니다. 목에 리본을 매고 있지도 않았고 우리 집 문 앞에 선물처럼 놓여 있던 것도 아니었지만, 제 말을 경청했고 더 깊이 이해하고 싶다며 당시 제가 다니던 조각 수업을 같이 듣곤 했던 사람이었습니다. 이런 모습에 곧 끌리게 되었어요. 이전의 연애에서는 경험한 적 없던 깊은 감정을 느낄 수 있었죠. 심지어 그는 영적인 부분에 대해서도 이미 어릴 때부터 잘 알고 있었습니다.

이렇듯 저와 아주 잘 맞았던 그에 대해 점차 알아가다가 이내 사랑에 빠지게 되었습니다. 그는 참 감사하게도 제게 영감을 주는 사람이었어요. 현명한 사람이었고 안정적이었으며 함께 있을 때는 마치 집에 있는 것처럼 마음이 편안했죠. 외부의 시선이 아닌 자기 내면에 집중하는 삶을 살아가며, 있는 그대로의 자기 모습을 자세히 바라볼 줄 아는 사람이었거든요.

그때까지 저는 누군가와 관계를 맺을 때마다 항상 '목숨이 다할 때까지' 관계가 이어질 거라고 믿었어요. 스무 살에 첫 결혼을 할 때 제단 앞에서 '죽음이 우리를 갈라놓을 때까지' 사랑하겠느냐는 맹세에 그러겠다고 대답했었죠. 두 번째 결혼에서도 그 사랑이 영원할 것이라 믿었고, 그 후 약혼도 처음에는 항상 그 사랑이 '끝까지' 이어질 것이라고 생각했습니다.

하지만 실제로 경험해보니 참으로 비현실적인 생각이더라고요. 그렇지만 사랑에 빠진 사람은 누구나 그런 생각을 하게 되죠. 중요한 건 사랑이 유한하다는 얘기를 상대에게 어떤 식으로 말해야 하는가가 문제예요. 이런 생각을 도대체 어떻게 전달해야 할까요? 제가 이런 말을 하면, 그 사람은 어떤 반응을 보일까요?

관계를 시작하면서 저는 일단 1년간 시험 삼아 만나보자고 이야기했습니다. 그게 제가 할 수 있는 최선이었거든요. 그는 고개를 끄덕였고, 그런 저를 이해해주었죠.

약속한 1년이 지난 후, 어땠는지를 물으며 이 관계를 1년 더 이어가고 싶다고 이야기했고 그도 동의했습니다. 그러고 나서 한 해가 지난 후 우리는 다시 논의했어요. 둘 다 헤어지고 싶지 않으니 계속 만나자는 것이 결론이었습니다. 다만 그는 웃으며 앞으로도 계속 이렇게 1년 단위로 '재계약'을 할 건지, 아니면 그냥 흐르는 대로 '흘러가게' 둘 것인지를 물었어요. 그리고 그냥 흘러가는 대로 두기로 결정했죠. 그 관계는 이제까지 어느덧 8년간 계속 '흘러가고' 있습니다.

처음 1년간 시험 삼아 만나보기로 했지만, 당시 그는 제 집으로 들어와 함께 살았습니다. 자연스럽고 당연한 일이었어요. 융통성 있는 사람이니 사이가 나빠지면 자연스럽게 이사를 나갈 것이라는 생각도 있었고요. 누군가와 함께 사는 것이 이렇게 마음 편한 적은 처음이었습니다. 물론 저 스스로에게 '천천히 가자. 너무 푹 빠지지는 말고!'라는 식의 경고를 하긴 했지만요.

그리고 그에게 지금 마음을 솔직하게 털어놓았어요. 그는 잠자코 이야기를 듣고 나서 이내 "네가 정말 원하는 것이 무엇인지를 생각해봐"라고 대답했습니다. 스트레스나 압박도 없는, 과하게 노력하지도 않는 편안한 대답이었습니다.

저는 마지막 연애를 이렇게 '문을 열어두고' 시작했어요. 상대에게 솔직하게 제 생각을 이야기했습니다. 물론 예전보다 현명해지기도 했죠. 관계를 시작할 때 물론 호르몬의 이끌림은 있었지만, 그 어느 때보다 서로를 배려하고 상대에게 집중하는 시간이었어요. 이제는 상대와 더 가까워지고 친밀함을 나누고 싶다는 갈망에 괴로워하지 않아도 되었답니다. 우리는 둘 다 이전 관계에서 문제가 되었던 '숙제'를 해결했고, 배운 것을 실천에 옮겼습니다. 제가 전남편과 친구 관계를 유지하는 것처럼 그도 전 부인과 계속 친하게 지냅니다. 그와 만나면서 선물처럼 아이도 둘 생겼어요. 그의 아들은 이제 막 성인이 되었고, 열여덟 살 딸에게는 제 딸이 언니가 되어 주었습니다. 두 소녀는 서로 알아가고 친해지기 시작했죠. 그의 전 부인도 저처럼 가족이 살던 집을 떠나 자유를 찾고 싶어 했기 때문에, 그의 딸은 우리와 함께 살게 되었습니다.

이렇게 일 년을 보내고 나니 제가 또 저보다 다른 사람들의 행복을 먼저 생각한다는 것을 깨달았어요. 당시 새 딸의 남자친구가 일주일의 절반은 우리 집에서 보냈고, 아침에 반나체 상태인 그를 주방에서 마주치는 빈도도 점점 늘었지요. 유쾌하지 않은 일이었습니다. 혼자서 조용히 지낼 공간이 다시 필요할 것 같은 생각에 조금 불안해졌어요. 지금 살고 일하는 이 집이 다락방처럼 어수선하다고 느껴졌죠. 지난 관계에서 나 자신의 행복을 생각하라는 교훈을 얻었지만, 실천하지 않았던 거예요. 그 교훈을 실천하려면 다시 혼자 살아야 했으니까요.

연인에게 그 이야기를 털어놓았고, 그는 저를 이해해주었습니다. 그리고 자기의 오랜 꿈이던 전원생활을 하러 시골로 내려가겠다고 했죠. 한편 저는 어느새 그의 딸을 마음속 깊이 아끼고 사랑하게 되었어요. 그렇기에 아이에게 다시 나만의 공간에서 혼자 지내고 싶다고 말하기란 인생에서 가장 힘든 일 중 하나였습니다. 의도하지 않았더라도 아이에게 상처를 줄 수 있었으니까요. 그래서 지금 내 상태를 설명하려고 노력했죠. 아이는 저를 이해하려고 애썼고요. 다행히 결과가 좋았고, 내 결정이 아이와의 관계에 해가 되지 않았다는 것이 기뻤습니다.

그와 따로 살게 되자 친구들은 우리가 곧 헤어질 거라고 생각했습니다. 하지만 우리는 전혀 그렇게 생각하지 않았어요. 각자 원하는 방식으로 관계를 만들어 나가겠다고 결정했고, 다른 사람의 시선은 신경 쓰지 않았죠.

우리는 서로의 집에 놀러가 원하는 일을 하며 즐거운 시간을 보냈어요. 처음에는 시골을 그다지 좋아하지 않았지만, 나중에는 좋아하게 되었죠. 마침내 저는 이전 관계에서 배웠던 '자기 자신에 대해 알고, 자기 삶을 포기하지 않고, 영혼의 목소리에 따르라'는 교훈을 실천하게 되었습니다.

다시 혼자가 된 집에서 오랫동안 생각해본 결과 무엇이 마음을 괴롭게 했는지 알겠더라고요. 감당하기 힘들었던 것은 연인이나 그의 딸이 아니었어요. 그 이유는 바로 딸의 남자친구였어요. 이 사실을 깨닫고 스스로도 놀랐습니다. 심지어 나보다 딸의 남자친구의 행복까지 더 챙겼다는 거니까요. 고개를 저으며 내게 정말 학습 능력이 있기는 한 건지 자문할 수밖에 없었죠.

일 년 후 집세를 올리겠다는 집주인의 통보에 그동안 살던 도시를 떠나 시골에서 셋이 살아보기로 했어요. 마침 딱 좋은 기회였죠. 놀랍게도 저는 전원생활이 너무 마음에 들었습니다. 자연과 어우러져 평화롭게 살고 싶다는 소망이 있었는데 전원생활이 이를 완벽하게 충족시켜주었거든요. 물론 제 일 중에는 도시에서만 할 수 있는 일이 있기는 했습니다. 그래서 시골에서 2년간 지내다가 다시 도시에 집을 마련했고, 동시에 시골에서 지낼 새 집도 찾았죠.

일상에서 서로 맞춰가며 사는 것이 얼마나 중요한지 그제야 처음으로 알게 되었어요. 맞춰간다는 것은 두 사람의 성격이 똑같아야 한다는 것이 아니라 삶의 기본 목표와 습관이 서로 잘 맞고, 함께 사는 것이 둘 모두에게 편안해야 한다는 의미입니다.

예를 들어 제 딸은 지금 미국 캘리포니아에 살고 있어요. 딸이 보고 싶을 때면 비행기를 타고 그곳에 갑니다. 그리고 원하는 만큼(프리랜서라서 가능한 일이지만) 딸과 지내다 돌아오지요. 제게는 매일 전화를 걸어 도대체 언제 오느냐고 불평하는 사람도 없고, 늘 함께 있기를 원해서 이틀 이상은 안 된다고 말하는 사람도 없으니까요.

스위스 작가 토마스 마이어Thomas Meyer의 《이제는 이별할 때》는 '우리는 잘 맞는가, 안 맞는가?'가 주제인 책입니다. 이 주제의 여섯 가지 주요 내용은 다음과 같습니다.

- 잘 맞을 수도 있고 아닐 수도 있다.
- 대부분은 잘 안 맞는다.
- 한 번 안 맞으면, 영원히 안 맞을 것이다.
- 잘 안 맞으면 괴롭다.
- 괴로우면 떠나야 한다.
- 인생은 정말 짧다.

이 책에는 그 밖에도 다음과 같은 매우 유익한 구절이 실려 있지요.

'만약 계속 고통스럽게 살고 싶다면 그냥 그렇게 하세요. 단, 그러면 서로 잘 안 맞는 그 관계를 어쨌든 계속 이어나가야 합니다. 고통스럽게 살기에는 이만한 상황이 또 없죠. 하지만 만약 그러기로 결정했다면 더 이상 상대방에 대해 불평하지 마세요. 또 친구가 헤어지라는 말을 꺼내자마자 그 사람을 편드는 행동도 하면 안 됩니다. 그리고 당신은 상대를 전혀 존중하지 않는다는 것, 정신적으로 어떤지 조금도 신경 쓰지 않는다는 것, 드라마 같은 장면이나 꿈꾸고 있다는 것을 인정해야 합니다. 이런 것을 인정하다 보면 다시 생각하는 데 도움이 될 거예요.'[2]

맞아요. 모순적인 얘기죠. 그럼에도 불구하고, 또는 바로 그렇기 때문에 이 말은 사실이랍니다.

잘 맞는 관계인지에 대한 질문

일상생활을 하면서 서로 잘 맞는다고 느껴지나요?

그렇지 않다면 그 이유는 무엇인가요?

함께 생활하는 것이 편안했나요?

아니면 편안하다고 느끼는 것은 상대방뿐인가요?

관계 속에서 찾는 자유

저는 관계 속에서 새로운 자유를 경험했어요. 여기서 자유란 성적으로 개방적인 의미의 '자유로운' 관계가 아니라 함께 관계를 맺고 있으면서도 그 안에서 각자 자유롭게 사는 것을 말합니다. 우리는 각자 살던 대로 살았어요. 같이 산다고 해서 서로의 생활을 바꾸지 않았죠. 그렇다고 생활만 함께하고 각자 인생을 산다는 의미는 아니에요. 그런 생활은 기숙사나 다름없지요. 서로 정말 친밀하게 지내지만, 기본적으로는 각자 자신이 원하는 삶을 사는 것입니다.

이런 관계에는 아무런 제한이 없습니다. 이런 관계를 겪어본 적이 없기에 처음에는 그런 자유가 조금 낯설기도 했죠. 관계란 언제나 상당히 많은 타협이 쌓여 만들어지는 것이라고 생각했거든요. 그중 대부분은 제가 타협했던 것이고요. 나 자신을 사랑하지 못했다는 것, 자신에게 충실하기 위해 필요한 용기와 방법도 없었고 태도도 일관적이지 않았다는 것을 뒤늦게 깨달았어요. 모든 사람을 만족시키면서 아무도 상처받지 않기를 원했던 거죠.

아무도 상처 주지 않으려 할 때, 상처받는 것은 나 자신

'좋은' 사람이 되려는 마음이 오히려 큰 문제일 때가 있습니다. 우리는 왜 '좋은' 사람이 되고 싶을까요? 아마 주변 사람들이 호의적일 때 안정감을 느끼기 때문일 것입니다. 특히 여성의 경우 '좋은' 사람이자 '착한' 사람이 되라는 사회적 압박도 있고요. 저도 모두가 만족하고 분위기도 화기애애한 해결책을 좋아합니다. 그래서 사랑을 잃을까 두려워하지 않아도 되는 것, 감정과 의견을 표현해도 된다는 것을 배워야 했어요. 건강한 관계를 위해서는 꼭 필요한 부분이지요.

다른 사람을 의식하는 것은 진화 과정에서 발달한 인류의 생존 전략입니다. 따라서 아주 자연스러운 일이죠. 이는 감정을 주관하는 두 번째 뇌인 포유류 뇌에 깊이 각인된 특징입니다.

인간의 첫 번째 뇌는 파충류 뇌로, 생존과 번식, 먹이 찾기를 담당합니다. 번식하고 자손이 잘 살아 있는지를 확인하는 것이죠. 그다음으로 발달한 포유류 뇌는 자손을 돌보고 감정과 공동체를 추구하는 역할을 합니다. 감정과 공동체도 생존에 매우 중요한 부분이니까요. 그리고 전전두피질을 통해 영장류 뇌가 발달하면서 세 가지 뇌가 모두 갖춰져 함께 작동하게 되었습니다. 이렇게 뇌의 세 영역이 다 같이 작동하다가도 가끔 생존에 위협을 느끼는 순간이 오면 파충류 뇌가 따로 작동해 마치 '나! 나! 나! 살아남아야 해!'라는 원시 상태로 돌아갑니다. 그러면 자손의 안위 따윈 아무래도 상관없는 문제가 되겠죠.

관계에서의 자유에 대한 질문

관계 속에서 자아를 얼마나 자유롭게 펼칠 수 있나요?
성적인 자유나 사소한 일에 대한 질문이 아닙니다. 모든 관계에는 서로 함께하는 부분이 있어야 해요. 그러니까 이 질문은 그 관계를 지키기 위해 포기하는 부분이 있는지를 묻는 것입니다.

스스로의 발전을 위해 중요하다고 생각하는 것 중 무엇을 실천하고 있나요?

관계를 위해 자신의 이익을 포기한 적이 있나요?

그때 만약 자신의 이익을 따라 행동했다면 관계는 어찌 되었을까요?

시도하지 않으면, 무슨 일이 일어날지 알 수 없다

상대가 실제로 어떻게 반응할지는 시도해야만 알 수 있죠. 그러면서 상대도 관계를 위해 무엇을 포기했는지 깨닫게 될 거예요.

지금까지 들려드린 제 경험을 통해 여러분 각자가 처한 상황을 돌아볼 수 있었으면 합니다. 관계 속에서 우리는 파트너를 선택하고, 문제에 도전하고, 배움을 얻고, 결론을 내립니다. 이런 과정에서 자기 방식대로 행동하지요. 그런데 관계를 맺을 때마다 계속 똑같은 문제를 겪는다면, 내가 상대를 어떤 기준으로 선택하는지, 그리고 사랑을 무엇이라고 생각하고 있는지 객관적으로 되돌아볼 필요가 있습니다.

사랑, 그리고
사랑이라는 착각

'사랑'이 무엇인지에 대해서는 지겹도록 들을 거예요. 우리는 사랑 노래를 귀로 듣고, 사랑을 다룬 영화를 눈으로 봅니다. 특히 소셜 미디어가 확산되면서 커플의 아름다운 사랑을 담은 모습도 자주 접하게 되죠. 그런 모습을 보면 마치 동화나 드라마 속 사랑을 보는 기분이 들 때가 많아요. 그러다 그런 커플이 헤어졌다는 이야기를 들으면 충격을 받지요. '완벽한 커플 같았는데 왜 헤어진 거지?'라는 생각이 듭니다. 그런데 우리가 사랑이라고 생각하는 것은 사랑에서 생겨난 계약일 때도 있어요.

　계약을 하면 규칙이 생깁니다. 나는 이것을 할 테니, 너는 저것을 하라는 규칙이죠. 가끔은 결혼도 계약인 경우가 있습니다. 안정을 찾으려 결혼이라는 계약(사랑)을 맺기도 합니다. 이 계약(사랑)을 통해 내가 소중하고 가치 있는 사람이라는 것을 확인받으려고 할 때도 있죠. 저도 결혼이라는 계약(사랑)을 통해 저를 사랑하는 사람이 있다는 것을 남들에게 보여주려고 했고요. 보통은 이 계약(결혼)을 맺어 되도록 삶이 끝날 때까지 서로를 소중히 생각할 것을 약속합니다.

사랑에 빠지면 마음에 엄청난 감정이 솟구칩니다. 이 기간(호르몬 측면에서 최대 2년간 지속될 수 있음)이 끝나면 사랑 자체가 끝나는 경우도 적지 않지요. 그런데 '사랑'이란 이때 비로소 시작하는 것입니다. 한편 사랑에 푹 빠진 기간이 늘어날 수도 있는데, 가령 서로 자주 만나지 못하는 경우가 그렇겠죠. 두 사람이 떨어져 살다 보면 항상 서로를 그리워하면서 사랑에 빠졌을 때의 그 감정이 좀 더 오래갈 수 있으니까요. 유부남이 바람을 피우는 경우, 내연녀와 사랑을 유지하는 것이 그리 어렵지 않은 이유이기도 하죠. 물론 이런 관계에서 유일하게 쉬운 부분이겠지만요.

사랑에 빠진 걸까, 이미 사랑하고 있던 걸까

누군가를 처음부터 바로 사랑하기란 불가능합니다. 우선 상대를 잘 알아야만 진정하게 사랑할 수 있거든요. 그전에 일어나는 모든 일은 아마 '사랑에 빠지는' 단계로 설명할 수 있을 것 같아요. 영어 'falling in love'의 의미를 생각하면 아마 이해하기 좀 더 쉬울 거예요. 이는 단어 그대로 사랑에 '빠지는' 단계를 말합니다. 내가 상대에게 '빠졌는지' 확인하려면 다른 사람과 정말 가깝게 지내면서 그 사람에게 어떤 감정이 느껴지는지 관찰해보세요. 사랑은 때로는 친밀함에서 발전하기도 하거든요. 그런데 막 사랑에 빠지기 시작한 것뿐인데 이미 진정한 사랑이라고 생각하는 사람도 많습니다.

독일 가수 로저 시세로Roger Cicero의 〈아무 느낌이 들지 않아〉라는
노래 가사를 보면 이를 분명히 알 수 있습니다.

어디로 가는지 모르겠어

너를 향한 이 열정이

내 마음을 뒤집어 놓았어

하지만 아무 느낌이 들지 않아

베이비, 나를 믿어, 네가 그리워

나를 믿어, 네가 그리워, 그런데 난

네게 아무 느낌이 들지 않아

너를 생각할 때

나는 뜨겁기도 차갑기도 해

지금 내 손에 쥔 것이

네 마음인 걸 알아

하지만 나는 네게

다시는 설레지 않을 거야

다른 이유는 없어

나도 알 길이 없어[3]

저도 그랬습니다. 뜨거운 사랑의 열정이 사라지는 순간이 오는 건
지극히 정상적이에요. 하지만 사랑도 이렇게 사랑에 '빠지는' 순간

을 넘어 한 단계 발전해야 합니다. 그런데 만약 내가 사랑한 것이 상대방이 아니라 '사랑에 빠지는 것 자체'였다면 진정한 사랑으로 발전하기 전에 끝날 수도 있어요. 또 '완벽한' 상대에 대한 환상 때문에 쉽게 실망하고 관계를 무책임하게 끝내버리는 사람도 있습니다. '더 나은 사람이 있지 않을까?'라며 실용성을 따지는 일도 있고요. 아니면 결정하고 관계를 맺는 것 자체에 문제가 있는 사람도 있지요.

어떤 식이 되었든 '사랑에 빠진' 단계가 끝날 때마다 항상 새로운 '사랑'을 끝내버리는 사람은 정말 깊은 관계를 맺을 마음이 있는지를 곰곰이 생각해보아야 합니다. 부모나 형제자매 말고 오래된 친구가 있나요? 없다면 그 이유는 대체 뭘까요? 그런 깊은 관계로 발전하는 것을 방해하는 문제는 없나요?

조건 없는 사랑?

간혹 사랑에 무엇을 기대하는지 물어보는 분들이 있습니다. 이런 질문을 받았을 때 바로 머릿속에 떠오르는 단어는 '조건 없는 사랑'입니다. 하지만 '조건 없는'이라는 표현은 사랑의 속성을 잘 표현한다기보다는 오해의 소지가 있어요. 그럼 조건 없는 사랑이란 대체 무엇일까요? 몇 가지 예시를 함께 볼까요.

- 나는 사랑할 때 '만약'이나 '하지만' 등의 조건을 걸지 않고 사랑한다.

- 나는 사랑하는 상대에게 복종한다.
- 상대에게 어떤 요구도 기대도 하지 않는 상태를 목표로 한다.
- 상대가 나를 부당하게 대하더라도 사랑한다.
- 무조건적인 사랑이 최고의 사랑이자 이상적인 사랑이다.
- 조건이 있다는 것은 사랑하지 않는다는 의미다.

이를 보면 조건 없는 사랑이 꼭 진정한 사랑은 아니라는 것을 잘 알 수 있죠. 그래서 저는 이런 질문을 받으면 조건 없는 사랑은 하지 않는다고 대답합니다. 저는 사랑할 때 조건을 정하죠. 상대가 나를 잘 대해주고, 존중과 사랑을 담은 태도로 대해야 한다는 조건입니다.

조건을 단다는 건 영적인 것과는 거리가 멀게 들린다는 걸 잘 압니다. 하지만 조건이 필요하다는 사실을 저도 경험으로 깨달았어요. 관계를 시작할 때 저는 함께하는 동안 서로 지켜야 할 조건을 정합니다. 사랑에 조건을 건다는 것은 사실 그리 이상한 일은 아니에요. 손님이 집에 놀러왔을 때 제가 아끼는 베이지색 카펫에 담배를 눌러 끄지 않기를 기대하는 것처럼, 사랑하는 사람들이 나를 따뜻하게 대해주기를 바라는 마음에서 나오는 것이니까요.

물론 '조건 없는 사랑'이란 말에 꼭 앞서 말한 의미만 있는 건 아닙니다. 사랑을 주는 만큼 꼭 돌려받겠다는 조건 없이, 상대를 온 마음을 다해 사랑한다는 거죠. 이렇게 보면 조건 없는 사랑도 별로 어렵지 않습니다. 상대가 나를 사랑하든 그렇지 않든, 상대에게 끌려다니지 않으니까요.

예를 들어 패치워크 가족이 만들어졌을 때 이런 의미의 조건 없는 사랑이 나타나기도 해요. 아무리 사랑을 준다고 해도 아이가 엄마의 새 남자친구를 '사랑'하지 않을 수도(혹은 아예 싫어할 수도) 있다는 거죠. 아이가 엄마의 남친을 사랑하고 애정을 느끼게 될지는 시간이 지나야 알 수 있어요. 하나 확실한 게 있다면, 이런 상황에서도 서로를 존중해야 한다는 것입니다.

사랑이라 말할 수 없는 것들

- 상대를 휘두르는 것은 사랑이 아닙니다.
- 권력으로 상대를 누르려는 것은 사랑이 아닙니다.
- 상대를 존중하지 않는 것은 사랑이 아닙니다.
- 무지한 것은 사랑이 아닙니다.
- 상대를 웃음거리로 만드는 것은 사랑이 아닙니다.
- 이해하지 않으려는 것은 사랑이 아닙니다.
- 잔인한 것은 사랑이 아닙니다.
- 상대를 무시하고 오만하게 구는 것은 사랑이 아닙니다.
- 무관심한 것은 사랑이 아닙니다.
- 상대를 냉정하게 대하는 것은 사랑이 아닙니다.

자신이 아닌 다른 이를 사랑하는 것이 진정한 사랑이라고 생각하는 사람도 많습니다. 즉 진정한 사랑이란 다른 이를 진심으로 사랑하고, 또 그만큼 자기도 사랑을 되돌려 받는 거라는 말이지요. 하지만 이런 식의 사랑은 전등 스위치를 끄고 켜는 것과 같습니다. 상대가 전등을 켜면 환한 빛에 서 있게 되죠. 반면 상대가 전등을 끄면 캄캄한 어둠이 찾아옵니다. 이런 것은 사랑이 아닙니다. 사랑이 아니라 상대에게 종속되는 것이죠.

자기 전등은 자기가 스스로 켜는 것입니다. 즉 자신을 사랑해야 한다는 말이지요. 자신을 사랑하는 건 자아도취나 진정한 사랑을 모르는 것이 아니라 아주 자연스러운 일이에요. 물론 자기애가 이기심으로 변해 원래 자신의 모습을 잃고 다른 사람의 사랑과 생명력을 빼앗는 때도 있어요. 하지만 이기심을 버리고 순수한 자기애를 되찾으면 자기 자신뿐 아니라 상대도 사랑하고 소중하게 생각할 수 있습니다. 자신을 사랑하면 자신뿐 아니라 상대가 가진 특유의 매력도 볼 수 있게 되거든요.

이런 관점에서 보면 우리는 빛을 향해 나아가고 자라나는 나무와 같습니다. 그리고 이런 주변을 다른 나무들이 둘러싸고 있습니다. 그중에는 다른 나무보다 유독 가까운 나무도 있겠지요. 그렇지만 아무리 가까워도 결국 우리는 각자 한 그루의 나무입니다. 성장하고 발전하며, 가지가 부러졌을 때는 스스로 치유하는 나무인 거죠.

네, 맞아요. 이렇게 보면 사랑은 그다지 낭만적이지 않죠. 마법이나 동화 같은 사랑과는 거리가 멀고, 깊고 친밀한 관계라는 생각도 들지 않아요. 우리가 원하던 사랑의 기쁨, 열정, 강렬한 감정도 나타나지 않습니다.

정신적으로 깨어 있는 사랑에 이런 낭만적인 부분이 없는 건 아닙니다. 다만 드라마처럼 극적인 상황이 나타나거나 감정이 널뛰는 대신, 지루하지 않을 정도의 기복만 약간 있지요. 그런데 사랑의 기복을 사랑과 열정이라고 착각하여 감정 기복이 크고 관계에 긴장이 있어야 좋은 거라고 생각하는 사람들도 있습니다. 이런 감정을 통해서만 자신이 '살아 있다'고 느끼며, 평화로운 상태는 지루하다고 생각하는 거죠. 하지만 평화를 사랑하는 저 같은 사람은 이런 잔잔한 감정을 지루하다고 생각하지 않습니다. 오히려 평화롭게 사는 것이 참으로 큰 행복이라고 여기죠.

저는 마음이 평화로울 때만 비로소 사랑을 할 수 있습니다. 동화나 드라마 속에서나 있을 법한 사랑을 꿈꾸는 대신, 사랑 자체를 주의 깊게 살펴봅니다. 이때 전등 스위치는 스스로 켜고 끕니다. 누군가 그 스위치를 만지려는 움직임이 있어도 흔들리지 않고 제 갈 길을 가지요.

이런 관계에서 사랑의 마법은 두 사람이 가까워지면서 나타나는 친밀함과 부드러운 애정에서 피어납니다. 상대가 언젠가 곁에서 사라지는 때가 와도 불빛은 꺼지지 않아요. 물론 슬플 수도 있겠죠. 하지만 우리는 주변에 다른 나무가 없어도 혼자서 굳건하게 서 있는 한 그루의 나무입니다.

당신 없인 살 수 없어

무수히 많은 사랑 노래가 전하는 메시지를 한마디로 정리하면 '너 없이는 살 수 없어'일 거예요. 물론 현실은 다릅니다. 우리는 혼자서도 충분히 살 수 있거든요. 그리고 싶은 마음이 있는지가 중요하겠지만요. 분명 아주 어릴 때는 돌봐주는 사람이 없으면 생존 자체가 위험했지만, 성인이 된 지금은 다릅니다.

사랑하는 사람에게 '당신이 필요해요'라거나 '당신은 나의 또 다른 반쪽이에요'라는 말은 시처럼 낭만적으로 들리지만, 그건 그냥 사랑을 표현하는 말일 뿐 실제로 그렇지 않다는 걸 누구나 잘 압니다. 사랑하는 사람이 나 없이는 정말 살 수 없다 한다면 오히려 짜증이 나겠죠. 혼자서 살아갈 능력이 없는 이가 마음에 위안이 될까요? 그렇지 않을 겁니다. 꼬치꼬치 트집을 잡으려는 의도가 아니라 진지하게 묻고 싶습니다.

물론 다른 사람 없이도 살아갈 수 있다는 것을 머리론 분명 알지만, 상대에게 의존하려 들 수도 있고 이런 태도를 사랑이라고 합리화하려는 것일 수도 있지요.

건강하고 성숙한 사랑은 스스로 만들어가는 것입니다. 성숙한 사랑에서는 두 사람 모두 관계의 시작과 끝을 스스로 선택합니다. 당연한 것인데 이 사실을 모두가 분명히 아는 것은 아닙니다. 이별 후 슬픔에 잠겨 감정적으로 행동하거나 분노를 터뜨리는 사람도 있거든요. 이런 사람은 빌려준 물건을 다시 돌려받는 것처럼 상대방을 반드시 되찾으려고 합니다. 하지만 파트너는 소유물이 아닙니다. 그도 나와 마찬가지로 오롯이 자기 자신으로 존재하는 거지요.

내 반쪽은 어디에?

　인간은 사회적 동물이라 서로 무리를 지어 어울려 살아가려는 경향이 있지요. 다른 사람보다 특별히 더 좋아하는 사람, 입을 맞추고 안아주며 함께 있을 때 기분이 좋아지는 사람들을 사랑하지요. 하지만 아무리 좋아한다고 해서 다른 사람이 꼭 나의 '반쪽'이 될 필요는 없어요. 이런 '반쪽'이라는 개념은 그리스 신화에 나오는 원형의 사람들 이야기에서 기인한 것입니다. 이 신화에 따르면 인간은 원래 팔 네 개, 다리 네 개, 머리 두 개를 가진 동그란 공처럼 생겼다고 하죠. 그런데 인간이 너무 강해지자 신이 이 둥그런 인간을 '반으로 나눴'다고 합니다. 그래서 우리는 쪼개진 반쪽을 찾아 헤맨다는 거죠. 신화에 따르면 나머지 반쪽을 찾아야만 완전한 존재가 됩니다. 이 이야기를 바탕으로 하는 소설이나 사랑 노래, 시도 많죠.

　이별 후에는 이런 '반쪽'의 빈자리가 평소보다 더 크게 느껴집니다. 함께하는 것에 이미 익숙해졌기 때문이죠. 그래서 상대의 부재에 상실감이 들고, 그 빈자리를 보며 허전함을 느낍니다. 헤어진 후 울먹거리며 '그 사람 없이는 살 수 없어'라고 말하는 순간, 외로움과 상실감이 갑자기 몰려올 때가 있죠. 누구나 마음속에는 다른 사람과 함께하며 안정감과 보호받는 기분을 느끼려는 욕망이 있는데, 그 감정에 압도된 것입니다.

부모 역할을 할 사람을 찾고 있습니까

안정감과 보호받는 기분을 느끼려는 욕구는 본능적으로 '이상적인 부모'를 원하는 마음에서 비롯됩니다. 맹목적으로 의지할 수 있는 사람을 찾는 거죠. 나를 절대 실망시키지 않을 사람, 내가 필요한 것을 눈빛만 보고도 알아서 다 해주는 사람 말이에요. 실제로 부모가 이렇게 해주는 경우도 거의 없겠지만, 그렇다고 이런 감정이 생기는 것을 막을 순 없어요. 그런데 파트너에게 이런 감정을 느끼면서 그가 원하는 만큼의 이상적인 '사랑'을 주지 못한다는 사실에 실망할 때도 정말 많습니다. 하지만 그런 것을 기대하는 건 성숙한 사랑이 아니에요. 그건 사랑이 아니라 누군가 자신을 챙겨주기를 바라는 인간의 본성일 뿐입니다.

안정감과 안도감은 내 마음속에서 찾을 것

그러니 다른 사람에게서 안정감을 얻고 보호받으려는 것은 옳지 않습니다. 이는 내면에서 스스로 찾아야 하는 거지요. 아무 문제도 없는 관계란 환상에 지나지 않습니다. 상대가 가장 친한 친구이자 최고의 연인, 다정하게 어루만져주는 사람, 이상적인 아버지, 재미있는 친구, 현명한 조언자, 완벽한 해결사, 영원한 사랑, 안정적인 버팀목, 금융관리의 마술사, 변치 않는 로맨티스트, 손재주 많은 관리인,

124

천재적인 기획자, 믿을 만한 기억 저장소, 영원한 영혼의 동반자가 되어 내가 원하는 것을 모두 이뤄주리라 생각하는 것도 역시 비현실적이고요.

그런데 이 모든 것을 굳이 한 사람이 다 해줄 필요가 있을까요? 친구가 도움을 줄 수도 있고, 청소를 도와주는 사람도 있는데요. 또 다른 일은 또 다른 사람들과 함께할 수 있잖아요.

어떤 사람은 영혼의 동반자가 한 명뿐이라고 생각합니다. 만약 그렇다면, 영혼의 동반자와 헤어지거나 그가 이미 다른 사람과 함께하고 있다면 어떻게 하죠? 저는 친밀한 관계를 맺고 살아가는 모든 사람이 일종의 소울 메이트라고 생각합니다. 함께 살겠다고 선택한 사람들이니까요. 우리는 자기 자신을 알고 싶은 마음에 이들과 함께 살아가기로 결정한 거예요. 주변 사람들과 함께 시간을 보낼 때 나도 몰랐던 내면의 모습이 드러나곤 하니까요.

예를 들어 사랑에 빠져 있을 때는 누구나 자기가 되고 싶어 하는 이상적인 모습을 보여주려고 하죠. 심지어 다른 사소한 문제가 사랑의 황홀함을 방해하지 못하게 애를 쓰기도 합니다. 시간을 지키는 것을 중요하게 생각하던 사람도 사랑에 빠졌을 때는 이를 대수롭지 않게 생각하며, 오히려 상대가 나의 이런 점을 너무 속 좁다고 여기지는 않을까 걱정하게 되지요.

 "자기를 기다리는 건 전혀 힘들지 않았어. 오히려 기다리는 동안 자기를 만날 거라는 기대감만 커졌는걸."

참 낭만적인 말입니다. 이렇게 말하고 나서 입을 맞추고 포옹하는 건 정말 행복한 장면이었겠지요. 하지만 상대가 몇 달 동안 매일 늦는다면 아마 속으로 이렇게 생각할 겁니다.

'한 번이라도 좀 제시간에 올 수 없어? 나도 시간 내서 나오는 건데, 그걸 전혀 존중해주지 않는구나. 제시간에 오는 건 누구나 할 수 있는 거잖아. 왜 너만 못 하는데?'

내게 중요한 것? 네게 중요한 것?

새로운 사랑, 즉 새로운 관계가 시작될 때는 각자 중요하다고 생각하는 모든 부분을 솔직히 이야기해야 합니다. 이때 자기 자신에 대해 잘 모른다면 대화하기가 좀 어려워지겠죠. 예를 들어 시간을 정확히 지키는 것은 신뢰나 존중에 관련된 사안입니다. 그런데 자기가 이런 문제를 중요하게 생각하는지를 모르고 있다면, 나중에 상대방이 시간을 잘 지키지 않는 사람이라는 것을 알게 되었을 때 큰 문제가 될 수도 있겠죠.

이런 대화를 할 때 정말 중요한 핵심만 이야기하고 그냥 넘어가는 경우도 있습니다. 예를 들어 결혼을 할 것인지, 결혼을 한다면 돈 관리는 함께할 것인지 따로 할 것인지, 나중에 어디서 살고 싶은지…… 뭐 이 정도면 되겠지? 라고 생각하는 것이죠.

하지만 그렇다면 함께하는 삶을 장기적으로 어떻게 꾸려나가고 싶은지에 대해선 전혀 이야기하지 않은 셈입니다. 가령 '아이를 낳을까 말까?'에 대해서도 정말 다양한 이야기를 할 수 있어요. 자녀와 함께하는 가족생활에 대해 서로 어떤 생각을 갖고 있는지, 자기 부모처럼 살고 싶은지, 어떤 점에서 그렇게 살고 싶지 않은지, 중요하다고 생각하는 것은 무엇인지, 아이들을 어떻게 대하고 싶은지, 가정에서 역할 분담은 어떻게 할지, 재정 문제는 어떻게 할 것인지, 원래 가족과 얼마나 가깝게 지내고 싶은지, 아이들과 해외 생활을 해보고 싶은 마음이 있는지 등등 이것저것 의논할 게 정말 많습니다.

 "나는 우리가 부모님 회사를 물려받아서 일하고, 낮에는 우리 엄마가 아이들을 봐주실 거라고 생각했어."
"잠깐, 아이를 맡겨야 한다면 우리 엄마한테 맡겨야지!"
그런데 정작 양쪽 어머니 모두 이런 계획에 대해 알지도 못했고 관심도 없었습니다.

이런 중요한 사안에 대해 미리 충분히 대화를 나누지 않는 경우가 많습니다. 아니면 갈등을 만들기 싫어 아예 소통하지 않는 경우도 있죠. 어찌어찌 대화하게 되더라도 상대방이 짜증을 조금만 내면 금세 했던 말을 취소하거나 상대가 받아들이기 쉽게 두루뭉술 바꿔버리는 경우도 많습니다.

사랑의 여러 단계에 관한 질문

다음 질문은 당신이 지금 헤어지려는 (혹은 이미 헤어진) 파트너를 떠올리며 대답하면 좋을 것 같습니다. 만약 어떤 집단이나 그룹을 떠날 생각을 하고 있다면 그중에서 제일 중요한 사람을 떠올려보세요.

함께하던 당시, 두 사람이 함께하는 미래에 대해 충분히 이야기를 나누었나요?

그 후 함께할 미래에 대한 문제나 방향의 변화를 논의했던 적이 있나요?

만약 그렇지 않다면 그 이유는 무엇이었나요?

그럼 지금은 앞으로 함께 보낼 시간에 대해 (예를 들어 아이들이 있는데 이혼한 경우 등) 이야기를 나누었나요?

관계 속에서 배우는 자기애

자신을 사랑하는지 아닌지에 따라 선택하는 파트너도 크게 달라집니다. 자신을 사랑하는 것은 참 중요하죠. 그것은 타고난 본성이며, 좋은 부모 밑에서 자란 아이는 당연히 자신을 사랑할 것으로 생각하는 사람도 적지 않습니다. 그렇지만 그것은 타고나는 것이 아니라 살면서 평생 풀어나가야 할 숙제입니다.

'자기애'는 말 그대로 자기 자신을 사랑하는 것이죠. 자신의 모든 것을 사랑하고, 타고난 재능을 즐기며, 약점을 관대하게 바라보고, 자기 신체를 사랑하고 가꾸며, 자기 행복을 찾는 것을 말합니다. 또한 스스로를 아끼며, 다른 사람도 자신을 아껴주는 환경에서 생활하기 위해 노력하는 것도 자신을 사랑하는 일이지요. 물론 이 모든 것을 받아들이고 따라주는 파트너를 고르는 것도 여기에 포함됩니다.

사랑을 비롯해 모든 관계를 처음 시작할 때, 우리는 상대방이 어떻게 대해주기를 원하는지 상대에게 힌트를 줍니다. 관계를 시작하고 나서 며칠간은 어떤 것을 허용하고 또 어떤 것을 허용하지 않을지 생각해보고 기준을 세웁니다. 그동안 상대는 제스처, 말, 직접적인 동의 등 여러 수단을 활용해 내가 어떤 사람인지, 어떤 점을 싫어할 듯싶은지 등 많은 정보를 수집합니다. 마찬가지로 우리도 그와 똑같이 하고요. 내 앞에 나타난 이 사람이 어떤 사람인지 마치 연구원이 된 듯 꼼꼼히 탐색하지요. 이때 서로가 솔직히 행동해야 관계에서 기준이 분명해집니다. 이건 인간관계뿐 아니라 직장에 들어갈 때도 마찬가지예요. 자기 자신을 잘 알고 있다면, 가치관과 맞지 않는 상황이 닥쳤을 때 더 빠르게 이해하고 조치할 수 있어요. 이와 관련해 직장생활에서 발생할 수 있는 상황의 사례를 보겠습니다.

"이번 주 목요일과 금요일에도 나오면 좋겠네요."

"곤란한데요. 아시겠지만 면접 볼 때 분명히 월요일, 화요일, 수요일만 가능하다고 말씀드렸어요. 목요일과 금요일에는 이미 다른 일정이 있습니다."

"하지만 그 일정은 미룰 수 있는 것 아닌가요? 이렇게 융통성이 없으면 같이 일하기 힘들 수도 있어요."

"네, 그렇겠네요. 그런데 말씀드린 것처럼 저는 수요일까지만 가능하고 다른 날은 어렵습니다. 이 부분은 서로 동의했던 것 아닌가요?"

또는

"이번 주 목요일과 금요일에도 나오면 좋겠네요."

"그건 조금 어려울 것 같아요. 제가 월요일, 화요일, 수요일에만 가능하다는 것 알고 계시잖아요. 목요일과 금요일에는 다른 일정이 있습니다."

"네, 하지만 그 일정은 미룰 수 있는 것 아닌가요? 이렇게 융통성이 없으면 같이 일하기 힘들 수도 있어요."

"저 그렇게 융통성 없는 사람 아니에요. 저는 그냥……."

"대체 그 계획이라는 게 뭔데요?"

"그냥 앞으로 하고 싶은 일이 몇 가지 있어서요."

"아무튼 이번 주 목요일과 금요일은 일단 일정이 없는 거 아닌가요? (웃음) 네, 맞춰주니 좋네요. 융통성이 있어야 회사 생활도 하는 거예요. 한 팀이라고 생각해야죠. 나도 팀원들을 믿을 수 있어야 하고요."

"글쎄요, 일단 해보겠습니다."

이런 회사 생활이 괜찮을까요? 우리는 직장에서도 자기만의 선을 지켜야 합니다. 겁먹고 물러나는 모습을 보이면, 상사는 내가 기준이 명확하지 않은 사람임을 금세 알아채고 그 부분을 파고들거든요.

내가 어떤 사람인지는 내 행동이 말해줍니다

이런 기준은 특히 연애할 때 더 필요합니다. 연애할 때는 아직 사랑에 빠져 있는 상태이기도 하고 상대가 행복하기를 바라기 때문에 가끔 그것을 위해 자신의 행복을 포기하기도 하거든요. 상대의 행복을 나의 행복보다 중요하게 생각하는 거죠. 내게 중요한 가치가 무엇인지를 분명히 알고, 새 관계를 맺었을 때 내가 중요하게 생각하는 가치들의 우선순위를 분명히 정해 놓아야 애매하고 난감한 상황이 일어나는 것을 막을 수 있습니다.

가치와 소망에 관한 질문

당신이 관계에서 중요하게 생각하는 가치나 이루고 싶은 소망은 무엇인가요?

관계 속에서 삶을 어떻게 꾸려나가고 싶은가요?

이런 것을 실천해본 적이 있나요?

당신이 상대에게 그냥 맞춰줄 위험이 있는 것은 어떤 부분인가요?

중요하다고 생각하는 가치를 어떤 부분에서 지키고, 또 어떤 부분에서
포기하나요? 혹은 지금껏 그 가치를 어떤 부분에서 포기했나요?

나를 사랑하는 것은 진정한 자아를 이해하는 것이기도 합니다. 내
게 필요한 것이 무엇인지 분명히 알아야 필요한 것을 찾을 수 있으
니까요. 저는 상대가 나와 영적으로 깊은 관계를 맺기에 적합한 사
람이기를 바랍니다. 그리고 이를 위해 저와 상대방 모두 깊고 진실
한 관계를 맺으려는 의지가 있는지를 항상 확인하지요. 영적인 관계
에서는 호르몬, 즉 서로의 육체에 집중하는 대신 서로의 영혼이 하
나로 연결되는 것을 경험할 수 있어요. 우리는 모두 정신적으로 성
장하고 영적으로 깨어날 수 있도록 노력하며 살아가는 존재들입니

다. 우리 영혼은 우리 육체와 자아를 통해 인간의 삶을 경험합니다. 그렇기에 인간의 육체는 결국 영혼의 소유인 것이죠.

우리는 모두 파동으로 이루어진 존재입니다. 이 파동은 우리가 아닌 다른 존재의 파동과 함께 움직이죠. 돌과 동물의 에너지 파동이 다르고, 식물과 인간의 에너지 파동도 서로 다릅니다. 둘 중 무엇이 더 낫다고 말할 수는 없지만, 모든 에너지 파동은 그 성격에서 차이가 있어요.

어떤 파동은 조밀한 반면 어떤 파동은 느슨합니다. 서로 주파수는 다르지만, 사람마다 주로 나타나는 스펙트럼이 있어요. 그리고 정신적으로 깨어 있을수록 이 파동은 느슨해지고, 더 편안히 살아가게 됩니다. 더 이상 감정에 매달리지 않고, 감정이 어떻게 발생하는지, 그 감정이 무엇을 전달하려는지 아는 상태에 도달하거든요. 내가 느끼는 감정을 따라가고 마음 깊이 이해할 수 있는 법을 더 잘 알게 됩니다. 그러니 긴장하지 않고 편안히 있을 때도 더 많아지고요.

대부분 이렇게 균형 잡힌 상태로 살다가도 가끔씩 '폭풍'이 칠 때가 있습니다. 그렇지만 이런 폭풍 또한 지금까지 배워온 것을 계속 성장시키고 더 많은 경험을 하기 위해 꼭 필요한 것이지요.

이런 난기류에 어떻게 대처하는지는 정신적으로 얼마나 깨어 있는지에 따라 달라집니다. 정신적으로 깨어 있을수록 이런 폭풍과 휘몰아치는 감정에도 우아하게 대처할 수 있거든요. 즉 정신적으로 깨어 있다는 것은 순간적인 충동에 휘말리지 않고 그 순간 어떤 감정을 느끼는지 분명히 직시할 수 있는 상태를 가리킵니다. 신경 거슬리는 것에도 짜증 내거나 소리 지르는 대신, 거슬린다는 사실을 감지하고 스스로에게 알립니다. 이는 왜(이유), 그리고 무엇 때문에(의미와 목적) 짜증 나고 거슬리는지 스스로 알아보는 매우 중요하고 자연스러운 과정입니다. 무언가 거슬릴 때 그 부분에 대해 무언가 말하고 싶어지죠. 이처럼 스스로 탐구하는 과정은 자신을 바로 인식하고, 이런 인식을 사랑으로 발전시킬 수 있는 중요한 단계입니다.

파트너를 선택할 때도 마찬가지입니다. 정신적으로 깨어날수록, 더 깨어 있는 상태에서 (더 수월하게) 관계를 형성해 나갈 수 있습니다.

사랑의 눈빛으로 지켜보는 관찰자

그런데 정신적으로 깨어나기 위해서는 감정과 어느 정도 거리를 두어야 합니다. 이러한 거리두기를 낯설거나 어색하다고 느끼는 사람도 많아요. 감정과 거리를 두려면 일단 감정을 관찰해야 합니다. 관찰하다 보면 감정과 나 사이에 서서히 거리가 생기는 것을 느낄 수 있는데, 이런 식으로 감정이라는 격정적인 드라마와 거리를 두는 겁니다. 지금 싸우고 있다고 가정해볼까요. 화가 난 감정에 충실하면서도 다른 한편으로는 기자가 된 것처럼 상황을 관찰해보는 거죠. 여기서 관찰은 예를 들어 '나는 화가 났어. 상대는 지쳐 있고, 내가 지금 ○○○라고 말하면 엄청나게 화를 내겠지?'라는 식이면 됩니다. 그다음으로 할 일은, 기자가 인터뷰하듯 지금 무슨 행동을 하고 싶은지 나 자신에게 묻는 거예요.

지금 마음속에서는 이 상황에 어떻게 대처할 것인지를 두고 내면의 목소리들이 열띤 토론을 하고 있습니다. 목소리들은 이렇게 말할 수 있겠죠. '이 상황을 악화시키고 싶은 거야, 정리하고 싶은 거야?', '기름을 확 부어버려? 아니면 그냥 입을 다물어?' 또는 '지금 이기고 싶은 거야? 아니면 그냥 이해하고 싶은 거야?' 등입니다.

우리 안에는 이런 목소리가 아주 많아요. 그중에는 지금 잘못하고 있다고 경고하는 소리도 있습니다. 더 노력해야 한다고 말하기도 하지요. 또는 잘하고 있다고 목소리를 높이기도 합니다. 그런가 하면 싸움은 그만두고 그냥 소파에 눕기나 하라는 목소리도 있죠. 이런 말들 사이에는 유약한 자아도 끼어 있습니다.

그중에는 따뜻한 눈으로 바라보는 관찰자도 있는데, 그 소리는 내가 바보 같고, 뭐 하나 제대로 하는 게 없다고 다그치지 않아요. 오히려 그 반대로 현명하고 명확하면서도 다정다감한 목소리로 말을 건네죠. 우리가 그 목소리를 무시할 수도 있고, 그 목소리가 작아질 수도 있지만 관찰자가 말을 완전히 멈추는 일은 없습니다.

어떤 사람에게는 관찰자가 양심의 역할을 합니다. 또 어떤 사람에게는 더 높은 차원의 자아나 영혼이 되기도 하죠. 그 형태야 어찌 됐든, 관찰자의 목소리에는 귀를 기울일 가치가 있습니다.

만약 이 상황에서 관찰자의 참여를 허락하면 관찰자는 기꺼이 훌륭한 조언을 해줘요. 내가 감정을 주체하지 못할 것 같으면 관찰자는 잠시 말을 멈추고 방에서 나가 있으라고 조언해줄 거예요. 기름을 부으려는 충동을 멈추게 하고, 나를 설득하며, 이기는 것이 꼭 최선은 아니라는 조언을 해줄 수도 있지요.

그렇다면 관찰자의 목소리를 들을 수 있는 방법은 무엇일까요?

즉각 행동에 옮기기보다는 관찰자가 나설 수 있도록 잠시 시간을 가져보세요. 상대의 말에 꼭 곧바로 대답하거나 대응할 필요는 없으니까요. 잠깐 심호흡하고, 뇌가 제 기능을 할 때까지 기다리는 겁니다. 차분히 마음을 가라앉히고 지금 어떤 말과 행동을 하고 싶은지 분명히 알게 될 때까지 기다리는 거죠. 그러면 이내 내면의 목소리가 말을 걸어옵니다. 조용하게, 가만히, 분명하게.

노력할 준비가 되었습니까?

항상 최선을 다해 살지만 가끔은 내게 닥친 상황을 피하려 할 때가 있죠. 이것도 다 이유 있는 행동입니다. 두려움, 절망, 혹은 더 이상 변할 수 없을 거라는 생각이 그 이유가 될 수 있지요. 내가 나서지 못하게, 주변 사람들이 억누르거나 휘두르기 때문일 수도 있습니다. 가끔은 새로운 길을 가는 데 필요한 힘이나 의지가 부족한 경우도 있고요. 그저 잠시 주춤한 것뿐인데 이것을 실패의 전조로 믿어버릴 때도 있지요. 아니면 그냥 정보나 방법을 모를 때도 있습니다.

살면서 실망하는 일이 계속되면 내 행동에 책임질 용기를 잃기도 합니다. 또는 또 실망하는 것이 두려워 새로운 상황을 마주하기 어렵거나, 그저 지금 상황에 안주하고 싶은 마음에 더 나은 삶을 살려는 노력을 소홀히 하기도 하죠. 그러면 이렇게 좌절하는 마음이 점차 커져 고통이 되고, 파동은 조밀해져 무거운 에너지가 방출됩니다.

성장과 발전을 가로막는 주요 단어 중 하나가 바로 '하지만'이라는 말입니다.

- 하지만 나도 벌써 해봤는걸.
- 하지만 안 됐어.
- 하지만 아무 도움도 되지 않았어.
- 하지만 난 항상 불행한걸.

이렇게 '하지만'이라는 단어를 언제 자주 사용하는지 살펴보면, 그 사람이 어떤 방어기제를 갖고 있는지 알 수 있습니다. 서로 깊은 관계에서는 자신의 행동을 상대에게 기꺼이 물어보고("지금 내 말이랑 생각이 맞아?") 탐구하려는 의지("나는 왜 여기서 방어적으로 행동했던 거지?")가 분명히 나타납니다. 그런데 이런 노력 없이 그냥 반사적으로 '하지만'이라는 말을 계속하면, 그가 어떤 방어기제를 가졌는지가 드러나지요.

예를 들어 어린 시절에 변화와 맞닥뜨렸을 때 항상 결과가 안 좋았던 사람은 새로운 변화를 피하려고 언제나 필사적으로 노력하게 됩니다.

어떤 사람은 지금 이 편안한 상태를 포기하고 싶지 않아(특히 여성이 그런 편안함을 만들어주는 경우) 지금 이대로가 좋지 않냐고 생각합니다. 변할 이유가 없는 거죠. 그에게 변화란 스스로 다림질을 하거나 가사노동에 동등하게 참여한다는 말일 테니까요.

또 어떤 이는 매사에 자신이 불리하다고 생각합니다. 그래서 다른 사람들이 자기 권리를 주장하면 그것이 자신에 대한 차별이라고 확신해요("그래서 내 차례는 대체 언제인데?").

성장할 의지가 거의 혹은 전혀 없는 경우에는 연인으로 함께하기 어렵습니다. 하지만 친구는 가능할 수 있어요. 우리는 살면서 다른 사람을 있는 그대로 받아들이는 법을 배우는데, 결혼이나 연애 관계에서는 그것이 절대적으로 중요합니다. 연인이나 부부는 함께 사는 경우가 많으니까요. 친구 사이는 서로 충분한 거리가 있기 때문에 설령 친구가 성장할 의지가 없더라도 좀 더 편히 받아들일 수 있고요. 친구관계도 연애와 마찬가지로 서로 너무 다르면 관심이 생기지 않습니다. 항상 자기를 연기하듯 꾸며내고, 자기중심적이고, 솔직히 이야기하지 않는 사람과는 함께 교류할 수 없지요. 그리고 서로 교류하지 않으면 관계는 더 이어질 수 없고요.

꼭 모든 사람이 서로 깊이 감정 나누기를 원하는 건 아닙니다. 앞서 이야기했듯 아무 생각 없이 '즐겁게' 지내기만을 원하는 사람도 있어요. 그런 사람은 '이 사람이 내 남편입니다. 착한 사람이고, 우리는 함께 잘살고 있어요. 문제가 생기면 피해 갑니다. 그게 우리한테 잘 맞아요'라는 생각으로 삽니다. 이것도 자기 선택이지요.

모든 관계가 감정적으로 강렬한 건 아니에요. 관계에서 원하는 것이 무엇인지에 따라 감정의 농도는 달라집니다. 감정적으로 강렬하고 열정적인 관계를 원할 수도 있고, 강렬하진 않아도 그냥 잘 챙겨주는 사람과 함께하기를 원할 수도 있으니까요. 이처럼 관계를 어떻게 만들어갈지는 각자의 선택이지만 '실용적인' 관계의 끝은 정말 아플 수 있음을 알아야 합니다. 익숙함을 상실했을 때의 아픔을 뼈저리게 느끼는 거죠. 함께하는 동안 너무 많이 희생했다고 느끼는 순간(사랑에 빠지고, 열정적으로 섹스하고, 그 관계를 지키기 위해 원하는 것을 제쳐두는 것), 속았다는 기분이 드는 겁니다.

"계속 도전하면, 문제는 언젠가 해결됩니다"

이 말은 영혼의 눈으로 봤을 때 아직 완전히 성숙하진 않았기 때문에 용기 내는 법을 배워야 한다는 뜻입니다. 그러려면 우선 용기를 북돋아주는 사람이 없었던 어린 시절에 대해 알아야 합니다. 또, 그 당시 나를 '겁먹게' 만든 다양한 상황과 마주하고 다시 도전해봐야겠죠. 영혼은 두려운 상황과 마주하도록 몰고 갑니다. 그러면 우리는 자신이 다른 사람보다 소심하고, 용기를 내려면 더 많이 노력해야 한다는 불행한 사실을 알아차리죠. 하지만 그럼에도 계속 노력하면 마음속에서 용기가 자라는 것을 느낄 수 있어요. 즉 지금 용기를 내면 낼수록 결국 더 용감해집니다. 용기란 두려워하지 않는 것이 아니라 두렵지만 그럼에도 행동하는 것임을 알게 됩니다. 선을 긋는 법도 배우죠. 이런 수많은 연습과 도전 끝에 결국 변화를 이루면, 파동도 가볍고 느슨해져 다른 사람들이 나와 어울리기 한결 수월해집니다. 지금 자신이 어떤 상태인지를 깨닫고(자신에 대한 신뢰를 바탕으로 낯선 상황을 마주함), 그동안 지혜가 꽤 많이 쌓인 것도 알게 되지요. 그러면 삶도 점점 행복해집니다.

영혼이 용감해지라는 숙제를 주었으면, 연습할 기회도 필요한데 그런 기회를 주는 것도 바로 영혼입니다. 용기 내는 연습과 도전을 하다 보면 내 행동에 대한 다른 사람의 반응도 경험하지요. 여기서 다른 사람이 어떤 반응을 하든 잘못된 것은 없습니다. 때로는 상대의 반응에 기가 죽거나 부정적인 감정이 들 수 있지만, 이는 오히려 두려움에서 벗어나 계속 도전할 수 있는 원동력이 되어 주거든요. 이런 사실을 깨닫고 각자의 숙제를 해결할 때까지, 이처럼 연습할 수 있는 상황은 계속 찾아옵니다.

파동에는 자석 같은 성질이 있어 나와 에너지 파동이 맞는 사람들을 끌어당깁니다. 이는 꼭 겁먹은 사람이 마찬가지로 겁먹은 사람에게 끌린다는 의미는 아니에요. 우리는 같은 파동을 가진 사람에게 끌립니다. 즉, 겁먹은 사람과 간섭하기 좋아하는 사람이 서로 파동이 맞아 이끌릴 수도 있는 거죠. 겁먹은 쪽이 보기에는 상대가 모든 것을 파악하고 있어서 나를 돕는 것 같고, 그 말을 따르면 안전할 것 같다는 생각이 듭니다. 그러면 이 둘은 서로 '잘 맞는' 거죠. 간섭하기 좋아하는 사람은 사실 불안하기 때문에 간섭하는 건데, 이런 사람은 통제하기를 좋아합니다. 이 경우는 그런 간섭을 그만두는 것이 영혼의 숙제겠죠.

이들은 서로 배움을 얻고 성장하기에 '완벽한' 한 쌍입니다.

그럼 우리가 성장했다는 것은 어떻게 알 수 있을까요? 간섭하기 좋아하는 사람이 성장하면 상대에게 더 이상 과한 관심을 보이지 않겠죠. 상대방 입장에서 처음에는 이런 간섭이 좋을 수도 있어요. 하지만 우리 안에 내재된 경고 시스템이 작동해 그 간섭이 나중에는 정말 싫어질 것임을 빠르게 알려줄 겁니다. 다음 사례에서 이를 좀더 잘 이해할 수 있습니다.

"어젯밤에 어딜 간 거야? 여러 번 전화했는데 왜 전화를 안 해. 너의 집에 들렀는데 너 없더라?"

"바빴다고 분명히 얘기했잖아. 회의가 끝나고 밥 먹으러 가서 사람들이랑 얘기하다 보니까 좀 늦었어."

"전화 좀 해주지 그랬어! 걱정했다고!"

"시간이 너무 늦었어. 집에 도착하니까 거의 한 시였다고."

"그게 무슨 말이야? 나랑 사귈 건지 말 건지 결정해. 너는 내가 걱정하든 말든 상관도 없지? 너랑 사귀는 게 이런 것일 줄 몰랐다!"

"나도 마찬가지야. 대체 우리 집에는 왜 들른 건데?"

"무슨 말이 하고 싶은 거야? 야, 그렇게 전화를 했으면 저녁때 한 번은 걸어주는 게 정상 아냐?"

"내 질문에 대답이나 해."

"아, 됐어! 사과할 준비가 되면 그때 연락해."

자신을 사랑하는 법을 배운 여성이 이런 남성을 만나면, 사랑에 빠지는 초기 단계에서 이미 내면의 경보 시스템이 '당신의 선택은 받아들여지지 않았습니다'라는 경고를 보낼 것입니다. 남자는 와달라고 하지도 않았는데 멋대로 여자의 집에 왔죠. 그러곤 여자에게 '정상이 아니다'라고 말합니다. 행동과 감정에 대한 책임을 여자에게 떠밀고 있는 셈이죠. 자기 행동을 돌아보려는 의지는 전혀 없으면서 그녀가 사과할 것을 기대하기까지 합니다. 이런 상황에서 여자는 아마 이 관계를 곧 끝내야겠다고 생각할 거예요.

반면에 자신을 사랑하는 법을 아직 배우지 못한 여성은 이렇게 생각하며 상대에게 사과할 것입니다. '아냐, 말은 저렇게 해도 본심은 그게 아닐 거야. 너무 사랑하니까 나랑 떨어져 있기가 힘든 거지. 우리 집까지 일부러 들렀다는 것도 너무 사랑스럽지 않아? 집에 내가 없는 걸 알고 슬펐던/화났던/상처받았던 거 다 이해해. 내가 사과해야지. 그러면 다 잘될 거야.'

사랑은 따뜻한 존중에서

진심으로 사랑하는 관계가 되려면 서로 존중해야 합니다. 스스로를 책임지는 것도 상대를 존중하는 것입니다. 이런 태도가 건강한 관계의 토대가 되지요. 그런데 새로운 관계를 맺을 때 그것을 가볍게 생각하는 사람들도 있어요. 그냥 그 관계를 함께하기만 하고, 중요한 결정은 모두 상대방이 내리는 것이 편하다고 생각하는 것이죠.

그럼 이런 사람들은 어린 시절에 어땠는지 알아볼까요? 상대에게 전권을 맡기는 사람은 어린 시절에 보살핌을 받고 싶었지만 충족되지 않았고, 그런 부분을 지금 채우기 위해 그럴 수 있어요. 다만, 상대방이 이렇게 자신을 존중해주면 스스로도 바뀌려고 노력해야 하는데, 그럼에도 자기 삶을 책임지지 않으려고 하지요. 그렇게 아무것도 하지 않으면서 보살핌받는 상황에 적응해버리거나, 심지어 그 보살핌을 받으려고 일부러 아이처럼 행동하기도 합니다.

특히 우리 부모나 조부모 세대에서 오랜 기간 함께한 커플들을 보면 파트너가 세상을 떠난 후 홀로서기를 제대로 해나가지 못하는 걸 자주 봅니다. 자기 계좌에 돈이 얼마나 있는지, 세탁기를 어떻게 사용하는지도 모르며, 자신을 위해 따뜻한 식사도 준비하지 못하는 사람이 적지 않아요. 파트너가 일일이 다 챙겨주다 보니 편히 살다가 독립성을 상실한 것이죠. 그럴 능력이 없어서가 아니라 (그냥 '원래' 하던 대로) 습관이 들었거나 아니면 단지 더 편하다는 이유로 파트너에게 계속 의존한 것입니다.

건강하지 못한 관계

성격상의 문제를 (아직) 해결하지 못해 건강한 관계를 맺기 어려운 사람들이 있습니다. 감정이 매우 불안정한 사람, 분노를 통제할 수 없는 사람, 타인을 위협하고 폭력으로 밀어붙이는 사람은 다른 사람과 즐겁고 편안하게 함께 살아가는 방법을 모릅니다. 이런 상태에서 벗어나려면 우선 내가 어떤 상태인지 분명히 알고, 변하고 싶다고 생각해야 합니다. 생각해보세요. 한 손에는 독한 술을 들고, 다른 한 손에는 '비행기를 조종하는 법'이라는 책을 대충 넘기고 있는 조종사가 운전하는 비행기에 타고 싶나요? 절대 아닐 거예요. 안전한 비행을 위해서는 교육도 충분히 받고 정신상태가 온전한 조종사가 필요하죠. 비행기 조종법은 배울 수 있어요. 하지만 그러려면 배우려는 의지가 선행해야겠죠. 그럼 손에서 술병을 뺏고 파일럿 스쿨을 제대로 다니는지 따라다니며 감시하면 되지 않나요? 아니요, 안 됩니다. 본인이 스스로 해야 하죠. 그가 안전하게 비행할 수 있을 만큼 충분히 배우고 연습할 때까지는 그 비행기에 탑승할 수 없어요.

소시오패스, 사이코패스, 나르시스트는 미래라는 여행을 함께할 동반자가 될 수 없습니다. 이들은 상대의 감정에 공감할 수 없어요. 후회라는 감정을 모릅니다. 상대방을 조종하려 하고, 거짓말을 합니다. 사탕발림으로 구슬렸다가 감정에 호소하는 행동을 번갈아 가면서 해요. 이런 행동은 다양한 형태와 정도로 나타날 수 있습니다.

이들은 자신감이 지나쳐서 남보다 우월하다고 생각하고 다른 사람을 경멸하기도 해요. 이런 사람이 사랑에 처음 빠졌을 때는 드디어 자기 수준에 맞는 사람을 찾았다고 생각합니다. 하지만 얼마 지나지 않아 상대에게 약점이 있다는 것을 알게 되죠. 이런 유형은 자기 약점은 인식하지 못하기 때문에 자기 분노나 실망의 원인이 상대방 때문이라고 생각하고 상대를 탓합니다.

또 다른 사람을 무시하고 깎아내려야만 기분이 좋아지는 사람도 있습니다. 언뜻 보기에는 매력적이며 사랑스럽고, 보고만 있어도 흐뭇해지는 사람인 경우가 많죠. 하지만 관계를 시작할 때 나를 휘감고 있던 사랑은 시간이 지나면서 서서히 사라지고, 이런 사람은 '너랑은 안 맞는 것 같네'라는 무언의 암시를 보내기 시작합니다. 그러면 그가 말하는 사랑이라는 것(사랑을 시작한 처음 며칠 또는 몇 주간의 행복감)을 되찾으려다 화려한 언변에 넘어가거나 심지어 그의 말이 맞다고 생각해버립니다. 숨소리가 거슬린다고 하면 그 말이 맞다고 생각해 숨도 제대로 못 쉬며 눈치 보는 경지에 이르기까지 합니다. 이런 사람들은 '내가 짜증나는/지치는/화나는/좌절하고 평정심을 잃는 것은 다 너 때문이야'라는 느낌을 계속해서 전달합니다. 그러면서 여전히 자기감정에 대한 책임을 거부하지요.

이들의 변덕스러운 기분과 행동을 이해할 수도, 공감할 수도 없어 많은 사람이 그 원인을 자기 행동에서 찾곤 합니다. 하지만 원인은 우리가 아니에요.

이렇듯 자의식 과잉인 사람들은 '내가 최고다'라고 굳게 믿고, 문제의 원인이 나라고는 추호도 생각하지 않습니다. 모든 문제와 어려움은 다른 사람들이 내 말대로 하지 않아서 일어난다고 굳게 믿지요. 이런 사람은 보통 언변이 뛰어나 말로 상대를 휘두를 수 있습니다. 상대의 말을 자기 입장에 유리하게 곡해하는 것은 이들에게 식은 죽 먹기죠.

이들은 관계 속의 권력을 즐깁니다. 상대를 과연 어디까지 쥐고 휘두를 수 있는지 시험해보는 경우도 있어요. 그러니 이런 사람과는 절대 가깝게 지내지 마세요. 언젠가 다시 함께 다정한 시간을 보낼 수 있으리라는 생각은 환상에 불과합니다. 이미 휘둘리는 상황에 익숙해져서 함께 있는 것이 편안하게 느껴지는 순간도 있어요. 하지만 이들은 자기에게 유리한 것에 따라 순식간에 태도를 바꿔버립니다. 직업도 참 다양해서 회사를 운영하는 사장, 코치, 정치인, 심지어 영적 지도자도 있답니다.

이들의 연인은 누구나 이들의 희생양이 될 수 있다는 사실을 받아들이지 못하는 경우가 많습니다. 많이 아프고 두려우며 가끔 불안할 때도 그 관계를 포기하지 않지요. 다음 사례처럼 생각의 굴레에 갇혀버린 것입니다.

"그 사람이 뭘 줬다고?" 친구는 믿을 수 없다는 표정으로 그녀를 바라봅니다.

"이 약을 줬어"라며 그녀는 약통 하나를 보여줍니다. "이 약을 먹으면 감정을 조절하는 데 도움이 될 거래."

약사인 친구는 그 약을 보자마자 이게 무슨 상황인지를 단번에 파악했습니다. "뭐? 이거 진짜 센 향정신성 약물이야! 먹으면 몽유병 증상이 나타난다고! 너 대체 어떻게 된 거니?"

친구가 계속 추궁하자 그녀는 남자친구가 자기를 몇 번 때렸고(이에 대해 "하지만 그 후에 진짜 천 번은 사과하기도 했고, 그전에는 그런 일이 없었어"라고 말했습니다), 가족을 만나지 말라고 했으며(이에 대해서는 "남자친구는 내가 아직 가족에게 아기처럼 의존하고 있대. 그래서 의존하지 않는 법을 배우려고 만나자는 약속을 계속 취소하고 있어"라고 말했으며), 오늘의 만남도 좋아하지 않는다고("그래서 오늘 야근한다고 말해놨어"라고 합니다) 털어놓았습니다.

친구는 걱정스러운 듯 그녀를 바라보며 말합니다. "당장 끝내. 너 미쳤어?"

"그 사람이 회사에서 스트레스를 많이 받아서 그래."

"너한테 중요한 것들을 다 차단하려고 하잖아 지금! 그 정도면 병이야. 너 오늘 여기서 자고 가."

"안 돼!"라며 그녀는 패닉에 빠집니다. "그가 싫어할 거야. 분명히 화낼 거라고."

"바로 이게 문제라니까? 지금 너 얼마나 겁먹었는지 봐! 이게 사랑이니?"

상대가 이토록 겁에 질렸다는 건 이 관계가 사랑이 아니라는 것을

분명히 보여주는 신호입니다. 사랑이 아니라 통제하는 거죠. 과연 이런 식의 관계가 앞으로 건강하게 이어질지, 혹은 이미 도를 넘어 심각한 건 아닌지 판단하기 어려우면 주변 사람에게 물어보세요. 외부의 시선으로 보면 그 관계가 더 잘 보이거든요.

다시 한 번 말하지만, 우리는 비행기 운전법을 제대로 아는 조종사의 비행기에만 타야 합니다.

건강한 관계

그럼 건강한 관계란 과연 무엇일까요? 가끔은 건강하지 않은 관계임에도 정상적이라고 생각하는 경우가 있습니다. 그 관계에 이미 익숙해졌기 때문에 정상이라고 느끼는 것입니다. 하지만 지금 어떤 상황에 익숙한지 가끔 돌아볼 필요가 있어요. 또한 스스로 존중받을 가치가 있는 사람이라고 생각하는지, 단순히 드라마처럼 극적인 상황을 사랑이라고 착각한 것은 아닌지 살펴야 합니다. 그 밖에도 스스로를 어떻게 생각하고 있으며, 자기 자신을 사랑하는지도 생각해볼 필요가 있지요.

우리 존재는 모두 파동이며, 이 파동을 통해 다른 사람에게 내가 누구인지, 어떻게 대해주기를 바라는지에 대한 정보를 전달합니다. 우리의 행동은 우리가 어떤 생각을 하는지에 따라 결정됩니다. 내가 눈에 띄지 않는 사람이라고 생각하면 튀지 않게 행동하지요. 반대로 스스로 매력적인 사람이라고 믿으면 자신감과 밝은 기운을 뿜어낼 것입니다.

자기애는 타인에게 칭찬받는다고 생기는 것이 아니에요. 자신에 대한 사랑은 스스로를 존중하고, 자신이 어떤 사람인지를 솔직히 드러내고, 재능을 펼치고, 건강한 관계를 위해 선을 긋고, 자신을 따뜻한 눈으로 바라보고, 예의바르게 행동하고, 자기 자신의 가장 친한 친구가 될 때 비로소 생겨납니다.

우리는 스스로를 너무 엄격하게 대할 때가 많습니다. 저도 다른 사람에게는 아주 관대했지만, 저 자신에게 관대해지기까지는 정말 오랜 시간이 걸렸어요.

하지만 자기애는 바로 여기서 시작하죠. 다시 한 번 강조하지만, 다른 사람과 관계를 맺으면서 우리는 스스로를 얼마나 사랑하는지 알게 됩니다. 내가 자신을 소중하게 여기고 사랑하고 받아들일 수 있어야 다른 사람을 진정으로 받아들이고 부드러운 애정을 줄 수 있답니다.

사랑은 느낌이 아닌 상태이며, 행동으로 나타납니다

공격적인 파트너를 선택하는 사람들도 있습니다. 이들은 이런 공격성을 일종의 사랑이라고 생각해요. '이렇게 불같이 화를 낸다는 건 그만큼 나를 사랑해서가 아닐까? 사랑하지 않으면 신경도 안 쓰겠지'라고 말이에요. 그러면서 드라마처럼 감정 기복이 크고 극적인 상황을 사랑으로 착각합니다.

하지만 사랑을 단순한 하나의 감정이라곤 할 수 없어요. 사랑은 '상태'이며, 행동을 통해 드러납니다. 우리는 사랑을 하면 그에 걸맞은 행동을 합니다. 말로만 '사랑해'라면서 상대를 나쁘게 대한다면 사랑이 아닙니다. 상대를 존중하지 않는 것도 역시 사랑이 아니죠. 이런 것은 사랑이 아닙니다. 관계에서 권력을 갖고 상대를 통제하려 하고, 자아성찰을 거부하며, 건강한 태도를 가지지 못했기 때문에 나타나는 행동이죠.

공격적으로 행동하는 이도 지금 자기 상태에 만족하지 못하는 것은 마찬가지입니다. 이런 사람은 자신을 통제하지 못해요. 방법을 몰라서(분노 조절, 감정에 대한 인식 부족) 그런 것일 수도 있고, 무관심이나 무지, 실패에 대한 두려움이 그 원인이 되기도 합니다. 그렇지만 이런 사람의 영혼도 우리와 마찬가지로 성장하기를 원합니다. 하지만 파트너가 이런 상황에 동참하고 모든 행동을 참아주면, 그냥 이렇게 지내도 괜찮다고 생각해 변화할 필요성을 느끼지 못하죠.

이런 상황을 춤에 비교해볼까요? 이제 당신은 살사는 그만하고 왈츠를 추고 싶어졌습니다. 하지만 상대가 살사를 추자고 할 때마다 함께 추었다면 그런 행동(자리에서 일어나 살사를 추는 것)을 통해 상대에게 동의한 셈이죠. 그러면 그는 파트너의 주장을 쉽게 꺾을 수 있다고 생각할 테고, 파트너는 거절하지 못하는 혹은 뭘 원하는지 모르는 사람으로 생각하게 됩니다. 함께 살사를 추었다는 건 동의한다는 의미예요. 살사를 추자는 말에 화를 냈더라도 모순된 행동을 하면 앞으로도 계속 살사를 출 거라고 생각할 수밖에요.

이제 살사를 멈추려면 상대의 요청을 거절하고 자리에 앉아 있어야 합니다. 그리고 왈츠가 나오면 그제야 일어서는 거죠. 관계도 비슷합니다. 상대의 행동이나 말에 따르지 않아야 상대도 그 관계에 변화가 필요하다는 사실을 깨닫죠. 그리고 어떤 경우에는(폭력, 위협, 가학성, 반사회적 행동) 그 사람과 아예 춤 자체를 추지 말아야 할 때도 있습니다.

그런 일로 다투느니 그냥 평화를 지키고 싶어서 참아주는 경우도 적지 않죠. 서로 의견을 나누고 합의해서 평온에 이른 것이 아니라면 진정한 평화는 이루어질 수 없습니다. 그런데도 그런 관계에 끌려 다니는 사람이 많습니다.

도대체 이유가 뭘까요? 익숙해졌기 때문이에요. 아마 부모와 함께 살 때부터 그랬을 수도 있어요. 심지어 그런 상황을 편안하거나 당연한 것으로 받아들이는 경우도 있고요. 그러면서 스스로를 '참 세심하고 다정한 사람'으로 결론 내립니다. 그런 사람은 누구나 좋아하니까요.

물론 반대의 경우도 있습니다. 부모와 함께 살 때 너무 많이 싸워서, 그것을 피하기 위해 최대한 말을 아끼는 것을 평화를 위한 행동이라고 생각하죠. 딱 부러지게 거절할 엄두를 못 내는 것입니다.

상대를 안심시키는 태도

누군가 '이제 나는 살사는 안 출래'라고 말하면 저는 그렇게 해줄 겁니다. 그런데 상대가 분명히 의사표시를 했는데도 어떻게 행동해야 할지 갈피를 잡지 못할 때도 있죠. 어떻게 할지 혼자서 계속 고민하는 그 과정은 참 지루하면서도 불안합니다.

오늘은 춤을 출까? 아니면 안 추려나? 기분 좋을 때만 추나? 아니면 영원히 안 출까? 2주쯤 지나면 다시 추지 않을까? 내가 뭔가를 해야 하나? 설득을 해볼까? 어쩌면 새 무용화가 필요하다는 말은 아나? 혹시 장소가 마음에 안 드나?

서로 존중하고 깨어 있는 관계에 대한 질문

당신의 현재나 아니면 이전 관계를 생각해보고 질문에 답해보세요.
어떤 점에서 정신적으로 깨어 있었고, 또 어떤 점에서 그렇지 못했나요?
건강한 부분과 그러지 못했던 부분은 어떤 부분인가요? 둘 사이에 습관으로 자리 잡은 것은 무엇이며, 그 습관은 건강하다고 할 수 있나요?
이는 연인이나 부부뿐 아니라 친구관계에도 해당되는 질문입니다.

건강하지 않은 습관이라고 할 만한 것이 있었나요?

건강하다 혹은 건강하지 않다고 분명히 구분할 수 없거나 확실하지 않은 습관이 있었나요?

이런 생각을 한 번만이 아니라 계속, 계속 반복합니다.

그렇다면 이런 상황에서 파트너의 올바른 행동은 무엇일까요?

만약 마지막 질문(불확실함)에 "예"라고 답했다면 그 이유를 탐색해봐야 합니다. 먼저 자기 자신을 조용하고 차분하게, 곰곰이 생각해보세요. 주변의 이야기도 듣고, 친구에게 상담도 해보고, 인터넷에서 검색도 해보세요. 가끔 '이건 아닌 것 같은데'라는 애매한 느낌도 있을 거예요. 이렇게 안개처럼 불확실한 느낌이 걷히면 비로소 이해하게 됩니다. 그러려면 지금 자신이 처한 상황을 주의 깊게 살펴야겠죠. 이렇게 관찰하고 자기 상황에 대해 알아가다 보면, 스스로 책임지면서 상대를 존중하는 관계를 만들어갈 수 있습니다. 이건 우리 영혼이 해결해야 할 숙제이기도 하죠.

우정 속의 사랑

우리는 친구들을 사랑합니다. 사랑이란 당연히 로맨틱한 관계에만 국한되진 않죠. 어릴 때 저는 누구에게도 '베스트 프렌드'였던 적이 없었고, 항상 세 번째나 네 번째, 혹은 다섯 번째로 친한 친구였기 때문에 친구들에게 신경을 많이 썼습니다. 항상 곁에 있어 주면서 없어서는 안 될 친구가 되고 싶었죠. 노력하다 보니 제게도 친구 무리가 생겼어요. 친구들이 저를 선택한 것이 아니라 제가 선택한 친구로 이루어진 무리였죠. 가끔은 '내가 먼저 연락하지 않으면 친구들이 과연 내 곁에 남을까' 하는 생각에 불안할 때도 있었어요. 그런데 그래서 오히려 먼저 다가가고 함께하는 법을 배웠습니다. 외톨이 되는 것이 두려워 그렇게 행동했지만, 결국에는 좋은 훈련이 된 셈이죠.

관계를 맺는 법을 바꾸면 우정도 달라집니다. 예전의 제 우정은 대부분 다음의 다섯 가지 형태에서 크게 벗어나지 않았어요.

- 압박: "왜 그렇게 연락을 안 해?" 또는 "같이 좀 가자! 나도 저번에 너랑 이상한 행사 같이 가줬잖아."
- 질투: "왜 나 빼놓고 술 마시러 가는데?" 또는 "에바랑 수지는 만나면서 왜 나는 안 만나?"
- 감정 쓰레기통: "아, 진짜 너무 힘들어!"라면서 문제와 어려움을 토로하는 걸 몇 시간 동안 듣고 있어야 합니다(이들은 아무것도 하지 않으면서 문제가 그냥 사라지기를 바랍니다).
- 착한아이 증후군: "네가 도와줘야 해. 안 그러면 나 진짜 큰일 날 것 같아."
- 동의: "그래, 당연히 네가 다 옳아. 다른 사람들이 다 잘못했네!"

친구들과 깊고 성숙하며 편안한 우정을 쌓기까지는 아주 오래 걸렸어요. 항상 내 말이 맞는다고 해주는 친구의 말도 계속 들으니 진심인지 혼란스러웠습니다. 그러면서 점차 친구관계에서도 이전과는 달리 '솔직함'을 추구하기 시작했어요. 친구는 나를 즐겁게 해주려고, 혹은 반대로 지루하게 하려고 존재하는 게 아닙니다. 사실 그런 문제는 스스로 해결해야죠. 친구란 영감을 주는 소중한 존재이고, 따뜻한 눈으로 유심히 바라보다 나도 모르게 예전 습관으로 돌아가려고 하면 경고해주는 외부의 관찰자들이에요. 우리는 동반자이며 함께 성장해 나가죠. 저는 친구들이 솔직히 진실을 말해주기를 바라고, 만약 그러지 않는다면 서운할 것 같습니다.

예전에는 친구들과 열띤 논쟁을 벌인 적도 많았어요. 하지만 이제는 웬만하면 그러지 않으려고 해요. 이제는 친구들이 어떤 결정을 내리든 흥미롭게 생각하지, 간섭하거나 그 결정에 대해 논쟁하고 싶지 않아요. 물론 친구가 의견을 물어보면 내 생각을 말해주거나 조언을 해주지만요. 대부분은 친구의 삶과 결정을 예전에는 꿈도 못 꾸었을 만큼 차분하게 있는 그대로 받아들이죠. 물론 가끔씩 강하게 의견을 드러내려는 옛 습관이 충동적으로 나오지만, 그 충동을 이제는 제어합니다. 그럼에도 간혹 실수할 때가 있는데, 다행히 얼마 지나지 않아 스스로 깨닫죠. 그러면 대부분은 사과하고 깔끔하게 끝이 납니다.

친구관계가 이토록 가볍고 편해진 이유는 물론 제가 스스로의 '베스트 프렌드'가 되었기 때문이에요. 의지할 대상을 외부에서 찾을 필요가 없어진 거죠. 저는 친구들을 사랑하고 자주 연락합니다. 친구들이 저를 필요로 하면 곁에 있어 주지요. 하지만 친구들도 각자 온전히 자기 삶을 살고 있으며, 저를 돌보고 챙겨주는 사람이 아니라는 것도 아주 잘 알고 있답니다.

저는 친구관계에서도 정신적으로 더욱 깨어 있기를 바랐습니다. 그래서 참 많이 노력했지요. 이제는 친구들이 저를 빼놓고 만나도 서운하거나 소외감을 느끼지 않고, 당연히 그래도 된다고 생각해요. 처음에는 친구관계가 서로의 감정 쓰레기통 같았고, 서로 친한 친구임을 증명하기 위해 항상 곁에 있어 주어야 했어요. 하지만 이제 저는 변했습니다. 약속을 취소할 때도 굳이 다른 변명을 하지 않고 솔직하게 말합니다. '오늘 몸이 안 좋아'라고 둘러대기보다는 '오늘은 그냥 집에서 쉴래'라고 솔직히 말하는 것이 더 마음 편하거든요.

우정에 대한 질문

우리는 우정을 위한 도구를 개발해 나가죠. 당신은 어떻게 우정을 만들어 가고 있나요? 친구관계에서 능동적인가요, 아니면 수동적인가요? 우정을 어떻게 대하고 있나요? 당신에게 우정이란 무엇인가요?

'압박, 질투, 감정 쓰레기통, 착한아이 증후군, 동의' 중에 해당되는 우정이 있나요? 가끔은 친구들 한 명씩 각각 나와의 관계를 살펴보는 것이 도움이 될 때가 있습니다. 어떤 친구와의 우정에서는 착한아이 증후군의 특성이 뚜렷이 나타나는 반면, 다른 친구와는 질투가 나타날 수 있거든요.

친구관계에서 당신은 친구를 챙기는 보호자 또는 권력자 역할을 하나요? 그게 당신에겐 얼마나 중요하며 그 이유는 무엇인가요?

친구들에게 무엇을 기대하나요?

누군가 당신에게 시간을 내줄 수 없을 때, 그리고 당신이 다른 친구에게
시간을 내줄 수 없을 때 서로 이해하나요?

"아니, 나도 저번에 그렇게 해줬잖아"라거나 "친구라면 당연히 내 편
들어줘야 하는 거 아냐?"라는 말을 하거나 들어본 적이 있나요?

친구관계에서 뭔가 고집하고 싶을 때 쓰는 특정한 말이나 표정이 있나요?
즉 이 관계에서 원하는 무언가가(시간, 관심, 위로, 칭찬, 모임, 동의 등)
있나요?

당신이 하고 싶지 않은 어떤 일을 하게 하려고 친구들이 하는 말이 있나요?
예를 들어 "진짜 너 없으면 어떡했을까"라거나 "그래, 너는 나 같은 건
관심도 없겠지"라면서 뭔가 행동으로 증명해야 할 기분을 느끼게 하는
것을 말합니다.

이 친구관계에 만족하나요?

당신을 힘들거나 지치게 하는 친구가 있나요?

만약 그렇다면 어떤 점이 괴로운가요?

친구는 당신을 어떻게 말할까요? (이 점에 대해 친구에게 물어봐도 좋습니다)

당신의 모습을 친구가 있는 그대로 받아들이나요?

당신은 친구의 있는 그대로의 모습을 받아들이나요?

친구들을 위해 '모든 것'을 다하고 있나요?

만약 그렇다면 그 이유는요? 중요한 질문입니다.

우리는 친구들에게 원하는 바가 있어요. 즐거움, 인정, 칭찬, 공동체, 리더십,

극적인 상황, 친밀감, 사랑, 보호, 의미, 혹은 내가 어떤 사람인지 확인하려는

마음 등 다양하지요. 가끔은 이런 관계에 익숙해져 친구가 부당하게

대하는데도 가만히 두죠. 만약 어린 시절이나 과거에 '나 없으면 넌

아무것도 아니야'라는 식의 대우를 받았다면 그럴 수 있어요.

친구가 당신을 부당하게 대하나요?

만약 그렇다면, 혹시 어린 시절에 과잉보호를 받았나요? 과잉보호를 받고 자란 아이는 자립심이 없어서 자신의 가치를 의심하고 항상 불안감에 시달립니다. 또 내가 '잘못된' 결정을 내릴 거라는 두려움이 있어요. 이런 마음이 지금까지 연인이나 친구관계에서 행동에 지대한 영향을 미치기도 합니다. 그래서 '어린 시절에 과잉보호를 받았나요?'라고 묻는 것입니다.

어렸을 때 부모님은 당신의 결정을 믿어주고 스스로 해볼 수 있게 해주셨나요?

그렇다면 내가 부당한 대우를 받는 이유는 무엇일까요?

이런 상황을 그대로 두고 싶은가요?

관계라는 정원 정리하기

함께 살아가는 주변 사람들을 정원에 비유해볼까요. 한때는 말끔히 정돈돼 있던 정원에 가시덩굴이 우거져 손님이 들어오지 못하게 막고 있네요. 덩굴이 햇빛을 가려 꽃들은 빛을 받지 못하고, 다른 나무도 자라기 힘들어졌습니다.

내가 발전하면 우정도 함께 발전합니다. 하지만 이미 습관이 되어서, 또는 어떻게 대처해야 할지 몰라서 그냥 그 상태에 계속 머무는 사람도 있습니다. 친구 사이에 문제가 생겨도 제때 해결하지 않는 사람도 많아요. 문제를 꺼내면 우정이 위태로워질까 두려워 그러는 경우가 대부분입니다. 다음 사례를 보면 문제는 덮어둔다고 해결되는 것이 아니라 오히려 심해지는 것을 알 수 있습니다.

이들은 대학교 1학년 때부터 친하게 지냈습니다. 한 명은 이야기하기를 좋아했고, 다른 한 명은 대부분 들어주는 역할이었습니다. 이런 패턴은 어느새 익숙해져 둘 사이에 자리 잡게 되었어요. 말하기를 좋아하는 사람은 상대가 할 말이 있는지 더 이상 묻지 않게 되었습니다. 다른 쪽은 점점 조용해졌고, 마음속에 화가 쌓여갔지요.

남편에게 이런 고민을 털어놓자, 남편은 의아하다는 듯 물었습니다. "그래? 그런데 왜 친구한테 이야기를 안 했어?" 그러게요, 왜 그랬을까요? 우정이 끝날까 봐 두려웠던 것입니다.

그다음 번에 친구와 만났을 때 그녀는 그 이야기를 했어요. 처음에는 가벼운 농담 몇 마디를 하다 떨리는 마음을 다잡고 자기가 지금 겪고 있는 문제를 꺼냈습니다. "네가 내 의견을 묻지도 않는 거, 알고 있니?"

친구는 놀란 눈으로 그녀를 바라보았습니다. 잠깐의 '일시 정지 상태' 후 친구는 신중하게 대답했습니다. "응, 회사 동료에게도 그런 얘기 들은 적이 있어. 하지만 그 사람 말고는 아무도 그런 얘기를 해주지 않아서 나는 그 사람 문제라고 생각했는데. 혹시 내가 언제부터 그랬어?"

"2학년 때부터."

"아이고, 너 오랫동안 속상했겠다."

"나도 가끔은 이런저런 얘기를 하고 싶다고."

"네, 알겠습니다."

이렇게 말하고는 둘 다 웃었습니다.

분명히 말하지 않으면 오해가 생깁니다. 가끔 아무 말 없이 관계를 끊는 경우도 있는데, 그러면 상대방은 "너는 이제 아예 연락을 끊어버리는구나!"라고 비난하겠지요.

만약 그 말에 "응, 맞아. 이제 우리 그만하자"라고 대답하면 어떨까요? 일단 그렇게 말하고 상대의 대답을 기다려보는 거죠. 만약에 '왜'라고 물으면 이렇게 말할 수 있습니다. "내가 변했거나, 아니면 우리 관계가 변한 것 같아. 네가 보기에는 어때?"

그렇게 되면 서로의 생각을 터놓고 이야기하기 시작하겠죠.

관계를 끝내는 방법을 몰라 그냥 말없이 사라지기를 선호하는 사람도 있어요. 이 방식은 관련된 모든 사람에게 묘한 뒷맛을 남깁니다. 하지만 잘 끝내는 방법은 연습과 훈련을 통해 배울 수 있어요. 심지어 온라인 데이팅 등에서 짧은 연락만 주고받은 사이를 끝낼 때도 '아무래도 우리는 안 맞는 것 같아요'라고 메시지를 보내며 작별하는 훈련을 해볼 수 있지요.

저는 커뮤니케이션 워크숍[4]을 할 때 특정한 상황의 만남을 연기해보는 시간을 갖는데, 사전에 참가자들에게 그 관계를 유지하고 싶은지 물어봅니다. 그러면 전에는 감히 생각할 수도 없었던 솔직한 이야기들이 튀어나와요. 가끔은 "아니요, 안 그럴래요"와 같은 답이 곧바로 나올 때도 있습니다. 오래 고민하는 경우도 있고요. 이런 고민은 우정을 끝내는 것에 대한 고민일까요, 아니면 다시 시작할지를 고민하는 걸까요? 이제 정신적으로 깨어난 새로운 형태의 우정을 시작할 준비가 되었는지를 고민할 때도 있습니다.

연애관계와 마찬가지로 우정에서도 이런 질문에 답을 찾는 과정은 정말 중요해요.

혼자가 되는 것에 대한 질문

한동안 혼자가 될 준비, 즉 연애하지 않을 준비가 되어 있나요?
(물론 곁에는 여전히 친구들이 있어 서로 친밀함과 애정을 나눌 수 있습니다.
이건 연인관계에 대한 질문이에요.)

그렇지 않다면 그 이유는 무엇인가요?

연애하지 않는 상태일 때, 끊임없이 새로운 상대를 찾고 있나요?
아니면 혼자 있는 시간도 즐길 수 있나요?

친구관계를 정리할 때면 곁에 더 이상 아무도 없게 될까 봐 걱정되지요. 하지만 커다란 식탁에 모든 자리가 채워져 있으면 새로운 사람이 와도 앉을 자리가 없는 법입니다.

저는 친구들을 잃은 경험이 몇 번 있어요. 한 번은 미국으로 이주했을 때였고(당시에는 연락할 수단이 국제전화나 팩스밖에 없었는데 너무 비쌌거든요), 그 후 영적인 부분에 몰두했을 때도 그랬지요. 한동안 제 곁에는 아무도 없었어요. 미국에서 새로 사귄 친구들도 함께 있으면 어쩐지 불편하고 짜증스러웠죠. 하지만 이런 시간은 언젠가는 지나가게 돼 있습니다. 그리고 충분히 견뎌낼 가치가 있는 시간이기도 하고요. 혼자 보내는 시간은 자신을 더 사랑할 뿐 아니라 새로운 파장을 만들 수 있는 기회이기도 하거든요.

그리고 결국 새로운 친구를 만나게 되겠죠. 이 부분은 확실히 장담할 수 있어요.

마음은 너무 자주,
너무 쉽게 다친다

사람들은 대부분 불편한 감정에서 벗어나려고 노력합니다. 그러나 쉽지 않죠. 그런데 불편한 감정에서 벗어나려는 건 소방관이 화재경보기 소리가 시끄럽고 거슬린다고 꺼버리는 것과 마찬가지입니다. 마음챙김에서는 불편한 감정에서 벗어나는 대신, 그 감정을 인식하고 느끼는 법을 배워요. 어떤 상황에서 화가 나는지, 왜 화가 나는지, 이런 감정의 원인은 무엇인지를 탐구하는 것이죠. 우선 감정이 발생하는 이유를 탐색해봅니다. 그런 다음 그 근원을 이해하고 알아가다 보면 어느새 마음이 치유되는 것을 느낄 수 있지요.

감정은 억제해야 하는 것이 아닙니다. 우리가 그것을 온전히 느끼도록 존재하는 거죠. 또 감정은 온전히 느껴줄 때 비로소 차분해집니다. 어린아이처럼, 보고 듣고 느껴주기를 원하는 존재거든요.

예전에 저는 감정을 끌어안고 연민에 빠질 때가 많았어요. 저는 세상을 살아가기에는 너무 민감한 사람이었죠. 그때만 해도 감정을 통해 영혼을 더 자세히 볼 수 있다는 사실을 몰랐고요. 30대 초반까지 저는 너무 자주, 그리고 너무 쉽게 마음을 다쳤습니다. 상대의 부적절한 말 한마디, 단 한 번의 날카로운 눈빛, 말실수 한 번에 기가 죽었고 울음이 터졌습니다. 그런 상황을 도무지 받아들일 수 없었고 그런 말을 한 사람에게 뭐라도 나쁜 일이 생기기를 바랐어요. 이런 상태가 며칠, 혹은 몇 주간 이어질 때도 많았죠. 이런 감정에 에너지를 모두 빼앗겨 헤어 나오지 못해 다른 생각은 전혀 할 수 없었어요. 어렸을 때부터 항상 그랬죠. 그럴 때마다 '이런 감정이 드는 걸 어떡해. 할 수 있는 일이 없잖아. 내가 원래 예민해서 그러는데……'라고 생각했어요. 하지만 영적 성장에 대해 배우면서 그런 상황에서의 감정과 반응을 좀 더 자세히 살펴보기 시작했습니다. 그러면서 영적으로 깨어나게 되었고 '그래서 그랬구나…… 그럼 왜 그렇게 쉽사리 기분이 상했을까?'라는 식으로 이유도 잘 알게 되었죠.

돌이켜보면, 그때는 왜 그렇게 자주 감정이 상했는지 잘 기억나지 않아요. 분명 기분이 상했던 것은 생각나는데, 그때 감정이 어땠는지는 정확한 기억이 없죠. 그리고 당시 어떻게 반응했는지도 전혀 모르겠고요. 이 사실을 깨닫고 스스로도 놀랐습니다. 아마 꽤 오랫동안 그렇지는 않아서 이유를 떠올리지 못하는 거겠죠. 마치 수영을 배우면 수영할 줄 몰랐던 때로는 돌아갈 수 없게 되는 것과 비슷하다고 생각하면 이해가 쉬울 것 같아요.

오랜 시간이 지난 지금 돌이켜보면, 당시 쉽게 소외감을 느꼈던 이유는 다른 사람의 관심을 받아야 기분이 좋았기 때문이었을 거예요. 마찬가지로 쉽게 감정이 상했던 것도 같은 이유였겠죠.

상처에 대한 반응

아이가 나를 따라 하는 모습을 보고 나서야 내게 밴 습관을 비로소 깨달을 때가 있죠. 딸이 초등학생일 때 함께 차 트렁크에서 책가방을 꺼낸 적이 있었어요. 딸이 가방을 꺼내고 뒤로 한 걸음 물러났을 때 잠깐 딴생각을 하던 저는 아이가 다른 물건을 꺼내려고 몸을 기울이는 것을 못 본 채 그냥 트렁크 문을 닫아버렸죠. 졸지에 트렁크 문에 끼인 딸은 아파 울면서 머리를 감싼 채 달아났습니다. 저는 미안하다면서 뒤따라 뛰어가서는 싫다며 도망가는 딸을 붙잡아 달랬지요. 품 안에 안겨 눈물을 그친 딸에게 왜 달아났는지 이유를 물어봤어요. 딸은 "엄마도 다치면 그렇게 하잖아"라고 대답했어요. 그 말에 충격을 받았죠. 그건 좋은 습관이 아니니 엄마도 그 습관을 고칠게, 라고 대답할 수밖에 없었어요.

최근에 다양한 사업을 성공적으로 이끌고 있으며 자기 성찰도 뛰어난 똑똑한 여성과 대화할 기회가 있었습니다. 그런데 그분이 의식적으로 선을 그어놓고, 누군가 그 선을 넘으려 들면 매우 감정적으로 반응한다는 사실을 알았어요. 그녀도 알고 있었고 이런 습관 때문에 힘들어하면서도 정작 이 문제를 영혼의 숙제라고 생각하지는 않더라고요. 다시 한 번 분명히 강조하자면, 영혼의 숙제란 각자의 삶에서 확실히 정리하고 해결하기를 원하는 부분입니다. 그 숙제가 해결되지 않으면 격한 반응이 나오는데, 이는 그 감정을 잘 살펴보라고 영혼이 신호를 보내는 것입니다.

상처받을 때의 행동에 대한 질문

(감정적 아픔이든 육체적 아픔이든) 상처받을 때 어떻게 행동하나요?
당신을 잘 아는 사람에게 물어봐도 좋습니다. 예를 들어 불쾌해한다, 운다,
거부한다, 자기방어를 한다, 화를 낸다, 퉁명스럽다, 거만하다, 좌절한다,
질문을 한다, 남의 말에 따른다, 긴장을 풀려고 노력한다, 무시해버린다
등의 답이 나올 수 있겠죠.

그러면 범위를 좁혀 좀 더 자세히 살펴볼까요. 모든 사람에게 똑같은 반응을
보이나요? 즉, 직장생활에서 상처받을 때와 개인적인 일로 상처받을 때의
반응이 같은가요? 친구에게는 어떤가요? 또 다른 사람들은 어떻게 대하나
요? 당신의 자녀나 부모님에게는 어떤 행동을 보이나요?

그런 반응은 수년에 걸쳐 변하기도 했나요?

어떤 상대에게 가장 강하게 반응하나요?

어떤 주제에 가장 강하게 반응하나요?

생각이 감정으로 바뀌는 연결고리

믿지 못하겠지만, 우리는 스스로 감정을 만들어내기도 합니다. 생각을 감정으로 바꾸는 건데, 특히 이별 전후에 감정 기복이 심한 상태에서 그런 모습이 나타나죠. 이해하기 쉽도록 '아직 헤어지지는 않은' 파트너를 기다리는 상황이라고 생각해봅시다.

> "글쎄, 과연 제 시간에 올까 모르겠네…… 아마 또 제때 안 나와서 나를 화나게 하려고 일부러 늑장부리고 있겠지. 정말 못되고 무례한 행동이라는 걸 오늘은 말해줘야겠어. 이런 인간이랑 결혼하지 말았어야 했는데! 애들 낳기 전에 갈라섰으면 얼마나 좋았을까. 봐, 벌써 약속시간보다 십 분이나 지났는데도 안 왔잖아!"

이런 식으로 자기도 모르게 갑자기 태도가 돌변할 때가 있습니다. 한순간에 생각이 기분으로 바뀌는 거죠. 흔한 일이에요. 감정은 생각에서 만들어지거든요. 그렇기 때문에 만약 감정적으로 반응했다면 그 전후에 무슨 생각을 했는지 되돌아볼 필요가 있습니다.

그런데 이렇게 관찰하고 돌아본다고 해도 생각이 곧바로 감정이 되는 연결고리를 하루아침에 끊을 수는 없어요. 감정이 격해지기 시작하면 즉시 멈추고 내 생각을 돌아보는 연습이 필요한데, 이는 시간이 꽤 걸리는 일이거든요.

그러면 한순간에 감정이 격해지는 것을 어떻게 하면 막을 수 있을까요? 일단 숨을 들이마십니다. 그리고 내쉽니다. 들이마시고, 내쉬고. 이렇게 심호흡을 하면서 지금의 상태를 의식적으로 인식할 준비를 합니다. 그러려면 집중할 대상이 필요한데, 호흡이나 신체에 집중할 수도 있고, 혹은 시야에 들어오는 물체에 집중해도 됩니다. 그 대상이 무엇이든 몇 분간 집중하다 보면 생각과 감정이 차분해지고 흥분도 가라앉게 됩니다.

> "몇 분간 집중하면, 생각과 감정이
> 차분해지고 흥분도 가라앉습니다"

실수로 같은 문장을 두 번 쓴 건 아닙니다. 자기 자신에게 어떤 감정을 강요할 수도 있으니, 반대로 그 상태에서 빠져나올 수도 있다는 것을 말하는 중요한 내용이라서 좀 더 자세히 설명하려고 강조했어요. 즉 습관이란 만들 수도 있고 없앨 수도 있다는 말이죠.

감정을 요란하게 분출하는 것에 익숙해진 사람도 있습니다. 이런 사람들은 "그때그때 분출하는 것이 좋아"라고 말합니다. 물론 감정을 쏟아내고 나면 처음에는 후련할 거예요. 하지만 분출해야 할 감정은 금방 또 쌓여서, 또다시 분출할 수밖에 없게 됩니다. 그러면 쉽게 발산하는 것이 이내 습관으로 자리 잡겠죠.

걸핏하면 짜증을 내는 사람도 있습니다. 이런 식이면 쉽게 흥분하고 짜증내기를 매일 연습하는 거나 다름없습니다. 화를 자주 내는 사람도 있죠. 이는 분노 폭발을 매일 연습하는 셈이고요. 쉽게 기분

상하는 사람은 역시 기분 상하는 것을 연습하는 셈입니다. 이렇게 연습을 거듭하다 보면 나를 자극하는 상황이 벌어질 때 자동적으로 그 반응이 나오게 됩니다.

자기 감정세계를 면밀히 살펴볼 필요가 있어요. 이 과정을 통해 내가 어떤 감정을 느끼는지, 왜 그렇게 느끼는지, 이것이 무엇을 의미하는지를 파악할 수 있지요. 그러면서 영적으로 깨어 있는 상태로 반응하는 것에도 익숙해지고요. 이 모든 것이 감정을 다스리는 과정입니다.

스트레스를 받을 때 나타나는 반응과 감정에 대한 질문

스트레스를 받으면 주로 어떻게 반응하나요?

이와 관련해 어떤 습관을 버리고 싶나요?

이와 관련해 어떤 습관을 갖고 싶나요?

이와 관련해 기억하고 싶은 부분이 있습니까?

버리고 싶은 습관이나 갖고 싶은 습관이 있다면 그 습관을 계속 생각해야 합니다. 가령 욕실 거울에 메모를 붙여두거나 어떤 액세서리를 매일 차고 바라보면서 목표를 매일 수시로 상기할 수 있지요. 이런 '리마인더 장치'가 없으면 목표가 있어도 금세 잊어버립니다.

그럼 건강하지 못한 습관에서 벗어나려면 어떻게 해야 할까요? 우선 내게 그런 습관이 있다는 것을 알아야겠죠. 그리고 계속 신경을 써서 그 습관이 나올 때마다 '아, 또 그랬네'라고 자각해야 합니다. 그러다 보면 오랫동안 습관적으로 해오던 행동을 어느 정도 줄일 수 있어요. 예를 들어 분노를 폭발하려고 할 때 '아, 또 화내려고 하네. 괜찮아. 이제 그만하는 거야. 일단 잠깐 말하지 말고 진정해보자'라고 한 번 더 생각하는 것이죠.

즉, 진정하는 법을 배우는 것입니다. 진정이란 감정을 다스리는 중요한 도구지만 제대로 다루는 법을 모르는 사람도 많아요. 습관을 버리려 할 때 어느 정도는 과도기를 겪을 수 있어요. 이 시기에는 분노를 분출하더라도 그 시간이 짧아지고(성장한 것입니다) 빈도도 낮아집니다(이것도 성장이죠). 습관은 하루아침에 사라지는 것이 아니에요. 오랜 기간에 걸쳐 만들어졌으니 버리는 데도 시간이 필요하죠.

그다음 단계로 가면 분노가 폭발하기 전에 멈출 수 있게 됩니다. 하지만 이 단계로 넘어가려면 일단 깨달음이 있어야 해요. '지금 소리 지르고 싶은 충동이 들지만, 이런 습관을 버리고 싶어. 하지만 너무 흥분해서 가만있기 어려운데, 그럼 어떻게 해야 하지? 일단 잠깐 진정할 시간이 필요해'라고 깨닫는 것이죠.

여전히 이 단계에서도 격한 감정이 나타나지만 적어도 선택할 수는 있어요. 예를 들어 오랫동안 품어온 '쟤 왜 저래?'라는 생각이 '나는 왜 이러지?'로 바뀌는 것입니다. 또는 한 단계 더 나아가 '왜 화가 난 거지? 왜 이렇게 흥분했을까? 이렇게 반응해서 내가 얻는 게 뭐지? 혹시 다른 방법은 없을까?'라고 생각할 수 있습니다.

이럴 때 상대방에게 지금의 내 상태를 솔직히 이야기하면, 그 과정에서도 내면의 성장을 이룰 수 있어요. 문제를 감추는 대신 드러내는 거죠. 더 이상 아무것도 숨기지 않고 "얼마 전부터 분노 다스리는 법을 연습하고 있는데, 지금은 나 진짜 힘들어!"라고 솔직하게 속마음을 드러내 보이는 것입니다.

모든 상처에는 원인이 있습니다

누군가와 함께 살게 되면 마음속에 억눌린 무언가가 드러나게 마련입니다. 그렇기 때문에 가까운 관계에서는 많은 것이 치유될 수 있지요.

억눌려 있는 상처가 클수록 건드리면 감정적 반응이 강하게 나타납니다. 마음 깊은 곳을 건드리는 주제를 알아내는 것은 흥미로운 작업이지요. 그것은 사람마다 달라서, 내 말을 귀담아듣지 않고 대충 흘려들을 때는 별로 기분이 나쁘지 않은데 상대가 나와 함께하는 것보다 다른 사람과의 약속을 더 중시한다고 느끼는 순간 감정이 요동치기도 합니다.

모든 상처와 아픔에는 그것이 처음 생겨난 시점이 있습니다. 우리의 영혼은 이런 상처를 해결하고 치료할 방법을 찾아나가죠.

어린 시절 아버지가 가족을 떠난 사람은 그 당시 나름의 결론을 내리는데, 그것은 사람마다 다릅니다. 우선 아버지가 떠난 것을 자기 탓으로 여기는 사람이 있지요. 이 사람은 자기가 뭔가 잘못했거나 부족했고, 만약 달리 행동했더라면 아버지가 떠나지 않았을 것이라고 생각합니다. 아니면 어머니나 다른 형제자매의 잘못이라고, 혹은 돈 문제였다고, 그도 아니면 현관 신발장이 너무 어질러졌기 때문이라고 생각할 수도 있지요. 반면 남자는 믿을 수 없는 존재이며 사랑은 결국 아픔이라고 결론 내린 사람도 있을 겁니다. 또 결국에는 모두 나를 떠날 거라고 생각하는 사람도 있고요.

어린이의 눈으로 세상을 겪고 내린 결론이나 생각은 성인이 된 지금이라면 절대 하지 않을 생각이죠. 하지만 어린 시절의 결정이 성인이 된 지금까지도 계속 영향을 미치는 경우는 상당히 많습니다.

그녀는 결혼생활에서 문제가 발생하면 입을 꾹 다물고 아무 말도 하지 않습니다. 문제가 생기면 숨이 막힐 듯 갑갑함을 느껴요. 그리고 패닉에 빠져 목이 막혀 아무 소리도 낼 수 없습니다. 이런 식으로 무려 15년간 문제를 회피해왔습니다.

그녀는 더 이상 어떻게 해야 할지 모르겠고, 이제는 이혼하고 싶다고 말했습니다. 저는 눈을 감고 문제가 생겼을 때 말이 안 나오는 그 느낌을 떠올려보라고 했어요. 처음 그런 느낌을 받았던 때로 돌아가기 위해 명상과 최면 요법을 사용했습니다. 그녀는 마음의 눈을 통해 다섯 살 때 자신의 모습을 보았죠. 그때 아이는 건초더미 옆에 있었어요. 어른들이 거기서 놀지 말라고 했는데도 형제들을 따라 갔던 겁니다. 그런데 함께 숨바꼭질을 하다 균형을 잃고 건초더미 위로 넘어졌어요. 도와달라고 소리치고 싶었지만 입 안에 건초가 잔뜩 들어와서 질식할 것 같았습니다. 순간 공포를 느꼈죠. 나중에 형제들이 발견해 깨끗이 건초를 털어주고는 부모님에겐 아무 말도 하지 말라고 엄하게 주의를 주었습니다.

어린 시절 비밀과 함께 큰 공포를 느꼈던 경험은 두 가지 문제로 남았습니다. 단지 '과거'의 경험으로 남는 대신 '지금 입을 열면 죽을 거야'라는 공포로 남아 지금까지 영향을 주고 있었어요. 입을 열지 않겠다는 것은 다섯 살 아주 어린 시절의 결정이었죠. 그렇기 때문에 어른이 된 지금은 달라질 필요가 있습니다.

그럼 이런 문제를 해결하려면 어떻게 해야 할까요? 우선 왜 문제가 생겼는지 아는 것이 도움이 됩니다. 당시에 건초 더미가 우연히 옆에 있었고 그 위로 넘어졌는데, 다섯 살짜리 어린아이는 빠져나오기 힘들었죠. 게다가 부모님이 가지 말라고 했기 때문에 그 일을 털어놓을 수도 없었어요. 그러다 보니 아직도 그 공포를 떨쳐내지 못했던 것이고요. 이런 식으로 문제의 원인을 파악해보는 것입니다.

이런 문제를 겪는 분들에게는 당시의 경험을 '이상적인 상황'으로 바꿔 생각해보기를 제안합니다. 즉 건초더미에서 놀았고, 모든 것이 다 좋고 즐거웠으며 숨바꼭질까지 너무 재미있었다는 이야기를 부모님에게도 합니다. 단순히 생각만 하는 것이 아니라 실제 그랬던 것 같은 느낌을 느껴보는 거예요. 눈을 감은 채 편안히 명상하는 상태로, 언니오빠들과 함께 노는 즐거운 기분, 재미있었다고 부모님께도 이야기하는 이상적인 상황을 상상합니다. 그 행복한 감정이 실제로 몸으로 느껴질 때까지 집중해서 그 상황을 생각하는 거죠.

이렇게 행복한 감정을 느끼면 두뇌 시냅스 사이에 새로운 연결이 만들어집니다. 두뇌의 시냅스는 유연하게 위치가 바뀔 수 있고, 서로 연결되어 있어요. 특정 생각을 자주 할수록 그 생각을 담당하는 시냅스 사이의 연결이 견고해지죠. 어떤 길을 자주 다니다 보면 나중에는 발걸음이 자동으로 이어지는 것과 같습니다. 즉 그 생각을 많이 할수록 시냅스 사이는 고속도로처럼 넓어져 생각의 회로가 짧아지죠. 제가 예전에 쉽게 감정이 상하곤 했다는 말 기억나시죠? 그렇게 속상하는 과정이 제게는 고속도로처럼 빨랐어요.

변화하려면 새 길을 개척해야 합니다. 자주 가지 않던 길이라 처음에는 울퉁불퉁하고 다니기가 힘들지요. 아직 시냅스의 연결이 활발하지 않다는 의미입니다. 고속도로처럼 뻥 뚫린 길 대신, 다른 길로 가는 연습을 해야 해요. 앞 사례의 경우에는 '입을 벌리면 난 죽게 될 거야'라는 생각이 넓은 길이 되었겠죠. 그 오래된 길을 지금까지 수천 번은 다녔을 테니 연습이 필요한 것입니다.

이렇게 새로운 길로 다니다 보면 오래된 길은 더 이상 사용하지 않게 되죠. 사용되지 않는 시냅스 연결은 밤에 잠자는 동안 끊어진 상태로 있습니다. 그러면서 서서히 연결이 약해지는 거죠. 즉 벗어나고 싶다면 그 생각을 더 이상 하지 않도록 노력해야 합니다.

이렇듯 '새로 만든' 과거를 계속 상상하면 새로운 시냅스 연결이 생겨납니다. 우리 두뇌는 그런 연결이 만들어졌는지는 별로 상관하지 않아요. 그저 생각을 할 때마다 시냅스를 만들고 연결하기만 할 뿐이죠.

그러므로 이런 행복한 감정(건초 더미에서 놀아도 다 괜찮아)을 단순히 긍정적으로 받아들이는 것에서 그치지 말고 하루에도 여러 번씩 생각해야 합니다. 이는 두뇌 연구를 통해 확인된 사실이기도 해요.

평생 학습해온 그 공포감이 하루아침에 사라지는 것은 아니거든요. 하지만 이제 그 두려움이 어디서 기인했는지 알았고, 두려움을 느낄 때 호흡이나 주변의 무언가에 집중하면 된다는 것도 알았으니 잘 대처할 수 있습니다. 특히 이제 더 이상 다섯 살짜리 아이가 아니라는 사실을 알죠.

누구나 알게 모르게 어린 시절의 경험이 지금까지 영향을 주게 마련이에요. 그 부분을 분명히 해결하지 않으면 계속 삶을 지배합니다.

감정 탐색 연습

감정을 탐색하는 것은 연습으로 가능합니다. 나를 힘들게 하는 감정이
올라올 때마다 곧바로 그 감정을 탐색하는 것이죠. 물론 바로 그렇게 하기
힘들 때도 있어요. 그러면 나중에 그것을 다시 '끌어내' 탐색하는 것도
괜찮습니다. 바로 탐색할 때와 나중에 할 때 연습 방식은 같아요. 일단
감정에 집중하고, 가장 강렬히 느껴질 때 신체가 어떻게 반응하는지를
살펴보는 것입니다.

> 아무 방해를 받지 않는 장소에서 눈을 감아보세요.
> 감정이 신체 어떤 부분에서(상체, 목 주변, 위, 심장 등) 느껴지나요? 손을
> 그 부분에 올려보세요.
> 당신이 느끼는 감정에 색이 있다면 무슨 색일까요?
> 그 감정은 뜨거운가요, 차가운가요?
> 딱딱한가요, 부드러운가요?
> 감정이 움직이나요, 아니면 그 자리에 단단히 고정돼 있나요?
> 감정의 가장자리는 어떤 모양(뾰족함, 딱딱함, 스펀지 느낌, 안개처럼 희미한
> 느낌 등)인가요?
> 뭔가 떠오르는 것(돌, 진흙, 구멍 등)이 있나요?

감정을 느끼면서 그 내면으로 들어가 무슨 일이 일어나는지 지켜보세요.
따뜻한 눈으로 나를 바라봐주는 내면의 관찰자를 부르고 기다립니다.
그리고 몸에 집중하는 거죠. 내면의 움직임이 느껴지나요? 그 움직임은
점점 작아지나요, 아니면 커지나요? 감정의 색에 변화가 있나요?
감정이 잦아들 때까지 그 안에서 가만히 기다립니다. 바로 끝나지 않고

10분이나 15분 넘게 걸릴 수도 있어요. 그 시간을 억지로 줄이려 하지는
마세요. 그리고 그 감정에 온전히 빠져들어야 합니다. 그것은 당신을 무너
뜨리지도, 파괴하지도 않습니다. 그저 당신에게 하고 싶은 말이 있을 뿐이
에요. 아마 당신의 생각보다 더 많은 이야기를 하고 싶어 할 거예요.
내면이 '완전히' 차분하게 가라앉고 난 후 눈을 뜨면 됩니다.

일단 시도해보는 것만으로도 충분합니다. 더 해보고 싶다면 지금
(감정이 진정되었을 때) 해도 좋고 아니면 다음에 해도 괜찮아요. 나중
에 한다면 지난 감정을 다시 느낄 수 있도록 불러오면 되니까요.

감정을 더 깊이 탐색하는 연습

영혼을 통해 집중하면서 감정을 동물의 모습으로 만들어보세요. 그리고
그 동물이 다가오면 그 존재와 내면의 대화를 나누는 거죠. 그 동물이 어떤
상태인지(지침, 피곤함, 방어적임, 화가 남) 관찰하고 대화해봅시다.

"왜 그런 모습이니?"
"내가 가까이 가도 될까?"
"혹시 내가 해줬으면 하는 게 있니?"
"어떻게 하면 우리가 친구가 될 수 있을까?"

감정이 동물의 모습을 하고 있는 동안 탐구하는 것이죠. 동물 안에 무엇이 들었는지 알 수 있을 때까지 일단 가만히 바라보세요. 이 동물은 나와 이야기를 나누고 싶어 지금 여기 있는 것입니다.

가끔 생각이 끼어들려고 할 때도 있어요. '지금 이게 말이 되니? 두꺼비잖아. 저게 나랑 무슨 상관인데?'라는 생각 같은 거죠. 물론 두꺼비가 아니라 나비처럼 예쁜 곤충이 나오기를 원했을 수도 있어요. 하지만 지금 눈앞에 있는 것은 두꺼비죠. 원했던 것과 다른 동물이 나타난 것은 정말 영혼이 보냈다는 신호입니다. 만약 생각이 동물을 보낸 것이라면 내가 원한 대상이 나왔을 테니까요.
그 동물이 어떻게 대답할지 호기심을 갖고 기다려보세요. 처음이라 자꾸 생각이 끼어들어 방해할 수 있어요. 그렇지만 열린 마음으로 궁금해하면 영혼의 대답을 얻기가 한결 수월해집니다. 영혼은 언제나 나와 소통하기를 원하기 때문에 질문에 항상 대답하거든요.

이런 연습을 통해 감정에는 한결 여유가 생기고 마음이 진정됩니다. 감정을 자세히 살펴보고 관찰할 수 있는 이유는 그것을 영혼이 보내주었기 때문이에요. 감정 때문에 힘든 것도, 사실은 영혼이 보내는 메시지라는 얘기죠.
감정을 인정하지 않고 다른 감정을 느끼는 척하는 사람도 많습니다. 하지만 그러면 솔직하게 사는 데 방해만 되기 때문에 좋지 않아요.

가끔은 자기 것이 아닌 감정을 가져와 느낄 때도 있습니다. 장례식장에 갔을 때가 그렇죠. 장례식장은 사람들의 무거운 파동이 느껴지는 곳입니다. 하지만 이것은 우리가 직접 느끼는 감정은 아니에요. 마치 안개가 자욱한 거리를 지나는 것처럼 이미 그곳에 존재하는 감정의 세계에 잠시 들어가는 것이죠.

이럴 때, 생각이 감정이 되기도 한다는 사실을 알고 있으면 도움이 됩니다. 즉, 어떤 감정이 느껴지려 할 때 방금 전에 내가 무슨 생각을 했는지 다시 살펴보는 것이죠. 혹시 영원히 혼자가 될까 두려워하진 않았는지, 다른 사람들이 나를 비웃는 상상을 한 건 아닌지, 세세한 부분까지 상상하고 미래를 걱정하다가 현실의 내 목표를 잊어버린 건 아닌지 되돌아볼 수도 있지요.

괴로운 감정이 나타날 때마다 즉시 생각을 돌아볼 수 있게 되면, 영혼이 점점 더 깨어납니다. 그러면 더 이상 감정에 이리저리 휩쓸리지 않고 그 감정을 분명히 알아차리게 됩니다.

감정을 보면 내 상태를 알 수 있습니다

이처럼 자신의 행동을 분명히 인식하는 과정에서 우리는 정신적으로 점점 더 깨어나게 됩니다. 가끔 예전 행동이 다시 나타날 때도 있겠지만, 일단 성장하기 시작한 거예요. 새로운 습관을 만들어가고 있고, 에너지의 파동도 바꾸었어요. 정신적으로 더 깨어났고, 의식도 더 분명하고 강해졌습니다.

에너지 파동이 변하면 삶은 물론이고 지금까지 맺어온 관계와 앞으로의 관계도 변합니다. 다음 사례를 보면 이해가 쉬울 거예요.

"말해봐, 너 무슨 일 있지?"
"무슨 뜻이야?"

"아니, 요새 너랑 같이 있는 게 예전보다 편해졌어. 지금 너 운전하는 동안 느낀 건데, 예전에는 같이 차를 타고 가면 계속 욕하고 화를 냈는데 지금은 경적 한 번 안 울리잖아."

"사는 게 너무 힘들어서 몇 가지를 바꿔봤어. 지금도 하고 왔는데, 요새는 명상을 주기적으로 하고 있지."

"와, 그게 진짜 도움이 되는구나! 그럴 줄 몰랐어."

"그리고 또 내가 짜증낸다고 상대편 운전자가 달라지는 게 아니라 같이 탄 사람만 피곤하게 한다는 것도 알게 됐지."

"맞아. 너랑 함께 타는 게 예전보다 확실히 더 편해졌어. 예전만큼 스릴 넘치지는 않지만." (웃음)

이별은 실패가 아니다

사랑은 오래도록 영원해야 한다는 일반적인 통념에서 벗어나지 못해 섣불리 이별을 택하지 않는 경향이 있지요. 이별을 꺼리는 이유는 사랑, 익숙함, 편안함, 혹은 혼자가 되는 두려움 등 다양합니다. 하지만 가까운 친구가 이별을 택하는 경우, 그것이 내 관계를 다시 되돌아보는 계기가 되기도 하죠. 미국의 브라운 대학교에서 2013년 진행한 연구에서는 주변 사람이 이별하는 경우 자신도 이별할 확률이 75퍼센트에 달한다는 사실이 밝혀지기도 했습니다.[5]

사회적 정서상, 부부는 '죽음이 갈라놓을 때까지' 함께하는 게 이상적이라는 생각이 깊게 뿌리내리고 있습니다. 그래서 결혼한 지 얼마 되지 않아 이혼하면 스스로도 실패했다고 생각하지요. 내가 다른 사람과 함께 살 수 없는 사람은 아닌지 스스로를 의심합니다. 또는 평생을 함께하고 싶을 만큼 매력적이거나, 똑똑하거나, 아름답거나, 잘나가거나, 섹시하지 않아서 그렇다고 자책하면서 자신의 부족한 면을 확대 해석하기도 합니다.

그 밖에도 결혼은 많은 이들의 축복을 받는 아름다운 것으로 묘사되죠. 하지만 결혼이 실제로도 항상 아름답기만 한 건 아닙니다. 한쪽이 완전히 희생하고 양보해야만 유지되는 경우도 있거든요. 심지어는 둘 다 서로를 희생하면서 힘겹게 이어가는 커플도 있습니다. 그러다 보면 자기 삶을 살지 못하고 개인적인 삶의 목표도 이룰 수 없어 마지막 순간에 큰 후회로 다가오기도 하죠. 최근에 56세 여성의 이야기를 읽었어요. 그분은 삶의 끝자락에서 호스피스 병동으로 이송되었는데, 그곳에서 간병인에게 마음이 흔들렸다고 했습니다. 그분은 "지금 세상을 떠나야 한다니요. 내 인생을 제대로 살아본 적도 없는데……"라고 말했습니다. 후회는 괴로워요. 특히 삶의 마지막 순간에 후회가 찾아오면 더욱 아플 수 있지요.

이별이 실패가 아니라면 대체 무엇일까요? 그 답은 '선택'입니다. 상대를 내 짝으로 선택했던 것처럼, 이제는 다시 혼자가 되기로 선택한 거예요. 비록 지금은 헤어지지만 한때는 친밀하고 사랑이 넘치는 관계를 만들어보려고 노력했어요. 그 노력이 어느 정도는 통했다면 그것도 성공이죠. 사람들은 결혼이란 서로를 완벽하게 이해하는, 세상에 단 하나뿐인 소울 메이트와 사랑하고 그 사랑을 완성시키는 것이라고 생각합니다. 그런데 그런 '이상적인' 이미지는 사실 종교적인 규범에서 '만들어진' 이미지일 뿐이거든요.

결혼한 부부가 평생 함께하기란 20세기 초반까지만 해도 그렇게 어렵지 않았습니다. 일단 수명이 지금처럼 길지 않았고, 결혼도 빨리 했고(결혼 전에는 성관계를 하지 않고, 피임도 하지 않았으며, 미혼모는 배척되었으니까요), 삶에서 결혼 말고 다른 선택지가 별로 없었거든요.

그때까지만 해도 아직 대부분의 사람들은 시골에 살았는데, 작은 시골 마을에서 결혼할 상대라고는 고작해야 두세 명 정도였을 테니까요. 마음에 꼭 드는 상대를 찾으려고 기다리다 보면 함께할 사람이 아무도 남지 않았습니다. 누군가 사별하지 않는 한 말이죠. 이혼은 금지되었고 별거도 금기시하던 시대였잖아요?

가끔 제게 "남편과는 이틀 넘게 떨어져 지내본 적이 없어요!"라고 자랑스럽게 말하는 여성들이 있습니다. 재미있게도 이런 말은 주로 여성들만 하더라고요. 그런데 그게 왜 좋은 걸까요? 우리가 샴쌍둥이인 것도 아닌데요. 혼자 있는 게 불가능한가요? 서로 너무 사랑해서 상대 없이는 무의미한 존재가 되어버리는 걸까요? 이 말을 잘 생각해보면 이런 의미입니다. '나는 혼자서는 잘 지낼 수 없어. 그리고 너도 그랬으면 좋겠어.'

여러 사람과 만나보면 정신적으로 더 많이 성장할 수 있을까요?

아닙니다.

그러면 단 한 명과의 관계를 통해서만 정신적 성장을 이루고 싶었나요?

아닙니다.

이론적으로 인간은 아직 100년도 살지 못하는데, 이 짧은 인생 동안 꼭 한 사람과 80년을 살아야 할까요? 군이 그래야 할 이유는 없지요. 삶에는 다양한 영역이 있으니 다양한 사람을 만나봐야 해요. 예를 들어 막 성인이 되었을 때는 관계를 만들어가는 법을 연습할 수 있는 관계(즉 다양한 관계)가 필요하죠. 사회생활의 첫발을 떼는 시기에는 영감을 주고 자신의 재능을 알아가는 데 도움을 주는 사람이 좋겠죠. 슬슬 가정을 꾸릴 생각이 들 때는 함께 아이들을 사랑으로 챙기고 돌볼 수 있는 믿음직한 파트너를 찾을 것입니다. 폐경기가 지난 후에는 계속 변함없이 사랑하고 인생의 새로운 단계를 함께하면서도 '이제 내 인생은 끝났어'라고 자포자기하지 않는 파트너를 원합니다.

단 한 명의 파트너가 이 모든 것을 다 해줄 수 있을까요? 물론 그럴 수도 있겠지요. 오랜 세월 동안 서로를 위하고 행복한 결혼생활을 이어가는 부부들도 많거든요. 그렇게 서로를 사랑할 수 있다는 건 정말 대단한 일입니다. 하지만 한쪽이 '희생'하거나 자기 삶을 포기하는 경우라면 진정 대단한 일이겠죠. 다음 사례를 보실까요.

결혼한 지 어느덧 40년이 된 그녀는 이제 더는 견딜 수 없습니다. 잘나가는 배우 남편은 결혼생활 동안 계속 바람을 피웠어요. 매력 넘치고 잘생긴 데다 커리어도 훌륭했거든요. 물론 그녀도 남편 못지않게 멋진 사람이었습니다. 남편의 불륜은 항상 같은 패턴이었어요. 몰래 바람을 피우기 시작하고, 아내에게 들키면 끝내는 식이었죠. 아내에게 항상 매달리고 용서를 구했지만, 바람 피우는 습관은 쉽게 사라지지 않았어요.

그녀는 70세가 되던 해 남편에게 애인이 있다는 사실을 또 알게 되었고, 그의 바람기를 고칠 수 없다는 사실을 깨달았죠. 그래서 이혼을 결심했습니다. 일단 집을 나왔어요. 이혼을 받아들일 수 없던 남편은 제발 다시 한 번만 기회를 달라고 빌었습니다. 자녀들도 다시 생각할 수 없겠느냐고 했고요. 친구들도 그녀를 설득했어요. "수십 년 동안의 결혼생활을 버릴 수는 없잖아"라거나 "그래도 너희 중에서 네가 마음이 강하니까 중심을 잡아줘야지"라는 말을 칭찬이랍시고 해주었습니다.

몇 달 후 그녀는 집으로 돌아왔어요. 남편에게는 이렇게 말했죠.

"다시 바람피우면 그땐 정말 끝이야."

남편은 어쨌든 지금까지는 그 약속을 지키고 있습니다.

이 이야기를 처음 들었을 때 모두 이혼을 말렸다는 사실이 좀 놀라웠어요. 만약 이분이 내 친구여서 조언을 구했다면, 저는 이혼이 옳은 결정이라고 말해주었을 겁니다. 그것도 35년 전에 말이죠. "너희 중에서는 네가 마음이 강하잖아"라는 말이 어떻게 칭찬이 될 수 있는지도 참 신기합니다. 왜 강하다고 하는 걸까요? 남편의 계속되는 외도로 인한 고통이나 거짓말에도 무너지지 않아서? 아니면 그 고통을 참아내기 때문에? 그렇다면 고통을 참고 또 참아 견뎌내는 게 강한 건가요? 그게 아니라면 남편이 매력적이고 잘나가는 사람이니 그 정도는 참으라는 걸까요? 아니면 대놓고 바람을 피운 것은 아니니 봐주라는 뜻일까요?

이혼을 말리는 이유는 무엇일까요?

아내를 속이고 바람을 피운 것이 남편의 자유였듯이, 더는 참지 않겠다고 결정한 것도 아내의 자유입니다. 물론 이렇게 계속 살다 보면 어느덧 두 사람은 안정을 찾을 테고, 인생을 마무리할 즈음 주위에서 친구들이 "그래, 내 말대로 이혼하지 않기를 잘했지? 너희 부부 지금까지도 서로를 잘 이해하면서 살고 있잖아"라고 말할 수도 있겠죠. 실제로 다시 잘 지낼 가능성이 아예 없는 것은 아니니까요. 하지만 이미 일흔 살이 된 지금은 서로에게 성적 매력을 느껴 사랑이 생겨나는 시기도 아니고, 신체 기능도 점점 떨어지죠. 게다가 아내는 오랜 거짓말과 외도의 고통에 지쳐 있기도 하고요. 만약 결혼하지 않았다면 더 행복하게 살았을지, 남편이 아닌 다른 사람과 결혼했다면 인생이 더 즐겁고 알찼을지 누가 알겠어요? 더 일찍 남편을 떠났다면 또 다른 삶을 살지 않았을까요?

물론 꼭 그렇다는 것은 아니고 어디까지나 그럴 수도 있다는 가정입니다. 그런데 이 사례뿐 아니라 모든 경우에 적용되는 한 가지 사실이 있습니다. 우리 영혼은 우리가 진정으로 무엇을 원하는지 정확히 알고 있다는 것이죠. 앞의 사례에서 아내가 진정으로 원하는 것은 남편 곁에 머무르는 것입니다. 그래서 남편이 수없이 바람을 피웠음에도 계속 참으면서 아무 결정도 내리지 않다가 처음으로 이 결정을 내린 거예요. 항상 남편의 행동에 선을 긋고 싶다고만 생각하다 '다시 바람을 피우면 끝'이라는 말로 마침내 실천에 옮긴 것입니다. 비록 일흔 살에야 실천할 수 있었지만, 때로는 결단을 내리기까지 오랜 시간이 걸리기도 하니까요. 물론 그렇게 오랫동안 기다리지 않고 바로 실천할 방법도 있습니다.

너무 빨리 포기하는 걸까?

사실 우리도 마음속으로는 답을 알고 있다고 생각해요. 저는 헤어질 때마다 항상 그 관계를 너무 빨리 포기하는 것은 아닌가 의심이 들었어요. 하지만 아무리 생각해도 성급하게 결정한 건 아니었지요.

186

그동안 정말 오랫동안 노력했고, 오랫동안 참았으며, 오랫동안 희망을 버리지 않았으니까요. 하지만 상황은 전혀 나아지지 않고, 상대방에게선 변화하려는 의지가 전혀 보이지 않아, 둘이 함께 발전해 나갈 가능성이 없다고 판단해 관계를 끝낼 수밖에 없었어요. 그동안 우리 문제에 대해 숱하게 이야기하고 대화를 나누었음에도 헤어지자고 말할 때마다 상대방은 항상 놀랐습니다. 헤어지자는 말을 믿지 않았어요. 그들이 보기에 저는 참을성이 강하고 오래 기다리며, 항상 관계를 위해 노력하는 사람이었으니까요. 제가 항상 그 자리에 있을 것으로 생각하면서, 문제를 확실히 해결하고 새롭게 시작하겠다는 제 마음과 노력은 보지도 않았던 거죠.

이별하는 이유에 대한 질문

헤어지는 것(헤어진다고 말하는 것)은 무언가를 더 이상 견딜 수 없거나 이제는 그만하고 싶은 행동이 있다는 의미입니다. 상대가 누구냐에 따라 헤어지는 이유가 달라지는지, 아니면 언제나 같은 이유로 헤어지는지 알아볼 필요가 있답니다.

자 그럼, 당신이 이별한 이유는 뭐였나요?

관계 1:

관계 2:

관계 3:

항상 같은 이유로 헤어졌다면 그 이유는:

그 이유들 사이에 서로 연관성이 있나요?

이제 친구관계가 끝난 이유를 생각해봅시다.
우정 1:

우정 2:

우정 3:

그 이유들 사이에 서로 연관성이 있나요?

이제 어떤 무리나 공동체를 나오거나 떠났던 이유도 생각해봅시다.
이런 다양한 유형의 이별 사이에 공통점이 있었나요?

누군가 여러분을 떠난다면 그 이유는 무엇일까요?

사적 영역에서:

무리에서:

사회생활에서:

이런 이유들 사이에 서로 연관성이 있나요?

망설임은 관계 정리가 안 됐다는 증거

반드시 망설이는 과정을 거쳐야만 관계를 끝낼 수 있다는 의미는 아니에요. 망설이는 단계에서는 앞으로 어떻게 될지 아직 모른다는 말입니다.

망설임은 관계를 다시 돌아볼 계기가 됩니다. 저는 망설여지면 일단 멈춰봅니다. 아직 해보지 않은 행동, 하지 않은 말, 이해하지 못한 것이 있어서 망설인다고 생각하거든요. 모든 관계는 나아질 수 있는 법이니까요. 하지만 관계가 개선된다 해서 꼭 그것을 계속 이어가야 하는 건 아닙니다. 그런데 관계가 나아졌을 때 비로소 그 관계가 끝났음을 선명히 깨달을 때도 있습니다. 상황을 객관적으로 바라보거나, 시간을 갖거나, 심리치료를 받아보면 관계 개선에 도움이 되죠. 때로는 기복이 줄어들면서 관계도 자연히 나아지거나, 심지어 위기를 함께 겪으면서 관계가 개선되기도 합니다.

상대방과 대화하면서 "너랑 헤어지면 어떨까 하는 생각을 요새 정말 자주 해. 이렇게는 살고 싶지 않아"라고 분명히 이야기하는 것도 도움이 되겠죠. 그리고 서로 지금 어떤 상태인지 자세히 이야기하고 '관계를 위해 나는 무엇을 할 수 있는지' 스스로 생각해봐야 합니다. 이별도 고려하고 있다는 사실을 상대가 분명히 알면 자신이 지금 어떻게 행동해야 하는지 비로소 깨닫게 됩니다. 또, 두 사람이 함께 어떻게 하면 좋을지도 알게 되죠.

미처 풀지 못한 부분이 있다면 '헤어질까, 말까?'라는 고민의 굴레에 사로잡힐 수도 있어요. 헤어지는 것도, 헤어지지 않는 것도 모두 이유 있는 선택이라 하루에도 몇 번씩 그 생각이 머릿속을 맴돌지만 그럼에도 도무지 결정을 내릴 수 없죠. 이럴 때 '헤어지지 않을 이유가 뭐지?'라고 자문하는 것도 도움이 됩니다. 나를 가로막고 있는 것이 무엇인지 알아보는 거예요.

가끔은 영혼 때문에 망설이게 될 때도 있어요. 이런 경우, 평소라면 이미 저질렀을 일인데 어쩐지 하지 않습니다. 예를 들어 평소라면 진작 헤어지고도 남았을 텐데 아직도 그대로라면, 영혼이 헤어지지 못하게 붙잡고 있기 때문이에요. 다시 말해 이 관계에서 풀지 못한 영혼의 숙제가 있음을 스스로도 알고 있어서 결정하지 못한 것입니다. 그러니 결정을 내리려면 뭔가 깜빡한 것 같은 기분이 들지요. 이런 경우라면 아직 해결 못한 부분이 무엇인지 알아내야 합니다. 그렇다고 모든 것을 일일이 적어서 목록으로 만들 필요는 없지만요.

그래도 자신에게 물어볼 수는 있을 것 같아요. 우선 '왜'라는 질문을 통해 지금까지 무엇을 경험했는지, 그리고 그 경험으로부터 어떤 결론을 도출했는지 살펴볼까요?

망설임에 대한 질문

왜 헤어지지 않나요? 혼자 되는 것이 두려운가요? 다른 사람들의 말이 두려워서요? 다시는 새로운 사람을 만나지 못할까 봐 걱정되나요? 상처입기 싫어서 그런가요? 혼자서 모든 것을 해 나갈 자신이 없나요?

자신을 믿지 못하나요? 사회적 지위를 잃을까 두려운가요? 경제적인 문제 때문인가요? 아이들이 더 이상 사랑하지 않을까 봐 두려운가요? 헤어지면 죄책감이 들 것 같나요? 아니면 앞으로는 지금처럼 안 좋은 상황이 생기지 않을 거로 생각하나요? 혹은 평소에도 미래를 두려워하는 편인가요?

한마디로,

왜 헤어지지 않나요?

그럼 이번에는 '무엇을 위해'라고 질문해봅시다. 무엇을 위해 지금 이러고 있나요? 다시 말해, 이 관계를 지키려는 목적이 무엇인가요? 이 관계를 이어가다 보면 스스로를 더 잘 알게 될까요? 이 관계를 통해 용기를 연습하고 있나요? 혹시 삶을 자세히 들여다보는 것이 부담스럽나요? 확실하게 결정하기가 힘든가요? 이 관계를 통해 선을 긋는 법을 배우고 있나요? 아니면 자립하는 법을 배우고 있나요? 아직 해결되지 않은 일이 있습니까? 즉 이런 것들이 무엇에 도움이 되나요?

몇 년 전 재미있는 이야기를 들은 적이 있습니다. 관계를 유지하고 발전시켜 나가기에 아직 너무 늦지 않았음을 알려주는 특별한 신호가 있다는 거예요. 그 신호를 확인하기 위해서는 "두 분은 어떻게 만나셨어요?"라는 간단한 질문만 하면 된다고요. 여기서 중요한 것은 대답의 내용이 아니라, 이 말을 들은 두 사람의 표정이랍니다. 난

감한 기색이 보이거나 대답을 꺼린다면 그 관계는 나아지기 어려워요. 하지만 미소를 짓거나 그 시절을 회상하는 듯한 표정, 따뜻한 말투 등 첫 만남을 여전히 아름답게 기억하고 있다면 아직 너무 늦지 않았다는 거죠.

물론 이 경우도 마찬가지로 관계를 유지하고 개선하기 위해서는 변해야 하는 부분도 있죠. 그러려면 서로 지금 어떤 생각을 하는지 분명히 알고 변화를 위해 의식적으로 노력해야 합니다.

이 커플은 5년간 함께하고 있습니다. 4년 전에 결혼했고, 세 살 난 아들도 있지요. 그런데 이 무렵, 아내는 남편에게 애인이 있다는 사실을 알게 되었어요. 너무 괴로워서 자기가 죽거나, 남편을 죽여버릴 것 같았다고 합니다. 어쨌든 그런 생각까지 할 만큼 화나고, 슬프고, 혼란스러웠어요. 이제 어떻게 해야 하지? 누구한테 이 얘기를 하지? 온종일 온갖 생각이 머릿속을 맴돌았지요. 마음이 답답해서 사랑, 이별 등의 주제에 관한 책을 몽땅 구해 읽기 시작했어요. 그러다 마음에 걸리는 문장을 만나게 되었죠. '남편은 내연녀에게서 당신이 채워주지 못하는 부분을 찾을 뿐입니다'라는 문장이었어요.

내연녀는 적이 아니라는 뜻일까요? 남편은 잘못이 없다는 말인가요? 그게 나 때문이라는 건가요? 나도 남편한테 만족하지 못하는 부분이 있는데! 나도 잘못한 게 있다는 말일까요? 그 문장이 정말 싫었지만, 이런 생각을 떨쳐버릴 수는 없었어요. 그러다가 이내 자신이 변했다는 사실을 깨달았지요. 밝고 재미있던 예전 성격이 사라졌음을요. 예전에 자신은 어떤 일도 함께 헤쳐나갈 수 있을 만큼 단단하고 의지가 되는 사람이었는데, 이젠 그렇지 않다는 것을 깨달았어요. 항상 모든 것이 완벽해야 한다는 압박을 느꼈고, 이것이 남편에게도 압박이 되었으리라 생각했죠. 하지만 지금 와서 어떻게 해야 할까요? 가족과의 '완벽한' 생활에서 자신을 잃어버리기 전에 우선 속마음을 알고 싶었어요. 남편은 애인과 헤어졌다고 말했지만 그 말을 믿을 수 없었습니다. 관계에 대한 책을 많이 읽고 더 많은 내용을 알게 될수록 결론을 내려야 한다는 생각이 점점 강해졌어요.

그렇지만 어떤 결론을 내려야 하는지는 알 수 없었죠. 일단 '지금까지 살던 대로' 살며 결혼생활을 끝냈습니다. 이게 무슨 말일까요? 결론적으로 말하면 '헤어진 것처럼' 함께 살기로 결정한 것이죠. 집을 나와 혼자 살 만한 여유가 없었거든요. 이렇게 생활하기 위해 계획도 세웠습니다. 저녁에는 하루씩 번갈아가며 아들을 돌보기로 했어요. 토요일에는 그녀가 자유 시간을 가졌고, 남편은 일요일에 쉬기로 했지요. 잠은 아이 방에서, 남편은 부부 침실에서 자기로 했습니다.

그 외 다른 부분에서는 남편을 없는 사람이라고 생각하기로 했어요. 요리할 때면 자신과 아이 몫만 만들었습니다. 빨래할 때는 남편 양말 한 짝도 섞이지 않도록 꼼꼼히 세탁물을 챙겼죠. 외출할 때도 어디를 가는지, 누구와 가는지, 언제 올 건지 이런 얘기를 일절 하지 않았어요. 졸지에 남편은 이틀에 한 번씩 아들을 돌보게 됐죠. 냉장고가 '자동으로' 채워지지도 않았고, 빨래도 스스로 할 수밖에 없었어요. 집에 차가 한 대뿐이어서 그동안 아내는 보통 자전거를 타고 다녔는데, 이제 아들을 돌보지 않는 날에는 차를 타고 다녔어요. 남편이 자기는 일하는 사람이니 배려해달라 부탁했지만, 아내는 듣지 않았습니다. 아내도 직업이 있었는데 그전까지 남편은 한 번도 배려한 적이 없었으니까요.

마침내 남편은 아내를 달래고 사정하는 것이 통하지 않는다는 것을 깨달았습니다. 물론 아내도 일단 정한 약속을 바꿀 생각은 전혀 없었고요. 지금까지의 경험으로 미루어보면 어차피 남편은 그 약속을 제대로 지키지 않을 것 같았거든요. 그런데 그 후 몇 주간 남편은 엄청나게 노력했고, 그 노력은 예상치 못했던 결과로 이어졌습니다. 놀랍게도 아내가 처음 사랑에 빠졌을 때의 모습으로 돌아왔던 겁니다. 아내는 다시 웃음을 찾았고(아직 그와 함께 웃지는 않았지만), 밝고 긍정적인 기운을 발산했습니다. 그러자 남편은 더 열심히 노력했어요. 저녁식사를 준비해 아내를 놀라게 하기도 했지요. 지금까지의 결혼생활 동안 남편이자 부모로서, 아내만큼 자기 의무를 다하지 못했다는 사실을 깨달았습니다. 특히 놀라웠던 건 아들과 단둘이 보내는 시간이 생각보다 훨씬 즐거웠다는 거예요. 파티에서 칵테일이나 마시면서 시답잖은 대화를 나누는 것보다 가족과 함께 집에서 보내는 시간이 더 소중하다는 사실을 갑자기 깨달은 거죠.

그렇게 부부는 다시 가까워졌고, 지금까지 함께 행복하게 지내고 있습니다.

상담하다 보면 커플과 대화를 나눌 기회가 많은데, 오래 만난 커플도 자주 봅니다. 제 친구 중에도 그렇게 오래된 커플이 있고요. 오래된 커플에서 눈에 띄는 특징은 이들이 변화에 열려 있다는 것입니다. 결혼생활에서도 변화는 필요해요. 어떻게 변해야 하는지 정답이 있진 않지만, 오래된 커플은 항상 서로에게 집중합니다. 또 위기를 겪을 수 있고, 그럴 때마다 서로 노력해야 한다는 사실을 잘 알고 있지요. 결혼생활에선 이런 노력을 통해 정신적으로 성장할 수 있습니다.

관계를 끝낸 후 깨닫는 것들

군이 설명할 필요가 없는 말이죠. 물음표가 느낌표로 바뀌듯, 함께할 때는 의문이고 애매하던 일들이 헤어지고 나면 확신으로 바뀌는 것을 말해요. 이렇게 관계가 끝나고 모든 것을 깨닫고 난 후에는 더 이상 서로 의심하지도 않고 미워하지도 않습니다. 미움은 사랑의 반대말이 아니에요. 사랑의 반대말은 무관심입니다.

이렇게 깨달음을 얻은 후 마음이 차분하고 편안한 상태가 되어야 건강한 방식으로 관계를 풀어갈 수 있어요.

이미 이야기했던 것처럼 우리의 영혼은 우리가 경험해보기를 원합니다. 그리고 관계는 그 무엇보다 풍부한 경험을 선사하지요. 관계가 끝난 후 돌이켜봤을 때 내가 성장했음을 알 수 있듯이 말이에요. 물론 가끔은 오래 걸릴 때도 있겠죠. 똑같은 것을 반복할 때도 있고, 빙 돌아갈 때도 있을 거예요. 그래도 우리는 최선을 다했습니다. 그 과정에서 많이 배우기도 했고요. 그리고 스스로 온전히 삶을 책임지는 사람으로 성장해가고 있지요.

저는 이전에 사랑한 사람들과 지금까지도 대부분 친구로 지내고, 아직도 서로 인간적인 애정을 갖고 있습니다. 그래서 그들이 어떻게 나이 들어가는지, 성장하고 발전해 나가는지도 볼 수 있었죠. 그렇지만 "아, 헤어지지 말걸. 지금 보니 참 이상적인 사람인데"라고 생각한 적은 없어요. 함께 시간을 보내곤 할 때마다, 이별을 택한 결정이 옳았음을 새삼 실감합니다.

지금까지의 이별에 대한 질문

종이를 여러 장 준비해 이전에 만났던 사람에 대해 각각 답을 적어보세요.
윗부분에 이름을 적고, 다음 질문에 대한 답을 적어보세요.

그 사람의 매력은 무엇이었나요?

그 사람과의 관계에서 무엇을 기대했나요?

그 관계에서 무엇을 이루었나요?

그리고 무엇을 이루지 못했나요?

그 관계에서 무엇을 배웠나요?

그 사람에게 당신의 진정한 모습을 보여줄 수 있었나요?

만약 그렇지 않다면 그 이유는 무엇이었나요?

(상대가 당신을 싫어하거나, 관계가 끝나버릴지 모른다는 걱정)

헤어지자고 말한 사람은 누구였나요?

헤어지자는 말을 어떻게 했나요?

헤어지게 된 결정적인 이유는 무엇이었나요?

헤어졌을 때 어떤 기분이었습니까?

그 사람은 이별에 어떻게 반응했나요?

이별 후 어떻게 행동했습니까?

상대방은 이별 후 어떤 행동을 보였나요?

이별 후 스스로에 대해 새롭게 알게 된 점이 있나요?

이별 후 그 사람에 대해 새롭게 알게 된 점이 있나요?

그때로 돌아간다면 그의 어떤 부분을 용서하고 싶나요?

그때로 돌아간다면 스스로의 어떤 부분을 용서하고 싶나요?

지금 그 사람에게 감사하는 부분이 있나요?

할 말이 많아 답변에 여러 장이 필요한 상대도 있을 거고, 또 별로 할 말이 없는 상대도 있을 겁니다. 어쨌든 모든 질문에 답을 해보세요.

그리고 마지막 질문 세 가지에 대해서는 이제부터 좀 더 자세히 설명하겠습니다.

용서, 상대를 이해하고 공감해야 가능한 것

상대방의 행동을 꼭 좋게만 생각하라는 말은 아닙니다(이 사실을 아는 것이 중요합니다). 하지만 상대가 그때 무슨 생각을 했고, 어떤 일이 있었으며, 어떤 점에서 성장했고, 어떤 삶을 살았으며, 왜 그렇게 행동하게 된 것인지 이해해볼 필요가 있습니다.

용서한다는 것은 그를 다시 곁에 두겠다는 의미가 아닙니다. 특히 그가 삶을 침해했거나 심지어 폭력을 썼다면 더욱 그렇겠지요. 그렇지만 그 사람의 행동이나 함께한 경험이 좋지 않아 곁에 두고 싶지 않은 사람이 있는 반면, 서로의 규칙을 잘 지키고 선을 넘지만 않는다면 함께할 수 있는 사람들도 있지요.

그럼 용서하는 것이 무슨 도움이 될까요? 마음속에 앙금이 남았으면 편안한 마음으로 나아갈 수 없습니다. 원한이 있으면 마음이 자유롭지 못해요. 자꾸만 지난 일이 떠올라 그때의 아픔을 또다시 느끼게 되거든요. 이런 감정을 확실히 정리하기 위해 상대를 용서하는 것입니다. 그렇지 않으면 과거의 경험과 고통이 되살아나 계속 힘들게 할 수 있거든요. 무거운 짐을 진 채 수영하면 앞으로 쭉 밀고 나가기 어려운 것처럼, 과거의 앙금이 풀리지 않은 채 마음에 얹혀 있으면 홀가분한 마음으로 나아갈 수 없습니다.

어떤 관계든 나름대로 감사하는 부분이 있지 않나요? 아주 사소한 것에 대한 고마움부터 큰 감사까지, 정도의 차이는 있겠지만요. 그리고 관계가 끝날 때보다는 처음 시작하는 단계에서 상대에 대한 고마움이 더 클 거예요. 참 소중한 사람이라고 생각해 끌렸을 테니까요. 그런 부분이 있었기에 관계를 유지할 수 있기도 했고요. 따라서 상대의 어떤 점이 소중했고 고마웠는지 살펴보는 것은 충분히 가치 있는 일입니다.

그녀는 재혼을 했고, 행복한 결혼생활을 하고 있습니다. 전남편을 이야기할 때면 항상 이렇게 말했죠. "왜 그런 사람을 만났는지 도대체 모르겠어요. 너무 안 맞았거든요." 전남편과의 사이에는 아이도 둘 있었고, 이혼 후에도 그럭저럭 잘 지내고 있었습니다. 하지만 왜 결혼했는지는 잘 생각나지 않았어요.

어느 날 이런 얘기를 또 하다가 동생의 한마디에 그 이유를 알게 되었죠. 동생은 "언니는 아이를 갖고 싶었고, 그때는 맞는 사람이 그 사람밖에 없었으니까 결혼한 거였지"라고 말했습니다.

그 말에 불현듯 그와 결혼한 이유가 생각났습니다. 당시에는 함께 아이를 가질 사람을 찾았던 것이죠.

누구의 잘못도 아닙니다

누구의 잘못인지 정해버리면 편하고 좋겠죠. 하지만 우리가 헤어진 것은 어느 한쪽이 잘못해서 그런 것은 아니에요. 지금까지 살아온 삶이 다르다 보니 행동방식도 달라 상호작용이 잘되지 않았던 것이죠. 예를 들어 한 사람이 새로운 시도를 하면, 받아주는 사람이 있어야 상호작용이 되는 거지요. 제안하는 사람이 있으면, 따라주는 사람이 있어야 하고요. 가끔 관계에만 집중하고 자기 삶은 뒷전에 두는 사람이 있죠. 너무 과하게 희생하는 사람도 있고, 항상 상대에게 맞추고 의무감에 짓눌려 자기 꿈을 잃는 사람도 있습니다.

상대에게만 맞춰 살아가기를 원하는 사람은 없습니다. 누구나 '자신의' 삶을 살기를 원하죠. 그런데 상대에게 자기 의견을 말하기 어려워하면서도 이런 점을 고치는 법을 몰라 체념하거나 관계를 포기하는 경우도 많을 거예요.

누구의 잘못인지를 따지는 것은 사실 의미가 없습니다. 물론 상대방에게 속았거나 배신당했거나 상처받은 경우라면 마음이 많이 아프겠죠. 하지만 누가 잘못했느냐가 아니라, 관계에서 나는 어떤 사람이었는지를 아는 것이 더 중요합니다. 이것을 알아야만 둘의 상호작용이 어떻게 이루어지는지를 파악할 수 있거든요. 또 나를 정말 아프게 하는 것은 상대가 아니라 상대의 행동에 대한 나의 반응이라는 사실도 알아야 합니다.

관계에서의 역할에 대한 질문

관계를 위해 자신을 '희생'했다는 생각을 한 적이 있나요?

상대방이 좋아하지 않았기 때문에 (그럴 거로 추측했거나 혹은 실제로 그랬을 경우) 삶에서 중요한 것을 포기한 적이 있나요?

왜 그렇게 행동했나요?

무엇을 위해 그랬나요? 그렇게 행동하면서 무엇을 기대했나요?

헤어질 결심

이별하기 전의 시간은 탐구하는 시간입니다. 이별 전에는 감정도 혼란스럽고 마음도 불편하지요. 상대방에게 헤어지자는 말을 어떻게 할지 고민스럽고, 반대로 상대가 헤어지고 싶어 하는 것 같은 생각이 들 수도 있어요. 가끔은 내 인생이 아니라 상대의 인생을 사는 것 같다고 느껴질 때도 있습니다.

지금 누구의 삶을 살고 있나요

우리는 배우자, 가족, 친구와 함께 살아가며 이들의 인생을 어느 정도는 함께합니다. 하지만 함께 어울려 살기 위해 중요한 것이 있습니다. 바로 자기 삶을 사는 것이지요. 관계를 유지하기 위해 자신의 이익이나 소망을 포기하는 사람도 있거든요.

하지만 그러면 삶의 에너지를 잃게 됩니다. 우리는 살기 위한 에너지를 항상 채워나가야 해요. 특히 나이가 들수록 새로운 발상을 하고 스스로 원하는 것을 찾으며 삶의 기쁨을 느끼는 게 중요하지요. 그런데 아무것도 하지 않으면서 가만히 기다리기만 하는 사람도 있습니다. 더 나은 미래를 기다리고, 오늘이 지나가기를 기다리고, 누군가 구원해주기를 기다리고, 노력 없이 원하는 것이 이루어지기를 기다리고, 이 지루하고 외로운 일상을 벗어나게 해줄 '영혼의 반려자'가 나타나기를 기다리는 것이죠.

이런 이유로 아이를 낳는 사람도 있습니다. 자신을 변함없이 사랑해줄 누군가를 '직접 만드는' 것이죠. 그런데 부모 역할에만 전념해 자기 삶을 제쳐두면 아이들이 성장해 곁을 떠나고 나면 엄청난 공허함을 느낍니다. 어떤 경우는 성인이 된 자녀에게 이제부터 부모를 돌보라고 압박을 주는 집도 있어요.

우리 조부모나 부모 세대에는 이렇게 자기 삶은 전혀 살지 않는 분들이 많았습니다. 가족을 삶의 전부로 생각해 가족을 위해 무조건 헌신했던 거죠.

그녀는 딸이 다섯 살일 때부터 이미 "가장 친한 친구는 우리 아가예요"라는 말을 입에 달고 살았습니다. 시간이 지나 이제 그 '아가'는 마흔네 살이 되었는데도 어머니는 아직도 딸이 매일 연락하기를 바랍니다. 그리고 딸이 연락하지 않으면 연인에게 버림받은 듯 화를 내지요. 어머니는 지금도 아이를 어떻게 키워야 하는지(물론 부모에게 자주 연락하는 아이로 키우는 방법이죠), 무슨 옷을 입어야 하는지, 다른 집 딸들이 우리 '아가'랑은 달리 부모를 얼마나 잘 챙기는지를 매일같이 이야기합니다.

딸은 이런 어머니에게 지쳐 조금 거리를 두려고 합니다. 하지만 그럴 때마다 어머니는 자꾸만 몸이 아프다고 하죠. 진짜 아픈 게 맞는지 의심스럽기는 하지만, 그러다가도 죄책감을 느껴 다시 어머니에게 연락합니다. 이제 딸은 해외로 일하러 나가는 것을 고려하고 있어요.

간섭을 피하고 거리를 두려면 물리적으로 멀리 떨어져 지내는 것도 방법입니다. 자기 삶을 잃을 정도로 상대에게 헌신하거나 지나치게 간섭하는 것은 건강하고 따뜻한 관심과는 정말 큰 차이가 있어요. 그러다 보면 자기 삶에 쏟을 에너지를 잃을 뿐 아니라, 자녀에게는 나를 보살피라는 압박을 주게도 되거든요. 이들은 그래야 공평하다고 생각합니다. 내가 지금까지 너를 돌봤으니, 너도 이제 나를 잘 챙기라고 주장하는 겁니다.

사랑이라는 보험

서로를 아끼는 사이에서는 함께 보내는 시간을 소중하게 생각합니다. 그런 모습은 감동스럽지요. 반면에 상대의 관심을 얻고 함께 시간을 보내기 위해 상대를 압박하는 건강하지 않은 관계도 있는데, 보통 혼자 되는 것이 두려워 그러는 경우가 많습니다.

그러면서 자기 삶은 아예 내팽개치고 다른 사람의 삶에만 너무 집착하는 거죠. 저 역시 내 삶보다 상대의 삶의 문제를 더 고심했던 적이 있어요. 물론 당연히 제 삶도 챙겼지만 언제나 상대방의 삶이 신경 쓰였지요. 이런 행동을 고치기까지는 지대한 노력이 필요했습니다. 이 문제를 해결했다는 사실을 깨달은 건 오랜 시간이 지나 딸과 통화한 때였어요. 당시 스물여덟 살이던 딸은 고민을 털어놓았는데, 우리는 전화로 잠시 이야기를 나누었죠.

그러고 나서 명상을 하고 저녁이 됐을 무렵, 문득 아침에 딸과 통화한 이후 종일 딸의 고민에 대해 단 1초도 생각하지 않았다는 사실을 깨달았습니다. 아이도 이제 충분히 성숙했고, 혼자 문제를 해결할 수 있을 거라고 굳게 믿었던 거죠. 실제로도 딸은 이틀 후 문제를 해결했다고 말했습니다.

가끔 삶에 집중하기 힘들 때가 있습니다. 이는 '나 같은 건 아무도 신경 쓰지 않는다'라는 일종의 자기연민이 작용해서 그럴 수도 있습니다. 물론 그렇게 좋은 태도는 아니에요. 우리는 자신을 그다지 매력적이거나 재미있는 사람이 아니라고 생각하는 경우가 많아요. 하지만 실제로도 정말 그럴까요? 다른 사람과 대화한다면 어떤 주제로 이야기하고 싶나요? 뭔가 새로운 일을 해보고 싶은지, 아니면 현재의 익숙하고 편안한 상태에 계속 머무르고 싶은지도 생각해봅시다.

만약 삶에 충실하지 못하다면, 정말 즐겁다고 생각하는 일을 해보세요. 해야 하는 일들에 치이다 보니 내가 무엇을 좋아하는지 모르고 살았다면, 어린 시절에 좋아했던 것을 떠올려보는 것이 도움이 됩니다. 그래도 기억나지 않는다면(저도 그랬어요) 문화센터나 워크숍에서 새로운 것을 배워보는 것도 좋아요. 가끔은 완전히 새로운 일을 하다가 진정한 자기 모습을 발견하게 될 때도 있잖아요.

그동안 사사건건 통제하려 드는 상대방 때문에 위축돼 살다 보니 전에 어떻게 살았는지 기억도 안 나고, 앞으로 어떤 인생을 만들어가야 할지도 막막했어요. 예전에는 신나게 깔깔 웃기도 했는데, 그 사람과 함께하면서 점점 조용해졌지요. 취미도 독서로 바뀌었고요. 같이 뭔가 하자고 제안하면 그는 절레절레 고개를 저으며 이렇게 말했죠. "도대체 가만히 있는 법이 없네. 너 그거 정상 아니야."

그 사람은 그녀가 '정상'이 아니라는 말을 자주 했습니다. 휴일 아침 일찍 일어났을 때, 그가 난방을 꺼 추위에 덜덜 떨고 있을 때, 다른 사람을 집에 초대하고 싶다고 할 때마다 그는 '정상'이 아니라고 말했죠. 자꾸 이런 말을 들으니 정말 그 말이 사실인 것 같았어요. 그래서 이런 자기 삶을 잊으려 소설을 읽기 시작했지요.

하지만 몇 달 전 그와 헤어진 후 지금은 예전의 삶을 되찾았습니다. 다시 사람들을 만나고, 외출을 즐기고, 억눌려 있던 모습은 온데간데없이 사라졌죠. 지금은 삶에 만족하면서 잘살고 있습니다. 좋은 사람이 있으면 만나보겠지만, 그렇다고 누군가를 꼭 만나야겠다는 생각은 하지 않아요. 이제는 하고 싶은 대로 해도 그것이 '정상'이라는 것을 알고 있습니다.

이 사례 속의 그녀는 이전 관계에서는 '관계 속에서 자신을 잃지 말라'는 영혼의 숙제를 해결할 수 없었지요. 그렇지만 헤어진 지금은 삶에 집중하고 스스로의 행복을 위해 잘살아가고 있습니다.

우리는 문제가 있으면 해결하려고 합니다. 간혹 다른 사람의 문제까지 안고 가다 자기 삶에 집중하지 못할 때가 있지요. 저도 그랬어요. 다른 사람의 고민을 해결해주면 그렇게 뿌듯할 수가 없었지요. 저는 공감 능력이 뛰어나고 상대방을 신경 쓰고 있다고 생각했습니다. 하지만 묻지도 않았는데 조언을 건네는 행동을 상대는 간섭이라고 느낄 때도 있었어요. 그래서 무심코 그런 행동을 하지 않으려고 지금도 매우 신경을 씁니다.

이제 다른 사람의 삶에 관심을 보이면서도 그 문제에 함께 휩쓸리지 않는 방법을 알아요. 이제 모든 사람은 자기가 원하는 대로 살아간다는 것, (남에게 평가받지 않고) 어떤 행동을 하거나 하지 않을 자유가 있다는 것을 압니다. 자기 삶은 자신이 제일 잘 알거든요. 다른 사람에게서 영감을 받을 수는 있겠지만 실제로 뭘 할지는 스스로 선택하는 것이지요. 이런 점에서 다음의 4가지 원칙을 지키면 안전합니다.

- 상대방이 부탁했을 때만 조언하기
- 그 조언을 따르는지 상관하지 않기
- 조언한 다음에는 다시 내 삶에 집중하기
- 그 일에 대해 잊고 살기

이런 부분은 연습해볼 필요가 있습니다. 나 없이도 세상은 잘 돌아가요. 내가 나서지 않아서 무너졌다면, 원래 근본적으로 무너질 수밖에 없었던 겁니다. 내가 해결해주지 못하는 문제는 다른 누군가가 해결해줄 거고요.

직장에서도 이런 식으로 '잘 돌아가는' 모습을 자주 볼 수 있습니다. 몸이 아프거나 스스로 해결하지 못하는 일이 있는데, 다른 사람이 처리하거나 자기도 모르는 사이 처리돼 있는 겁니다. 내가 가만히 쉬고 있어도 세상은 놀라울 정도로 잘 돌아가잖아요. 그처럼 다른 사람도 스스로 해결할 수 있거나 혹은 그래야만 합니다. 그러니 다른 사람의 문제를 그렇게 신경 쓸 필요가 없어요.

지금 누구의 삶을 살고 있는지에 대한 질문

지금 누구의 삶에 집중하고 있나요? 자기 삶인가요,
아니면 다른 사람의 삶에 더 집중하고 있나요?

이런 점이 관계를 지속하면서 변했나요?
가령 처음에는 자기 삶에 집중했는데, 관계를 좋게 유지하기 위해
살면서 포기한 부분이 있는지를 묻는 것입니다.

만약 그렇다면 그 이유는 무엇인가요?
(내가 상대를 챙겨줘야 한다고 생각해서? 내가 더 꼼꼼하니까?
나 없이는 살 수 없는 사람이라서?)

삶에 집중할 수 없도록 방해받는 부분이 있나요?

재정 관리를 스스로 하나요?

재정 상태를 생각할 때 마음이 편한가요, 아니면 불안한가요?
(이미 눈치챘겠지만, 남편이나 다른 사람이 이 부분을 대신해준다는 건
의존하고 있다는 의미입니다)

만약 불안하다면 그 이유는 무엇일까요?

다른 사람(사랑하는 사람, 가족, 친구, 동료, 이웃 등)의 삶이나 문제를
생각하는 시간을 비율로 나타내면 몇 퍼센트인가요?

혼자만의 시간이 주어지면 가장 먼저 하고 싶은 일은 무엇인가요?

그럼 그 일을 왜 지금 하지 않는 건가요?

마지막에서 세 번째 질문에 "하루의 80퍼센트는 다른 사람들의 일을 생각하면서 보내는 것 같아요"라는 대답을 참 많이 듣습니다. 반면 그 시간이 10퍼센트 미만이라는 대답은 드물었지요. 대부분 다른 사람의 일을 꽤 오래 생각한다는 답변이었어요. 그리고 만약 그 시간 동안 다른 일을 한다면 무얼 하고 싶은지 물었을 때는 멋진 대답도 많이 나왔죠. 악기 연주를 하겠다, 캘리그래피를 배우거나 마사지사 자격증을 따겠다, 깨끗하게 대청소를 하고 싶다는 대답도 있었어요. 아니면 한가롭게 둘레길을 걷고 싶다거나, 정원에 가만히 앉아 쉬거나, 친구들과 여행을 하고 싶다는 대답도 있었죠. 그동안 배우고 싶었던 것을 배우고 싶다고 답한 사람도 있었습니다.

사실, 다른 사람의 일을 너무 걱정하고 신경 쓰는 행동은 상대의 인정과 관심을 원하는 마음에서 비롯되는 경우가 많습니다.

나를 봐줘, 나를 사랑해줘

사랑과 관심을 받고 싶다는 어린 시절의 소망이 충족되지 않으면 이런 결핍이 나타나죠. 아이들에게는 관심이 필요한 법입니다. 그런데 그것이 부족하면 아이들은 나름대로 결론을 내립니다. '나는 사랑받을 가치가 없는 아이야'라는 결론이 회피 성향으로 이어지기도 하고, 거부당하는 게 두려워 자기만의 세계에 갇혀버리기도 하죠. 또는 이런 부족한 애정을 채우고 싶은 마음에 항상 인정받으려 최선을 다하는 경우도 있습니다. 그 정도가 지나치면 '내가 제일 힘들고,

내가 제일 불행해'라는 식으로 자기연민에 빠지고 공감 능력을 잃어버려요. 그러면 모든 일에서 자기 자신만 생각하고, 항상 중심에 서야 직성이 풀립니다. 다음 사례를 보면 잘 알 수 있어요.

이 남자는 작가입니다. 그는 모임에서 옆자리에 앉은 여자에게 말을 걸었지요. 자기가 어떤 사람이고 얼마나 잘나가는지를 두 시간 내내 이야기하고 나서야 "이제 내 얘기는 다 했어요"라고 말합니다.

그런데 여자가 안도의 한숨을 쉬는 순간 이렇게 말하죠. "이제 그쪽 얘기를 해보세요. 내 신작은 어땠나요?"

어떤 관계(사랑, 우정, 업무관계 등)를 맺을 때 내가 어떤 사람인지는 전혀 신경 쓰지 않고 오로지 자기 삶에만 관심 있는 상대의 모습을 보면, 그에 대해 많은 점을 알 수 있습니다. 이런 사람은 그 원인이 무엇이든(유아기의 결핍 또는 나르시스트적 성격 등) 다른 사람과 마음을 나눌 수 없는 사람이에요. 이런 사람과 함께하면 항상 이야기를 들어주는 방청객이 될 뿐이죠. 그런데 영혼의 차원에서 보면 아이러니하게도 이런 사람과의 만남이 정신적 각성의 계기가 되기도 합니다. 상대를 챙기기만 하는 사람이 자기만 챙기는 사람에게 끌려 고생하다 끝내 각성하는 거죠. 저도 헤어진 남자친구를 아주 오랜만에 다시 만났을 때 이런 말을 들은 적이 있어요. "우리 진짜 잘 맞았지. 나는 나만 챙기고, 너도 나만 챙기면 됐으니까." 그 말에 둘이 한참을 깔깔대며 웃었지요.

내가 상대보다 낫다는 착각

다른 사람에게 신경을 많이 쓰다 보면, 그에 대한 이런저런 생각으로 안타까울 때가 많습니다. '나라면 그렇게 안 했을 텐데'라거나 '나였으면 그건 문제도 아니었어', '왜 그렇게 안 하는 거지?', 혹은 '저러면 안 되지!' 등등요.

누구나 각자 해결해야 하는 영혼의 숙제가 있고, 이는 살면서 꼭 해결해야 하는 문제입니다. 그런데 자기 문제를 두 사람의 관계로 끌어와 함께 해결하려는 사람도 있어요. 하지만 스스로 해결하기 어려우니 '영혼의 숙제'인 것이죠. 쉬운 일이었다면 지금까지 왜 안 했겠어요. 이는 영혼의 문제를 풀어갈 때도 적용되는 이야기입니다.

이별하기 전이든 아니면 다른 시점이든, 상대방이 영혼의 숙제로 고심하는 모습을 보게 되면 다음 세 가지를 염두에 두고 행동하는 게 좋습니다. 저는 그렇게 함으로써 상대방이 자기 문제를 해결하지 못하는 것을 이해했어요. 일반적으로 주변 사람들의 행동에 대한 우리의 반응은 다음처럼 분류해볼 수 있습니다.

- 첫 번째는 상황을 있는 그대로 받아들이는 것입니다. 내가 그 상황이었다면 다르게 행동했겠지만, 상대방의 행동을 있는 그대로 받아들이는 것이지요. 별다른 행동 없이도 세심하게 상대를 배려하는 반응이에요. 상대의 행동을 그럴 수도 있다고 받아들이고 감정적으로 동요하지 않으니까요.

- 두 번째는 상대방의 행동을 판단하는 것입니다. 이때도 상대는 나였다면 하지 않았을 행동을 합니다. 그래도 나는 감정적으로 동요하지 않아요. 여기서 '판단'은 부정적인 의미가 아닙니다. 예를 들어 상대가 만든 음식을 먹을 때 '국이 좀 짜긴 한데, 저이도 먹어보면 알 테니 다음부터는 알아서 소금을 덜 넣을 거야'라고 생각하는 것처럼 상황을 파악하는 것을 말하지요.
- 세 번째는 상대방의 행동을 평가하는 것입니다. "어쩜 그렇게 바보 같니!", "너 돌았니? 그러면 안 되지" 등 감정적으로 반응하는 것이죠. 차분하게 받아들이거나, 상대에게 공감하면서 그 행동을 판단하는 것과는 거리가 먼 반응입니다. 영혼의 숙제를 해결하려 고군분투하는 과정이기 때문에 미숙한 모습을 보이는 건데, 이런 미숙함을 그 사람 자체라고 생각해 무시하는 것이지요.

마지막에 설명한 '상대방을 평가하는 행동'이 습관이 된 경우도 있습니다. 저도 예전에는 그럴 때가 많았는데, 상대에게 공감하지 못하고 너무 엄격한 기준을 들이대곤 했어요. 아이러니하게도 이렇게 상대나 저 자신이 제 기준에 '바보 같은' 행동을 하면 정말 몇 초만에 짜증이 나더라고요.

이렇게 빨리 기분이 바뀌는 이유는 뭘까요? 진화 과정에서 인간은 외부에서 일어나는 일을 재빨리 판단하는 능력을 얻었기 때문입니다. 살아남기 위해 시시각각 변하는 외부의 자극을 신속하게 평가하고 대응해야 했거든요. 당시 인간의 사고는 주로 '지금 안전한가? 이게 나한테 좋은 것인가?'를 판단하는 것이었어요. 그렇기에 우리는 사고하는 동시에 판단하고, 그 결과를 '바람직한 것'과 '바람직하지 않은 것'으로 분류합니다.

다른 사람과 관계를 맺거나 사랑할 때도 이런 사고방식이 작용합니다. 상대가 어떤 행동을 하거나 또는 행동하지 않는 것을 불평하는 사람들과 이야기를 나누면 저는 "그래서 놀라셨나요?"라고 딱 한 가지만을 물어봅니다.

이런 질문을 하면 대부분 잠시 고민하다 고개를 젓습니다. 놀라지 않았다는 거죠. 우리는 상대방이 어떤 사람인지 압니다. 원래 알뜰히 절약하는 인색한 사람은 그러지 않으려고 노력하지 않는 한 계속 그럴 것입니다. 그런 면을 알고 있다면 앞으로 연애하거나 헤어질 때, 또는 헤어지고 나서도 그의 인색한 모습에 놀라지 않겠지요. 반대로 완전 다른 모습을 보이면 아주 놀랄 것입니다. 하지만 상대는 나를 괴롭히거나 화나게 하려고 일부러 그렇게 행동하는 게 아녜요. 이미 그런 행동방식이 몸에 깊이 배 있어서 그러는 것뿐입니다.

따라서 상대방의 행동을 판단하는 대신 있는 그대로 받아들이기 위해서는 의식적으로 노력해야 해요. 이때 그 행동을 '흥미롭다'라고 생각하면 도움이 됩니다. 다른 사람의 시각이나 행동을 흥미로운 시선으로 탐구하는 거지요. 비록 나와 다를지는 몰라도, 그런 행동도 하나의 방법이니까요.

내가 경험해온 것과 중요하다고 생각하는 것을 상대에게 이야기하는 것이 정말 중요하다는 건 이미 여러 번 강조했습니다. 서로를 신뢰하지 않는다거나 대화하는 것에 익숙지 않다는 이유로 이런 이야기를 하지 않으면 함께하는 시간이 편하고 자유로울 수 없어요.

그렇다고 대화만으로 서로의 모든 것을 이해할 수 있다는 건 아닙니다. 그냥 서로 자기 마음이 그렇다는 것을 알릴 뿐, 무언가를 기대하고 대화하는 것은 아니니까요. 상대가 이해해주길 바라지도, 내 말에 기뻐하거나 동의해주기를 바라지도 않지요. 나는 내 이야기를 하고, 상대도 자기 이야기를 해주기만을 바랍니다. 서로 솔직히 이야기하면서, 기쁜 일이나 애정 어린 말뿐 아니라 좌절이나 불만도 털어놓고 나누는 것이죠.

독자로부터 다음과 같은 이메일을 받은 적이 있어요.

우리 사이는 점점 나빠지기만 했어요. 여자친구는 자기 말을 제대로 듣지 않는다고 자주 화를 냈어요. 저도 나름대로 제 행동을 설명하고 논쟁을 피하려고 했지만 잘되지 않았어요. 그러다 보니 지치더라고요. 차라리 혼자 있는 게 낫겠다 싶었지요. 편안하고 안정적인 연애를 동경했지, 이렇게 감정소모가 심한 것은 원치 않았거든요. 하지만 누군가와 헤어져 본 경험이 없다 보니 관계를 어떻게 끝내야 할지 갈피를 잡을 수 없었어요.

그래서 책도 많이 읽고, 고민도 해보고, 선생님의 강연 비디오도 몇 편 봤습니다. 그랬더니 생각이 완전히 정리되더라고요. 여자친구와 헤어질까 고민하던 것도 관계 속에서 겪는 과정이자 우리 관계를 위한 기회라는 생각이 들었어요. 예전에는 여자친구가 화를 내면 저도 화나거나 슬퍼지고, 그냥 그 상황을 피하고 싶었습니다. 갈등은 모두 덮어두고 그냥 조용히 마음 편하게만 있고 싶었던 거죠. 하지만 이제 갈등이 생기거나 싸울 때도 그 상황 자체를 좀 더 객관적으로 생각해볼 수 있게 됐고, 예전만큼 힘들지 않습니다.

힘든 시간도 하나의 과정이고 그 과정을 짧게 줄일 수 없으며, 그 자체로 의미 있는 시간이라는 말씀을 들으니 처음으로 여자친구와의 관계가 어떻게 흘러갈지 궁금해졌어요. 그런 설명을 듣고 나니 혼란스러운 상황을 객관적인 제3자의 시선으로 보는 방법을 알겠더라고요. 제 영혼이 제게 말을 거는 목소리도 들을 수 있었어요. 영혼은 "그래, 이제 뭔가 좀 하는구나. 지금까지 몇 년 동안은 갈팡질팡하느라 아무것도 못 했지. 네가 아주 조금만 바뀌어도 정말 많은 게 달라진다는 것은 이제 너도 잘 알 거야"라고 말했습니다.

자신에 집중하는 연습을 해보니, 헤어지고 혼자 되는 것도 두렵지 않았어요. 언제나 저 자신과 함께하는 것이니 혼자가 아니라는 것을 깨달았거든요. 이제는 둘 다 솔직하게 서로를 이해하며 지내고 있어요. 이 관계가 앞으로도 계속 사랑일지, 아니면 우정으로 돌아갈지는 두고 보려고 해요. 어쨌든 이제는 불안하지 않습니다. 여자친구도 더는 막연하게 뭔가 잘못되었다는 기분에 짜증 내지 않고요. 저 역시 존중받고 싶은 만큼 여자친구를 존중합니다.

사례에서 볼 수 있듯이 책 내용을 실천해보는 것은 꽤 효과가 좋습니다. 문제를 완전히 해결할 때까지, 그 문제는 계속 나를 따라다니거든요. 하지만 문제를 풀다 보면 어려운 상황이 오히려 건강한 관계로 나아가는 기회가 되기도 한답니다.

대화 방식에 대한 질문

당신의 현재 관계 또는 지난 관계를 생각해보세요. 마음속에 뭔가 걸리는 일이 있을 땐 어떻게 하나요? 두 사람의 관계에 대해 이야기할 필요가 있을 땐 어떻게 하나요? 상대방과 얘기해보지 않고 혼자 해결하려 하나요?

아니면 상대가 아닌 다른 사람들(친구, 상담사, 가족 등)에게 상담하나요?

그러면 왜 상대방에게 이야기하지 않나요?

다음 질문에 대답해보면 자신에 대해 더 잘 알 수 있을 거예요.

첫 번째 질문: 문제가 생겼을 때 혼자 해결하려고 하나요?
관계는 두 사람의 문제라서 혼자서는 해결할 수 없어요. 함께 의논해야만 올바른 해결책을 찾을 수 있지요. 그러려면 서로 대화를 나누고 솔직하게 물으려는 마음이 있어야 합니다. 솔직하게 묻는 것은 예/아니요로만 대답하는 것이 아닌 좀 더 구체적인 것을 말해요. 예를 들어 "너는 요즘 우리 관계가 어떤 것 같아?", "변했으면 하는 것이 있어?", "네 생각에는 어떻게 하면 우리 관계가 좀 더 나아질 수 있을 것 같아?" 등입니다. 그러려면 우선 당신의 솔직한 감정과 생각을 상대방에게 말할 준비가 되어 있어야겠죠.

두 번째 질문: 다른 사람들(친구, 상담사, 가족 등)에게 문제를 이야기하나요?

이 경우도 상대와 직접 이야기하지 않기는 마찬가지입니다. 저도 예전에는 그랬어요. 처음엔 혼자 해결하려고 했고, 나중에는 상대가 아닌 다른 사람에게 이야기했죠. 그런 만큼 이런 방식에서 벗어나 상대와 직접 이야기하기 시작하면 마음도 편하고 서로의 관계도 깊어진다는 것을 잘 압니다. 상대를 신뢰하지 못하는, 심각한 문제를 겪고 있는 사람들을 몇 명 알고 있어요. 이런 사람들은 감정적으로 힘든 시기를 보낼 때 마음을 닫아버리고, 상대가 그냥 떠나기를 바랍니다. 그렇게 되면 함께 문제를 해결하며 더 가까워지고 친밀해질 기회를 버리는 거예요. 관계는 함께 멋진 곳에 휴가를 가거나 즐거운 일을 할 때 깊어지는 것이 아닙니다. 함께 도전하고, 아파하고, 서로의 어두운 부분을 보여주고 극복할 때 깊어지죠. 그리고 이런 과정은 남들이 부러워할 만큼 서로를 이해하고 돈독해지는 유일한 방법입니다. 이렇게 깊이 정서적 교류를 하다 보면 관계에도 안정감이 찾아들어요. 그러면 서로의 말에 진심으로 귀 기울이고 서로의 감정을 받아들일 수 있으며, 혼자서는 자신을 지킬 수 없는 상황이 되었을 때도 서로를 지켜줄 수 있습니다. 물론 상대가 자기중심적인 사람이 아니어야 가능한 이야기입니다. 그리고 역으로 상대방으로부터 자신을 지켜야 하는 상황이라면 바로 그 관계에서 도망쳐야 합니다.

세 번째 질문: 그러면 왜 상대와 직접 이야기하지 않나요?

이 질문에 어떻게 답하는지를 보면 그 사람이 관계를 풀어나가는 방식을 알 수 있어요. 예를 들어 친구와 더 친하니 친구에게 이야기한다고 대답하는 사람이 있겠죠. 이 대답을 반대로 생각하면 내가 상대를 얼마나 가깝게 생각하고 신뢰하는지 알 수 있습니다. 혹시 상대에게 솔직하게 이야기하는 것이 두려운 것은 아닌가요?

만약 그렇다면 그 이유는 무엇인가요?

상대가 당신을 떠날까 봐 두려운가요?

상대의 기분이 상하거나 마음을 아프게 하는 것이 두려운가요?

상대방의 반응이 두려운가요?

만약 그렇다면 어떤 반응이 두렵습니까?

당신이 두려워하는 그 반응을 경험한 적이 있나요, 아니면 그저 막연한
생각일 뿐인가요?

그런 반응을 전에도 경험한 적이 있다면, 그때 속으로 어떤 생각을 했나요?
(예를 들어 '말해봐야 무슨 소용이겠어. 저 사람은 내 말을 이해하지도 못하는데' 등)

실제로 경험하지 않았다면 그냥 막연한 상상일 뿐입니다. 실제로 벌어지지

않은 일이니 상대의 반응을 모를 테고, 그러니까 상상해보는 것이죠. 하지만 그 상상은 진실이 아님을 잊지 마세요.

안전한 새장 속

솔직한 의견을 이야기하기 어려워하는 사람이 다른 사람이나 집단에 종속되어 그 사람이나 집단의 의견을 그대로 따르는 경우가 있습니다. 이런 경우 자기도 모르게 아주 서서히 종속되는데, 똑똑하지 않아서 그렇다기보다는 소속감이나 안정감을 원하는 마음에 그렇게 되는 경우가 많아요.

우선 유년기에 부모님이나 가족에게 종속되는 경우가 있어요. 그 사실을 보통 성인이 된 후 자신의 유년시절을 되돌아보는 과정에서 비로소 깨닫게 됩니다. 물론 어렸을 때도 '이건 좀 아닌데'라는 느낌을 받았을 수 있지만 그때는 어렸기 때문에 설령 그런 생각이 들었어도 부모님에게 솔직하게 이야기할 수 없었겠지요. 그러니 성인이 되어서야 깨닫는 것이고요.

그리고 어떤 집단(컬트, 마약, 특정 성적 취향, 정치 집단 등)에 종속되는 경우도 있지요. 이런 경우에는 그 집단이 (우리 자신도 그 당시에는 아직 인지하지 못했던) 마음 깊은 곳의 소망을 채워준다고 생각했기 때문에 끌리게 됩니다.

그녀는 항상 호기심이 많았어요. 그런데 그것이 '다양한 마약을 경험하고 싶다'는 생각으로 발현되었지요. 물론 마약이 불법이라는 사실은 알았지만, 어떤 의사의 주도하에 정기적으로 온갖 향정신성 물질을 활용해 깊은 영적 체험을 하는 모임을 발견해 가입하게 되었습니다.

모임에 처음 가입할 때는 어떠한 일이 있어도 발설하지 않겠다는 각서까지 썼습니다. 조금 미심쩍었지만, 그래도 의사가 있으니 괜찮을 것이라고 스스로를 다독였지요. 모임 사람들은 그녀를 환영했고, 분위기도 편안했어요. 멤버는 대부분 학력이 높았으며, 다들 친절하고 호기심이 반짝이는 멋진 사람들이었습니다. 모임을 이끄는 의사는 카리스마가 있었어요. 그는 그녀가 정말 특별한 사람이고, 가족이나 친구들은 아마 그녀를 이해하지 못할 것이라는 이야기를 여러 번 했습니다. 하지만 그 모임에는 그녀 같은 사람들이 많고, 이제 그녀도 모임의 일원이라고 했지요.

얼마 지나지 않아 그녀는 모임에서 핵심 구성원이 되었습니다. 내심 자랑스러웠지요. 그녀는 모임 사람들을 자기가 선택한 가족이라고 생각했어요. 옛날에 친했던 친구들은 더 이상 만나지 않았습니다. 이제 친구들보다 그 모임 사람들과 더 닮아 있다고 생각했거든요. 모임에서는 예전에 친구들과 나누던 시시콜콜한 잡담보다 더 높은 차원의 가치에 대한 이야기를 했어요. 모임 사람들은 사회의 새로운 움직임을 만들어가는 선구자였고, 세상을 좀 더 나은 곳으로 바꿔가는 사람들이었지요. 그런 점이 마음에 들었고, 함께하고 싶었습니다. 진심으로 그 모임의 비전을 함께 이뤄나가고 싶었어요.

모임을 위해 돈도 안 받고 많은 일을 했고, 높은 비용을 지불하고 워크숍과 수업에 참여하기도 했습니다. 특히 모임 사람들에게서 전보다 열심히 하지 않는 것 같다는 이야기를 계속 듣다 보니, 잘은 모르겠지만 자신이 뭔가 부족하게 느껴져 더 열심히 참여한 것도 있었죠. 더 '잘'하려고 노력하고, 일도 더 많이 하고, 수업도 더 많이 들었어요.

그러다 몇 가지 불합리한 점이 있다는 것을 깨달았습니다. 그런데 이 이야기를 하자 의사는 강하게 부정했고, 다른 사람들은 그녀가 이상한 거라며 압박을 가했죠. 너무 겁이 났습니다. 그렇게 공격적으로 반응할 거라고는 전혀 예상하지 못했었거든요. 정말 그녀가 이상했던 걸까요? 적어도 다른 사람들은 모두 그렇게 생각하는 것 같았어요. 그러니 그 일은 결국 그녀가 이상하다는 결론으로 마무리되었지요.

그 후 그녀는 수업을 더 많이 들었습니다.

갈수록 마음은 불편하고, 위축되고, 작아지는 기분이었지만 자신이 그렇게 느낀다는 사실을 깨닫기까지는 꽤 오랜 시간이 걸렸습니다. 그 후 성추행을 경험하고 의사의 불합리한 행동이나 지도자라고는 믿기 어려울 정도로 신경질적인 모습을 보고 나선 이제 정말 모임을 떠나야겠다는 생각이 들었죠. 실제로 모임을 떠날 때까지는 또 반년이 걸렸습니다.

탈퇴하는 것도 간단한 일은 아니었습니다. 처음에 사람들은 교묘하게 설득하려다가('네가 그리울 것 같아', '우리가 함께한 시간을 생각해봐', '우리는 가족이잖아!' 등), 욕하며 위협했고('나가서 얼마나 잘사나 보자', '나중에 돌아오고 싶다고 해도 안 받아줘', '이제 너는 끝이야. 이기적이고 어리석은 데다 이 모임을 망치려고 하네!' 등), 그러고 나서야 결국 쫓겨나듯 모임에서 나올 수 있었습니다. 그 후에는 어떤 연락도 없었어요. 이제 싹싹 빌고 납작 엎드리지 않는 한, 모임에 다시 들어가는 건 불가능했습니다. 하지만 그렇게는 하지 않을 거라고 마음먹었어요. 그러고 나니 곁에는 아무도 없고 인생에서 가장 외로운 시기를 보내게 되었습니다. 마음이 괴롭고 흔들릴 때도 있었지만, 그럴 때면 그들이 했던 행동들을 다시 떠올렸어요. 떠나오고 나서야 그들이 어떤 사람인지 분명히 알게 됐죠.

용기를 내 옛 친구에게 연락하자 바로 답장이 왔어요. 친구를 만나 자기가 빠졌던 모임이 어떤 곳이었는지 털어놓았고, 서로의 생각을 솔직하게 터놓고 이야기했습니다. 한참을 대화한 후 자신이 무슨 일을 당했는지 깨닫자 화가 났어요. 그들에게 놀아났다는 것에 화가 났고, 동시에 그런 모임에 빠졌던 자신이 바보 같다는 생각도 들었지요.

그러면서 한편으로는 사실 그 모든 것이 다 나쁜 건 아니었다는 생각도 했어요. 그들과 함께하면서 감동받은 적도 많았으니까요.

그 후 모임에서 경험했던 것을 좋았던 것, 위협적이던 것, 위험했던 것 등으로 분류해보았습니다. 돌이켜보니 그들은 정말 교묘하게 파고들었고, 그것도 모른 채 열성적으로 그 말을 따랐다는 생각이 들었어요.

이런 사실을 알고 나니 복합적인 감정이 들어 슬프면서도 화가 났지만, 그럼에도 다시 자유를 되찾았다는 안도감이 들었습니다. 내 생각을 솔직하게 말해도 미움받지 않는 자유였죠. 모임의 허락을 받는 대신 스스로 옳다고 생각하는 방식으로 살아갈 수 있는 자유이기도 했어요. 이제는 잘못이나 부족한 점을 옆에서 계속 지적하는 사람이 없었으니까요.

그녀는 자신이 모임에 끌렸던 이유를 깨달았습니다. 우선 마약과 영적 체험에 대한 호기심이 있었어요. 항상 외로웠고 소속감이 필요했으니까요. 처음에는 모임이 자신이 원하는 모든 것을 충족시켜준다고 믿었고 그 모임을 떠나고 싶지 않았기 때문에 마음속에서 보내는 경고를 못 본 척했던 거죠.

특히 가족이나 모임, 회사 등이 해가 되는 경우엔 그 사실을 알아도 빠져나오기를 망설이게 됩니다. 그 집단에서 나온다는 것은 익숙한 터전을 포기하는 것이니까요.

아마 이런 집단에 있으면서 수년간 공동체를 위해 많은 일을 했겠죠. 좋은 점도 분명히 많았을 것입니다. 함께 많은 것을 경험하고, 깊은 관계도 맺었겠지요. 하지만 앞의 사례에서처럼 간섭이나 조종, 약물 오남용 등 모든 장점을 넘어서는 심각한 문제가 나타납니다. 그러니 이런 집단을 떠나면 삶도 완전히 새로워질 수밖에 없지요.

이처럼 내게 해로운 집단은 정치 집단이든 학술 집단이든, 사회적 지위가 높은 사람들이 모였든 그렇지 않든, 과학적이든 영적이든, 가족이든 직장이든 모두 분위기가 비슷합니다. 그리고 특정 집단에 속했을 때 자유롭게 행동하거나 의견을 편히 말하지 못한다면 이미 종속되었다는 의미이지요.

서로 의견을 나누는 모습이 어떤지를 보면 그 관계, 가족, 집단이 건강한지 아닌지를 알 수 있습니다. 당신은 지금 자기 의견을 자유롭게 이야기할 수 있나요?

'진심'을 담아 소통하기

커뮤니케이션 워크숍을 자주 진행하는 저는 소통 방법을 배우는 것이 정말 중요하다는 생각을 자주 합니다. 저조차도 워크숍에서 대화를 연습하는 과정을 통해 새로운 깨달음을 얻곤 하니까요. 그럼 이제 '진심'을 담아 소통하는 법을 연습해볼까요. 우선 진심을 담은 소통에는 다음과 같은 특징이 있습니다.

- 자신을 드러낸다
- 흥미를 보인다
- 질문을 한다
- 반사적으로 방어하지 않는다

우선 자신을 드러낸다는 것은 의견을 솔직히 말하는 것입니다. 무슨 생각을 하는지, 어떤 감정인지를 정말 진솔하게 이야기하며 두려움이나 걱정, 혼란까지도 터놓고 말해야 합니다.

그다음의 흥미를 보인다는 것은 상대의 말을 경청하는 것을 말해요. 상대가 무슨 말을 하는지, 어떤 몸짓 언어를 쓰는지, 내가 지금 상대의 말을 흘려듣는지 아니면 정말 집중해서 듣는지, 상대가 어떤 단어를 쓰는지, 말하는 내용이 몸짓 언어와 일치하는지, 언제 말을 잠시 멈췄는지, 내가 대답할 시간은 충분했는지, 아니면 듣기보다는 계속 끼어들려고 했는지 등을 주의 깊게 듣는 것입니다.

상대에게 질문하는 것도 흥미를 보이는 것입니다. "그러니까 이런 말이지?"라고 확인하거나, 이해하지 못했을 때는 "그게 무슨 뜻이야?"라고 되묻는 것이지요.

반사적으로 방어하지 않는 것도 중요합니다. 사실 나도 모르게 방어적인 행동이 나올 수도 있고, 상대방이 그렇게 행동해도 그게 방어적인지 잘 모를 때도 많아요. 방어적 행동이란 "네 말 듣고 있어!

그러는 너는 내 말 듣고 있긴 한 거야?"라고 대답하거나 "내가 이기적이라고? 무슨 소리야!", "당연히 사랑하지!"와 같이 잔뜩 화가 나서 말하는 것입니다. 대놓고 '나 너 별로야'라고 말하는 게 아닌데도 상대는 내가 자신을 별로 좋아하지 않는다는 걸 당연히 감지하죠.

정말로 속마음을 감추고 싶다면 두 가지 할 일이 있습니다. 우선 내가 어떤 감정을 느끼는지 드러내지 않아야 합니다. 그리고 지금 느끼는 것과 정반대의 감정을 보여주는 거죠. 배우처럼 감정을 연기하는 건데, 우리는 배우가 아닌데도 감정을 감추려고 애쓸 때가 많아요. 그렇지만 나를 있는 그대로 보여주지 않으면 스스로를 감옥에 가두듯 자기 행동을 제한해 불편해집니다.

있는 그대로의 나를 사랑해줘

관계가 깊어지기 위해서는 자기가 되고 싶은 모습을 보여주는 것이 아니라 서로 진정한 자기 모습을 보여줘야 합니다. 그러지 않으면 깊이 사랑할 수 없어요. 잠깐만 생각해봐도 그렇지 않나요?

이별의 위기에서도 막상 솔직하게 대화해보면 생각보다 쉽게 풀릴 때가 많죠. 다시 서로 가까워지고 사랑하게 되기도 하고, 만약 헤어지더라도 문제를 해결하고 깔끔하게 이별할 수 있습니다.

지금까지 상대와 마음을 터놓고 이야기해본 적이 없더라도 변할 수 있어요. 방법은 쉽습니다. 상대에게 "지금까지 많은 일을 나 혼자 해결하려고 하고 같이 이야기하지 않았어. 그런데 이제는 좀 바꿔보고 싶어. 쉽진 않겠지만 네가 도와주면 할 수 있을 거야"라고 말하는 것이죠. 그런 다음에는 상대방이 받아들일 시간을 주세요. 당신 혼자 고민했다는 것을 알았으니 생각할 시간이 필요할 테니까요. 상대 입장에서는 충분히 놀랄 사안입니다. 말하지 않으니 알 길이 없었겠죠. 항상 숨기려 하고 애매한 대답만 했을 수도 있고요. 그러니 시간을 주어야 합니다.

일단 솔직하게 대화를 해보면, 그다음에는 더 깊은 대화를 할 수 있습니다. 더 깊이 대화할 때는 "언제 한번 얘기해보자"라고 막연하게 이야기하는 것보다는 "얘기를 좀 더 하고 싶은데, 언제 시간 있어?"라고 구체적으로 시간을 정하는 것이 당연히 더 좋겠죠.

다소 일반화하는 듯싶지만, 여성들은 보통 어떤 일이 있으면 그 일을 바로 이야기하기를 선호하는 것 같아요. 반면 남성들은 어떻게 말할지 준비하고 나서 이야기하는 것을 좋아하는 듯합니다.

두 사람의 문제는 반드시 두 사람이 풀 것

다시 한 번 말하지만, 두 사람이 함께 이야기하는 것이 중요해요. 저 역시 비교적 늦게 깨달았는데, 그때 마음이 굉장히 편해진 것이 생각나 자꾸 강조하게 되네요. 어쨌든 둘의 문제는 함께 해결하는 것임을 깨달은 저는 우선 책임감을 버렸습니다. 그러면서 문제를 떠안고 끙끙대는 일도 사라졌지요. 혼자 해결하려고 고군분투할 필요도 없었습니다. 나 혼자가 아닌 우리의 문제였고, 둘이서 함께하니 해결되더라고요.

그전에는 일단 해결법을 알아야 대화할 수 있다고 생각했어요. 그래서 '어떻게 해야 관계가 다시 좋아질 수 있을까' 등의 문제에 대한 답을 찾으려고 노력했습니다. 그러면서도 만약 헤어지면 살 집은 어떻게 구할지를 걱정하고, 새로운 인생도 상상했습니다. 대화는 전혀 해보지도 않았는데 마음속으로는 이미 몇 번을 헤어졌던 거죠.

정직함은 기본인가?

앞서 얘기한 대로, 혼자 생각하고, 문제가 있어도 말하지 않고, 상대에게 솔직하게 이야기하지 않으면 진실한 소통을 할 수 없습니다. 이와 더불어 진실한 소통을 위해 필요한 또 한 가지 요소가 있는데, 바로 '정직'입니다. 다만 정직이 꼭 필요한지는 우리가 '정직'을 어떻게 생각하는지에 따라 달라질 수 있어요.

항상 정직해야 할까요? 그렇기도 하고 아니기도 합니다. 애매한 말이죠. 일단 무슨 일이든 반드시 진실만을 말한다고 가정해봅시다. 직장 동료 얼굴의 큰 뾰루지를 보고 "진짜 보기 흉하다"고 하고, 생일날 아이가 만든 케이크를 먹고는 "맛이 끔찍해"라고 말하는 겁니다. 로맨틱한 분위기에서 연인이 내 몸을 어루만질 때도 "그냥 손 치우지. 아무래도 전남친보다 영 별로인데……"라고 하고요. 잠깐만으로도 마음속 생각을 '무조건' 정직하게 다 뱉다간 다른 사람과 함께 살기 어려울 것임을 쉽게 알 수 있지요.

관계에서 정직해야 하는 건 기본이지만, 그로 인해 다른 사람에게 상처를 주어서는 안 된다는 말입니다. 이 말을 '그럼 모든 걸 다 말할 필요는 없다는 거네?'라고 생각해 몰래 바람을 피우거나 도박 중독을 숨기는 식으로 행동해도 된다고 받아들이는 사람도 있을 거예요. 정직함에 기준이 없으면 이런 문제가 발생할 수 있습니다. 입맛에 따라 솔직했다가 거짓말을 했다가 하는 것이지요.

진정한 자기 모습을 솔직히 보여줄 수 있다는 것은 귀중한 자산입니다. 상대에 예의를 갖추고 존중하면서 의견을 표현하면 친밀감을 형성하고 유지하는 데도 도움이 되고요. 하지만 이것이 모든 생각과 마음속의 모든 충동을 털어놓아야 한다는 말은 아닙니다. 물론 혼자 모든 문제를 감당하거나 속으로 삭여선 안 될뿐더러 중요한 일이면 상대방에게 알려야 하지만, 그럼에도 결국 혼자 생각해야 할 부분이 있다는 거지요. 생각뿐 아니라 기분이나 판단, 평가, 의견도 마찬가지입니다. 가령 속으로 무언가를 판단하거나 갑자기 어떤 기분이 든다고 해도 순간 스쳐지나갈 뿐이거나 금방 원래대로 돌아올 때가 많죠. 이런 것들을 일일이 다 말한다면 상대방은 금세 지칠 것입니다. 그렇기 때문에 항상 내면을 잘 가꿔 균형을 잡을 필요가 있어요.

무언의 약속

제 경험상 많은 관계에는 소위 '무언의 약속'이 있습니다. 그런데 실제 입 밖으로 약속하지 않았으면서 '다 아는 얘기'라고 암묵적으로 가정해버리면 나중에 큰 문제로 이어질 수 있어요. 이런 건 약속이 아니라 추측일 뿐입니다. '약속'이란 서로 어떻게 이해했는지 확인하고 나서야 성립할 수 있거든요. 제대로 이해했는지 확인하지 않으면 별다른 상의 없이 장래에 중요한 결정을 내릴 수 있고, 서로 이해한 바가 다른데도 해결된 것으로 짐작해 지나갈 수도 있습니다.

그런데 이런 애매한 '약속'은 한번 생기면 쉽게 사라지지 않습니다. 관계 시작 시점에 이런 일들이 고착화되면 결국 이 '무언의 약속' 때문에 헤어질 수도 있어요. 우리는 다른 사람에게 속을 터놓기를 꺼리거나 부끄러움 때문에 말하지 않을 때도 많습니다. 두려움을 인정하고 싶지 않을 수도 있고, 남에게 보여주기 싫은 경제적 문제가 있거나 혹은 알리고 싶지 않은 걱정이 있을 수도 있겠죠. 이런 부분을 터놓고 말하지 않으면 어떤 문제가 발생하는지, 사례를 살펴볼까요?

아내는 지금 임신 중입니다. 남편보다 아내의 수입이 높았기 때문에 아내의 출산휴가가 끝나면 남편이 육아휴직을 내 아이를 돌보기로 결정했지요. 남편은 웹디자이너이고 아내는 엔지니어입니다. 아내는 열심히 일하면서 계속 커리어를 쌓아 어느덧 수입이 두 배가 됐고, 남편은 아들을 돌보며 집안일을 전담하고 종종 온라인으로 디자인 작업도 하다 정치 활동을 시작했습니다.

정치 활동을 하면서 수입이 없어진 남편은 생활비를 보탤 수 없게 되었죠. 아내는 이런 점이 불만이었지만 그래도 참았어요. 그렇게 지내던 중 갑자기 회사가 인수 합병되면서 아내는 직장을 잃었습니다. 항상 바쁘게 살던 그녀는 집에서 처음 맞는 여유를 즐겼습니다. 그리고 이제 프리랜서로 일하며 아들을 돌볼 테니 남편이 경제적인 부분을 담당하면 좋겠다고 했어요.

하지만 남편은 거절했습니다. 정치 활동을 하면서 보니 일을 쉰 지 너무 오래되었고, 그래서 다른 사람들을 따라갈 수 없을까 봐 걱정이었거든요.

부부는 모두 솔직하게 말하지 않았고, 자기 생각과 감정도 드러내지 않았습니다. 서로 납득할 수 있는 해결책을 찾으려 함께 노력하지도 않았어요. 짧은 대화는 날이 서 있었고 서로를 비난하는 것에 그쳤지요.

이렇게 다툼이 이어지던 어느 날 헤드헌터가 아내에게 새 일자리를 제안했고, 돈을 벌어야 했기에 아내는 다시 취업을 했습니다. 이제 문제가 해결됐다고 생각한 남편은 안심했어요. 하지만 항상 자기만 일하는 것이 서운하고 혼자 남겨진 듯했던 아내는 결국 이혼을 결심했습니다. 근로계약서에 서명하는 동시에 이혼 서류에도 도장을 찍은 것이죠.

결혼이나 연애를 하며 함께하다 보면 익숙한 패턴이 생겨납니다. 정신적으로 깨어 있는 경우엔 이처럼 익숙해져서 발생할 수 있는 문제를 터놓고 이야기합니다. 앞의 사례 같은 상황이 발생했다면 어떤 이야기를 나눌 수 있을까요? 우선 남편은 이렇게 말할 수 있습니다. "당신 혼자 경제적 부분을 감당하는 문제에 대해 좀 생각해봤어. 일단 자기 생각은 어때?" 그러면 아내도 "계속 일만 하다 보니 아들이랑 보내는 시간이 너무 적은 게 항상 아쉬웠어. 그리고 혼자서 경제를 책임져야 한다는 것도 부담스러웠고"라고 대답하는 거죠. 이렇게 터놓고 이야기하지 않고, 그 상태를 언제까지 이어가겠다 구체적으로 정한 것도 아니라면, 그 '무언의 약속'을 계속하기로 잠재적으로 합의한 셈입니다. 이런 상태에서 한쪽이 갑자기 변화를 원하면 상대방은 큰 거부감을 느낄 거예요.

가령 이 경우처럼 한 사람이 돈을 벌고, 다른 사람은 집안일을 하는 상황이 지속되면 그 상태에 익숙해집니다. 자기도 모르게 그 상태가 가장 편안하게 느껴지고, 앞으로도 그냥 계속 그렇게 지낼 거라고 생각하죠. 그러면서 상대도 당연히 '우리는 원래 이렇게 지내왔고 앞으로도 그럴 것'으로 생각할 거라 가정합니다.

그런데 만약 일하던 사람이 직장을 잃거나 새 삶을 살아보고 싶다고 생각해 상황이 바뀌면 그에 따라 결혼생활, 관계, 책임에 대해 '고정된' 생각을 대폭 바꿔야 합니다. 즉 상황에 안주하지 말고 항상 변화할 준비가 되어 있어야 한다는 것이죠.

무언의 약속에 대한 질문

서로 구체적으로 이야기하지 않은 '무언의 약속'이 있었나요?

이때 두 사람 중 누가 더 힘들었나요?

그 무언의 약속에 대해 자세히 이야기하지 않은 이유가 있었나요?

혹은 당신은 이야기하려고 했는데, 상대방이 원하지 않는 것 같았나요?

그 이야기를 하고 싶다고 생각한 것은 언제부터였나요?

그럼 이제는 서로 얼마나 솔직하게 이야기할 수 있나요?

사람들은 헤어지기 전에 어떻게든 그 관계를 다시 되살릴 방법이 없을까 고민합니다. 하지만 분명한 답을 찾기는 쉽지 않지요. 일단 서로를 알아가려는 의지가 있는지가 관건입니다. 앞서 이야기했다시피 나와는 다른 매력을 가졌다는 것도 상대를 선택한 이유가 되죠. 서로 다르다는 것은 처음엔 매력으로 다가오지만, 나중에는 결국 이별의 이유가 되기도 합니다.

여자는 내향적이고 사람들을 관찰하는 것을 좋아했어요. 반면 남자는 열정과 추진력이 넘치는 사람으로, 하이킹, 축제, 스포츠 활동, 행사, 영화관, 소극장 등 항상 활동적인 일정을 즐겼습니다. 주중 하루는 저녁 때 나가지 말고 집에서 쉬자는 여자의 말을 따르긴 했지만, 주말에 집에서 가만히 쉬고 있자면 좀이 쑤셔 참을 수가 없었죠. 항상 "죽으면 어차피 계속 쉴 텐데 나가자"라고 말했습니다. 한때는 여자도 이런 열정과 넘쳐나는 에너지를 사랑했지만, 사귄 지 얼마 안 됐을 때부터 이미 파티에서 낯선 사람들과 웃고 떠드는 것이 피곤했고 '내가 지금 여기서 뭐 하는 거지?'라는 생각도 자주 했어요.

혼자 사색하기를 좋아하고, 서로 진지하고 깊은 대화를 나누는 것을 사랑하던 그녀는 파티에서 나누는 가벼운 대화가 상당히 부담스러웠죠. 하지만 분위기 망치는 것이 두려워 이런 속마음을 털어놓지는 않았어요. 가끔은 혼자 나가라고 했지만 남자는 여자가 편두통이 있을 때만 빼고 항상 같이 나가자고 끈질기게 설득했습니다. 결국 편두통은 점점 더 심해졌어요.

6년이 지나고 이런 끊임없는 외부 활동에 지친 여자는 헤어지기로 마음먹었어요. 헤어지자고 말하자, 남자는 놀라서 이유를 물었습니다. 여자는 우물쭈물하며 혼자 있을 시간이 필요하다는 등의 이야기를 했지만, 진짜 솔직한 자기 마음은 꺼낼 수 없었어요.

이게 최선이었을까요? 이렇게 너무나 다른 두 사람도 함께할 수 있을까요? 사실 이들이 처음 사랑에 빠진 건 완전히 다른 사람을 만나 부족한 점을 보완하기를 서로의 영혼이 원했기 때문이었죠. 남자는 가끔은 차분한 여유를 즐기고 싶었고, 여자는 삶에 활기를 불어넣으려 했던 거죠.

하지만 서로 다르다 해서 꼭 억지로 변할 필요는 없어요. 상대방을 무리해서 바꾸려 들면 언젠가 질려 떠날 것이거든요. 그리고 솔직하지 않거나 내 말을 진지하게 수용하지 않는 등, 있는 그대로의 나를 받아들이지 않는 것 같으면 함께 있어도 편안하지 않습니다. 왠지 진짜가 아닌 다른 모습을 보여줘야 할 것 같아 오히려 부담스럽죠. 물론 이렇게 서로 다르다는 걸 이미 알고 있더라도 관계를 잘 이어나갈 수 있어요. 하지만 그러려면 우선 서로의 생각을 솔직하게 이야기해야 합니다. 꼭 모든 것을 함께해야만 정말 행복한 커플이라는 환상도 버리고요.

이런 유의사항을 앞의 사례에 적용해볼까요? 우선 남자는 여자가 간혹 동반 외출을 주저할 것임을 이해할 거예요. 그리고 여자는 둘이 함께하는 취미생활을 찾아보겠지요. 때로는 각자 친구들을 만나는 시간도 가질 것입니다. 평소에는 각자가 행복한 일을 하고, 그러면서도 같이 즐기는 취미활동을 함께하기도 하겠지요.

그럼 과연 두 사람 모두 이런 생활에 만족할까요? 남자가 대부분의 시간을 함께 보내고 행사나 모임도 함께하는 여자친구를 원했다면 여전히 잘 맞지 않을 것입니다. 여자 또한 많은 시간을 혼자 보내고 싶다면, 자기처럼 혼자 있기를 좋아하는 사람과 더 잘 맞겠지요. 그러니 이처럼 서로 다른 사람이 관계를 맺으려면, 상대가 자신과 다르다는 것을 이해하고 자기 생각을 솔직히 이야기해야 합니다. 말하지 않으면 알 길이 없거든요.

처음부터 끝이 보이는 관계

때로는 이 관계가 오래가지 않겠구나, 직감하면서도 관계를 시작하지요. 그러면 그 관계는 가스라이팅(상황을 조작해 상대가 스스로를 의심하게 만들어 판단력을 잃게 하는 정서적 학대 행위—옮긴이)과 솔직함의 미묘한 경계에서 시작해 휘말려들기가 굉장히 쉽습니다.

10년간 싱글로 지내던 그는 사랑이 그리웠고 가정을 꾸리고 싶었습니다. 그러다 지금은 남편과 사별한 여성과 사랑에 빠졌죠. 여성의 두 딸도 그를 좋아했고 그를 엄마의 친한 친구로 생각했어요. 그는 아이를 키워본 적은 없지만 그래도 두 딸과 잘 지낼 수 있었습니다. 그 집에서 자는 날이 점점 늘었고 결국 매일 드나들었지만, 아이들 때문에 항상 잠은 손님방에서 잤어요. 그리고 대외적으로는 그녀가 운영하는 회사의 직원일 뿐이었죠. 그녀는 항상 그를 사랑한다고 말하면서도 정식으로 관계를 맺을 마음의 준비가 안 됐다고 했습니다. 그런 상태로 2년이 지났어요. 그녀는 여전히 침실 밖에서는 그를 직원으로만 대할 뿐이었습니다.

앞으로도 계속 이런 애매한 관계로만 남는 건 아닐까 두려웠던 그는 어떻게 하면 연인으로 인정받을지 고민했습니다. 결국 자기 물건을 챙겨 그 집에서 나오기로 결심했어요. 그녀의 마음이 떠나고 있다는 건 이미 오래전부터 눈치 챘지만, 그래도 자기의 빈자리를 조금은 허전하게 느껴주기를 바랐거든요. 때마침 그녀는 아이들과 며칠간 여행을 떠났을 때였습니다. 그는 여행에서 돌아온 그녀가 텅 빈 집에서 자신이 얼마나 그를 사랑하고 그리워하는지, 불현듯 깨닫게 되기를 바랐습니다.

저는 그에게 "당신이 떠날 거라는 걸 그분도 알고 있었나요?"라고 물었습니다.

"아니요."

"그분이 놀랐나요?"

그는 고개를 끄덕였습니다.

"그런데 꼭 그래야 했나요?"

이 질문에는 놀란 눈으로 저를 바라봤습니다.

"말 한마디 없이 사라져버릴 만큼 그분이 잘못을 했나요?"

"이야기할 수가 없었어요. 얘기를 하면 결심이 흔들릴 것 같았거든요."

"그리고 그 사람의 반응을 보면……."

저는 그의 다음 말을 기다렸습니다.

"……너무 마음이 아플 것 같았어요. 만약 제가 떠난다고 했을 때 그녀가 안도하면 저는 어떡해요."

"그럼 아이들은요?"

"무슨 말인가요?"

"아이들이 몇 년 전에 교통사고로 아버지를 잃었다고 하셨죠. 아버지가 그렇게 갑자기 가버렸잖아요. 그런데 당신도 갑자기 사라지면 아이들이 어떤 생각을 했을까요?"

그는 놀란 눈으로 저를 바라봤습니다.

"아이들은 전혀 생각하지 못했네요."

사실 가볍게 시작한 관계였다고 합니다. 그녀는 딱 그 정도만 원했고요. 하지만 그는 진지하게 만나고 싶었습니다. 물론 그녀는 그럴 마음이 아니었다는 걸, 그도 처음부터 알았습니다. 그래서 가정에서 없으면 안 되는 소중한 사람이 돼 함께하고 싶었던 거죠. 간절했던 만큼 이별이 두려웠고, 그러니 곧 이별할 것임을 직감할 수 있었습니다.

결국 그녀의 진짜 마음이 알고 싶어졌어요. 그래서 대화를 청했습니다. 걱정했던 대로 그녀는 그의 부재를 전혀 아쉬워하는 기색 없이 심지어 잘됐다고까지 했지만, 그래도 아이들과 대화할 기회가 생긴 것은 다행이었습니다. 항상 소중하게 생각했고, 계속 마음에 쓰였거든요. 아이들도 그를 좋아했고, 그래서 결국 그 집을 나온 후에도 그녀뿐 아니라 아이들과도 좋은 친구로 지내게 되었습니다.

결말이 썩 좋아 보이진 않지만, 우리는 언제나 경험하는 과정에서 자신을 더 잘 알게 되니, 그런 의미에서 보면 '잘못된' 경험이란 없는 셈이죠.

특히 이별을 앞둔 시점에선 앞길이 참 막막합니다. 그렇다는 것을 알면서도 결말이 빤히 보이는 관계를 시작하는 사람도 많지요. 그럼에도 일단은 경험해보고 싶고, 지금은 이 사람과 함께하길 원한다는 걸 직감했기 때문입니다. 이런 관계를 시작하면 나중에 아주 힘들어지는 때가 옵니다. 그렇지만 그럴 때도 솔직한 대화로 위기를 극복할 수 있어요.

이 커플은 5년째 만나고 있습니다. 남자는 열세 살 딸을 혼자 키우고 있지요. 그런데 1년 전부터 문제가 생겼습니다. 남자는 딸을 돌봐야 해서 거의 매번 여자가 남자 집으로 오곤 했는데, 그 집이 그렇게 편하지만은 않았던 거죠. 10년 전에 떠난 전처가 꾸며놓은 집에선 어딜 가나 그녀의 흔적이 느껴졌거든요.

이 관계를 계속할 수 있을지 확신이 없다는 얘기를 어떻게 꺼내야 할지 고민하던 끝에 제 커뮤니케이션 워크숍에 왔습니다. 그녀는 지금껏 남자친구에게 집이 불편하다는 이야기를 한 적이 없었습니다. 집은 컸고 남는 방도 많았지만, 어쩐지 자기 자리가 없다는 느낌에 점차 발길을 끊게 되었어요. 남자는 그 이유를 몰랐기 때문에 어떻게 대처할지도 몰랐지요. 어느덧 만나지 않은 지 두 달이 될 무렵, 남자는 집에 한번 들러달라고 요청했습니다. 하지만 여자는 어떻게 할지 망설였어요.

저는 자신이 원하는 바를 이야기하는 것은 정말 중요하다고 했고, 집에 가지 않는 이유를 남자의 딸에게는 어떻게 설명했느냐고 물었습니다. 그녀는 당황한 눈으로 저를 바라보며 물었어요. "딸이요?"

"그 아이랑 친하세요?"

"네, 그렇기는 해요." 그녀는 망설이며 대답했습니다.

"하지만 제가 안 가도 그렇게 크게 신경 쓰지는 않을 것 같아요. 요즘 남자애들이랑 신나게 노느라 바쁘거든요."

"그 집에 안 간 두 달 동안 아이에게 연락하신 적이 있나요?"

"아니요. 전혀 생각도 못 했어요"라고 말한 뒤 그녀는 잠시 생각에 잠겼습니다.

"여덟 살 때부터 알고 지냈는데 갑자기 발길을 끊으면 아이가 어떻게 받아들일까요?"

"아마 제가 자기 생각은 전혀 하지도 않는다고 생각할 것 같아요."

"실제로 그러신가요?"

"아니죠. 착하고 예쁜 아이예요. 그러면 이제 어떡하죠?"

이야기를 나누며 우리는 다양한 방법을 생각했습니다. 이런저런 방법을 생각한 끝에 그녀는 점심시간에 아이에게 사과 문자를 보내기로 결정했습니다.

'두 달 동안 연락이 없어서 미안해. 요즘 너무 생각이 많았단다. 너를 정말 소중하게 생각한다는 말을 해주고 싶어서 연락해. 다다음주에 너희 집에 갈 텐데, 혹시 시간 있니?'

잠시 후 아이에게서 답이 왔습니다.

'좋아요. 그렇게 말해주셔서 감사해요.'

처음부터 솔직한 생각을 이야기하지 않아서 이런 문제가 발생한 것입니다. 자기가 원하는 것을 말하는 법을 아직 배우지 못했던 거죠. 요즘은 왜 자주 안 오느냐고 남자가 계속 물어도 (아마) 갈등이 싫어 둘러댔을 것입니다. 그 이유를 알아채고 상대가 내심 우월감에 우쭐할 것을 상상하면 기분이 좋지 않기도 했고요. 물론 내 방이 필요하다고 했을 때 어떤 반응을 보일지도 걱정스러웠습니다.

여기서 유념해야 할 점은 상대와의 이별이 아이들에게도 큰 영향을 미칠 수 있다는 것입니다. 아무런 말 한마디 남기지 않고 사라져 버리면, 기꺼이 마음을 열었던 아이들은 앞으로 몇 년간 그 상처를 안고 살아갈 수도 있습니다.

그녀는 이제 스물다섯 살입니다. 하지만 누군가 새아빠에 대해 물으면 아직도 눈물이 납니다. 열여덟 살 생일 직전에 엄마와 새아빠는 이혼했습니다. 그 이후 새아빠에게선 단 한 번도 연락이 없었어요. 그녀는 지금까지 두 번 연락했죠. 그리고 아빠가 너무 보고 싶다고, 정말 솔직하게 속마음을 이야기했어요. 새아빠는 앞으로는 자주 연락하겠다고 했지만 정말 연락이 온 적은 없었습니다.

이별을 준비할 때 아이들과는 앞으로 어떻게 지낼지 생각하는 것도 중요합니다. 직접 낳은 자식은 아니지만 함께하는 동안 어느새 마음이 커졌을 테니까요. 예를 들어 계속 연락할지, 어떤 식으로 할지, 아이들은 무엇을 원하는지, 서서히 멀어지는 식으로 헤어질지, 앞으로는 만나지 않을지, 아니면 삼촌이나 이모처럼 계속 만날지 등을 생각해볼 수 있습니다. 물론 이때 아이들이 혼란스럽거나 곤란해지지 않도록 배려해야죠. 그렇기 때문에 아이들까지 함께 모여 앞으로 어떻게 할지 솔직히 이야기하는 시간을 갖는 것이 좋습니다.

아픔을 끝내려 이별할 때, 이별에서 비롯된 아픔

이번 장을 읽고 질문에 대답하면서 당신의 관계에도 대화나 상담이 필요하다고 생각되면 꼭 실천해보시길 바랍니다.

지금 헤어지는 중입니다

특이하게도 우리는 이별 과정에서 자기 자신과 상대방에 대해 더 잘 알게 됩니다. 아무래도 서로의 감정이 확연히 드러나다 보니, 그전에는 그저 그런가 보다 막연히 짐작했던 것들을 확실히 알게 되죠. 일단 헤어지겠다고 결정하면 그때부터는 각자에게 새로운 시간과 새로운 삶이 펼쳐집니다.

무언가를 새로 시작할 때와 마찬가지로 이런 상황에도 적응해야 합니다. 하지만 알다시피 시간이 좀 필요합니다. 이별을 결심하고 준비하는 과정에서 감정적으로 완전히 무너지는 사람도 있고, 해방된 듯 후련함을 느끼는 사람도 있습니다. 사실 이 두 가지 특징은 정도는 달라도 항상 동시에 나타나지요.

사랑에 빠질 때는 내가 되고 싶은 모습을 보여주고
헤어질 때는 나의 진정한 모습을 보여줍니다

헤어지는 과정에서는 두려움, 연약함, 분노, 복수심, 좌절, 슬픔, 외로움 등 온갖 감정에 휩싸입니다. 자유를 갈망하기도 하고, 새로운 시작에 설레다가도 누군가 나를 이해해주기를 바라죠. 일단 헤어지기만 하면 지금 이 괴로운 마음이 당장 사라질 것이라는 희망을 품기도 하고, 새로운 사랑을 찾아 옛 사랑의 아픔을 잊고 싶다고도 생각합니다.

이런 혼란스러운 시기에 필요한 것은 '분명한 판단'입니다. 우선 이별 과정에서 하는 행동과 그 행동이 가져올 결과를 객관적으로 판단해야 해요. 마음 깊은 곳의 진심을 분명히 인지하고 그 마음을 계속 키워나가야 합니다. 또 내가 무엇을 두려워하는지도 알아야 하고, 한때 사랑했고 아마도 계속해서 인간적으로 사랑할 상대방의 감정도 이해해야 해요. 이별하는 시기에 나타나는 다양한 감정을 소홀히 할 경우 감정은 정리되지 않고 계속 마음속에 남게 됩니다. 그러면 이별 후에도 편안한 마음으로 새 삶을 꾸려나가기 어렵지요.

앞서 이야기했듯, 감정은 대부분 스스로 만들어낸 것입니다. 생각이 감정으로 변하기까지는 1초도 채 걸리지 않아요. 그러니 감정이 넘쳐나는 이별의 시기에는 어떤 생각을 하는지, 어떤 감정을 느끼는지 조금 더 주의해서 살펴볼 필요가 있지요.

감정이란 무엇인지, 그리고 감정이 삶을 어떻게 지배하는지에 대해서는 이미 설명했습니다. 특히 이별하는 과정에서는 감정을 통제하고 상대를 존중하는 태도를 갖는 것이 중요해요. 어떤 태도를 취하느냐에 따라 관계와 그 흔적을 앞으로 어떻게 기억할지가 크게 달라지거든요.

이별할 때 아이들이 있는 것과 없는 것도 큰 차이가 있습니다. 여기서 아이들은 둘 사이의 아이, 상대의 아이일 수도 있고, 또 아이가 있는 친구들이 이별 과정을 함께 지켜봐주는 경우일 수도 있겠죠. 그리고 간혹 내 어린 시절이 영향을 미칠 때도 있습니다. 어린 시절의 결핍이 결국 이별의 원인이 되거나, 그 결핍을 치유받고 싶다는 마음이 아직 남아 있을 때도 있거든요. 아이들에 대한 사례는 뒤에 나오는 '이별 후의 삶' 장에서 더 자세히 다루겠습니다.

아이가 없는 경우, 헤어지고 나면 상대를 다시 볼 일이 없을 수도 있습니다. 둘 사이의 친밀함과 사랑을 완전히 털어내고 각자의 삶으로 돌아가는 거죠. 특히 상대방이 폭력적이거나 너무 심하게 간섭하는 경우, 관계에서 아무것도 배우지 못했거나 혹은 그럴 의지가 아예 없는 경우, 약속을 전혀 지키지 않거나 잠깐 지키는 척하다 이내 원래대로 돌아오는 경우라면 당연히 완전히 끝내고 다시는 만나지 않는 것만이 유일한 해답입니다.

여성들은 이런 상황에 처하면 관계에 대한 책을 읽으려고 합니다. 다만 그 이유가 지금 처한 해로운 관계를 배우고 이해하기 위해서가 아니라, 그 관계를 다시 붙잡아 되돌릴 방법을 배우려는 것일 때도 있습니다.

"즐거움을 잃으면, 더는 지속할 수 없다"

이는 제 스승인 솔라노(제 선생님이자 작가인 L D 톰슨의 책에서 나오는 영혼의 목소리입니다)가 한 말입니다. 저 역시 살면서 실제로 여러 번 느껴본 부분이기도 하고요. 누구나 삶에서 각자 '즐겁다'고 생각하는 것이 있습니다. 여기서 즐겁다는 것은 신나고 들뜨는 기분이 아니라 추리 소설을 읽는 것처럼 흥미진진한 기분을 말해요. 이런 즐거운 일을 하면 기분이 '좋아지는' 것보다는 몸과 마음이 편안해지는데, 아드레날린이 생성된 후에는 항상 세로토닌이 방출되기 때문입니다.

만약 어떤 유형의 관계는 흥미를 느끼지 못하고 정말 재미없다고 생각하면 그런 관계는 전혀 생각하지 않을 것입니다. 즉, 더 이상 그런 관계는 맺지 않게 된다는 것이죠.

그럼에도 정신을 차려보면 나도 모르게 그런 관계를 맺고 있을 때도 있습니다. 심지어 그것이 건강하지 않다는 것을 이미 경험을 통해 알고 있는데도 말이죠. 이는 그래도 얼마간 그런 관계에 '즐거움'을 느낀다는 의미입니다. 물론 무슨 뜻인지 쉽게 이해되지 않을 거예요. 어쩌면 '착한' 우리를 '나쁜' 상대방이 꾀어냈다는 생각이 들수도 있고요. 하지만 실상은 내겐 없는 상대의 색다른 모습에 끌렸고 매력을 느껴 다시 그런 관계를 선택한 것입니다. 정말 재미없고 진심으로 싫었다면, 상대가 아무리 끈질기게 매달려도 절대 함께하지 않았을 테니까요.

또다시 건강하지 않은 관계를 맺었을 때 알아야 할 것이 있습니다. 첫째는 그 상대에게 매력을 느껴 함께하겠노라 스스로 결정했다는 것이고, 둘째는 그 관계가 건강하지 않다는 사실입니다.

물론 상대방도 힘들 거예요. 만약 상대가 어린 시절 실패를 경험했고, 그 기억 때문에 올바른 행동을 하기 힘든 거라면 이해는 할 수 있겠지요. 하지만 그렇다고 당신이 그 문제를 해결해줄 필요는 없습니다. 그건 그가 스스로 해결해야 하는 일이니까요.

그리고 상대가 그 문제를 해결하기를 원하지 않으면 그 관계는 결코 건강해질 수 없습니다. 한쪽 바퀴가 없는 자전거를 타고 가는 것과 마찬가지니까요. 앞서 비행기 조종사의 사례를 통해 이야기했던 부분입니다.

그럼 이런 문제를 고칠 수 있는 가능성은 얼마나 될까요? 아마 그와 함께했던 경험을 바탕으로 스스로 자문해보면 답을 찾을 수 있을 거예요. 상대가 문제를 해결하려고 노력하는데 잘 안 되는 것뿐인가요? 관계가 개선되고 있다는 걸 보여주는 분명한 신호가 있습니까? 상대가 여러 면에서 이미 변한 모습을 보였나요? 더는 견딜 수 없어지기 전에 완전히 변할 수 있을 것 같나요? 혹은 다음처럼 행동하고 있습니까?

그는 감정기복이 너무 심한 사람이었습니다. 매력적이고 밝고 천진한 사람이지만 순식간에 같은 사람이라고는 생각할 수 없을 정도로 기분이 나빠지곤 하죠. 이렇게 하루에도 수십 번씩 기분이 나빠질 때마다 지독한 말을 마구 쏟아냈습니다. 심지어 함께 침대에서 사랑을 나누는 순간도 예외는 아니었어요. 한번은 전희 도중에 그녀를 세게 밀쳐내면서 "침이나 질질 흘려대는 꼴 보기 싫으니까 꺼져!"라고 한 적도 있으니까요.

그녀의 모든 재능을 무시하고, 성공은 비웃었어요. 다른 사람들이 좋게 평가하고 감탄하는 점들은 깎아내렸죠.

처음 이별을 결심하고 헤어졌을 때 그녀는 일단 친구와 살기로 하고 집을 나갔어요. 그런데 남자는 제발 돌아와 달라고 간청했고, 결국 그녀는 돌아왔습니다.

남자는 심리치료를 받기 시작했습니다. 술도 끊고, 노력하는 모습을 보였지요.

그런데 몇 달 후, 그가 오랫동안 치료도 받지 않고, 몰래 보드카를 마신다는 걸 우연히 알게 되었습니다. 변한 게 없었던 거지요. 물론 기분 나쁠 때 쏟아내는 말들은 예전 같지 않았고, 감정기복도 전처럼 큰 건 아니었어요. 다투고 난 후에는 대화로 풀려고 노력했고, 그럴 때마다 여자의 기분을 이해한 것 같았고, 앞으로 더 나은 모습을 보이겠다고 맹세도 했습니다. 마지막에는 항상 "그래도 나 많이 나아졌잖아!"라고 말했지만요.

물론 틀린 말은 아닙니다. 그녀도 동의했고요. 분명히 나아지기는 했으니까요.

하지만 그걸로 충분할까요?

물론 그렇지 않죠. 얼마 지나지 않아 그녀는 그와 다시 헤어졌습니다. 그리고 남자의 간청을 못 이겨 또다시 돌아왔습니다. 지난번과 똑같았죠. 남자는 심리치료를 받고, 술을 끊었다가, 또다시 몇 주가 지나자 치료를 건너뛰고 독주를 마셔댔지요. 여자는 이번에는 참고 기다리지 않았어요. 앞으로의 관계가 어떨지 뻔히 보였거든요.

마지막으로 함께 살던 집을 나올 때 그녀가 남긴 마지막 말은 이랬습니다. "너는 나아지고 있다고 말했어. 틀린 말은 아냐. 하지만 하루에 차를 열 대부수든 두 대'만' 부수든, 차를 망가뜨린다는 건 변함없는 사실이야. 네 행동도 똑같아."

가족이나 친구, 경찰, 관련기관 등 외부 도움을 받아야만 벗어날 수 있는 아주 해로운 관계도 있습니다. 혼자서는 벗어나기 어렵기 때문에 만약 다음과 같은 상황에 처했다면, 도움을 청해야 합니다.

여자는 남자가 외국으로 출장 간 틈을 타 집을 나왔어요. 그러지 않으면 헤어질 수 없을 것 같았거든요. 좋은 방법이 아니라는 것은 알았지만, 남자가 너무 두려웠고 다른 방법은 생각나지 않았습니다. 아이들 물건을 챙기러 집에 갈 때는 친오빠가 함께 가줬지요. 사실, 이 관계는 아주 예전부터 건강하지 못했어요. 남편은 항상 주도권을 쥐고 있어야 직성이 풀리는 사람인데, 몇 년 전부터 몸이 안 좋아 많은 약을 복용하면서 증세가 더 심해졌어요. 남편은 직장생활의 실패에 대한 화풀이를 그녀에게 해대곤 했습니다. 아이들이 보는 앞에서도 "엄마 말은 들을 필요도 없어. 이 집도, 너희가 입고 먹는 것도 다 내 돈이잖아!"라는 등 매일같이 언어폭력을 행사했어요. 그 말은 사실도 아니었습니다. 경제적으로 넉넉했던 시댁에서 생활비를 대주는 상황이었으니까요.

이런 생활이 지속되자 여자는 자신감을 잃고, 가장 편안해야 할 집에서도 항상 눈치보고 기가 죽어 있었어요. 그가 입버릇처럼 말했듯이 '결혼생활이 이 지경이 된 것'은 자기 잘못이 아니라 남편의 성격 때문이라는 사실을 몇 년이 지나서야 깨닫게 되었습니다. 그런데 남편의 이런 태도가 아이들에게 영향을 미칠 것을 생각하니 걱정되기 시작했어요. 예를 들어 막내아들이 여자아이들을 '멍청하다'라거나 '바보 같다'라고 말하는가 하면 엄마를 존중하지 않고 무시하는 행동을 보였거든요.

남편을 떠나 아이들과 살 월세 집을 구하려면 주변 사람들에게 돈을 빌려야 했어요. 첫째와 둘째는 대학생이라 자취를 했지만, 다른 세 아이는 집에서 같이 살았거든요. 집을 나오는 과정은 정말 힘들었습니다. 남편은 아주 공격적으로 반응했습니다. 돈을 인출하지 못하게 모든 계좌를 차단하고, 옷, 사진, 여행 기념품 등 그녀의 소지품은 전부 내다버렸습니다. 다른 사람들에게는 그녀가 알코올 중독에 병적일 정도로 자기중심적이라는 말을 하고 다녔죠. 너무 무능해서 자기 혼자 몇 년간 가족을 부양할 수밖에 없었다고도 했어요. 큰아들 역시 가정이 이렇게 망가진 건 엄마 탓이라고 비난했고, 남편은 양육권을 갖겠다고 위협했습니다.

남편은 아이들도 통제하려고 했죠. 동정심을 유발하는 행동도 하고, 아이들을 꾸짖다가 비싼 선물을 하는 등 일관성 없이 행동하면서 엄마를 싫어하게 하려고 갖은 수단을 동원했습니다. 가족이나 친구들이 말려보려고 했지만, 분노로 똘똘 뭉친 그를 꺾을 수 없었습니다.

그녀는 많이 울었습니다. 남편을 떠나기로 굳게 마음먹었지만 막상 이런 반응을 마주하니 덜컥 겁도 났지요. 큰아들과 이렇게 끝나는 건 아닐까 걱정도 많았어요. 아직 익숙하지 않아 불편한 새 집에서 살아갈 생각을 하니 그저 막막하고 두려울 뿐이었습니다. 일을 그만둔 지 25년이나 지나서 다시 일할 수 있을까 겁도 났고요. 친구들은 이런 힘든 시간도 결국은 지나간다며 그녀를 다독였지만, 크게 위안이 되지는 않습니다. 이렇듯 모든 게 암울하고 불투명한 시기에 유일하게 확실한 것이었다면 이런 결혼생활을 계속할 수 없다는 거였지요.

이런 상태로 2년을 끌다 마침내 이혼했고 양육권은 두 사람이 나누기로 했습니다. 시댁은 길고 길었던 이 전쟁이 끝난 후에야 개입해서 적당한 위자료를 마련해주었죠. 큰아들과는 다시 잘 지내게 되었어요. 아직 미성년인 아이들은 일주일은 엄마 집에서, 그다음 주는 아빠 집에서 지내기로 했어요. 그녀에겐 젊은 애인도 생겼고 인테리어 디자이너로 기반을 다져갔습니다. 얼마 전에는 시아버지에게 식사 초대도 받았지요. 전남편과는 어느 정도 거리를 두는 것이 낫다는 걸 알았지만, 그래도 최근에 만났을 때는 서로를 존중하며 행동했습니다. 건강이 더 나빠진 전남편은, 그래서인지 힘이 빠져 오히려 좀 더 사려 깊고 온화해졌습니다. 셋째가 고등학교를 졸업했을 때는 온 가족이 함께 졸업식에 가기도 했어요. 이혼 후 가족이 전부 모인 것은 처음이었죠. 그날 저녁은 평화롭게 흘러갔어요.

이혼 과정에서는 대부분, 나중에 언젠가는 이 사람과 싸우거나 공격하지 않고 잘 지낼 수 있으리라곤 꿈에도 생각하지 못합니다. 무리는 아니죠. 지금은 극도로 날이 선 상황이니까요. 물론 헤어지는 과정은 아주 힘들고, 나중에 다시 친하게 지내지 못할 수도 있지만, 적어도 서로를 존중하며 지낼 수는 있습니다.

그러므로 이별을 시작하는 단계에서 '상황 악화'를 피하려고 노력하는 것이 중요해요. 처음부터 상황이 악화되면 반드시 문제가 발생하거든요. 이혼 전문 변호사이자 중재인으로 일하는 제 친구 비르깃 쉴러 박사에게 상황이 악화되는 것이 어떤 경우인지 물어봤습니다

(이 인터뷰 전문은 부록에서 확인하실 수 있습니다). 그에 따르면 갑자기 양육비 지급을 중단하거나 공동 계좌를 멋대로 정리해버리고, 이혼하자마자 아이들에게 새로운 연인을 소개하는 등의 행동을 말합니다.

서로 헤어지게 되면, 이별을 좀 더 빨리 받아들이는 쪽이 있게 마련입니다. 그렇지만 이별을 수용하기 힘들다고, 헤어진 것도 아니고 헤어지지 않은 것도 아닌 애매한 상태를 지속하지 않는 것도 중요합니다. 이런 모호한 상태에서는 속 깊은 대화를 하기 어려워 오해가 생기고 확신이 사라질 수 있거든요. '잘' 헤어지는 데에도 노력이 필요합니다.

요즘에는 패치워크 가족도 드물지 않아서, 상황은 좀 달라도 이별 과정에 참고할 사례가 많습니다. 두 사람이 낳은 아이든 한쪽이 데려온 아이든, 아이가 있다면 이는 더 이상 두 사람만의 관계가 아닙니다. 그렇기에 반드시 아이들을 세심하게 배려하고 존중하며 사랑을 담아 대해야 해요.

이별은 쉬운 일이 아닙니다. 이별 직후는 혼란과 혼돈 상태죠. 마음이 아프고, 상처 입고 슬퍼합니다. 어쩐지 손해를 본 것 같고, 짓밟혔다거나 심지어 배신감도 들고요. 때로는 양심의 가책을 느끼기도 하고, 기분이 오락가락합니다. 전 배우자가 새로운 사람과 행복하게 지내는 모습을 받아들일 수 있을까 걱정도 되죠. 동시에 불확실한 미래가 너무나 두렵고, 앞으로 어디서 살아야 할지, 아이들은 어떻게 해야 할지, 경제적인 문제는 어떻게 해결해야 하는지 온통 불안하기만 합니다.

'이 시간도 언젠가는 지나갈 거야'

이 말을 쪽지에 쓰고 욕실 거울에 붙여서라도 마음에 꼭 새기도록 하세요. 가끔 현재의 힘든 상황이 지속되거나 나빠질까 봐 두려울 때가 있지요. 머릿속으로는 항상 '최악의 경우'를 상상하고요.

최악의 경우를 상상하는 것은 처음 딱 한 번만 도움이 됩니다. 최악을 상상하고 그에 대한 대처법을 미리 생각해두고, 실제로 일어날 가능성은 아주 낮지만 만에 하나 그렇다 해도 잘 대처할 수 있다고 생각할 때죠. 그 이상 생각하는 건 절대 도움이 안 됩니다.

나쁜 생각보단 좋은 상상을

이혼을 준비하면서, 헤어진 후에도 가족 모두가 어떤 식으로 계속 만나고 함께 시간을 보낼지 구상해봅니다. 동시에 할머니 할아버지가 손자와의 갑작스런 이별로 상처받지 않도록 방법도 찾고, 서로 주도권 다툼이나 인식공격을 멈출 방법도 생각해보세요.

하지만 그렇게 하려면 연습이 필요합니다. 아무 준비 없이 시도하려면 두려움이나 걱정이 앞서 '최악의 경우'만 생각하게 될 수 있거든요. 저도 참 길었던 이혼 과정 중에 전남편이 사귀던 여자친구가 점점 우리 가족의 일에 영향을 미치면서 많이 싸우고 힘들었던 기억이 있습니다. 특히 딸의 학교나 학업처럼 전에는 아무 문제 없던 부분에서도 의견이 대립해 아무것도 할 수 없더라고요(이는 물론 함께 사는 부부라도 겪을 수 있는 일입니다). 이 기간에 저는 '이혼 후'의 시간을 장기적인 관점에서 어떻게 보내고 싶은지를 의식적으로 계속 생각했어요. 우선 가족끼리 함께 보내는 시간은 화목하도록, 이혼은 했어도 서로 편한 사이가 되었으면 좋겠다고 생각했지요. 가족과 관련해서는 오해가 생기지 않도록 서로 상황을 분명히 숙지하기를 바랐습니다. 재미있는 이야기를 하면서 예전처럼 즐겁게 함께 웃었으면 싶었죠. 감정이 극으로 치닫지 않고, 경제적인 문제도 깔끔하게 정리하고요. 이처럼 긍정적인 미래를 자주 상상하고 함께 이야기하다 보면 이런 상상을 실현하기 위해 무엇을 해야 할지 분명하게 깨닫는 순간이 옵니다.

물론 그때까지 시간은 좀 걸립니다. 상상하다 보면 나도 모르게 아픈 곳을 건드려 벌컥 화가 날 때도 있거든요. 그럴 때면 감정을 차분히 가라앉히려 노력하고, 잠깐 상상을 멈춰보고, 상대와 물리적으로 거리를 두거나 심호흡을 하고, 현재 상황을 객관적으로 다시 생각해보는 등 여러 방법을 통해 대처할 수 있어요. 이처럼 '좋은' 상상을 하면서 어떻게 행동할지 분명한 길을 찾기까지는 상당한 주의력과 연습이 필요합니다.

가끔은 부글부글 끓는 감정을 그냥 분출해버리고 싶을 때도 있습니다. 이럴 때는 마음속 목소리가 "나도 화낼 수 있는 사람이라는 것을 보여주자고!"라며 끊임없이 충동을 부추기죠.

누구나 한 번쯤 이런 충동을 이기지 못하고 화를 낸 경험이 있을 거예요. 또, 이렇게 감정을 분출해버리는 것은 잠깐일 뿐 별로 도움이 안 된다는 것도 알고요. 앞서 이야기했듯 매일 같은 행동을 반복하다 보면 습관이 됩니다. 마음을 편히 하는 연습을 하면, 나중에는 좀 더 쉽게 긴장을 풀고 평온하게 지낼 수 있을 거예요.

당신에게 이별 후의 이상적인 상황이란 어떤 것인가요? 그건 모두에게 이상적인가요? 제가 말하는 이상적인 상황이란 반드시 가장 '유리한' 상황을 말하는 건 아니에요. 예를 들어 이혼 전 별거하는 동안 아이를 데려오는 것은 내게 '유리한' 상황이지만 아이의 입장은 고려하지 않았기에 '이상적인' 상황은 될 수 없습니다. 아이는 소유물도, 힘들 때 기대는 버팀목도 아니고, 아이 스스로도 원하는 것이 있을 테니까요. 더구나 아이들은 보통 부모 한쪽을 따라가기보다는 부모를 모두 만나고 싶어 하고요.

별거하는 동안 아이를 데려가려는 건 허전해서 그럴 것입니다. 이런 경우라면 자신의 '외로움'을 자각하고 극복하는 것이 해결해야 할 영혼의 숙제겠죠. 그 밖에 별거 과정을 비롯해 별거를 끝내고 이혼한 후라도 아이들에게 의존해선 안 된다는 것도 알 필요가 있습니다.

 아빠와 캠핑을 다녀온 열세 살 아들의 얼굴은 어쩐지 걱정스러워 보였습니다.

엄마는 "왜 그러니?"라고 물었어요.

"아빠는 아직도 엄마를 사랑해요. 엄청나게 슬퍼하고 다시 돌아오고 싶어 하세요. 아빠도 같이 살면 안 돼요?"

엄마는 깜짝 놀랐지만 내색하지 않으며 말했습니다. "엄마도 아빠를 사랑해. 하지만 엄마 아빠는 따로 살기로 했어. 우리는 따로 살아도 언제나 가족이고, 네 부모야. 함께 살던 지난 몇 년 동안 우리 모두 정말 힘들었다는 거 알잖니."

아들은 아무 말 없이 고개를 끄덕였습니다.

그녀는 저녁에 아이 아빠에게 전화를 걸어 아들의 이야기를 들려줬습니다.

"아이한테는 함께 결정한 거라고 이야기하기로 했잖아. 싫으면 말해. 그럼 내가 헤어지자고 했다고 할 테니. 당신 슬픈 거 알아. 나도 슬프거든. 하지만 그 얘기는 친구들한테나 할 말이지, 아이에게는 아니야. 겨우 열세 살이라고. 우리가 마음 아프다고 애한테 기대면 안 돼. 슬픔은 우리 몫이지, 아이가 감당할 게 아니라고."

그렇게 말한 후, 남자에게 생각할 시간을 주었습니다. 전화기를 든 채 가만히 기다렸지요.

잠시 후 크게 한숨 쉬는 소리가 들렸어요. 남자는 이렇게 말했죠. "내가 해결할게. 애한테 바로 전화할 거야."

몇 분 후 남자는 아이에게 전화를 걸었습니다.

"아빠는 그냥 엄마를 항상 사랑한다고 한 것뿐이야. 우리가 함께 사는 게 더 좋을 거라는 말은 아니었어. 아빠는 슬프지만, 그래도 조금씩 괜찮아지고 있어. 슬픈 일도 언젠가는 끝나는 거니까. 그리고 네게 이 슬픔을 나눠준 것 같아 미안해. 아빠 걱정은 안 해도 된단다, 아들. 아빠는 다 큰 어른이거든. 그럼 우린 수요일에 테니스 칠 때 만나는 거지?"

이혼 후 아이에게 기대려는 것은 위험한 행동입니다. 자기도 모르게 파트너의 역할을 기대하면 아이는 과도한 부담을 느낄 수 있거든요. 우리는 성인이니, 충분히 도움을 줄 만큼 안정적이고 성숙한 성인에게 도움을 받아야 합니다. 아이에게 도움을 청하면, 아이가 성인이 된 후에도 계속 그것이 영향을 미칠 수 있습니다.

아버지가 떠난 날부터 저는 어머니와 함께 잠자기 시작했어요. 여덟 살이었는데, 그때부터 어머니는 장난스레 저를 '내 남자'라고 불렀어요. 밤에 어머니가 우는 소리를 자주 들었고, 그럴 때마다 어머니는 저를 껴안고 줄곧 머리를 쓰다듬었어요. 그래서 그런지 지금도 누가 머리를 쓰다듬으면 어쩐지 마음이 불편해져요.

아버지와 헤어진 후 어머니는 단 한 번도 남자를 만난 적이 없습니다. 적어도 제가 아는 한에서는 그랬어요. 항상 "나한텐 네가 있잖니"라는 말로 스스로를 달래셨죠. 어머니는 연약하고 몸도 자주 아프셨어요. 제게 성적으로 접근한 적은 없었지만, 가끔 좀 이상한 기분이 들기는 했죠.

열다섯 살이 돼 이제 제 방에서 자고 싶다고 하자, 어머니는 기분 나빠하셨어요. 여자친구를 사귈 때 어머니가 보인 반응도 이해하기 어려운 것이었죠. 어떤 친구는 살뜰히 챙겨주신 반면, 어떤 친구는 집에서 쫓아냈거든요. 이런 모든 것이 제게는 부담스럽고 힘들었습니다.

마흔 살에 심리치료를 받을 때까지 저는 항상 완벽해야 한다고 생각했어요. 어머니는 언제나 아버지가 실수한 거라고 하셨기 때문에, 저 스스로 실수를 용납할 수 없었고, 언제나 그 누구도 실망시키지 않으려 했던 거지요.

아이들, 친구, 친척이 '내 편'을 들어줘야 한다는 생각도 이별의 어려운 점 중 하나입니다. 내 편을 든다는 것은 가령 내가 "그 사람 어떤지 알잖아"라는 식으로 말했을 때 동의해줄 것으로 기대하는 거죠. 이런 행동은 심할 경우 헤어진 파트너와 가깝게 지내는 사람에 대한 화풀이가 될 수도 있습니다. 다른 사람에게 이해를 바라는 마음은 당연하지만, 관계를 맺고 끝내는 것은 항상 두 사람의 문제임을 잊어선 안 됩니다. 왜 서로를 선택했는지, 왜 지금까지 함께했는지, 함께 무엇을 경험했는지 생각하고 깨달으면 이런 행동도 고쳐집니다.

이처럼 다른 사람이 편들어주기를 원하는 행동은 대부분 관계가 끝나기 훨씬 전에 시작돼 실제로 이별이 시작되는 단계에 들어서면 정점에 달합니다. 이는 다른 사람이 내게 공감해주길 바라는 한편, 무엇보다 내가 '옳다'는 확신을 얻고, 내가 얼마나 괴로운지를 보여주려는 행동이지요.

물론 전혀 이해가 안 되는 건 아니지만 이렇게 행동하면 다양한 문제가 일어날 수 있습니다. 저도 그런 적이 있었는데, 전 파트너와 친구들과 함께 식사하던 자리였어요. 아직 헤어지기 전이었지만 이미 다양한 문제를 겪던 상황이었습니다. 그 자리에 파트너가 있었지만, 저는 친구들에게 그와의 일을 마치 재미있는 일화를 들려주는 것처럼 포장해 상대를 공격했어요. 그와 함께하면서 얼마나 힘들었는지 친구들에게 알려주고 싶었던 거죠. 둘만 있을 때는 힘들다고 말해도 제 말에 전혀 귀 기울이지 않은 것 같았기에 다른 사람들이 있는 자리에서 이야기한 것이었어요.

이런 행동을 하면서 마음이 조금 불편했지만, 동시에 상대방에게 화도 났어요. 재미난 일화로 포장하기는 했지만 그런 식으로 상대를 공격한 것이었으니까요.

이런 식으로 행동하는 부부를 많이 봤습니다. 그들은 제 앞에서 상대의 행동을 은근슬쩍 깎아내리더라고요. 저는 이미 영혼의 숙제를 해결해 이런 문제를 극복했기 때문에 그 말에 영향을 받지 않았지만요. 그럴 때면 저는 "두 분이 서로 하고 싶은 말이 있으신가 봐요. 저는 아이랑 놀아주고 있을 테니 편하게 대화하세요"라면서 아이 방으로 들어가버립니다.

주변 사람들이 내가 처한 상황을 이해하고 인정해주기를 바라는 마음이 든다면 주의할 필요가 있습니다. 적어도 상대방보다 더 나은 사람으로 인정받고 싶었다면 '인정이라는 함정'에 빠진 것이니까요.

인정받고 싶다는 생각이 잘못되었다거나 나쁘다는 것은 아닙니다. 하지만 다른 사람을 깎아내리는 건 좋지 않은 행동이지요. "우리 둘 다 최선을 다하고 있지만 잘되지는 않는 것 같아요. 저는 제가 모든 것을 다 챙겨야 할 것 같은데, 남편은 제가 항상 불평만 늘어놓는다고 하네요"라고 불만을 말하는 것과 "남편이요? 미련한 사람이죠. 항상 자기만 생각하고 움직이는 법이 없어요. 아이들도 아빠가 제일 좋을 때는 아마 집에 없을 때일걸요? 저도 온갖 노력을 다했는데, 저 사람은 그런 건 하나도 몰라주죠"라고 비난하는 투로 말하는 것은 분명히 다릅니다.

상대방을 나쁘게 말하면 아이들이 곤란해집니다. 아이들은 그 입장을 이해하고 변호해주고 싶으면서도 동시에 그러면 나를 실망시키게 될까 봐 이러지도 저러지도 못하면서, 부모 중 한 사람을 선택해야 한다는 느낌을 받게 되죠. 그건 왼손과 오른손 중 하나만 고르라는 것처럼 불가능한 일입니다. 어느 한쪽도 잃고 싶지 않을 테니까요.

우리가 그랬던 것처럼, 아이들도 언젠가 자라서 어린 시절을 되돌아볼 거예요. 부모는 아이의 어린 시절에 책임이 있습니다. 그렇기 때문에 아이를 압박하거나 행동을 통제하려고 하면 아이도 나중에 어린 시절을 돌아보며 그 사실을 깨닫게 된다는 걸 분명히 인지해야 합니다. 특히 아이가 심리치료를 받을 기회가 생긴다면 더 잘 알게 되겠죠.

그녀는 모든 것을 갖춘 화려하고 성대한 결혼식을 꿈꾸었습니다. 그런데 문제가 있었어요. 바로 부모님이 20년 전 이혼하신 후 서로 단 한마디도 이야기를 나눠본 적이 없다는 거였죠. 결혼식에서 부모님이 만난다는 상상만 해도 오금이 저렸어요. 이제는 각자 재혼해서 잘살고 계신데도, 두 분은 절대 화해하지 않을 것을 경험으로 알고 있었지요. 오랜 고민 끝에 결국 부모님과 그들의 파트너까지 모두 만나보기로 했습니다.

짧은 만남이었고, 두 부부에게 똑같은 이야기를 했어요. "저 5개월 후에 결혼해요. 부모님도 초대할 거고요. 그런데 그전에, 제 행복을 진심으로 바라고 예의를 차려주신다고 약속하세요. 서로 감정싸움 하지 말고, 비웃거나 비꼬는 말도 하지 마세요. 다 같이 가족석에 앉으실 건데, 제 시부모님이 이혼하고도 서로 얼마나 잘 지내는지 한번 보세요. 엄마 아빠, 저는 이제 그만할래요. 이거 약속해주실 수 있으면 초대할 거고, 못 하겠다면 그냥 오지 마세요. 그리고, 오셔서 그런 식으로 행동하면 바로 가시라고 할 거예요. 오늘 이 말씀 드리러 왔어요."

이렇게 말한 그녀는 자신의 강한 의지를 보여주려고 곧바로 자리를 떠났습니다.

그녀가 부모에게 전하는 메시지는 분명했습니다. '이게 내 조건이고, 따르지 않을 거면 오지 마세요'라는 것이었죠. 나중에 부모에게서 온 전화도 받지 않고 끊어버렸어요. 말 그대로 '이제는 그만'할 거였으니까요.

결혼식에는 부모님 네 분 모두 오셨습니다. 결혼식 날 그녀는 부모님이 지난 몇 달간 그것도 여러 번 만났다는 사실을 알게 되었어요. 두 분 다 과거에 너무 갇혀 있었기에, 함께할 때 두 사람을 묶어준 공통점을 다시 떠올리기까지 여러 번 대화를 나누어야 했거든요. 이런 노력 끝에 결혼식 날에는 심지어 두 분이 마주보며 진심으로 웃을 수도 있었답니다.

선 긋기

딸은 여기서 '이제는 그만하겠다'는 말로 선을 그었습니다. 지금까지는 부모의 감정싸움을 모른 척했지만 더는 그러지 않겠다고 아주 분명하게 전했습니다. 이렇게 단호하게 선을 긋는 것이 누구에게나 쉬운 건 아니에요. 만약 결혼생활 동안 '분명하게 선 긋기'라는 영혼의 숙제가 주어졌다면, 이혼 과정에서 실제로 연습해볼 수 있을 것입니다. 이별하기 전에 이미 선 긋기가 중요하다는 것을 깨닫고 실천하지 않으면 이별 후에도 이 숙제는 계속 따라다닐 거예요.

상황을 객관적으로 보려는 노력도 확실히 선을 긋는 데 도움이 됩니다. 그렇지만 선을 명확히 그으라는 것이 매사에 칼같이 행동하라는 의미는 아니에요. 물론 단호하게 말하지 않으면 잘 모르는 사람도 있습니다. 한계를 시험하려는 사람, 혹은 실제로 그어놓은 선을 넘으려 하거나 실제로 넘어버리는 사람이라면 정말 칼같이 그어야 하고 그 과정은 쉽지 않겠죠. 하지만 일부러 넘으려는 것이 아니라 실수로 그런 거라면 바로 관계를 끊기보다는 조금 지켜보는 것도 괜찮습니다.

나 자신과 스스로의 행복을 지킬 권리

자기 자신과 스스로의 행복을 지키는 것을 어려워하는 사람도 있습니다. 특히 공감 능력과 이해심이 높아 상황에 쉽게 감정 이입할 수 있는 사람은 다른 사람의 입장도 생각해주려는 경향이 있어요. 가령 누군가 짜증을 내는 상황에서도 '왜 저렇게 짜증을 내는지 알겠어. 그럴 수 있지'라고 생각하는 거지요. 하지만 설령 그런 생각이 들더라도, 다시 정신 차리고 내 인생에 집중해야 합니다. 내가 원하는 대로 사는 건 이기적인 게 아니라 스스로 만족할 수 있는 삶을 살려고 노력하는 것이고, 이런 삶이 남에게 피해를 주는 건 아니에요. 가끔 우리는 자신을 위하는 것은 이기적이며, 이기적인 것은 '옳지 않다'라고 생각하는 경향이 있어요. 그렇지만 상대를 단순히 지지하고 응원하는 것과 의존하고 희생하는 것은 다릅니다. 그런데 다음 사례처럼 가끔은 그 차이를 구분하지 못하죠.

그녀는 수년간 심한 우울증을 앓고 있는 오빠와 가족 중에서 유일하게 연락하는 사람입니다. 오빠는 '일단은' 아직 대학생이지만, 학교를 마지막으로 갔던 건 이미 오래전 일이죠. 그 사이 그녀는 직장인이 되었어요. 요즘 오빠는 필요한 것이 있으면 그녀에게 문자를 보냅니다. 신용카드는 정지된 지 오래고 스스로 뭔가를 주문하는 것도 힘들어하거든요. 그가 하루 종일 하는 일이라곤 동생의 문자메시지 답을 기다리는 것뿐입니다. 동생이 바로 답하지 않으면 물음표만 적은 문자를 세 개 보냅니다. 세 번째 물음표를 보고 있자면 동생의 마음속에서는 짜증이 부글부글 일어나지만, 오빠와 인연을 끊을 용기는 없어요. 오빠가 걱정이지만 이런 짓을 앞으로도 계속해야 한다고 생각하면 암울해집니다.

계속 용기를 주고, 도움을 주고, 새로운 것을 제안하지만 오빠는 뭔가를 해보려는 의지가 전혀 없습니다.

오빠의 우울함에 자신까지 빨려드는 기분이죠. 오빠를 언제까지나 챙길 수는 없음을 알고 있기에, 가끔은 조심스럽게 선을 그으려고 노력해보기도 했어요.

하지만 생각처럼 잘되지 않았습니다. 사흘간 오빠와 연락이 안 되자 혹시 스스로 목숨을 끊은 건 아닌지 걱정돼 차로 수백 킬로미터를 달려 오빠 집으로 갔으니까요.

가끔 오빠는 "다른 사람은 몰라도 너는 믿을 수 있을 줄 알았는데!"라며 동생으로서 오빠를 챙기지 않고 혼자 살 궁리만 하고 있다고 비난을 퍼붓기도 했습니다.

그녀는 오빠가 잘못되는 것이 두려웠던 나머지 그를 챙기느라 자기 삶은 잊은 채 살았습니다. 한번은 문자에 바로 답하지 못한 이유를 설명하자 오빠는 '우린 남매고, 너는 내 삶을 함께해줄 거라고 생각했는데, 착각했나 보다'라는 답신을 보내왔어요.

어떻게 대답해야 할지 오랫동안 고민하던 그녀는 이젠 오빠와의 문제를 끝내야겠다고 결심하고 오빠를 만났습니다.

그녀는 오빠의 손을 꼭 붙잡고 눈을 바라보며 "오빠, 나는 오빠를 사랑해. 오빠는 앞으로도 우리가 함께 살아가면 좋겠다고 했지. 하지만 삶은 결국 자기 책임이야. 나는 그 길을 같이 가줄 수 없어. 오빠 인생은 오빠가 살아야 해. 그렇지만 만약 오빠가 다르게 살고 싶다면 알려줘. 그때는 내가 도와줄게"라고 이야기했습니다.

상대가 가족이든 연인이든, 다른 이의 삶에 책임을 느끼면 그를 위해 '무엇이든' 해야 한다는 잘못된 생각에 빠질 수 있습니다. 만약 그 사람이 스스로 세상을 떠난다는 상상만 해도 너무 무섭거든요.

오빠도 지금 상태가 너무나 두렵고 절망스러운 나머지 거기서 벗어나지 못하게 될까 봐 두려워합니다. 그런데 '이제 내 삶은 끝'이라는 절망이 클수록 상황을 정확히 바라보기 어려워져요. 또한 미래에 대해 절망할수록 자살의 유혹은 더 커지지요. 자살만이 이 두려움과 절망을 없애는 유일한 방법이란 생각이 드는 겁니다.

앞의 사례에서 남매는 서로에게 종속돼 살고 있습니다. 동생은 오빠의 행복을 대신 책임졌고, 오빠가 절망에서 빠져나오지 못하는 것에 대해 스스로 좌절할 때도 많았습니다. 오빠의 지금 상태가 어떤지 제대로 얘기해본 적도 거의 없었습니다. 그냥 용기를 북돋아주거나 "다 잘될 거야!"라고 말하는 정도였지요. 하지만 이는 진정한 소통이 아니에요.

그러므로 일단 아이들을 제외한 다른 사람의 삶을 책임질 필요가 없다는 사실을 항상 잊지 말아야 합니다. 만약 이 남매가 진심으로 소통했다면 어떤 말을 할 수 있었을까요?

"오빠, 혹시 죽으려는 생각 하는 건 아니지?"

오빠가 며칠 동안 침대 밖으로 한 발짝도 나오지 않자, 동생은 오빠에게 직접 물었습니다. 그런 다음 "혹시 살아가는 게 너무 힘들다고 생각해?"라는 말도 했지요.

결국 행동하는 만큼만 변할 수 있다

절망에서 빠져나오기 위해서는 스스로의 의지로 직접 움직여야 합니다. 다른 사람이 도울 수는 있지만 억지로 절망에서 끌고 나올 수는 없어요. 만약 그렇다면 손을 놓는 순간 다시 절망 속으로 미끄러져 들어갈 테니까요.

어떤 삶을 살고 싶은지, 그리고 삶을 지속할지 여부를 결정하는 것도 각자의 몫입니다. 우리 힘으로는 다른 사람이 스스로 목숨을 끊는 걸 막을 수 없어요. 할 수 있는 것이라곤 그런 행동을 얼마간 멈추려고 노력하거나 그가 전문가의 도움을 받을 수 있도록 돕는 정도입니다. 하지만 결국 그가 스스로 삶을 끝내더라도 그것이 우리의 잘못은 아니에요.

한편 삶이나 죽음 같은 본질적인 문제에서는 정말 여력이 있어야 다른 사람도 도울 수 있습니다. 너무 지쳐 약해진 상태에서는 다른 사람에게 나눠줄 힘이 없으니까요.

전신에 피가 흐르기 위해서는 우선 심장에 먼저 피가 돌아야 하는 것처럼, 다른 사람을 도우려면 우선 내 마음에 여력이 있어야 합니다. 선을 긋는 이유도 그 힘을 지키기 위한 것이지요.

자기 삶을 잘 가꾸고 지켜내면 마음이 안정되죠. 그러면 더 많은 힘이 생겨 힘든 일이 있어도 '굳센 바위처럼' 흔들리지 않습니다. 심각한 일이 벌어져도 차분하게 상황을 진정시키고, 주변이 혼란스러워도 그 분위기에 휩쓸리거나 전염되지 않아요. 하지만 이렇게 안정을 찾았다 해도, '이별하는 단계'에서 이미 다룬 또 다른 문제에 직면합니다.

새로운 가족을 꾸리기

부부가 헤어지는 과정에서 가족도 함께 무너지기도 합니다. 이처럼 관계가 해체될 때, 태풍으로 무너진 건물을 다시 짓듯이 관계를 '재건'하려는 사람도 있어요. 이들은 빨리 새로운 관계를 찾으려 서두릅니다. 심지어 이전 관계가 아직 정리되지 않았는데도 말이죠. 하지만 이런 노력이 과연 의미가 있을까요?

홍수가 빈번한 지역에 산다고 가정해봅시다. 또는 적어도 '홍수가 발생하기 전까지는' 우리 집이 거기에 있었다고 생각합니다. 아무튼 집이 홍수에 휩쓸린 이유를 고려하지 않고 그 자리에 똑같은 집을 짓는다면 당연히 다음 홍수에 집은 또 휩쓸려갈 가능성이 클 거예요. 마찬가지로 헤어진 후 이전 관계를 깊이 숙고해보지 않고 곧장 새로운 관계를 맺으려다간 똑같은 이별을 반복할 위험이 있습니다.

어느 날 아침 그녀는 남편에게 헤어지자고 통보했습니다. 그리고 바로 그다음 날 새 연인과 쌍둥이 아들을 데리고 여행을 떠났지요. 그녀는 이미 사랑에 빠져 있었습니다. 객관적 판단이 어려울 만큼 푹 빠져 있었지요. 그래서 이제 열 살 난 쌍둥이에게 엄마는 아빠에게 속아 잘못된 결혼을 했던 것이며, 반면에 '새아빠'는 정말 멋진 사람이어서 이제야 진정한 사랑을 찾은 거라고 이야기했습니다.

한 친구는 적어도 새 애인과 여행하는 동안만이라도 아이들이 아빠와 시간을 보내게 해주라고 부탁했어요. "일단 그가 어떤 사람인지 파악한 다음에 아이들과 만나도 늦지 않잖아"라며 그녀 자신을 위해서도, 아이들을 위해서도 시간을 두고 상대방을 지켜보라고 말했죠. 하지만 그럴 수 없었어요. 비행기 표나 호텔도 이미 다 예약했고, 아이들에게도 남아프리카 여행을 갈 거라고 말해두었거든요. 아이들도 그럭저럭 이 상황을 받아들이는 듯 별말이 없었고, 아프리카에 가서 코끼리를 보는 걸 내심 기대하는 것 같았습니다.

그러고 나서 어떻게 되었을까요?

새로운 관계는 고작 3개월 만에 끝났고, 여자는 다시 남편에게 돌아갔습니다. 하지만 몇 년 후 다시 남편을 떠났고 그 후로는 돌아가지 않았습니다.

가끔 헤어지자마자 바로 '새' 가족을 만들겠다는 생각에만 몰두해 아이들이 당연히 자신의 결정을 따라줄 것으로 생각하는 사람들이 있습니다. 그렇지만 이 사례처럼 새 가족을 꾸리자마자 다시 헤어진 다면 아이들은 어떻게 생각할까요? 아빠의 자리란 쉽게 바뀔 수 있는 것으로 생각하게 되겠죠. 이 경우에는 이별을 슬퍼할 시간조차 없었어요. 그러나 이별에는 슬퍼하며 그 슬픔을 이겨내는 과정이 필요합니다. 그래야 새로운 행복을 찾을 수 있죠. 하지만 이런 행동에는 "이제야 엄마가 행복해졌는데, 어떻게 너희는 슬퍼할 수 있니?"라는 어조가 깔려 있어 이별의 슬픔을 내색할 수도 없게 만들었어요.

그럼 반대로 생각해봅시다. 당신이라면 방금까지 함께한 상대방이 새 여친과 내 아이들과 함께 노을 지는 풍경을 바라보며 행복하게 웃는 모습을 편안한 마음으로 축하해줄 수 있나요? 아마 그럴 수 있는 사람은 거의 없을 겁니다. 당연한 이야기지만 헤어지는 과정에서 곧바로 새 연인을 만나 소개하는 것은 '상황을 악화시키는' 전형적인 상황 중 하나입니다.

다른 사람의 입장이 된다는 것

이별할 때는 주변 사람들도 영향을 받아 흔들립니다. 그러니 그들은 이 상황을 어떻게 받아들일지 생각해보는 것도 의미 있습니다.

이별 후 주변 사람을 잃게 될까 두려워하는 사람도 많습니다. 파트너의 아버지나 어머니뿐 아니라 내 아이들을 애지중지하고 아끼며 전 배우자와 가깝게 지내던 조부모, 이모, 삼촌 등 친척과 친구들을 이제 다시는 만나지 못할 수 있다는 생각에 두려워지죠.

이혼을 앞둔 그녀는 시어머니가 몹시 걱정하고 있다는 사실을 알게 되었습니다. 시어머니는 이혼 후의 일을 두려워했고, 그 걱정을 극복할 수 없었지요. "애들이 불쌍해서 어쩌니……"라며 아이들의 머리를 계속 쓰다듬고, 과자를 잔뜩 안겨주었으며, 세 아이가 마치 불치병에 걸린 듯 안쓰럽게 바라보았어요.

할머니 집에서 돌아온 후 둘째는 "할머니 진짜 짜증 나!"라며 불만을 토로했고, 첫째와 셋째는 마치 죄지은 사람처럼 바닥만 내려다보았습니다. 원래 할머니를 참 좋아했는데, 끝도 없이 걱정만 하니 지쳐버린 거죠.

그녀는 시어머니에게 만남을 청해 몇 마디 이야기를 나눈 뒤 단도직입적으로 물었습니다.

"어머니, 많이 걱정되시죠?"

며느리에게 쏘아붙이고 싶은 말이 많았지만, 이미 너무 많이 얘기했다는 것을 스스로도 알았기에 시어머니는 입을 꾹 다물고 고개만 끄덕였어요. 그러자 남편이 곧바로 더는 얘기하지 말라고 이야기했어요. 시어머니도 수긍했지만, 표정을 숨기기는 힘들었습니다.

며느리도 그 표정을 보고 지금 어떤 마음인지 알아차렸어요. 하지만 침착하게 자기 생각을 전달하려고 노력했습니다.

"어머니가 아이들 걱정 많이 하시는 거 알아요. 마음이 따뜻한 분이시니 아이들이 많이 걱정되시겠죠. 그렇지만 애들도 지금 마음이 복잡한데, 할머니까지 위로해드리려면 좀 힘들지 않겠어요?"

그러자 시어머니는 "내가 언제 애들한테 위로해달라고 그랬니?"라고 벌컥 화를 냈습니다.

"네. 아이들은 어머님을 사랑해요. 그래서 할머니가 슬픈 건 싫대요. 애들이 할 수 있는 게 뭐가 있겠어요. 할머니를 위로해드리거나 그 상황을 피해버리는 것밖에 없겠죠."

"그렇게 해달란 적 없다! 그냥 애들이 걱정될 뿐이야. 아무래도 내가 너무 예민한가 보네."

며느리는 침을 꿀꺽 삼켰습니다. '내가 너무 예민한가 보네'라는 말을 몇 년간 숱하게 들었거든요. 이 말에 어떻게 대답해야 할지 몰라서 그냥 흐지부지 대화가 끝나버릴 때가 많았습니다. 하지만 이번에는 달랐어요.

"어머니, 그러면 슬퍼하는 대신 방법을 찾으려고 노력하는 건 예민하지 않은 건가요?"

"그런 뜻은 아니다."

"어머니. 항상 너무 걱정이 많으신 것 같아요. 어쩌면 걱정이 습관이 된 건 아닐까요? 그렇게 말씀하시면 어머니 아들과 제가 이 상황을 이겨낼 능력이 없다고 생각하시는 것처럼 느껴져요."

"걱정하는 건 너희도 마찬가지 아니니?"

"저는 아니에요. 저희도 나름대로 최선을 다하고 있고 방법을 찾으려고 노력하고 있어요. 그리고 저희가 헤어져도 아이들은 계속 할머니 집에 올 거고요."

"애들이 계속 올 거라고……?" 이 말에서 다시는 손주를 못 보게 될까 봐 걱정했던 것이 확연히 보였습니다.

"당연하죠. 아이들이 할머니를 얼마나 좋아하는데요. 하지만 예전처럼 즐겁게 지낸다면, 지금보다 어머님을 더 좋아하게 되지 않을까요?" 그 말에 비로소 시어머니는 환하게 미소를 지었습니다.

주변 사람들의 처지를 이해하고, 걱정하는 마음을 헤아려주면서도 분명한 태도를 보여주세요. 그리고 이런 주제를 다룬 수많은 책을 읽어보는 것도 도움이 됩니다. 또는 서로를 존중하는 의사소통법에 대한 수업을 듣는 것도 유용할 거예요.

물론 가끔은 대화 도중에 감정이 고조돼 상대를 무시하거나, 문제를 상대방 책임으로 돌려 결국에는 더 나쁜 결과로 이어질 때도 있습니다. 혹시나 당신이 상대에게 상처 주는 말을 했다면, 잘못을 깔끔하게 인정해보는 것은 어떨까요? "미안해. 어제는 너무 힘들어서 해선 안 되는 말을 했어. 혹시 다시 이야기해볼 수 있을까?"라고 말이죠.

가끔은 실패가 더 나은 미래를 위한 선물이 될 때가 있잖아요. 이렇게 사과하려는 마음이 든다는 것은 내가 자신을 어떻게 바라보고 있는지와도 관련 있습니다. 항상 자신이 옳다고 생각하나요? 자기 의견을 끝까지 밀고 나가고 싶나요? 다른 사람이 바보 같아 보이나요? 그렇게 생각한다면 사과할 마음은 들지 않겠죠. 그러니 스스로를 어떻게 생각하는지, 그리고 상대에게 무엇을 원하는지 다시 한 번 돌아볼 필요가 있습니다.

진정한 자기 자신과 마주하기

진정한 자신과 마주한다는 건 내가 어떤 사람인지, 무엇을 원하고 무엇을 필요로 하는지 스스로 알아야 한다는 뜻입니다. 그렇게 되기까지는 평생이 걸릴 수도 있어요. 그리고 가끔은 진정한 자기 모습을 마주하기 두렵습니다. 이제 겨우 아물어가는 오래된 상처를 헤집거나 마음속 깊은 곳에 꾹꾹 눌러둔 생각이 걷잡을 수 없이 새 나올까 봐 그렇죠.

하지만 실제로는 그 반대입니다. 오히려 이런 생각을 마음에 묻어둘수록 그 아픔이 점점 생명력을 빼앗아갑니다. 막상 이런 생각과 맞닥뜨리면 그간의 걱정이 무색할 만큼 마음이 편안해질 수도 있어요. 고민하다 사실을 털어놓았을 때 마음속 돌덩이가 사라진 듯 홀가분한 감정이 드는 것처럼요.

진정한 자신을 마주하다 보면 몰랐던 사실을 알게 될 때도 있습니다. 가끔은 못 본 척했고, 어떤 때는 더 자세히 알아보려고도 했던 사실을요. 이런 행동에도 다 이유가 있고, 그 이유를 알아내는 것도 재미있습니다.

어쩌면 미처 몰랐던 사실을 알게 됐어도 스스로에 대한 이미지를 깨고 싶지 않을 수도 있어요. 하지만 설령 그 사실을 부정하고 싶은 마음이 들었어도 일단 인정하고 나면 스스로 더 확실히 분명한 태도로 살아갈 수 있습니다. 내가 어떤 사람인지, 무엇을 필요로 하는지, 무엇을 원하고 또 원하지 않는지를 정확히 알았으니까요. 무엇이 도움이 되고 어떤 부분에서 변하고자 하는지를 아는 거죠.

또한 다른 사람에게 '특별한' 사람으로 비치는지, 존경받거나 또는 인정받는지, 사람들이 나를 대단하다고 생각하는지 등 외부의 평가에 신경 쓰지 않게 되면서 자신이 성장했음을 깨닫게 됩니다. 나아가 남들의 인정보다는 스스로를 좋아하고, 자신에게 솔직하며, 자신을 특별한 존재로 생각하고 인정해주는 것이 더 중요하다는 것도 알게 되지요.

자기 자신을 아는 데서 오는 자유

스스로 어떤 행동을 하는지 분명히 알면 외부의 문제에 휘둘리지 않게 됩니다. 자신을 아는 것이 이토록 중요한데 왜 지금까지 그러지 못했을까요? 사실 자신을 돌아보고 파악하는 건 누구나 할 수 있는 일입니다. 그러면서 영적으로 성장하는데, 일단 영적으로 성장하면 스스로에 대해 더욱 분명히 알게 되죠.

한편 이처럼 자기 자신을 알게 된 다음, 지금까지와는 정반대 방향의 극단적인 행동에 빠지지 않도록 주의해야 합니다. 예를 들어 지난 몇 년간 아이들을 돌보는 데만 신경 쓰고 정작 자신은 소홀히 했음을 알게 됐다고 칩시다. 이런 경우에 "이제는 내 삶을 살겠어!"라면서 아이들을 남겨두고 스페인 히피 집단에서 유랑 생활을 한다면 극단적이라 하겠지요. 그런데 이는 그저 일종의 보상심리일 뿐 영적인 깨달음을 얻은 것은 아니에요. 이런 상황에는 아이들뿐 아니라 스스로도 챙기는 생활을 하면서 2주쯤 혼자 여행을 떠나는 것이 (극단적이지 않은) 이상적인 해법이 되겠죠.

물론 히피 집단에 들어가는 식의 결정까지는 아니더라도, 진정으로 행복할 수 있는 이상적인 중간 지점을 찾기 위해 양극단을 모두 경험해보고 싶다고 생각할 수 있습니다. 다만 아이가 있다면 극단적인 지점을 탐색하는 것조차 조심스러워집니다. 헤어진 후 그동안 살아온 그 도시마저 지겹다거나 아니면 그냥 과거와 멀어지고 싶다는 충동에 훌쩍 떠나버려서는 안 되지요.

이별할 때 생각이 너무 많아지나요?

특히 헤어지는 과정에서는 상당히 자주, 심지어 너무 많이 생각하게 됩니다. 무슨 생각을 해도 결국에는 이별에 대한 것으로 흘러가지요. 왜 이별하게 되었는지 생각하고, 아프게 했던 기억을 떠올리고, 앞으로 혼자 살게 될 미래를 걱정하게 돼요. 이럴 때는 이별 말고는 아무것도 머리에 들어오지 않습니다.

머릿속을 가득 채운 이런 상념이 온몸을 타고 흘러 멈출 수 없는 지경이 되면, 문득 '왜 이별 생각만 하는 걸까? 왜 이 생각이 멈추지 않을까? 멈출 방법은 없을까?' 하고 생각합니다.

아마 지금 어떤 상황인지 파악하기 위해 계속 이별을 생각하는 사람도 있을 거예요. 상대와 정말 잘 맞는다고 생각했다면 헤어지게 된 지금이 잘못된 거라고 생각할 수 있죠. 다시 말해 상황을 이해하고 싶어서 이런 생각을 하는 겁니다. 여기에는 또 단계가 있는데, 항상 일정한 순서로 나타나지는 않습니다.

내가 잘못한 건가?

이별을 생각하다 보면 "헤어지기로 한 결정이 잘못된 선택은 아닐까?"라고 후회하는 경우가 많습니다. 특히 이별을 결정한 순간 느꼈던 아픔을 떠올리며 감정이 휘몰아치기 시작하면 더욱 그렇지요. 갑자기 외로워지고, 예전으로 돌아가고 싶고, 가끔은 그 관계를 좀 더 이어가는 것이 나았을 텐데, 하는 생각도 하게 돼요.

오래된 관계를 유지하다 보면 과거와 마주할 수 있습니다. 가령 스무 살에 사랑에 빠져 삼십 년을 함께한 부부가 쉰 살이 된 지금 서로를 보면서도 스무 살 때 모습을 보는 것처럼요. 즉 오래된 관계를 끝내면 오랫동안 함께한 상대를 잃을 뿐 아니라, 젊은 날의 자신과 이어주던 연결고리도 잃는 것입니다. 확실히 둘 다 놓기 쉽지 않은 부분이지요.

왜 나만 노력하지?

관계를 유지하기 위해 오랫동안 열심히 노력했는데, 상대는 충분히 애쓰지 않는다는 생각이 들면 속상해집니다. 아마 그동안 기울인 노력이 무의미해질까 봐 두려워서 그렇겠죠.

　하지만 노력하고 변화하는 것 자체가 불가능하거나 이를 굉장히 어려워하는 사람도 있습니다. 특히 현재 상태에 만족해 굳이 바꾸려고 하지 않는다면 큰 변화를 기대할 수 없겠죠. 상대가 이런 식으로 관계 변화를 노력하지 않는다고 당신의 노력까지 무의미해지거나 가치를 잃는 건 아니에요. 아마 상대는 관계를 바꾸려고 노력하기보다는 관계가 끝났음을 받아들이는 유형으로, 당신과 다른 것뿐이니까요.

　한편, 이 사실을 받아들일 때 또 다른 문제가 해결되기도 합니다.

왜 나를 위하지 않는 거지?

　'왜 나를 위하지 않는 거지?' 이는 당연히 영혼이 아닌 자아의 생각입니다. 영혼은 이런 생각을 하지 않습니다. 상대가 모든 것을 해주겠지 믿고 있다가 그 기대가 충족되지 않아 상처받고 아파하는 것이죠. 혹시 이 관계가 끝난다는 것에 안도하는 건 아닐까? 혹시 지금은 누군가를 만날 상황이 아닐까? 아니면 관계를 좀 쉬고 싶은 건 아닌가 생각하며 안절부절못합니다.

　하지만 상대가 재결합에 무심한 이유를 우리가 어떻게 알겠어요? 애초에 그런 노력을 하지도 않았으니 알 길이 없죠.

　한번은 남자친구와 헤어지고 난 직후, 울면서 그를 마주보며 왜 안아주지도 않느냐고 물었어요. 그러자 그는 너를 안으려면 온 힘을 다해야 한다고 대답했지요. 그 순간, 관계란 원한다고 가질 수 없는 것임을 깨달았습니다.

나라고 못 할 줄 알아?

'나라고 못 할 줄 알아?'는 복수심에서 나온 말입니다. 상대에게 거부당했다는 생각이 들면 이처럼 복수하고 싶다고 생각할 수 있어요. 내가 아파한 만큼 아팠으면 좋겠다고 생각하거나, 상대를 망쳐놓고 싶은 충동이 강하게 느껴지기도 하지요. 병에 걸려도 좋겠고, 해고나 파산 등 뭐가 됐든 그가 상처받고 아파하기를 원하는 것입니다. 복수심에 불탈 때는 오로지 고통을 주겠다는 생각만 가득하거든요.

그녀는 잘나가는 유명 배우였어요. 아이를 낳은 후 남편은 전업주부가 되었습니다. 시간이 지나면서 남편은 아내와의 격차에 열등감을 느꼈고, 점점 작아지는 기분이 들었어요. 남편은 은근히 공격적인 반응을 보이기 시작했고, 여자의 모든 행동이 신경에 거슬렸습니다. 남자가 달라졌다는 것을 느낀 여자는 집에 있는 것이 불편해 외출이 늘었고, 집에 있을 때는 그가 '남성성'을 지킬 수 있도록 조용히 지내게 되었지요. 뭘 하든 항상 심기를 거스르지 않게 그의 뜻대로 했고, 그러면서 두 사람 모두 지쳐갔습니다. 이런 상태는 몇 년간 이어졌어요.

그러다 남자는 여자의 외도 사실을 알게 됐고, 여자는 새로운 사랑에 빠졌으니 이혼하고 싶다고 말했습니다. 남자는 여자를 때리고 집에서 쫓아냈고, 양육권은 자기가 갖겠다고 했어요. 언론의 입방아에 오르내리기 싫었기 때문에 여자는 폭행당한 사실을 누구에게도 알리지 않았어요. 하지만 그녀의 커리어를 망치겠다고 결심한 남편은 거짓 소문을 지어내 퍼뜨렸지요.

결혼생활 동안 나타난 문제에 대해 누구도 솔직하게 이야기하지 않았고, 그러는 사이 갈등은 극에 달했어요. 이렇게 계속 상대를 존중하지 않는 태도는 분명한 적신호입니다. 이런 경우에는 친구가 중재자 역할을 할 수 있어요. 물론 그전에 두 사람 모두 해결책을 찾으려는 의지가 있어야겠지만요. 친구나 주변 사람의 도움을 받을 수 없다면 법적인 방법이 유일한 해결책입니다.

이런 경우에는 상황이 극단으로 치닫는 것을 막도록 두 사람 모두 최대한 노력하고, 둘의 관계가 이상적인 경우라면 어떤 모습일지를 상상해보는 것이 큰 도움이 됩니다.

한쪽이 자존심 상한다고 느끼면 상황은 극으로 치닫기 쉽습니다. 상처받은 사람은 복수를 생각하는 경향이 있거든요.

저도 20대 중반에 이별의 아픔으로 마음이 갈기갈기 찢어진 경험이 있어요. 그때 전 남자친구와 점심식사를 함께한 적이 있었는데, 그 사람 얼굴이 밝고 표정이 좋더라고요. 처음에는 저를 만나서 얼마나 좋으면 그럴까 싶어 우쭐했어요. 하지만 이내 저 때문이 아니라 다른 사람과 막 사랑에 빠졌기 때문에 밝고 활기차 보였다는 사실을 알았지요.

새로운 사람을 만난다고? 벌써? 이런 생각에 자존심이 상해 기분이 나빴어요. 내가 이별에 힘들어하는 만큼 그도 마음 아파하기를 바랐거든요.

그는 제게 전혀 호감을 보이지 않았고, 저 또한 자존심이 상한 걸티내지 않으려고 노력했어요. 너무 자존심이 상했던 나머지 그 일을기억하기도 싫었고, 다시 떠올릴 수 있을 때까지는 꽤 오랜 시간이걸렸습니다.

사실 대부분은 복수를 생각하는 데서 그치지만, 실제로 복수를 하는 사람도 있습니다.

가끔 책이나 드라마에서 '내가 갖지 못할 바에는 아무도 가질 수없게 하겠어'라면서 극단으로 치닫는 상황을 볼 때가 있죠. 상처받은 만큼 상대도 파괴하겠다는 복수심에서 그런 행동을 하는 거예요. 심지어 자기 삶을 희생해서까지(감옥에 가거나 자살하는 것) 복수하려는 사람도 있습니다.

희생양 찾기

살아오는 동안 어떤 경험을 했는지에 따라 이별의 슬픔과 아픔에 대처하는 방법도 달라집니다. 모든 것을 상대의 탓으로 돌려, 그에게 세상의 모든 불행이 닥치기를 기도하는 사람도 있지요. 자기행동을 돌아보는 대신 '희생양'을 찾아 모든 책임을 떠넘기려는 경우도 있어요. 이처럼 '누군가(어떤 집단)는 이 끔찍한 일에 책임져야 해!'라는 태도는 정치인들이 자주 보이는 모습이기도 합니다.

그런데 이 같은 희생양 찾기는 이별이라는 어렵고 복잡한 문제에서 자신은 돌아보지 않고 모든 책임과 잘못을 상대에게 떠넘기는 식의, '쉬운 답'을 찾으려는 행동입니다. 이처럼 비난 대상을 찾겠다는 생각은 경계할 필요가 있어요. 그렇게 해서는 앞으로 나아갈 수 없거든요.

우리는 여러 관계의 시스템 안에서 서로 상호작용하며 함께 살아가는 존재들입니다. 각각의 존재들이 어떻게 움직이는지에 따라 그 시스템 전체의 작동방식도 달라져요. 즉 누군가 지금까지와는 다른 행동을 하면 그 행동에 맞춰 시스템 전체가 바뀌는 거죠. 심지어 기존 패턴에서 크게 벗어나게 행동하면 그 시스템에서 배제되기도 하는데, 이처럼 현상유지를 목표로 하는 시스템은 발전할 수 없습니다. '잘못한 사람'을 배제하는 식으로 문제를 해결한다면 계속 그 상태에 머물 수밖에요.

예를 들어 할머니와 싸우고 나서 다시는 가족 모임에 초대하지 않는 식으로, 가족 구성원을 희생양 삼아 배제한다고 생각해봅시다. 이런 행동은 문제가 생겼을 땐 언제나 잘못한 사람이 있고 그를 배제하기만 하면 문제가 다 해결된다고 아이들에게 가르치는 것과 다름없어요.

이런 상황에서 아이는 우선 "이제 할머니 안 볼 거야"라는 말을 받아들여야 합니다. 이는 아이가 '친밀하게 지내던 사람이 갑자기 사라질 수 있네. 부모님이나 나도 그렇게 될 수 있겠다'라는 사실을 받아들이는 것이기도 해요. 이렇게 생각하며 자라면 어른이 돼서도 언제든 배제될 수 있다는 불안감을 품고 삽니다. 앞으로 맺는 모든 관계에서 발생할 문제를 해결하는 데도 좋지 않은 영향을 줄 수 있고요. 문제가 생겨도 같이 해결책을 찾는 대신 '문제 있는 사람'을 원래부터 없던 것처럼 제외시키면 된다고 생각할 테니까요.

문제에 대처하는 방식

문제가 생겼을 때 보통 어떻게 해결하나요? 앞서 말했듯 누군가를 배제하는 방법이 있겠고, 스스로 분명한 원칙을 정하고 그에 따라 행동하는 사람도 있겠죠. 혹은 다른 이를 파괴하려는 사람도, 일단 그 문제를 곰곰이 생각해보는 사람도 있습니다. 또는 자기가 조금 양보하려는 사람도 있어요. 별다른 대응을 하지 않고 소극적으로 행동하는 사람, 혼자서 가슴앓이하는 사람, 문제를 무시하거나 반대로 해결 방법을 찾으려고 노력하는 사람도 있습니다. 자신을 피해자라고 생각하며 푸념을 늘어놓을 수도 있겠죠. 상대방을 조종하려고 하거나, 상대에게 압박을 가할 수도 있고요. 거짓말이나 소문을 퍼뜨리는 사람도 있고, 심지어 다른 사람과 그가 처한 상황을 비웃는 사람도 있습니다. 반면에 이 문제에 어떻게 대처해야 할지 직관적으로 생각해보고 조언을 구하거나, 몇 시간 동안 그 문제에 대해 다른 사람과 이야기를 나누는 사람도 있어요. 결정을 회피하는 사람이 있는가 하면, 바로 결정을 내리는 사람도 있습니다.

문제 대처 방식에 대한 질문

누구나 각자 문제에 대처하는 방법이 있습니다. 당신은 어떤가요?
보통 문제가 있을 때 대처하는 방법:

(전)파트너는 문제를 어떻게 해결했나요?
문제가 있을 때 보통 어떻게 행동하나요?

다시 누군가를 만날 수 있을까?

　헤어지려고 마음먹고 나서 '다시 누군가를 만날 수 있을까?'라는 생각이 드는 것은 이상한 일이 아닙니다. 다시 혼자가 되면서 미래를 생각하고, 내게 앞으로 남은 사랑이 있을지 생각해보는 것이죠. 이제 곧 헤어질 테지만 어쨌든 확실한 관계였는데, 앞으로는 어떻게 될지 확실한 것이 하나도 없습니다. 몇 세대 전에는 이런 고민이 지금보다 더 심각했을 거예요. 그때는 이혼이 거의 드물었기 때문에 배우자와 사별한 경우에만 이런 '자유'를 얻을 수 있었으니까요.

　다시 혼자가 된다는 두려움도 이런 걱정의 이유 중 하나일 거예요. 짝이 없는 삶을 걱정하는 것이죠. 안아줄 사람도, 함께 잠자리에 들 사람도 없습니다. 앞으로 내게 키스해줄 사람이 있을까, 설마 지난번 키스가 내 인생 마지막 키스는 아니었을까를 걱정하고, 심지어는 외롭게 혼자 늙어가다 작은 방에서 숨져 몇 달 후 이상한 냄새 때문에 이웃의 신고로 발견되는 모습까지 상상합니다.

이런 경우라도 자기 자신에 대해 알면 불안한 마음이 조금 가라앉습니다. 왜 혼자 보내는 시간이 별로라는 생각이 들까요? 당신은 스스로에게 관심이 있나요? 혼자 보내는 시간은 과연 새로운 사랑을 기다리는 시간에 지나지 않는 걸까요?

오히려 반대로 자신을 사랑하고, 혼자서도 즐겁고 충만하며 독립적으로 살다 보면, 비슷하게 안정적인 삶을 사는 파트너를 만날 가능성이 커집니다.

'절망'이라는 에너지를 뿜어내고 있으면 다른 사람도 그 절망을 느낄 수 있어요. 반대로 행복하게 지내면 나의 파장과 에너지도 안정적이고 편안하며 빛나서, 함께 있는 사람도 마음이 편안해집니다. 상대편에서 생각해봐도 '제발 나를 데려가줘'라는 기운을 뿜어내 피곤하게 만드는 사람보다는 함께 있을 때 기분 좋은 사람에게 더 끌리지 않을까요?

우리는 팔다 남은 떨이 상품이 아닙니다. 그러니 상대방에게 관계를 구걸할 필요도 없어요.

그렇다 해도 혼자 되는 두려움은 참 떨쳐내기 어렵습니다. 스스로를 잘 알고 자신에게 친한 친구가 되지 않는 한, 이런 두려움은 삶을 크게 망쳐놓을 때도 있답니다. 하지만 생각해보세요. 혼자가 된다는 것이 살면서 일어날 수 있는 최악의 상황은 아니잖아요. 그리고 앞서 이야기했듯 혼자일 때 누릴 수 있는 자유도 있고요. 혼자서도 행복하게 사는 사람을 주변에서도 흔하게 볼 수 있잖아요. 반면에 '커플일 때만 행복한' 사람들이 진정 행복하게 사는 모습은 오히려 보기 드뭅니다.

"왜 내가 이렇게 힘들어야 해?"

울면서 친구들에게 할 법한 말입니다. 친구들 품에 안겨 위로받을 때도, 눈물로 베개를 적시면서도 같은 생각을 하지요. 나름대로 부단히 노력했는데 그 결과를 보상받지 못한다는 생각에 "왜 하필 나야? 왜 나만 힘들어야 하는데!"라는 억울함이 치솟는 겁니다.

이는 '자기 연민'의 단계입니다. 이 단계에서는 억울하다는 생각이 넘칩니다. 스스로를 불쌍히 여기며 잠시 아픔을 다스릴 수 있지만, 계속 이 단계에 머물러서는 안 돼요.

이미 여러 번 말했지만, 우리 존재의 본질은 '영혼'입니다. 그리고 이 영혼은 여러 경험을 쌓기 위해 인간의 모습으로 이 땅에 존재하지요. 이별 또한 영혼이 원하는 수많은 경험 중 하나입니다.

그러므로 이별에 어떻게 대처하는지를 보면, 그 사람의 영혼이 얼마나 깨어 있는지를 알 수 있어요. 모든 문제를 다른 사람의 책임으로 돌리고, 나는 우아하고 깨끗하게 빠져나오면 쉽기야 하겠지만, 이미 그렇게 해서는 안 되는 이유를 너무 많이 알고 있죠. 남 탓을 하지 않고 자기 행동을 돌아보는 것은, 땅에 떨어져 더러워진 왕관을 주워들고 깨끗이 닦아 광을 낸 후 원래 자리인 머리에 올려놓는 것처럼 명예를 지키는 행동입니다.

글을 쓰는 것도 도움이 됩니다

가만히 앉아 내가 무슨 생각을 하는지, 어떤 점이 힘든지, 계속 반복적으로 겪는 문제는 무엇인지 등에 대해 글을 써보는 것도 도움이 됩니다. 글을 쓰다 보면 마음이 편안해지고 머릿속도 차분해지거든요.

예를 들어 매일 저녁 7시부터 7시 30분까지는 이런 점을 집중적으로 생각하고 글을 쓰겠다고 정하는 방법이 있어요. 그러면 아침 8시에 복잡한 생각이 들어도 '아냐, 이 생각은 7시부터 하는 거야'라며 떨쳐버릴 수 있습니다. 스스로 시간을 정한 것뿐인데 놀랍게도 우리 뇌는 금방 그 사실을 받아들입니다. 긴 하루 동안 가끔 생각이 스칠 수는 있지만 그 순간뿐, 하루 종일 그 생각을 하는 건 아니니까요.

그리고 저녁이 되어 비로소 '그 생각'을 하는 시간을 보낸 후에는 다시 잊는 겁니다. 내일은 또 다른 날이고, 우리의 삶은 계속 이어질 테니까요. 그렇기에 생각을 '무조건 계속'하는 것이 아니라, 시간을 정해 제한하는 방법을 통해 그 생각에 삶을 빼앗기지 않을 수 있습니다.

이런 식으로 며칠간 계속하다 보면 이내 모든 생각을 다 들여다보게 되고, 그러면 더는 새로운 생각이 나지 않게 됩니다. 그러면 두 번째 단계를 시작할 때가 된 거죠. 시간을 정해서 생각하고 글 쓰는 습관을 계속하되, 그 시간을 줄여보는 것입니다. 예를 들어 저녁 7시부터 7시 15분까지로 줄이는 거죠. 이런 의식을 계속하다 생각이 정리되고 난 후 그만두면 됩니다.

그리고 '그 생각'을 하지 않는 나머지 시간에는 다른 일에 집중하는 것도 도움이 됩니다. 회사에서 바빠 일하거나 책을 읽을 수도 있고, 단어공부를 하거나, 악기 연습, 노래, 보드게임 등 다양한 방법이 있지요. 이럴 때는 특히 명상, 운동, 요가 등이 효과가 좋습니다. 앞서 말했듯이 지금은 머릿속이 복잡하고 혼란스럽지만 언젠가는 다시 차분해지고 끝없는 생각도 멈출 거라는 사실을 우리는 적어도 어렴풋이 알고 있어요. 그 사실을 계속 인지하는 것만으로도 차분해집니다. 이별 등 힘든 상황에서 가장 필요한 것은 바로 이 '차분함'이거든요.

어떤 조언을 선택할까?

헤어지는 과정에서는 주변의 조언을 구하는 경우가 많습니다. 친구나 가족에게 묻기도 하고, 다른 사람은 어떻게 하는지도 지켜봅니다. 이때 주변 사람의 조언이 방향을 알려주기도 하지만, 오히려 더 힘들게 할 때도 있어요.

마음이 불안정하고 자기 행동에 분명한 기준을 세우지 않으면 주변에서 하는 대로 따라가는 경향이 있습니다. 이는 여러 연구를 통해 증명된 사실이기도 해요. 하지만 이별에서도 다른 사람을 그대로 따르다가는 심각한 결과로 이어질 수 있습니다. 그러니 이별을 성공적으로 끝낸 사람을 찾아 조언을 구하는 것이 '실용적'입니다.

전 파트너와 계속해서 문제를 겪은 사람에게 조언을 구하는 것이 과연 합리적일까요? 이런 사람은 문제를 어떻게 해결하는지 모르기 때문에 계속 같은 문제를 겪습니다. 과연 그의 조언이 내가 현재 처한 상황에 효과가 있을 가능성은 얼마나 될까요? 이는 잡동사니를 산더미처럼 쌓아놓고 사는 사람에게 집안 정리법을 묻는 것과 마찬가지입니다.

그러니 조언을 구할 사람은 신중하게 선택해야 해요. 그리고 결국 조언을 받아들여 방향을 결정하는 건 나 자신이라는 사실을 잊어선 안 됩니다. "변호사가 이렇게 말했는데……"라며 다른 사람 핑계를 대는 것은 변명일 뿐이에요. 아무리 변호사가 이혼 과정을 줄곧 함께하며 상황을 꿰뚫고 있다 해도, 내 입장을 완전히 대변하는 건 아니니까요. 참고로 이 책에 편지를 쓸 공간을 부록으로 마련해두었습니다. 친구, 가족, 동료 등 주변 사람에게 하고 싶은 말을 쓰다 보면 내가 그들에게 무엇을 원하는지 알 수 있을 거예요. 다그치는 것이 아닌 따뜻한 위로를 원할 수도 있고, 넘쳐나는 감정을 안정시켜주길 바랄 수도 있지요. 나와 파트너 둘 모두를 이해해주는 말을 듣고 싶을 수도, 이별의 아픔에 잠시 잊었던 목표를 상기시켜주길 바랄 수도 있습니다.

5년 전에 이혼하고 네 아이를 데려간 전남편과 식사를 한 적이 있어요. 대화를 하다 보니 그의 변호사와 친구들이 앞으로 제가 꾸릴 가족에게 득 되는 일은 굳이 하지 말라고 조언한 사실을 알게 됐습니다. 당시 남편의 행동도 그 말 그대로였죠. 예를 들어 이혼할 때 그는 가족이 함께 쓰던 피아노를 가져갔어요. 아이들은 피아노 치기를 좋아했지만 그는 아니었는데, 그렇다고 아이들을 위해 가져간 것도 아니었어요. 함께 살던 집을 떠나 새로 구한 집에는 피아노를 놓을 공간이 없어 지하실에 보관했다는 겁니다.

왜 그랬을까요? 변호사는 헤어진 전처가 앞으로 사귈 남자친구가 그 피아노를 치면 좋겠냐고 물었다는 거예요. 당연히 원하지 않는다고 대답했겠죠. 변호사의 그 말 때문에 피아노는 전처가 새로운 남자친구와 함께할 모든 즐거운 일을 상징하는 물건이 되어버렸어요. 그래서 굳이 가져간 거죠. 저와 대화를 마친 뒤 그는 피아노를 다시 제게 가져다주기로 했습니다.

우리의 부모, 친구, 동료는 자신들이 여전히 우리 편임을 보여줘야 한다고 생각할 수 있어요. 이런 경우 '내 편을 들어줘'라는 기색을 조금만 비춰도 그것을 입증하려고 무리할 수 있습니다. 하지만 내가 마피아인데 보스가 누군가에게 복수하고 싶어 한다고 가정한다면, 직접 그의 목을 갖다 바쳐 만족시킨 후 평생을 감옥에서 썩는 것보다는 복수 대상의 눈앞에 보스의 명함을 보여주어 은근히 압박하는 것이 인생에 도움 되는 '진짜 해결책'일 것입니다. 마피아를 예로 들었지만, 우리 상황에도 적용해볼 수 있어요.

재판 날짜는 이미 정해졌고, 양측 변호사들은 무슨 말인지 이해하기도 힘든 긴 문장으로 쓰인 탄원서로 서로를 공격하는 상황이었습니다. 수임 청구서는 쌓여만 갔고, 저축은 점점 줄어갔지요. 그녀는 사실 이렇게 될 거라고는 생각하지 못했어요. 부부가 함께 산 집도 소송비용을 대느라 날아갈 위기에 처했죠. 여전히 그 집에 함께 살고 있었지만, 아직도 의견 차이를 좁히지 못했거든요.

어느 날 저녁, 열두 살 아들이 배낭을 메고 거실로 내려왔습니다. 그날도 어김없이 말다툼 중이던 부부는(그녀는 1층에, 남편은 2층에서 지내고 있었습니다) 놀란 눈으로 아들을 바라보았죠. 아들은 "이제 톰의 집에 가서 살 거예요. 진짜 지긋지긋해. 이혼 얘기는 그만 듣고 싶어요"라고 말했습니다.

잠시 멍하니 있던 그녀는 다시 정신을 차리고 아들에게 물었습니다. "하지만 톰의 부모도 이혼하시지 않았니?"

"네. 하지만 우리 집이랑은 달라요. 그 집에서는 다들 웃으면서 잘 지낸단 말이에요."

아들은 그 말을 남기고 집을 나갔다가 2주 후에 돌아왔습니다. 그 사이 엄마와 아빠 모두 변호사의 도움 없이 우호적으로 합의를 이루었거든요.

부모를 진정시켜야 하는 상황에 놓인 아이들은 엄청난 피로와 압박을 느낍니다. 이혼은 아이들의 일이 아니라 부모의 일이에요. 그렇다고 변호사에게 그냥 맡겨두기만 할 수도 없는 노릇이지요. 의사가 아픈 곳을 아는 것처럼, 변호사도 내가 무엇을 필요로 하는지 당연히 안다고 생각하는 사람들이 있습니다. 하지만 당연하게도 항상 그렇진 않고, 설령 그렇다 해도 내 마음의 나침반이 어디를 가리키고 있는지를 보는 것이 중요해요. 만약 그래도 해결하기 어렵다면 앞서 말했듯 중재자의 도움을 받을 수도 있답니다.

오래 고민하면, 더 크게 도약할 수 있습니다

마음속으로 고민하고 깨달음을 얻는 과정은 쉽지 않습니다. 그래서 아무것도 안 하고 고민이 해결되면 좋겠다고 생각할 때도 많지만, 깨달음을 얻기까지는 시간이 필요하다는 것을 이제는 알지요. 임신 6개월 만에 아기를 뱃속에서 마음대로 꺼낼 수 없고, 나가라고 압박할 수도 없는 것처럼, 고민도 자연스럽게 끝날 때까지 그냥 기다려봐야 해요. 성장을 위해서는 시간이 걸리는 법이니까요. 그리고 10개월이라는 임신 기간은 많은 것을 분명히 생각하고 마음을 결정하기에 충분한 기간입니다. 예를 들어 현재 몸 상태가 괜찮은지부터 시작해 지금 필요한 것이 무엇인지 생각해볼 수 있죠. 또 임신 상태에서 어떤 일을 할 수 있고, 어떤 일은 하기 힘든지도 알아볼 수 있어요. 아이 방은 어떻게 꾸미고, 아이를 어떻게 양육할지도 고민해보겠지요. 이별하는 과정도 이와 비슷합니다. 생각하고, 고민하고, 확인해보고, 행동하지요. 미래를 꿈꾸고, 희망을 품고, 계획도 세웁니다.

이런 내면의 고민이 깊고 강해질수록 더 많이 성장할 수 있어요. 억지로 이런 고민을 끝내거나 건너뛰려고 하면, 고작해야 한 뼘 정도만 성장할 뿐입니다. 그러므로 계속 나아가기 위해서는 장기적으로 노력해야 합니다. 만약 이미 발전할 준비가 된 상태라면, 마음속에 해결되지 않은 부분이 '나도! 나도 생각해줘!'라고 외치는 소리를 들을 수 있어요. 이는 즉 우리도 마음 깊은 곳에서는 아직 풀지 못한 문제를 해결한 후 편안하고 가벼운 마음으로 지내기를 원한다는 것이죠.

치유의 공간

이렇게 발전하기 위해서는 치유 공간이 있어야 합니다. 예를 들어 중재자의 도움을 받는 것도 방법이에요. 저 역시 중재자여서 커플이나 단체, 그룹이 문제해결법을 함께 논의하고 결정하는 과정이 서로에게 얼마나 유익한지를 잘 압니다. 중재는 서로의 잘잘못을 따지고 어느 한쪽의 편을 들거나 잘못한 사람을 가려 벌주는 과정이 아니에요. 중재자는 양쪽의 말을 공평하게 들어주며, 과하게 한쪽 편을 들거나 혹은 반대로 무시하지 않습니다. 또한 판사처럼 결론을 내리지도 않고, 선생님처럼 어떻게 하라고 가르침을 주는 사람도 아니죠.

결국 결론을 내리고 결정하는 것은 당사자의 몫입니다.

중재자의 역할은 당사자들이 공동의 목표를 만들 수 있도록 돕는 것뿐이에요. 가령 '더 이상 아이들의 마음을 아프게 하지 않고, 앞으로도 존중과 예의를 갖춰 서로를 대할 것'과 같은 목표를 세워볼 수

290

있겠지요. 일단 이렇게 목표가 있어야 그것을 달성하기 위한 단계를 밟아가고 결정을 내릴 수 있으니까요.

중재자는 희망, 꿈, 갈망 등 원하는 것을 스스로 깨닫게 해줍니다. 내가 무엇을 중요하게 생각하는지 스스로 좀 더 분명한 확신을 갖게 돕는 거죠. 이처럼 원하는 대상을 확실히 아는 것은 꿈꾸기만 하던 삶을 현실로 만들어가며 목표를 세우기 위한 첫 단추입니다. 실제로 구체적인 목표를 세우면 방법은 저절로 따라오게 돼 있어요. 그러므로 좋은 중재자란 이렇게 생각할 수 있는 계기를 마련해주고 스스로 무엇을 원하는지 알아갈 수 있도록 도움을 주는 사람입니다.

이런 역할을 할 수 있는 것은 중재자뿐만이 아니에요. 가깝게 지내는 친구들도 이런 부분에서 도움을 줄 수 있습니다. 누구나 지금보다 나아지고 발전하고 싶어 합니다. 이럴 때 열린 마음으로 받아들여주는 친구들은 도움이 돼요. 공감해주고 이해하며 감정이나 몸짓의 미묘한 변화까지 알아차리면서 상황을 객관적인 시선으로 봐주니까요. 또한 솔직한 의견도 말해주는데, 이들이 던지는 질문은 문제 해결의 실마리가 되기도 합니다.

한편 그냥 편안한 에너지를 가진 친구들도 있어요. 이런 친구와 함께 있으면 어쩐지 편안해지고 긴장이 풀려 좀 더 진지하게 생각할 수 있게 됩니다. 이들이 특별히 뭔가를 해서가 아니라 그들의 편안한 파장이 와 닿았기 때문이에요.

운전하다가 길을 잘못 들었을 때, 저는 가장 먼저 차 라디오를 끕니다. 긴장 상태에서는 음악도 거슬리는 데다 길을 찾으려면 집중해야 하는데 그러려면 조용해야 하니까요. 이런 부분에서 중재자나 좋은 친구들이 도움을 줄 수 있습니다. 즉, 조용히 집중할 수 있는 시간을 만들어주는 거죠.

중재를 받는 것에는 여러 장점이 있어요. 특히 이별과 관련된 모든 사람을 더 잘 이해할 수 있게 되는데, 이는 앞으로 미래를 만들어가는 데 특히 도움이 됩니다. 중재는 향후 몇 년간 적용될 결정을 내리는 것이 아니라, 장기적으로 반영될 전반적인 틀을 만들어가는 과정이에요. 다시 말해, 이별한 직후인 지금 바로 결정하는 것이 아니라, 일단 한두 달쯤 생각해본 뒤에 다시 검토하고 수정하며 결론을 만들어가는 거죠.

내가 무엇을 원하는지 스스로 분명히 알려면 조용하게 집중할 시간이 필요한데, 이는 문제를 해결하기 위해 꼭 필요한 시간입니다. 그렇기 때문에 누구에게 어떤 조언을 받는지가 중요해요. 다음처럼 건설적이지 않은 조언도 있거든요.

- 힘들게 이혼했던 누군가가 당신에게 겁을 주고 있지는 않나요?
- 이혼 후의 아이 양육에 극도로 방어적인 사람이 있나요? 이런 사람은 아이 아빠를 양육에서 제외시키라고 조언할 것입니다. 그래야 더 편하다면서요. 이런 사람은 혼자가 아닌 둘이서 결정하면 반드시 '문제'가 생긴다고 말합니다(부모 중 한쪽만 양육하는 것은 당장은 큰 어려움이 없다 해도 장기적으로 아이들의 정서에 좋을 리가 없지요).
- 변호사가 서류상 표현에 집착하면서 모두를 질리게 하지는 않나요?("실제로 중요한 건 아닌데, 서류상 이런 표현을 꼭 넣어줘야 해요"

라는 식으로 말하는 겁니다)

거센 바람이 몰아치듯 상황에 대처하기 힘들고, 대화나 의지만으로 상황을 바꿀 수 없다면 경험 많은 변호사의 보호를 받을 필요가 있어요. 중재자 역할을 위해 추가교육을 받은 변호사도 많습니다.

하지만 흔히 생각처럼 이혼 과정이 큰 분쟁으로 이어지는 경우는 드물어요. 지금은 몹시 격한 감정이지만 시간이 지나면 누그러질 수도 있으니까요. 이혼을 결정한 순간에 불기 시작한 폭풍이 가라앉고 나면 두 사람 모두 다시 얼마간 평정을 되찾습니다. 하지만 내가 흔들리고 감정을 주체하지 못하면 상대도 영향을 받아 둘 다 차분해지기 어렵죠.

차분함을 유지하게 되면 감정기복이 잦아들 뿐 아니라 상대도 마음을 다잡기가 훨씬 수월해집니다. 안정을 찾고 마음을 챙기려는 노력은 대부분 좋은 결과로 이어져요. 물론 그렇다고 감정을 억누르라는 말은 아닙니다. 감정을 진심으로 느끼고 표현하는 것은 당연히 중요하지요. 다만 어떤 어조로 말하는지가 문제입니다. 예를 들어 "글쎄, 내가 통제력은 당신보다 훨씬 낫지. 그냥 딱 봐도 그렇잖아?"라는 등 거만한 말투로 이야기하면 상대도 똑같이 강하게 반응하게 마련이니까요.

우리 마음속에는 주변 사람들을 이해하고 생각하는 따뜻한 마음이 있어요. 스스로도 그 마음을 느껴야 서로를 존중하며 대할 수 있습니다.

모든 이별은 하나의 시험

지금까지 배우고 새롭게 알게 된 것을 이별 과정에서 실천해볼 수 있을까요? 당신은 이별 과정에서 어떻게 행동할까요? 무슨 말을 하나요? 지금 당신의 행동방식은 만족스럽나요, 아니면 나중에 부끄러워질 것 같나요? 스스로 관대한 사람이라고 생각하나요, 아니면 사소한 문제를 놓고 너무 진지하게 싸우고 있는 것 같습니까?

차별받거나 불이익을 봤다고 생각되면 전혀 중요하지 않은 일로도 한참 열을 올릴 때가 있어요. 그런데 알고 보면 이처럼 사소한 일에 중요하다고 생각한 가치를 투영했기 때문에 민감하게 반응하는 경우가 많습니다.

"그 예쁜 와인잔 어딨어? 당신 그것도 챙겨간 거야?"

전화기 너머로 들려오는 그의 목소리에서 짜증이 묻어났습니다.

"나한테 없어. 원하면 여기 와서 찾아보든지. 짐 챙기다가 실수로 들어갔을 수도 있으니까."

그녀는 그 와인잔이 자기에게 없다고 확신했어요. 함께 살던 집에서 짐을 챙길 때 하나만 있는 물건은 애초에 챙기지 않았고, 두 개씩 있던 물건 중에서도 낡은 쪽만 가져왔거든요. 그가 이런 시시콜콜한 것까지 따지고 집착하는 사람이라는 걸 알았기 때문에 그랬죠. 더 좋은 물건을 가지려고 굳이 자존심 싸움을 하고 싶지도 않았고요. 25분 후 초인종이 울렸습니다. 문을 열자 어쩐지 지치고 혼란스러워 보이는 그가 서 있었습니다.

당연히 와인잔은 집에 없었어요. 잠시 후 그는 그 자리에 서서 어깨를 구부리고 눈물을 흘리며 말했습니다.

"내가 찾으려는 건 사실 와인잔이 아니야. 난 네가 그리워."

그 말을 하고 나서 잠시 서로를 안고 있다가, 이윽고 남자는 집을 떠났어요.

사실 사랑을 떠나보내는 시기에 가장 어려운 일 중 하나는 이처럼 극단적인 감정의 기복을 극복하는 거예요. 이럴 땐 쉽지 않지만 이성적으로 생각하려는 자세가 큰 도움이 될 수 있습니다. 이성이 극단적인 감정에 차분함이라는 한 줄기 바람을 불어넣어줄 수 있거든요.

이제 상대가 무언가에 집착하는 경우, 그에게 양보할 수 있을 만큼 당신이 관대한 사람인지 생각해봅시다.

관대함이라는 선물

저희는 이혼하기 2년 전에 이탈리아에 있는 오래된 별장을 한 채 샀습니다. 남편은 그 집을 보자마자 한눈에 반했는데, 사실 저는 그다지 마음에 들지 않았어요. 조금 초라해 보이기도 했고, 오랫동안 사람이 살지 않은 집이라 손봐야 할 곳도 많았거든요. 하지만 많은 시간을 들여 개조하고 정성껏 가꾸어 결국 아늑한 집으로 만들었습니다.

남편은 이혼을 결정하자마자 한 식당에서 만나자 하더니, 대뜸 그 집은 자기가 갖겠다고 했습니다. 그 말을 들으니 눈물이 났어요. LA

집에서 나온 지 딱 일주일밖에 안 됐을 때였어요. 지금은 결정할 수 없겠다고 말하고 식당을 나오는데 너무 슬펐습니다. 열심히 쓸고 닦았던 그 집의 문과 바닥을 생각하니 눈물이 났어요. 그 집을 꾸미려고 페인트 색을 골랐던 때를 생각해도, 집에 남기고 온 온기를 생각해도 눈물이 났지요.

한바탕 울고 나니 그 집을 남편에게 주었을 경우의 장점이 생각나더라고요. 그때까지는 집안 관련 세세한 부분까지도 오롯이 혼자 관리했는데, 남편에게 주고 나면 더는 신경을 쓸 필요가 없을 테죠. 그리고 만약 그 집에 가고 싶으면 남편에게 말하고 쓰면 되는 거였고요. 오히려 감사할 일이었어요.

다음날 아침, 그에게 전화를 걸어 그 집의 소유권을 주겠다고 했어요. 제가 집에 들인 시간과 애정을 익히 알았던 만큼, 그도 참 멋진말을 해주더라고요. "당신의 모든 흔적이 아름다워"라고 말이죠.

모든 이별에는 항상 선택이 동반됩니다. 저희 부부가 이혼할 때도 그랬어요. 중재인이 있기는 했지만, 그분이 할 일은 별로 없었어요. 분명히 짚고 넘어갈 부분들에 대해 우린 이미 차분하게 이야기를 나눈 상태였거든요.

우리가 살았던 미국 캘리포니아 주에는 10년 이상 결혼생활을 한 부부가 헤어질 때는 수입이 더 적은 쪽에게 평생 생활비를 보장해야 한다는 법이 있어요. 우리는 16년간 살았기 때문에 이 법에 해당되었습니다. 남편은 잘나가는 사람이고 수입도 좋았기 때문에 저는 평생 일하지 않아도 안락한 생활을 유지할 만큼의 생활비를 받을 권리가 있었어요.

하지만 저는 그것을 거부했습니다. 제 기준에 옳다고 생각되지 않았거든요. 변호사는 말렸지만 그래도 제 의견을 끝까지 밀고 나갔고, 수많은 이혼 서류에 그 권리를 포기하겠다고 서명해야 했죠. 그것 말고도 변호사의 조언을 따르지 않은 부분이 많아 결국 변호사는 수임을 포기했어요.

당시 저는 다른 사람에게 조언을 구하지 않았어요. 대신 제 안에서 스스로 해답을 찾았지요. 그런 상황에 대처할 수 있는 다양한 방법이 있다는 것도 알았고, 남의 말을 따르기보다는 우리 둘에게 딱 맞는 방법을 택하고 싶기도 했거든요. 그래서 그 권리를 포기하는 것이 우리 모두에게 공평한 방법이며, 많은 것을 바라는 것은 욕심이라고 생각했어요. 아무리 법적 자격이 있다고 해도 말이죠. 또한 이혼 후 한쪽이 상대를 너무 오랫동안 금전적으로 지원하는 것도 관계에 좋지 않다고 생각했습니다.

물론 모든 사람이 저처럼 해야 한다는 말은 아닙니다. 이혼 시점의 나이, 이혼 후 경제활동을 할 능력이 있는지 여부 등도 고려해야겠죠. 하지만 저는 이혼 당시 45세였고 그때도 일을 하고 있었으니까요.

서로에게 관대하게 행동한 덕분에 우리는 이혼하고 나서도 계속 친구로 지냈고 서로에 대한 신뢰도 잃지 않았어요. 전남편은 경제적으로 이용당했다는 느낌을 받지 않았고, 저도 당당할 수 있었던 거지요.

공평하거나 옳다고 여기는 가치를 무시하고 복수심으로 상대를 대하면 둘 사이의 우정은 이어지기 힘듭니다. 반대로 상대가 복수심

때문에 나를 무시한다고 느껴지면 굉장히 슬프고, 앞으로도 공정하게 행동하리라는 기대가 없으니 더 이상 그를 믿을 수 없겠죠. 하지만 이와는 다른 상황도 있어요.

결혼한 지 20년 된 그녀는 15년 전 직장을 관두었고, 이제는 이혼을 하려고 합니다. 두 딸은 엄마 아빠 집을 오가며 지내기로 했어요. 어느덧 이혼 절차는 잘 마무리됐고 남편은 매달 적잖은 액수의 생활비를 보냈습니다. 하지만 다시 직장을 구하는 건 정말 어려웠어요. 1년 정도 버티다 보면 분명 일자리를 찾을 수 있겠지만, 당장에 생활이 빠듯한 것이 문제였습니다. 남편은 아내가 재정적인 어려움을 딸들에게 감추고 싶다는 걸 알았어요. 자신은 경제적으로 여유롭게 생활하면서 딸들과 휴가도 가는데 전처는 그러지 못한다는 생각을 하니 마음이 불편했어요. 이혼을 했거나 미혼모로 아이를 키우면서 경제적 어려움을 겪는 여성에 대한 글을 읽을 때면 더욱 심난해졌죠.

그의 가장 친한 친구는 전처에게 돈을 주면 안 된다고 했어요. 그러면 자연스럽게 경제적 도움을 기대하고, 열심히 일하려는 마음이 줄어들어 평생 의지하게 될 거라면서요.

이 말에 그는 "우리 애들 엄마야!"라며 발끈했지요. 그녀는 성실하고 목표를 향해 우직하게 나아가는 사람이니 분명 잘해낼 거라는 걸 알고 있었거든요. 그렇지만 지금은 분명히 도움이 필요한 상황이었죠.

"그럼 그냥 돈을 빌려주면 되잖아." 친구가 말했습니다.

"아니, 그건 내가 싫어. 나도 능력이 있고, 그 사람이 돈을 안 갚아도 상관없어. 그리고 그 사람도 애가 아냐. 대출하는 법 같은 건 가르쳐줄 필요 없다고."

진실이 드러나는 순간

외도로 인해 이혼하는 경우에는 이별의 슬픔에 상대에 대한 배신감이 더해져 특히 극으로 치닫기 쉬워져요. 저는 젊었을 때 그런 상황을 겪으며 그럴 땐 어떻게 행동해야 하는지 배웠습니다. "그걸 왜 나한테 말해!"라고 말하는 거죠. 당시 남자친구는 바람피운 사실을 털어놓으며 안도하는 눈치였어요. 이제 거짓말을 안 해도 되니 무거운 짐을 내려놓은 듯 홀가분했겠지만, 반대로 전 가슴에 돌을 얹은 듯 무거워진 거죠. 몇 년이 지나 20대 중반이 되어서야 그런 상황에 제대로 대처할 수 있게 되었습니다.

그러면 이제 중년의 나이가 된 지금은 이런 상황에 어떤 조언을 할까요?

저는 조언을 하지 않습니다. 항상 서로에게 솔직해야 한다고 믿지만, 때로는 그런 솔직함이 무엇보다 상처를 줄 때도 있거든요. 상대의 '하룻밤 실수'까지 낱낱이 알아야만 하는 건 아니니까요.

상대가 있는데 바람을 피우는 사람은 지금 자신의 행동을 깊이 생각해볼 필요가 있어요. 그저 하룻밤일 뿐이었다고 은근슬쩍 넘어갈지, 아니면 확실하게 정리할 것인지 생각해보는 거죠. '무엇을 위해' 그런 행동을 했는지도 생각해야 합니다. 그도 그런 행동을 한 나름의 이유가 있겠죠. 일단 바람을 피운 경험이 어땠는지 생각해봅니다. 외도해보니 알게 된 것이 있었나요? 이제야 살아 있다는 기분이 들었나요? 아니면 새로움을 즐기고 싶었나요? 혹시 그런 행동을 통해 슬픔이나 좌절, 결핍 등 어두운 감정을 감추려 했던가요? 파트너에게 복수하고 싶었던 건 아니고요? 외도 사실을 들켜 헤어지고 싶었던 것은요? 아니면 사는 게 너무 지루하던가요? 혹은 헤어지고 싶다는 생각에 다른 사람을 만나면 기분이 어떨지 시험해봤나요?

파트너가 외도한 경우라면 당연히 그 상대가 있겠죠. 하지만 여기서 핵심은 '라이벌'이 생겼다는 것이 아닙니다. 물론 그 바람 상대가 우리 관계를 방해했고, 내 파트너를 유혹하려 했다는 사실은 분명해요. 그렇지만 어쨌든 그 유혹에 넘어간 건 내 파트너라는 그 사실이 중요한 거죠. 즉 누구와 바람을 피웠는지는 상관없고, '내 파트너'가 바람을 피운 게 문제라는 것입니다. 간혹 파트너가 아닌 바람 상대에게 책임을 물으려는 사람도 있어요. 아마 자기 동반자를 사랑해서, '그 사람은 어쩔 수 없었어'라며 쉽게 용서하려는 마음에서 비롯된 행동일 것입니다.

하지만 '어쩔 수 없었다'는 건 말이 안 되죠. 외도했다는 건 그도 적극적으로 행동했다는 것 아니겠어요? 용서하고 안 하는 것은 자유더라도, 어쨌든 파트너가 바람을 피운 사실은 부정할 수 없지요.

이혼 후 파트너가 그 바람 상대와 결혼하거나 함께 살면 내 아이들과도 함께 지내게 되고, 그러면 우리 가족 문제에도 관여하게 됩니다.

그 모습을 받아들이려면 정말 마음이 넓어야 해요. 파트너의 애인과는 정말 불편한 관계지만, 그래도 마음 편히 지낼 수 있는 방법이 하나 있는데, 바로 사과입니다.

사과는 다친 마음을 치료하기에 아주 효과가 좋은 약입니다. 그렇지만 제대로 사과할 수 있는 사람은 사실 거의 없죠. 남편과 바람을 피운 애인은 "내가 잘못한 거 나도 알아. 하지만 어차피 행복하지 않은 결혼이었잖아" 혹은 "하지만 당신 부인도 전에 바람피운 적이 있었다면서 왜 나한테만 그래?", "그 여자가 나랑 무슨 상관인데?", "내가 잘못한 거 알아. 그런데 사랑하는 걸 어떡해!" 등등의 말을 할 수도 있어요.

그 말이 사실일 수도 있겠지만, 어쨌든 바람을 피워 다른 사람의 마음을 아프게 했지요. 그렇다면 최소한 사과 먼저 하는 게 맞지 않을까요?

상황을 바꿔서 생각해봅시다. 남편이 외도 중임을 알게 된 아내라고 상상해보는 거죠. 그런 일이 벌어졌는데도 자신은 아무것도 모르고 있었어요. 그야말로 배신을 당한 것이죠.

하지만 역사는 반복됩니다. 전남편의 불륜 상대가 결국 여친이 되고 아내가 되었듯이, 그 앞에는 또 다른 불륜 상대가 나타납니다. 남자가 이런 과정에서 아무것도 배우지 못했다면 분명히 다시 바람을 피울 테니까요. 그리고 똑같은 상황에 놓이면 자기가 남자의 전처에게 얼마나 몹쓸 짓을 했는지 비로소 뼈저리게 느낄 것입니다. 그러면 이제 그녀가 풀어나가야 할 영혼의 숙제가 되었지만, 쉽게 풀 수는 없을 거예요.

만약 이미 파트너가 있는 상대와 사랑에 빠지면 어떻게 해야 할까요? 아니면 반대로 당신에게 파트너가 있는 경우라면? 가끔은 사랑에 빠져 지금까지의 삶을 버리고, 다른 이가 직접 개입하기 전에는 그 상태에서 벗어나지 못하는 경우도 많아요. 반대로 새로운 사랑을 통해 지금 자신에게 무엇이 부족한지를 깨닫는 경우도 있지요. 그러면 그 사랑을 통해 자신에게 없는 부분을 충족시키고 더 행복해질 기회를 잡으려고 합니다.

바람? 새로운 사랑? 아니면 불장난?

어떤 사람을 새로 알게 되었을 때, 이 사람과 관계를 맺고 싶은지 아닌지는 일찌감치 판단할 수 있어요. 만약 새 사랑을 찾기보다는 일단 지금 상황을 정리하는 게 우선이라고 판단되면, 적어도 당분간은 새로운 사랑이 생겨날 가능성 자체를 차단하는 것이 합리적입니다.

두 번째 결혼생활 동안, 명상 모임에서 한 남자를 알게 되었고 그에게 약간 끌렸어요. 그 사실을 알아차린 후로 다시는 그 모임에 가지 않기로 했습니다. 당시의 결혼생활은 충분히 힘들었고, 더 문제가 생기는 것은 원하지 않았으니까요.

몇 년 후 이혼하는 과정에서 어렸을 때 사귄 남자친구와 짧은 통화를 하게 되었어요. 이때도 끌림을 느꼈고 만나보고 싶었지만, 이혼이 완료되지 않은 상황이라 만남을 미루었습니다. 이혼 절차가 끝나고 그 슬픔까지 정리한 후에야 제대로 연락하기 시작했죠.

이 사례의 경우, 발전 가능성이 있다 해서 그 관계를 무작정 따라가지는 않겠다는 의지가 있었습니다. 새로운 관계에 대한 아름다운 상상을 계속하다 보면 그에 대한 마음이 순식간에 걷잡을 수 없어지거든요. 물론 그 생각을 그만두면 금방 다시 진정되지만요. 이런 생각이 드는 이유는 탈출하려는 마음이 얼마간 있어서입니다. 관계나 이별로 힘든 지금을 잠시 떠나 아름답고 새로운 관계를 생각해보는 거죠. 만약 새로운 사람을 만나더라도 이는 우리가 할 수 있는 수많은 선택 중 하나에 불과합니다.

매력적이고 흥미로운 사람을 새로 알게 되었다고 생각해봅시다. 그를 만나면 집에 가만히 있을 때보다 분명 즐거운 시간을 보낼 수 있겠지요. 또 서로 관심 있다는 것을 알면, 밀어내지 않고 서로를 유혹하기 시작할 테고요. 불장난으로만 남을 수도 있지만, 그걸 알면서도 이미 위태로이 흔들리는 기존 관계는 잊고 새로운 상대와 서로를 유혹하는 상황을 즐기는 겁니다. 생각은 온통 새 사람을 중심으로 돌아가고, 이 관계가 어떻게 이어질까 이런저런 즐거운 상상을 하지요. 그것도 매일같이, 하루에도 수십 번씩 말이에요.

불장난이 아니라 정말로 서로 사랑에 빠진 경우도 있습니다. 둘 다 이미 기혼일 수도 있겠지요. 이런 경우에는 마당 한쪽에서 시작된 작은 불꽃이 집 전체를 태워버릴 만큼 커질 수 있습니다.

사랑에 빠진 두 사람은 새로운 사랑, 긴장감, 비밀스러운 느낌을 즐깁니다. 가끔 새로운 시도도 해보고, 비밀스러운 일도 하지요. 새로운 신체를 탐험하고, 오래전 잠들어 있던 정욕을 다시 깨웁니다. 또, 상대방의 새로운 향기와 감각에 취하지요.

그러면서 거짓말과 비밀은 점점 더 커집니다. 창고는 이미 활활 타고 있고 이제는 순식간에 집으로 번질 것만 같습니다. 어떤 이유가 됐든 이런 상태에서 빠져나오려면 집과 창고 사이에 선을 그을 게 아니라 일단 창고에 붙은 불부터 꺼야겠죠. 계속 거짓말하고 상대를 속이는 동안 어느새 불은 더 활활 타올랐을 테니까요.

그러면 다른 방법은 없을까요?

사랑에 빠지면 우리 스스로도 그 사실을 깨닫습니다. 그럼 곧바로 붙을 붙이기보다 일단 손에서 성냥을 내려놓고 이야기해봅시다. "당신을 사랑하는 것 같아요. 당신을 계속 사랑하려면 거짓말을 해야 해요. 하지만 우리 관계를 거짓말로 시작하고 싶지는 않아요"라고 말하는 거예요. 분명하게 터놓고 이야기하면 상대가 내게 진심인지, 아니면 부담을 느끼고 겁먹는지를 금방 알아차릴 수 있어요. 만약 후자라면 더 잘된 거예요. 그렇다면 그냥 자연스럽게 정리하면 되니 문제가 확실히 작아지죠. 그런데 만약 상대가 걱정보다는 흥미를 느낀다면, 더 자세하게 이야기를 해봅니다. "일단 내 관계부터 먼저 정리해야 할 것 같아요. 당신은 어때요? 아무래도 정리하고 깔끔하게 시작해야 미래를 위해서도 좋잖아요. 나는 3개월 정도 걸릴 것 같은데, 당신은요?"

이런 식으로 해볼 수 있습니다. 이렇게 터놓고 대화하고 정리하기로 약속하면 거짓말하지 않아도 된다는 장점이 있어요.

그렇지만 일단은 이 새로운 관계를 비밀로 이어가고 싶은 사람도 있습니다. 막상 만나보면 서로 잘 맞지 않을 수도 있고, 기존 관계가 서로 이별을 생각하는 상태라도 재결합해 잘 지내는 것이 낫거나 혹은 더 '안전'하다고 생각될 수도 있어요. 새로운 관계를 시작했다가 만족스럽지 못하면 아무 일 없었다는 듯 원래 생활로 돌아가려는 것입니다.

우리는 각자 원하는 방식대로, 각자 아는 만큼, 그리고 무엇을 실천할 수 있는지에 따라 관계를 만들어갑니다. 잘될 때도 있고, 다소 아쉬울 때도 있지요. 관계란 혼자가 아니라 두 사람이 함께 만들어가는 것이니까요. 가끔 '신뢰'를 그다지 중요하게 여기지 않는 커플들도 있어요. 하지만 그러려면 신뢰에 대한 두 사람의 생각이 같아야겠죠. 한 사람만 괴롭고 다른 사람은 아무렇지 않다면 건강한 관계라고 볼 수 없으니까요.

또 이런 말도 자주 합니다.

"사랑은 자유로운 거야"

이건 무슨 뜻일까요? 이혼 얘기가 나오자마자 곧바로 서류에 도장을 찍겠다는 거죠. 사랑하는 사람이 더 이상 나를 사랑하지 않고 함께하고 싶어 하지도 않는다면 놓아주어야 한다는 말이기도 합니다.

이런 관점에서 그 사람을 계속 사랑하는 것은 나의 자유지만, 그가 꼭 나를 다시 사랑해줄 필요는 없어요. 그 사랑이란 상대가 나를 사랑하는 것이 아니라, 내가 사랑하는 사람을 사랑하는 것이니까요.

한번은 만나던 남자가 저 말고 다른 여자와 섹슈얼한 관계를 가져보고 싶다고 이야기한 적이 있었어요. 그 사람을 놓아줬죠. 하지만 현실은 그가 상상한 것과는 달랐습니다.

그는 제 눈을 깊이 들여다보며 자기는 항상 여자를 두 명씩 만났다고 말을 했습니다. 25년간 만나온 오랜 연인이 한 명 있고, 그러면서 항상 새로운 사람도 만났다고 했어요. 그리고 '새로운 사랑'은 이런 연애 방식을 받아들여야 했고요. 예전에 힌두교 스님이었던 그는 '자유로운 사랑'을 저와 다르게 이해하고 있었어요.

저는 빙긋 웃으며 말했어요. "참 실용적이네요. 한쪽이랑 문제가 있으면 다른 사람을 만나 위로받으면 되니까요. 하지만 나는 그런 식으로 문제를 해결하지는 않아요."

관계를 어떻게 만들어갈지는 당연히 우리 몫입니다. 그리고 이때 중요한 것은 그 관계가 사회적으로 기대되거나 허용되는 것이냐가 아니라, 건강한 관계인지 아니면 해로운 관계인지, 혹은 비밀스러운 관계인지, 공개적인 관계인지에 대한 것이죠. 비밀이 생기면 상대를 속일 수 있는 여지가 더 늘어나거든요.

그녀는 15년 전부터 유부남과 만남을 이어왔고, 그 상태를 유지하고 싶습니다. 상대의 결혼을 망칠 생각은 결코 없고요. 지금 이 상황에 만족하거든요. 6주마다 한 번씩 멋진 호텔에서 그를 만났고, 남자는 부인에게 친구들과 골프를 치러 간다고 이야기했어요. 그녀는 회사와 결혼했다고 할 정도로 일을 사랑하는 사람이었습니다. 그래서 그와 매일 함께하고 싶지는 않았죠. 남자를 사랑했고, 그 사실에는 의문의 여지가 없었으며,

그의 아내를 단 한순간도 질투하지 않았어요. 함께하는 15년간 남자는 여자의 집에 놀러 온 적이 없었습니다. 그녀의 친구들도 만난 적이 없었고, 여자도 남자의 아이들을 만나본 적이 없었어요. 이들은 남자의 결혼생활에 대해선 전혀 말하지 않았죠. 이번 주말에는 젊은 연인들처럼 아무런 걱정 없이 즐거운 시간을 보냈습니다. 그녀는 남자의 부인에 대해서는 생각하지 않았지만 어떤 식으로든 이 관계를 알고 있을 거라고 짐작했지요.

몇 년 후 남자는 이혼했어요. 그러면서 그녀는 공식적인 여자친구가 되었습니다. 처음에는 '여자친구'라는 단어를 거부했지만, 문득 이전에 아쉬웠던 점들이 생각났죠. 언제든 보고 싶을 때 전화할 수 있는 관계에서 나오는 친밀함이 없었거든요. 두 사람이 가끔 함께 생활할 공간도 없었고요. 뒤늦게야 아이들과도 만나게 되었죠.

남자는 그녀를 새로운 여자친구라고 소개했어요. 두 사람 모두 전보다 좀 더 편안해졌다는 생각이 들었습니다.

가끔 남편의 관심이 다른 데 가 있어야 안심이 되는 여자들이 있습니다. 다른 여자가 있어도 조용하고 비밀스럽게 만나고, 그 관계가 부부생활에 직접적인 영향을 미치지 않으면 용인할 수 있다고 생각하지요. 이런 사람들은 여러 이유로 기혼이라는 상태를 유지하고 싶어 합니다. 겉으로는 사랑하는 부부(물론 가끔은 실제로도 그렇죠)지만 내밀한 삶은 따로 있는 거지요.

이런 경우 대부분 상대방의 외도로 인한 아픔을 치유하는 과정을 겪게 됩니다. 자존감과 상대에 대한 신뢰가 깎이고, 자신이 우스워진 것 같고, 매력이나 특별함이 없는 사람으로 느껴지는 등 많은 생

각이 오가거든요. 그리고 '눈치도 못 채다니, 난 얼마나 멍청한 걸까'
라며 자책하지요.

도대체 왜 이런 일이 일어난 걸까요? 이런 상황에 좋은 점이 있긴
할까요?

"좋은 점이 뭐가 있겠어요. 며칠을 엉엉 울었어요. 제 결혼생활은
완전히 망했어요. 아이들도 엄청나게 상처를 받았고요. 그것들 성병
이나 지독하게 걸렸으면 좋겠어요"라고 말하는 사람도 있지요.

하지만 그럼에도 장점은 분명히 있습니다. 모든 위기는 우리의 정
신을 깨우고, 이별과 이별의 아픔을 치유해가는 과정은 자신을 돌아
볼 기회가 되거든요. 위기는 스스로 얼마나 성장했는지 알아볼 수
있는 시험일 뿐 아니라, 지금까지 흐지부지 넘겼던 모든 것을 분명
히 직시할 수 있게 해주는 기회이기도 해요. 그뿐만 아니라 내가 지
금 어떻게 살고 있고, 앞으로 어떤 삶을 살고 싶은지 확실히 깨닫게
해줍니다.

영혼의 차원에서 이런 아픔은 '언제나' 좋은 일이에요. 그 사람과
헤어져야 마땅했다는 것을 어떻게 확신할 수 있을까요? 헤어졌기
때문에 확신할 수 있지요. 그럼 그 관계가 끝날 수밖에 없었다는 건
어떻게 알까요? 더 이상 관계를 이어가지 않았기 때문에 알 수 있는
겁니다.

우리가 현실에 손을 댄 것이 아니에요. 현실이 눈 앞에 펼쳐진 거
죠. 내가 바람을 피웠든 상대가 피웠든, 불륜 때문에 이혼하게 됐고,
그 현실이 마음을 괴롭히거나 이혼 과정에서 비로소 밝혀지는 경우
라면 외면하지 말고 자세히 바라봐야 합니다. 그러면 내가 그 일로

부터 무엇을 배웠는지 알 수 있어요.

　　어머니와 할머니의 지극한 사랑을 받은 그는 버릇없는 아이로 자랐습니다. 잘못해서 어머니나 할머니 중 한 사람에게 혼이 나도 항상 다른 쪽이 위로를 해주었거든요. 적어도 그가 기억하는 한에는 그랬습니다. 성인이 된 그는 사랑에 위기가 닥치면 언제나 자동으로 위로받고 싶어졌어요. 어머니와 싸우면 몰래 할머니 집으로 갔던 것처럼, 자신을 위로해줄 사람을 찾았던 거죠. 그러니 계속 바람을 피우게 됐고, 연애할 때마다 상대와 심한 감정싸움을 했어요.

　자신이 관계를 맺는 방식을 깊게 생각해보고, 계속 같은 패턴이 반복된다는 것을 깨닫고 나서야 그는 비로소 그런 행동을 멈추었습니다.

　바람을 피우는 데는 항상 이유가 있어요. 다른 사람의 인정을 받고 싶어 습관적으로 그러는 사람도 있고, 배우자와의 사랑은 이미 식은 지 오래라 단지 부모 역할만 하는 부부생활에 지루함을 느껴 그러기도 합니다. 만약 자신이 바람을 피웠다면 그 이유를 생각해보세요. 예를 들어 성적인 긴장감을 원했던 건지, 바람 상대의 어떤 점이 좋았던 건지, 왜 바람을 피우겠다고 결정한 건지 등을 생각해볼 수 있겠죠.

외도에 대한 질문

상대가 바람을 피웠다면, 그 이유는 무엇인가요?

당신은 상대의 외도를 용인하거나 혹은 이미 알고 있었나요?

그것을 이해할 수 있나요?
(동의하느냐가 아니라 상대의 마음을 짐작하고 이해할 수 있느냐는 질문입니다)

당신이 바람을 피웠다면, 그 이유는 무엇이었나요?

바람을 피운 목적은 무엇인가요?

상대의 외도 이유가 진심으로 궁금하다는 것은 기꺼이 그 문제에 관해 대화할 의향이 있다는 뜻입니다. 물론 화나는 일이지만, 이유를 알아보려는 노력 없이 비난만 하면 문제는 해결하기 더 어려워집니다.

이별에도 의식이 필요하다

약혼과 결혼은 축복하는 의례가 있지만, 이혼이나 이별할 때는 아쉽게도 그렇지 않지요. 하지만 헤어질 때도 의식을 치를 필요가 있다고 생각합니다. 우선 아이들 없이 부부만의 의식을 치를 수도 있어요. 두 사람만의 깊은 감정이나 친밀함은 헤아리기 어려울 정도일 수 있거든요. 물론 가족끼리 이별 의식을 치르는 것도 언제나 추천할 만한 일입니다.

의식을 통한 성공적인 이별, 이혼식

이별 의식을 치르면 헤어진 후 관계가 잘못 흘러가는 것을 방지할 수 있습니다. 함께 의식을 계획하고 열린 마음으로 준비해가는 과정이 마음 정리에 지대한 도움이 되거든요. 이는 두 사람에게도, 가족 모두에게도 도움이 됩니다.

저도 전남편과 이런 '이혼식'을 치른 적이 있어요. 함께 결혼반지를 빼고 서로가 함께한 시간에 감사를 표했지요. 함께 울기도 하고 서로를 오랫동안 안아주었으며, 항상 서로를 위해 그 자리에 있어 주자는 약속도 했어요.

한편 결혼 전에 약혼하는 것처럼, 이혼을 약속하고 별거하는 부부들도 봤습니다. 약혼식을 했듯이 친구와 가족 앞에서 이혼식을 치르는데, 결혼식에 하객으로 왔던 사람들도 손님으로 참석했다고 해요.

함께 결혼반지를 호수에 던지는 부부도 있었어요. 서로에게 반지를 돌려준 부부, 반지를 녹여 아이들을 위한 작은 액세서리로 만든 부부도 있었지요.

함께 이별을 기념하는 의식을 치른다는 것은 함께한 과거와 따로 가게 될 서로의 미래를 두 사람 모두 소중하게 생각한다는 사실을 보여줍니다. 결혼식을 준비할 때처럼, 이혼식을 준비하면서도 함께 시간을 보내지요. 그러면서 지금까지 함께한 동안 서로의 어떤 점이 좋았고 소중했는지를 들려주기도 해요.

결혼식과 마찬가지로 이혼식도 천천히 준비하면서 소중하고 특별한 순간을 만듭니다. 두 사람이 함께한 시간은 별 의미 없고 아무래도 상관없는 시간이 아니었으니까요. 이를 통해 두 사람뿐 아니라 그 자리에 초대받은 모든 사람이 서로를 존중하고 있다는 느낌을 받습니다. 이런 점을 과소평가해서는 안 돼요. 이미 헤어진 지 오래된 경우라도 함께한 시간이 정말 소중했다고, 후에 이야기해줄 수 있어요. 시간이 지난 뒤 해결되고 치유되는 일도 많으니까요.

이별 의식은 결혼생활에 함께했던 모든 사람과 가족의 상황에 맞취 치를 때 가장 효과적입니다. 이별 의식을 치를 때는 상대가 어떻게 받아들일지 참작하는 것이 중요합니다. 가령 계획적이고 체계적인 삶을 사는 사람이라면 이혼식 제안은 수용하기 힘들 수 있죠. 이런 경우라면 우선 관심이 있는지를 물어봅니다. "이혼식을 통해 우리가 함께했던 시간을 기념하고 싶은데 어떻게 생각해?"라는 식으로 넌지시 물어보는 거지요. 일단 이렇게 묻고 상대에게 생각할 시간을 주는 것입니다.

내게는 이별 의식이 그다지 이상할 게 없지만, 상대로서는 정말 이해하기 어려운 행동일 수도 있거든요. 만약 상대가 그런 것 같으면, 좀 더 쉽게 다가갈 수도 있어요. 그냥 솔직하게 "지금까지 함께해 줘서 정말 고마웠어. 너와 함께한 시간은 뜻깊은 시간이었고, 너는 내 인생에서 정말 중요한 사람이야"라고 말하는 거지요.

아이들과 함께 이혼식을 치른다면 앞으로의 가족생활에 중점을 둬야 합니다. '엄마와 아빠는(또는 그 외 다른 사람들도) 항상 너희와 함께할 거야. 우리는 영원히 한 가족이야'라는 인상을 심어주는 거지요. 가끔은 가족이라는 징표를 만드는 것도 도움이 됩니다. 비슷한 팔찌를 나눠 차거나, 작은 조각품, 같은 무늬 티셔츠 등 아이들의 나이에 맞춰 가족을 상징하는 물건을 만들어 의식 도중에, 혹은 의식을 치른 후에 서로 나눠 갖는 거죠.

의식은 앞으로 딛고 나아갈 기반을 만드는 거예요. 의식을 치름으로써 안정감이 생기고, 관계가 단단해지고, 마음이 차분해집니다. 서로에 대한 신뢰도 생겨나지요. 그리고 가장 중요한 것은 모든 사람이 마음속으로 이별을 받아들일 수 있게 된다는 것입니다.

의식은 인간의 본성과도 관련이 있어요. 의식을 치르면서 의식적으로든 무의식적으로든 마음의 응어리가 해소되는 후련한 감정을 느끼게 되거든요. 인생은 짧고, 그 인생을 편안하게 만들어갈지, 불편하게 만들어갈지는 내 마음에 달렸다는 것을 깨닫는 거지요. 모닥불이나 촛불 주변에 둘러앉아 그 불빛을 바라보면 마음이 평화로워집니다. 노을 지는 풍경이나 별빛 가득한 하늘을 바라볼 때도 같은 마음이 들죠. 흘러가는 강물을 바라볼 때도 그렇습니다. 특히 강은 삶이 영원히 이어진다는 것을 상징하기도 하니까요.

가족 의식

다섯 명 모두 한 식탁에 앉아 정사각형 모양의 종이에 가족의 모습을 그렸어요. 식탁 가운데에는 촛불이 타고 있었죠. 막내는 겨우 다섯 살이었습니다. 각자 그린 그림을 설명하고 무슨 장면을 그린 것인지 이야기하는 시간도 가졌어요. 새로 알게 된 사실도 많았고, 눈물을 흘릴 때도 있었고, 함께 여러 번 웃기도 했습니다. 함께 떠났던 휴가도 추억했지요. 그림에는 밝은 색을 많이 사용했으며, 하트도 여기저기에 그렸고, '우리는 영원히 한 가족'이라는 말도 많이 등장했어요.

그다음에는 그림을 접어 종이배를 만들었습니다. 서로 도와가면서요. 이윽고 식탁 위에는 알록달록한 종이배 다섯 개가 놓였습니다. 아빠는 베란다에서 큰 그릇에 물을 담았어요. 날이 흐려 달을 볼 수는 없었지만 알록달록

한 쿠션, 등불 몇 개, 포근함이 특별한 분위기를 자아냈지요. 엄마 아빠는 나란히 앉았어요. 각자의 종이배를 손에 들고 시계 방향으로 옆 사람에게 넘겨준 후, 그 배에 사랑을 담아 숨을 불어넣었습니다.

그런 다음 다시 자기 종이배가 돌아올 때까지 계속 옆 사람에게 전달했어요. 자기 배가 돌아온 후에는 물그릇에 손을 넣고 모두 함께 손을 잡으려고 했어요. 그것이 그렇게 쉽지 않아서, 그러다 보니 서로 깔깔거리고 웃었지요. 이렇게 물장난치면서 앞으로도 가족은 영원히 하나라는 사실을 상징적으로 표현했고, 그것을 느끼고 싶을 때마다 종이배를 보거나 물에 손을 담글 수 있음을 떠올리는 것이 이 의식의 목표였습니다. 오늘을 추억하며 항상 서로 연결되어 있음을 느끼는 거지요.

자동차를 타고 갈 때마다 항상 함께 부르던 가족 노래가 있었는데, 그 노래를 부르기 시작했어요. 엄마는 노래 마지막 구절을 "우리는 언제나 함께. 우리는 언제나 함께"라고 바꿔 불렀습니다. 그 순간 달이 둥실 떠오르면서, 분위기는 더 밝고 편안해졌지요. 그렇게 가족은 차츰 슬픔을 받아들이고 있었어요.

가족 의식을 할 때는 스스로 깊은 감정을 느끼는 것도 중요하지만, 다른 식구에게도 집중해야 합니다. 특히 어린아이가 있다면 더 신경 쓸 필요가 있어요. 누군가 불편해 보이는 것 같으면 바로 그 사람의 기분을 잘 파악하고, 경우에 따라 의식을 바꿔서 진행해야 할 수도 있습니다. 의식 내용을 바로 바꿀 수 있다면 가장 좋겠지요.

이런 불편한 마음은 이별을 받아들이고 성장을 이루는 '내면의 과정'과 혼동하기 쉬워요. 그렇지만 마음이 불편하다는 건, 뭔가 나와 맞지 않는 것이 있음을 의미합니다. 반면에 어떠한 감정 반응이 나타난다는 것은 내면의 과정과 의식에 중요한 일이에요. 눈물이 터진다면 억지로 참지 말고 조용히 울어도 됩니다. 울 필요가 있어 눈물이 나는 것이니까요. 아이들에게는 포옹이나 키스 등 살을 맞대고 위로해주는 것이 필요할 거예요. 반면 어른에게는 이런 스킨십이 내면에 집중하는 데 방해가 될 수 있습니다. 상대가 무엇을 필요로 하는지 직감적으로 파악할 수도 있고, 아니면 "혹시 필요한 거 있니?"라고 물어볼 수도 있어요. 이 말에 상대방의 표정을 보면 필요한 것이 있는지, 아니면 그냥 조용히 있고 싶은지 알 수 있죠.

마음속 작별인사

이렇게 다 같이 함께하는 의식도 중요하지만, 각자 스스로의 마음을 정리하는 것도 중요합니다. 이는 나 자신에게 하는 약속이에요. 이 과정에서 영혼을 통해 나를 구성하는 모든 측면(인격, 육체, 지성)을 하나로 연결해볼 수 있습니다. 이 의식을 치를 때면 저는 반드시 혼자 있습니다. 홀로 가만히 마음속으로 작별인사를 하는 거지요.

내 마음속 작별인사

마음속 작별 의식을 치를 때 저는 우선 욕조 옆에 촛불을 하나 켜둡니다. 그리고 제 옆에 깃털을 하나 놓아요. 욕실에서 의식을 치르는 이유는 물이 감정을 흘려보내는 데 도움이 되기 때문이에요. 몸에서 기운이 흘러나와 물에 녹아들고, 의식이 끝난 후 욕조 마개를 빼면 물과 함께 나의 감정과 기운도 흘러나가거든요.

우선 욕조에 누워 신체의 감각을 느끼며 잠시 명상합니다. 그러면 내면의 눈으로 다른 사람을 볼 수 있어요. 그 사람과 함께했던 행복한 기억을 다시 불러일으키고, 함께 나눈 시간에 고마움을 가슴 깊이 간직하는 거지요.
그런 다음에는 눈을 뜨고 촛불을 바라봅니다. 상대를 용서해야 할 일이 있으면 용서하고, 그다음에는 저 자신을 용서해요. 그리고 "우리가 함께 보낼 수 있었던 시간에 감사해. 당신이 준 모든 (넓은 의미에서의) 선물, 당신을 통해 배우고 경험할 수 있었던 모든 것도 정말 고마워. 당신에게 받았던 모든 에너지를 다시 돌려줄게"라고 큰 소리로 말합니다. 그런 다음 불꽃 위로 깃털을 스치듯 움직이고(물론 태우는 건 아녜요) 잠시 그 깃털을 가슴 위에 올려놓습니다.
그다음에는 "이제 내가 당신에게 준 모든 힘을 다시 돌려받을게"라고 말합니다. 말 그대로 힘이 있는, 정말 중요한 말이지요.
이렇게 말하고 난 후에는 가슴에 다시 깃털을 올려놓고 내가 그에게 준 힘이 다시 돌아오는 것을 느낍니다. 그런 다음 다시 눈을 감고 내 몸 안에 아직 그과 연결된 부분이 있음을 느낍니다. 이때는 실이나 로프, 밧줄 등 끈 모양의 무언가를 상상해볼 수 있어요. 간혹 생소한 장치를 통해 연결된 때도 있습니다. 저는 무언가를 상상하기보다는 직감적으로 느껴지는 대로 받아들이는 편이에요. 그다음 마음속에서 그 끈을 뜯어내 상대에게 다시 돌려줍니다.

의식이 끝나면 깃털을 제 몸을 타고 미끄러지듯 내려놓아요. 그리고 욕조 마개를 뽑고 샤워를 합니다. 샤워를 하면서도 지금 내 안의 감정과 에너지를 놓아주고 있으며, 내 것이 아닌 모든 에너지가 다시 나를 떠나 상대방에게 돌아갈 것이라고, 생각을 계속합니다.

샤워를 마치면 온몸에 바디크림을 꼼꼼히 발라주고 산뜻한 기분을 느낍니다. 이 의식은 자기 전에 하는 것이 가장 좋습니다.

이별 의식 중에는 부정적인 감정이 흘러들어오지 않도록 주의해야 합니다. 상대의 존재는 받아들이지만, 새로운 상황에 에너지를 연결하는 것은 허용하지 않아요.

남편은 항상 많은 것을 요구했어요. 여자는 이혼하고 나서도 건강한 관계를 만들어가려고 노력했습니다. 여자는 이별 의식을 치르면서 전남편과 연결하기 위해 자기 내면을 들여다보았어요. 그런데 촉수가 다리를 휘감고 있는 것이 느껴졌고, 머리는 무언가에 단단히 묶여 있었고, 심장에는 거대한 펌프가 놓여 있었습니다. 이렇게 온몸이 꼼짝없이 묶여 있다는 것을 깨닫고는 깜짝 놀랐어요. 우선 다리에서 촉수를 떼어냈습니다. 꽤 단단히 잡고 있어서 떼어내는 데도 시간이 좀 걸렸지만, 이윽고 다리를 움직일 수 있게 되었어요. 그런 다음에는 머리에 힘을 주어 빼내고 흔들었어요.

심장에 붙은 거대한 펌프는 상상으로 만든 절단기로 끊어냈습니다. 의식을 치르면서 분명히 모든 에너지를 전남편에게 다시 보냈지만, 부정적인 감정은 보낸 적이 없었어요. 조금 이상하기는 했지만 지금 묶인 느낌을 받은 부위에 손을 올려놓고 일단 상황을 지켜보았죠.

어느덧 다리가 자유로워졌어요. 머리도 걸리는 것 없이 편안했고, 심장도 다시 힘차게 뛰었지요. 그렇지만 뭔가 놓친 듯한 기분이 들었습니다. 아이들 아빠와 완전히 연결이 끊어지는 것은 원하지 않았기에 다시 자신의 심장과 전남편의 심장을 조심스레 이어봤어요. 그런데 아주 편안하고 문제가 없었어요. 그래서 자신의 몸과 전남편의 몸을 이어봤죠. 역시 별문제 없이 만족스러웠고, 그제야 깃털을 몸 아래로 미끄러뜨렸습니다.

헤어진 후 관계를 완전히 끊어야만 하는 경우는 사실 아주 드물어요. 물론 앞서 이야기한 공격적이고 폭력적이며 상대를 위협하는 관계에서는 완전히 끊어내야 하지요.

둘 사이에 아이가 있고 이혼 후에도 우정을 계속 이어가고 싶다면 당연히 서로 연결된 상태로 지내게 되겠죠. 이때 어떻게 연결할지를 정하는 것은 우리 몫입니다.

한편, 이별 의식 과정에서 느껴지는 모든 생각을 유심히 살펴볼 필요가 있어요. 별빛 아래 서고 싶어지면 베란다나 정원으로 나가 별이 총총한 밤하늘을 바라볼 수도 있고, 여의치 않으면 적어도 창문에 기대 밤하늘을 바라보세요. 의식 과정에서 느껴지는 모든 것은 직감입니다. 조금 이상하게 들릴 수 있지만, 어쨌든 어떤 느낌이 드는지 잘 살피고 따라 해보세요. 저는 한 번은 레몬즙을 짜내 몸에 문

지르라는 신호를 받은 적이 있었고 물론 그대로 했답니다.

이 의식을 통해 상대에게 주었던 에너지를 되찾으면 두 사람 모두 그 사실을 느낄 수 있어요. 특히 함께하는 동안 상대가 항상 정신적으로 지지해줬거나 반대로 내가 지지해주는 쪽이었다면 빈자리가 바로 느껴질 거예요. 다음번에 만났을 때 가끔은 상대방이 왠지 작아진 것처럼 보일 때도 있습니다.

건강한 관계에서는 서로 사랑과 관심을 마음껏 보냅니다. 한쪽이 아프거나 약해져 균형을 잃으면 다른 사람이 지지하고 이끌어줄 수 있어요. 하지만 영원히 그럴 수는 없습니다.

상대에게 살아갈 힘을 지속적으로 나누어주는 것이 사랑이라고 믿는 사람도 있어요. 하지만 이제 우리는 무엇이 사랑이고, 또 무엇이 사랑이 아닌지 압니다. 그것은 사랑이 아니라 의존이에요. 상대에게 힘과 생명력을 나눠주는 것은 엄마가 아이에게 젖을 먹이는 것과 같아요. 어른이 되었는데도 여전히 엄마 젖을 먹다니요! 사랑도 같습니다. 사람은 누구나 자신에게 힘이 있음을 알고, 또 그 힘으로 살아갑니다. 그러니 상대가 내게 의존해 나를 아프게 하고 힘을 빼앗는다면 끊어내야 합니다. 우리는 모두 성인이고, 각자 자기 에너지를 지키며 살아갈 책임이 있으니까요.

다른 사람을 위해 계속 에너지를 쏟다 보면 내 삶을 살아갈 힘이 사라져요. 다른 사람을 충전해주는 보조 배터리 역할만 하다 끝나는 셈이죠. 이런 상황이 지속되는 건 당연히 건강한 관계가 아닙니다. 물론 항상 서로 도와가며 사는 건 가능하지만, 한쪽이 일방적이고 계속 힘을 나누어주는 것은 자기 피를 나누는 것과 같아요. 당연히 건강에도 좋지 않겠지요.

이별 의식을 끝내고 나서 생명력을 되찾고 사랑이 무엇인지 알게 되었으며, 아직 사랑이 남았고 특히 둘 사이에 아이가 있는 경우라면 편안하고 즐겁게 지낼 수 있습니다. 이는 일반적인 남녀관계와는 조금 다른 사랑으로, 서로를 좋아하고 아끼고 사랑하지만, 더는 함께 살지 않는 거지요.

이런 경우는 상대에게 만족하지 못해서 헤어지는 게 아니에요. 서로가 다른 사람이라서 각자의 길을 가기로 한 거죠. 여기서 다르다는 것은 함께하는 일상에서 잘 맞지 않는다거나, 두 사람의 파장이 조화롭게 어울리지 않는다는 거예요. 그래서 헤어지게 되었지만 여전히 서로를 사랑하고 아끼는 마음이 있는 것입니다.

누구나 강점과 약점이 있습니다. 상대방의 강점과 약점, 그리고 자신의 강점과 약점을 그대로 받아들이고 있는지 생각해봅시다. 만약 '예스'라는 대답을 습관적으로 자주 한다 해도 부끄러워할 필요는 없어요. 그렇지만 그런 습관이 있다는 것을 깨달을 필요는 있지요. 정말 진심으로 동의할 때만 '예스'라고 대답하는 연습을 통해 해로운 습관을 좋은 습관으로 바꿔나갈 수 있습니다.

이별은 개인적으로 발전할 수 있는 기회지만, 이별 과정에서 얻을 수 있는 것은 배움만은 아닙니다.

이별의 십계명

1
서로를 존중하기

2
지금까지 함께한 시간에 감사하기

3
상대 때문에 마음 아팠던 일 용서하기

4
나 자신 때문에 아파했던 일 용서하기

5
주도권 싸움을 하지 않기

6
넓은 마음 갖기

7
나를 부추기지 않고 편안하게 해주는 사람들과 함께하기

8
감정을 진정시키는 법 배우기

9
내 삶을 챙기며 살아가기

10
실제 일어나지 않은 일로 지금 이 순간을 망치지 않기[*]

[*] (어차피 그 관계는 계속될 수 없었다는 걸 어떻게 알까요?
현실에서 관계가 계속되지 않았으니까요)

이별 후의 삶

이별 후에는 가슴 아프고 상실감이 들지만, 그럼에도 우리는 각자의 길을 갑니다. 이런 시기에 필요한 것들이 있어요. 존재만으로도 위로가 되는 친구, 나를 항상 소중히 생각하는 사람들이 있다는 걸 알지만, 슬픔이란 다른 사람이 대신할 수 없는 영역이에요. 슬픔을 소화하기 위해서는 스스로 엄청나게 노력을 기울여야 합니다.

친구를 위로한다는 것은, 언제나 모든 일에 조언해야 한다는 말은 아니에요. 친구로서 그냥 곁에 있어 주는 겁니다. 그런데 '조언하지 않는 것'을 어려워하는 사람도 있죠. 저도 그런 사람이었는데, 예전에는 친구가 원하지 않는데도 조언하곤 했지요. 이 사실을 깨닫고는 상대가 부탁하지 않는 한 아무 말도 안 하려고 부단히 노력했습니다. 저는 위로해주고 싶은 친구가 있으면 집으로 식사 초대를 합니다. 아니면 제가 친구에게 가서 챙겨주기도 해요. 전화를 걸어 이야기를 들어줄 때도 있고요. 이처럼 '선택과 집중'으로 친구를 위로하죠. 친구들은 제가 세심하게 챙기고 곁에 있어 줘 위안이 되었다고 해요. 가끔은 "너 안 괜찮은 거 알아. 혹시 내가 해줄 수 있는 게 있을까?"라고 말할 때도 있고요.

이별 후 친구들의 지나친 위로 때문에 지치기도 합니다. 친구들은 도움을 주고 싶어 하고, 가끔은 '쟤를 다시 원래대로 돌려놔야 해'라고 생각하지요. 다시 돌아오라고 잡아끌듯이 "너무 오래 걸린다고 생각하지 않아? 다 지난 일인데⋯⋯"라고 말할 때도 있습니다.

슬픔이 끝날 때까지 기다리세요

아직 이별의 슬픔에서 벗어나지 못했는데, 이렇게 오래 슬퍼하는 것도 허락되지 않는구나, 싶으면 힘들어집니다. "너도 네 인생 살아야지!", "너무 깊게 파고들지 마", "다시 힘을 내야 해"라는 말들이 지금 슬퍼하는 사람 귀에는 어떻게 들릴까요?

'너무 오래 슬퍼한다. 보통은 그러지 않아. 이건 좀 아닌 것 같다.' 아직 슬픔에 빠져 있는 사람이 이런 말을 들으면 더욱 깊이 침잠하거나 혹은 이제 더 이상 슬프지 않은 척 행동하게 됩니다.

슬픔에는 단계가 있어요. 심리학자 엘리자베스 퀴블러 로스Elisabeth Kübler-Ross는 슬픔을 다음과 같은 다섯 단계로 나누었습니다.

1. 부정(인정하고 싶지 않은 마음)
2. 분노
3. 협상

4. 우울

5. 수용

이 단계들은 꼭 순서대로 나타나지는 않고, 한두 단계 건너뛸 수도 있어요. 이는 영적으로 얼마나 깨어 있는지를 확인하는 신호 역할을 할 때만 유용합니다.

인정하고 싶지 않은 것이 있을 때 우리는 현실을 부정합니다. 그리고 그것이 별 소용이 없음을 깨달으면 분노가 시작되지요. 협상 단계는 사람의 성격에 따라 달라지는데, 예전 상태로 돌아가려는 경우가 있고("다시 함께하게 되면, 앞으로는 정말 잘할게"), 스스로 내면과 타협하기도 해요. 예를 들어 '나는 원래 사람과 관계를 맺는 걸 못 해'라고 생각하는 거죠. 그러면 슬픔을 넘어 우울감까지 느끼는 단계를 거쳐 비로소 상황을 받아들이게 됩니다.

어떤 단계를 얼마나 오래 겪는지는 슬픔을 기꺼이 수용하려는 각자의 의지에 따라 달라집니다. 이 과정이 불과 몇 시간 만에 끝나는 사람이 있는 반면, 몇 년 넘게 걸리는 사람도 있답니다. 어려움과 위기를 겪을 때마다 항상 우리는 좀 더 깊이 생각해보게 됩니다. 그러니 지금은 정말 죽을 만큼 힘들겠지만, 이 시간도 의미 있는 시간인 거예요.

내 생각은 과연 사실일까?

영적인 부분을 탐구하는 저로서는 '영혼의 숙제'와 '환생'의 문제에도 익숙합니다. 그렇기에 특히 '육체'의 죽음으로 인한 이별을 좀 더 깊게 탐구해보겠습니다.

사랑하는 사람이 세상을 떠나면 그 절망은 얼마나 크고 깊을까요? 어떻게 대응할 수 있을까요? 어떤 감정이 드나요? 지금까지 믿어온 것들이 무너지는 것 같나요?

그녀의 아들은 오토바이 사고로 세상을 떠났어요. 절망에서 헤어나지 못하던 그녀는 제게 전화를 걸어 절규했습니다. "왜? 왜 내 아들인 거예요?" 그들 모자와 잘 알고 지냈지만, 당시 지구 반대편에 살고 있던 저는 전화로 이야기를 나눌 수밖에 없었습니다.

그녀에게 혹시 아들과 이야기를 나누어볼 생각이 있냐고 물어봤어요. 그녀는 당연히 그러겠다고 대답했죠. 참고로 이제는 시간이 많이 지나 기억이 완전한 건 아닙니다. 저는 그녀가 명상할 수 있도록 이끌었고, 명상에 완전히 집중하자 아들의 모습을 볼 수 있었어요. 왜 엄마를 떠났느냐고 물었고, 아들이 크기와 형태가 제각각인 다양한 시대의 옷을 입고 있는 것을 마음의 눈으로 볼 수 있었다고 해요. 아직 환생에 대해 배우지 않은 상태였으니 제대로 표현하기 어려웠을 거예요. 명상을 끝내고 나서 우리는 이야기를 나누며 그녀가 무엇을 보았는지 알아냈습니다.

명상 중 갑자기 머릿속에 "나는 이제 끝났어요"라는 말이 떠올랐다고 해요. 저는 네가 지금 어떤 상태인지 엄마에게 신호를 보내달라 했고, 그러자 그녀는 지극히 편안한 느낌을 받았습니다. 이 평온함이 그녀를 달래주었고, 잠시 그 평화 속에 녹아들었습니다.

명상을 끝내고 나서 우리는 그녀의 느낌에 관해 계속 이야기했어요. 그녀는 마음이 안정되고 편안했으며, 아들과 정말 만날 수 있었다고 했어요. 굉장한 위안을 느꼈던 거죠. 다만 이 위로는 채 하루도 지속되지 못했습니다.

그다음 날 그녀는 친구들과 만나서, 혹은 통화로 이 이야기를 나누었다고 해요. 친구들은 이구동성으로 그냥 네 상상이 아니겠냐고 했답니다. 그러자 전날의 위로와 평화는 사라지고 다시 절망에 빠졌죠. 그리고 그 절망은 아주, 아주 오래 이어졌습니다.

이것은 아직 영적으로 깨어나지 않은 사람의 사례입니다.

이미 영성을 심도 있게 다루어봤고, 일반적으로 인간이 느끼는 범위를 넘어서는 다른 차원이 있음을 확신한다면 실제로 경험을 통해 그 믿음을 확인할 수 있어요. 이처럼 탐구하고 경험하는 과정은 영적 성장을 위해 필수적입니다. 영성 관련 글을 읽고, 다른 사람들의 이야기를 듣고, 다양한 워크숍이나 온라인 수업에 참석해볼 수도 있지만, 배움을 진정 내면으로 받아들였는지는 위기에 어떻게 대처하는지를 통해서만 확인할 수 있습니다. 이런 경험에 대해 '영혼의 어두운 밤'을 지나온다고 표현하는 사람도 있어요. 실제로도 자신이 체험하는 그 과정을 찬찬히 탐구하며 지나오지요. 그 과정에서 영혼은 봐야만 하는 것을 보여줘요. 의식이 얼마나 깨어 있는지, 영성을 탐구하는 과정이 얼마나 깊은지에 따라 그 과정의 길이가 달라집니다. 처음에는 조금 혼란스럽겠지만 깨달음을 얻어 분명해지고, 이내 모든 것이 끝나지요.

어쨌든 상실에 대한 슬픔을 받아들이고 치유하기 위해서는 '이제 그 사람은 없다'라는 사실을 확실히 인정하는 것이 중요합니다. 그건 확고한 사실이니까요.

슬픔은 일찍 끝낼 수 없고, 길어질 수는 있습니다

'아, 헤어지지 않았다면 좋았을 텐데', '그이 없이는 행복할 수 없어', '그만큼 나를 사랑해줄 사람도 없는데', '내가 좀 더 잘했다면 계속 잘 지낼 수 있었을 텐데'.

이처럼 현실을 받아들이지 않고 부정하면 슬픔은 계속 길어집니다. 혹은 누가 세상을 떠났을 때 이렇게 생각하기도 하지요. '그 사람도 계속 살고 싶었을 텐데', '우리 곁을 너무 일찍 떠났어', '참 힘들게 산 사람인데', '이렇게 허무하게 떠나다니. 그때 병원에 갔더라면/그 차를 타지 않았더라면/그때 그곳에' 있지 않았더라면……'.

이런 생각도 현실을 부정하는 생각입니다. '그때 그곳에' 있었던 것은 잘못이 아니에요. '그때 그곳에' 있어야 했던 그 사람의 운명이지요. 그 결과가 실제로 그랬으니까요. 이런 식으로 '왜'라고 끝없이 가정하고 고민하다 보면 미쳐버릴 것처럼 괴롭고, 앞으로 더 이상 나아갈 수 없습니다.

'왜'라는 질문 대신 '무엇을 위해'라고 생각하면 조금 낫습니다. 이혼 후 제 딸은 아버지와 더 친해졌죠. 그처럼 현실에서 일어나지 않았을 일을 가정하면서 괴로워하는 대신, 그 결과로 어떤 일이 일어났는지를 생각하는 편이 더 낫다는 거예요. 가족이 세상을 떠나거나 크게 아팠을 때, 함께하는 시간이 많아지고 서로를 위로하며 더 끈끈해졌다는 이야기도 자주 듣잖아요.

크고 심각한 문제가 발생했을 때는 아예 보는 관점이 달라집니다. 지금까지 중요하다고 생각한 일들이 사실은 사소한 것이었음을 깨닫거나 혹은 더 이상 눈에 안 들어오는 거죠.

또 이별이나 죽음으로 인한 깊은 상실감을 겪으면서 친구의 소중함을 새삼 깨닫는 사람도 있어요. 불행을 겪으면서 영성을 탐구해 진정한 내면을 돌아보는 사람도 있고요. 이처럼 깊은 상실은 자신의 내면에 집중하는 법을 배우는 계기가 되기도 합니다.

상실을 통해 자신을 탐구하기 위해서는 다음의 것이 필요합니다.

- 우리는 헤어졌고, 다른 가능성이 있었더라도 지금 함께하지는 않을 거라는 현실을 인정하기
- 그동안 함께했던 이유, 그를 선택했던 이유를 이해하기
- 헤어진 이유와 과정에서 내 영혼의 숙제를 탐구하기
- 둘 다 책임 있음을 인정하기. 가해자도 피해자도 아닌, 둘이 함께한 일이었다는 것
- 관계를 이어갈지 끝낼지는 우리의 선택임을 받아들이기
- 가끔 후회하고 속상할 때가 있을 거라는 사실도 받아들이기. 지금은 슬퍼하지만, 영원히 슬프지는 않을 것임

헤어진 지 몇 년이 지났는데도 아직 슬퍼하고 있다면, 상황을 여전히 명료하게 받아들이지 못하는 겁니다. 이런 경우라면 다음같이 생각해보세요.

- 더 멋진 인생을 살고 싶다는 희망을 버렸나요?
- 새로운 인생의 시작을 마음속으로 거부하고 있지는 않나요?
- 전 파트너가 죄책감을 느끼기를 은근히 바라고 있나요?
- 이별의 아픔에서 벗어나지 못한 나를 주변 사람들이 계속 챙겨주기를 바라는 건 아닌가요?
- 과거를 미화해서 생각하고 있나요?
- 술, 진통제, 마약 등에 취해 자기 연민에 빠져 있지는 않나요?

그녀의 가장 친한 친구는 2년 동안 통화하거나 만날 때마다 항상 똑같은 얘기만 했어요. "그 사람이 너무 그리워! 왜 나를 떠난 거지? 우리 그렇게 잘 맞았는데……."

친구는 사귀기 시작할 때부터 항상 그 남자 이야기만 하거나, 그에 대한 불평을 늘어놓았어요. 헤어진 후에는 본격적으로 그를 동화 속 왕자님처럼 추억하기 시작했어요. 상상 속에서 그들은 여전히 멋진 커플이었고, 특히 친구가 계속 술을 마시면서부터는 이런 상상이 더 잦아졌지요.

그녀는 그건 친구가 만든 환상일 뿐이라고 몇 번이나 말하려 했지만("그 사람이랑 사귈 때도 넌 정말 괜찮은 사람인지 항상 의심했고, 헤어지고 싶다고 했잖아"), 친구는 여전히 환상 속 전남친에게서 헤어나지 못했어요.

결국 참다 지친 그녀는 친구에게 말했습니다. "그만 좀 해! 내가 그 사람이었어도 질려서 떠났겠다.”

그러자 친구는 손에 들고 있던 와인잔을 내려놓고 굳어진 표정으로 물었어요. “무슨 말이야?”

“맨날 그 남자 얘기만 하잖아! 계속 그 얘기만 한다는 게 말이 돼? 내가 그 남자였으면 진작 헤어졌어. 네 기준에 만족하지도 못했을걸? 그때는 모든 게 다 좋았다고 말하고 있잖아. 정말 지긋지긋하다. 그 얘기는 이제 다른 사람한테 가서 말해. 그리고 술도 그만 좀 마셔. 너한테 전혀 도움이 안 되는 일이야…… 네가 극복할 수 있을지도 이제는 모르겠어.”

이 말은 친구가 다시 정신 차리는 계기가 되었다고 해요. 술도 줄였고, 남친과 헤어진 일을 진지하게 고민해보기 시작했다고 합니다. 물론 둘의 우정은 그대로 잘 이어졌고요. 결국 친구는 이별의 상처를 회복할 수 있었습니다.

이별에 대처하는 방식은 그 사람의 평소 습관에 따라 달라집니다. 과거를 미화하며 피난처로 삼는 사람도 있고, 이별의 충격에 짓눌려 죽음과 같은 무기력함에 빠진 사람도 있어요.

이럴 때는 우리 신체가 중요한 정보를 줍니다. 지금 내가 어떤 상태인지 직접적으로 보여주는 거지요. 그런데 자기 몸 상태에 별 관심 없는 사람도 있는데, 반드시 슬퍼서 그런 것만은 아니에요.

다음의 질문들은 몸 상태를 아는 데 도움이 됩니다. 지금 무엇이 느껴지나요? 지금 내 몸이 긴장하고 있나요? 지금 몸이 필요로 하는 것은 무엇인가요(신선한 공기, 산책, 운동, 마사지, 반신욕 등)? 이런 식으로 몸을 살펴보는 것도 원래의 삶을 되찾는 데 유용합니다.

우리가 영혼을 소유한 것이 아니라, 영혼이 우리를 소유한 것

이미 이야기했던 내용이죠. 무한한 삶을 사는 우리의 영혼이 인간으로서 경험하기 위해 인격과 육체를 활용한다는 얘기였어요. 이 말을 깊이 생각해보면 몇 가지를 알 수 있습니다. 우리에겐 신체 외에도 인격(사고력 또는 지성), 감정, 직관이 필요하다는 거죠. 우리라는 존재를 구성하는 이 요소들 모두 우리가 어려움에 부닥쳤을 때 영적으로 깨어나기를 원합니다.

- 직감은 영혼의 언어이자 깊은 지식입니다.
- 사고력 혹은 지성은 이성적인 판단과 분석을 담당합니다.
- 감정은 우리가 지금 어떤 상태인지를 보여줍니다.
- 육체는 우리가 사용하는 도구이자 외부 사건을 감지하는 센서 역할을 합니다.

우리는 주로 '나'로서 자신을 경험합니다. 이 '나'란 '다른 모든 것'에서 분리된 본질입니다. 바다를 알기 위해서는 물방울을 이해해야 하는 것과 같죠. 우리는 넓은 바다(무한한 존재의 일부인 나) 속 하나의 물방울(우리라는 존재 자체)이며, 이를 위해 인격이 필요한 것입니다.

인격보다 영혼이 우리를 구성하는 중심이라는 걸 배우고 실천해보면 각 요소들의 기능이 더욱 뚜렷해져요. 우선 신체는 단순히 '작동하는 것'에 국한되지 않습니다. 또한 사고를 통해서만 모든 걸 판단하지는 않는다는 것, 감정은 우리를 주체할 수 없이 흔드는 것이 아니라는 것, 직감은 느낌을 도통 알 수 없는 애매한 부분이 아니라는 것을 분명히 이해할 수 있게 됩니다. 그러면서 이 모든 요소가 내 안에서 어떻게 작동하는지 알게 되고, 그러면 다음과 같은 변화가 나타나지요.

- 직감을 이해하고 신뢰하기 시작합니다.
- 신체가 보내는 신호를 알아채고, 몸이 멋진 도구라는 걸 인정합니다.
- 이성적 사고와 분석을 통해 사고하는 법을 배우지만, 항상 이를 통해서만 지혜를 얻는다곤 생각하지 않습니다.
- 감정이 지금 상태를 보여주고 중요한 신호를 보낸다는 것을 이해하고, 자세히 탐구하게 됩니다.

이 같은 변화를 통해, 매일 영향을 미치는 외부 사건이나 정보에 영적으로 깨어 있는 상태로 대응하고 이를 연습하겠다는 우리 영혼의 목표를 깨닫게 되지요.

이별 후 마음을 치유하는 과정은 실제로 일어난 일을 치유하는 것입니다. 단순히 이별 자체의 아픔만 치료하는 것은 아닌 거죠. 행동은 내가 과거에 어떤 경험을 했는지를 축약해 보여줍니다. 나의 경험 중에 앞으로 문제가 되고 위기로 이어질 여지가 있는 게 있다면, 이를 정리하고 싶은가요 아니면 계속 무시하고 싶은가요?

과거를 진정시키기

우리는 살아오면서 관계에 대해 많은 것을 경험하고, 또 배웠습니다. 만약 배운 것을 정말로 이해했다면 얼굴에 다 드러나겠죠.

어린 시절이나 이전 관계를 이야기할 때 짜증 나고, 퉁명스러운 반응을 보이고, 화가 치밀고, 괴롭고, 지치게 된다면 오랫동안 그 문제를 극복하지 못하고, 붙들고 있었던 거예요. 이런 문제를 해결하지 않으면 분명히 나중에 다시 문제가 됩니다.

넌 질투가 너무 심하다는 이야기를 꺼내자마자 그는 "내 어린 시절은 문제가 없었다니까"라고 말했습니다. 입을 꾹 다물고 팔짱을 낀 채 불만스럽다는 듯 말을 이어갔어요. "다 옛날 일일 뿐이잖아. 됐어! 그만해!"

옆에 서 있던 그녀는 이렇게 말했습니다. "거울 좀 봐. 이게 옛날 일에 신경 쓰지 않는 사람 얼굴이야?"

그는 자신이 과거 일로 여전히 힘들어한다는 사실을 마주하기 힘들어했고, 그 사실을 그녀도 알 수 있었어요. 그는 마지못해 고개를 들어 힐끗 거울을 바라보았습니다.

그녀는 그의 어깨에 손을 올려놓았어요. "자기야. 자기도 힘들고, 그 문제를 해결하지 않으면 우리 관계도 지금처럼 이어지기 힘들어. 자기가 이혼한 이유도 그거였잖아. 한번 생각해봐. 그 문제를 고치지 않으면 오래 함께하기 힘들어. 나는 자기랑 정말 계속 함께하고 싶어. 하지만 지금처럼은 안 돼."

이처럼 과거의 경험은 오랜 시간이 지난 지금까지도 행동을 통제하고, 좋지 않은 영향을 미치고 있음을 알 수 있어요. 과거의 아픔이나 문제를 해결하기 위해서는 그것까지도 하나의 경험으로 받아들이고 그 안에서 긍정적인 면을 찾아내야 합니다. 그래서 마침내 편안히 미소 지으며 과거를 이야기할 수 있으면, 과거의 아픔과 문제는 해결된 거지요. 그러면 진정으로 자유로워집니다.

과거 극복에 대한 질문

우선 거울 앞으로 가세요. 그리고 스스로에게 다음의 질문을 해보세요. 자기 자신을 있는 그대로 깊이 받아들이고, 질문을 생각해본 후 거울을 봅니다.

어린 시절을 생각하면 표정에 변화가 있나요?
그 생각을 하는 당신은 어떤 얼굴인가요?

지난번 관계를 생각했을 때 표정이 변하나요?

정말 과거의 일을 받아들이고 완전히 극복한 것 같나요?

슬픔이 끝나면 다시 새로운 첫걸음을 내딛는 시기가 오게 마련입니다. 앞에 놓인 길을 탐색하듯 조심스레 첫발을 내딛는 사람도 있습니다. 반면 더는 씨름할 필요 없이 과거로부터 재빨리 멀어지고 싶어 서두르는 사람도 있지요.

하지만 과거를 극복하고 성장했다고 해서 예상치 못한 문제가 일어나지 않는 건 아니에요. 불편한 느낌이 들어도 그 느낌을 더 빨리 알아채고 이전과는 다르게 행동하는 것이 성장이지요. 깨달음을 얻고 새로운 지식을 얻을 때마다 우리의 파장은 가벼워지고 새로운 시냅스 연결이 생겨납니다. 문제 해결책을 더 많이 알게 됨으로써 삶은 더욱 편안하고 즐거워집니다. 그러면서 파장도 달라지고, 새로운 사람과 서로 이끌리지요. 그리고 나서 해야 할 일이 또 있습니다.

시험

경험으로 배운 것을 실제로 실천하는지 확인하기 위해 영혼은 비슷한 상황을 연출합니다. 예를 들어 한눈에 반할 만큼 멋지고 매력적인 이상형이 술집에 나타나면 그 유혹에 넘어가지 않을 수 있을까요?

과거 경험을 통해 어느덧 알게 된 자신의 기준("나는 대화가 잘 통하는 남자를 만나고 싶어. 저 남자는 섹시하지만 대화는 내가 주도해야겠지"라는 식)을 따른다면, 그 남자가 매력이 있다고 무작정 넘어가진 않을 거예요. 그리고 이 사실을 빨리 깨달은 것에 안도하며 이상형에게서 눈을 돌려 옆에 앉아 혼자 아이 키우는 고충을 솔직히 토로하는 호감형 남자에게 집중할 수 있겠지요.

만약 섹시남의 매력에 흔들려 넘어갔다 해도, 그래도 괜찮아요. 다시 해보면 되니까요. 영혼이 중시하는 것은 얼마나 빨리 숙제를 해결하는지가 아니므로 시간은 충분합니다. 그리고 우리는 아직 완전하진 않지만, 영적으로 얼마간 깨어 있는 상태이지요. 그러므로 만약 술집에서 남자에게 이끌려 말을 걸고 함께 술을 몇 잔 마셨다 해도, 어느 순간 깨닫게 될 거예요. '아, 이 사람은 내 새로운 사랑이 아니구나. 영혼이 시험해본 거였구나!'라고 말이죠. 그러면 아마 전에 대화를 나눈 독신 아빠의 연락처를 어디 뒀는지 떠올리겠지요.

새로운 베스트 프렌드?

누군가와 헤어지고 나면 그와 맺었던 관계의 형태가 달라집니다. 헤어진 사람과 우정까지 쌓을 수 있다면 참 좋겠지만, 하루아침에 친구가 되는 건 아니지요.

사람들은 보통 헤어진 다음 얼마간 서로 거리를 둡니다. 사실 마음속으로는 다시 가까워지고 싶은지, 언제쯤 가깝게 지낼지 알죠. 서로를 볼 때마다 여전히 너무 슬프다는 건, 아직 때가 안 됐고 시간이 더 필요하다는 의미입니다.

헤어지자고 먼저 말을 꺼냈다면, 다시 먼저 손을 내미는 것도 당신입니다. 물론 상대가 이별로 인한 모든 감정을 소화하고 극복할 시간을 충분히 주고, 내가 손을 내미는 걸 새로운 시작으로 오해할 수 있다는 것도 염두에 두어야겠죠. 그렇기 때문에 연애감정으로 만나는 것이 아님을 처음부터 분명히 해야 합니다. 전 파트너와 다시 친구로 만나면 일단 '너무 빨리 추억에 취해'서는 안 돼요. 또한 스킨십도 주의해야 합니다. 물론 인사로 포옹 정도는 할 수 있지만, 다소 진한 스킨십을 해올 때 명확히 선을 긋지 않으면 상대는 새로운 시작이라는 희망을 품을 수 있어요. 그럼 안 됩니다.

그러면 헤어지고 나서 첫 연락을 어떻게 할 것인지 생각해봅시다. 짧은 통화, 엽서나 이메일로 연락할 수도 있겠죠. 어떤 수단이든 그 연락이 과하지 않은지 항상 점검해야 하는데, 아마 직감적으로 판단할 수 있을 거예요. 그런 경우엔 보통 직감이 더 효과적입니다.

그다음 선택은?

이별 후에는 많은 선택과 마주합니다. 우선 지금부터 어떻게 삶을 꾸려가고 싶은지 생각해야겠죠. 당분간 새 사람을 만나기보다는 혼자서 시간을 보내거나, 친구관계에 집중하거나, 내게 무엇이 좋고 나쁜지 진지하게 따져보거나, 아니면 스스로의 행복을 위해 더 노력하고 싶을 수도 있어요. 지난번 관계에서의 배움을 실천하는 것도 중요하며 이별 후에도 항상 자신에게 관심을 가져야 합니다. 예전 상태로 돌아갈 우려가 있는지는 스스로도 알기 때문이죠.

사실 예전 상태로 돌아갈 가능성은 매우 높습니다. 그러면서 배우고 성장하는 것이기도 하고요. 앞으로 세 걸음 나아가면 다시 뒤로 한 걸음 후퇴하게 마련이거든요. 하지만 한 걸음 물러났다고 잘못된 건 아닙니다. 춤을 출 때 다양한 스텝을 밟아야 즐거운 것처럼, 삶도 그런 거니까요. 그렇지만 계속 후퇴하기만 한다면 "또 똑같은 행동을 할 것 같은데?"라고 스스로 경고를 보낼 필요가 있습니다.

이럴 때 친구도 도움이 되지만, 내가 어떤 식으로 관계를 맺는지, 다시 살펴볼 필요도 있죠.

그가 지금까지 관계에서 배운 것을 한 문장으로 요약하면 '모든 사람은 자기 행동에 책임이 있다'라고 하겠습니다. 그는 어린 시절 아버지에게 학대를 당했고, 그럴 때마다 아버지는 "너 때문에 내가 미치겠다!"라고 말했어요.

이런 성장과정을 겪으며 사람들이 화를 내거나 자신을 존중하지 않는 건 모두 자기 때문이라고 생각했어요. 즉 아버지가 화내는 것도 내 탓이니, 좋은 아들이 되고 잘못을 저지르지 않으면 모두 행복하고 평화로울 거로 생각한 거죠. 그래서 좋은 사람이 되려고 끊임없이 노력했습니다.

결혼도 그렇게 노력해야 하는 사람과 했어요. 아내는 입만 열면 "당신 때문에 슬퍼", "당신 때문에 편두통이 오잖아", "당신 때문에……"라고 늘어놓았죠. 몇 년간 자신을 탓하는 말만 듣다 보니 어느새 스스로를 문제 있는 사람으로 여기게 되었습니다.

어느 날 한 부부가 그가 일하던 공업소를 매입했어요. 이 부부가 서로를 대하는 모습은 이제껏 본 적 없는 모습이었습니다. 부부는 항상 서로에게 관심을 갖고, 주의 깊게 살피고, 함께 즐겁게 웃기도 하고, 다투지 않으면서, 반대 의견을 주장하며 상대를 비난하지도 않았죠. 서로 기분 상하게 하는 일도 없었고요. 이들을 생전 처음 본 그는 믿기 어려웠어요. 그렇지만 매일 이런 모습을 보며 부부 사이가 이럴 수도 있다는 것을 점차 배워나가게 됐죠.

직장생활에서도 늘 자책하기 바빴던 그는 이런 행동도 문제라는 것을 알고 놀랐습니다. 어느 날 사장이 "잘못을 지적하는 게 아니라, 해결할 방법을 찾는 거예요"라면서 그런 습관을 고치는 것이 좋겠다고 말했거든요.

그 일이 있고 나서 며칠 후 아내에게 속마음을 털어놓고 결혼생활에 대해 이야기했어요. 그가 쓸모없는 사람도 아니고, 모든 것이 그 때문도 아니라는 걸 확실히 말해준 사람은 사장이 처음이었어요. 마침내 그는 심리치료를 받기로 했습니다. 그의 아내는 함께 가기를 거부했고요.

몇 주 후 그는 가족으로부터 익숙해진 패턴을 아내와의 관계에서도 반복하고 있음을 깨달았습니다. 그리고 더는 이런 대우를 받을 필요가 없으며, 이 상태를 멈출 수 있다는 것도 처음으로 깨달았죠. 그는 계속해서 자신을 지켜가기 시작했어요.

이혼 과정은 힘들고 지쳤지만, 어쨌든 결국에는 끝이 날 일이었습니다. 그는 사장에게 다음에 여자친구를 사귀면 한번 제대로 봐달라며 농담 비슷하게 진심을 이야기했어요. 실제로도 자신이 마음속에서 보내는 경고를 알아챌 만큼 성장하지는 않았다고 생각했거든요. 그렇지만 이미 해낸 부분도 있었어요. 좋은 관계로 발전할 듯한 여자를 만났는데, 처음 저녁식사를 하고 나서 이 사람과 함께하면 얼마 안 가 다시 예전으로 돌아갈 거라는 확신이 들었으니까요.

이 경우에도 전형적인 영혼의 시험이 나타났죠. 지금까지 배운 것

을 잘 이해하고 실제로 적용할 수 있는지를 영혼이 확인하는 겁니다. 이 남자는 아내와 헤어지고 나서 비슷한 여자가 나타난 것이 영혼의 시험이었죠.

그녀는 친구에게 이혼 후 새로 만난 사람에 대해 이야기했어요. 그동안 모든 게 순조로웠지만 최근 들어 남자친구가 운영하는 회사가 어려워졌고, 그는 퇴근 후 저녁과 밤 시간은 그녀의 집에서 지냅니다. 사실 그녀는 가끔 혼자 있고 싶을 때도 있었기에 매일 같이 있는 게 행복한 것만은 아니었어요. 남자는 항상 점심때까지 늦잠을 잤고, 그녀는 내 집인데도 편하게 돌아다닐 수 없다는 점이 너무 불편했지요.

이전 결혼에서 상대에게 할 말이 있을 때 너무 오래 기다려선 안 된다는 교훈을 얻은 그녀는 용기를 내어 남자에게 대화를 청했어요. 그리고 점심때까지 자고 싶다면 그날은 자기 집에서 자는 게 어떻겠냐고 제안했습니다. 남자는 이해한 것 같았지만, 별로 진지해 보이지는 않았죠. 그 후 일주일간 아무것도 달라진 게 없어 그녀는 같은 얘기를 또 해야 했습니다. 남자는 그녀에게 입을 맞추며 나아지겠다고 약속했습니다. 그러고 나서도 몇 주째 변화가 없자 그녀는 어찌할 바를 몰랐어요.

"선을 긋고 원칙을 지켜야 한다는 것도 알고, 실제로도 얘기해봤는데 계속 한낮까지 안 일어나! 내가 어떻게 해야 해? 나 진짜 다 해봤어."

친구는 "글쎄, 다 해본 건 아닌 것 같은데"라고 대답했어요.

"뭐라고? 정말 분명하게 얘기했다니까!"

"응, 근데 얘기는 했는데 결론적으로 행동을 하지 않았잖아. 네 집에서 자고 가지 못하게 하거나, 아침에 일어나면 커튼을 열거나 해서 불편하게 만들어. 그리고 깨워서 집에 가서 자라고 해. 침실에서 왔다 갔다 하면서 신경 쓰이게 하고. 같이 더 자자고 해도 절대 그러지 말고. 그 침실이 네 침실이라는 걸 분명히 알 수 있게 행동하는 거야."

잠시 침묵하던 그녀는 "나는 그냥 말로 할래"라고 말했습니다. 그리고 한마디를 덧붙였어요. "그 사람 진짜 애처럼 굴어. 내 말이나 바람을 존중하지 않는 것 같아."

그러자 친구는 대답했습니다. "일단 그걸 네가 알았다는 게 중요한 거야. 똑같은 상황을 계속 반복하고 싶어?"

새로운 관계에 집착하게 되면 올바른 판단을 하지 못해 똑같은 문제가 다시 발생하기 쉽습니다. 지난번 관계에서 분명히 배운 부분이지만, 아직 확실하게 내 것으로 만들지 못했기 때문에 갈 길이 멀어 보일 때도 있어요. '지금도 그렇게 나쁜 건 아냐'라고 스스로를 설득할 수도 있고, 호르몬이 작용하기도 하죠. 반면에 영적으로 더 깨어 있으려고 노력하면, 바른 판단을 내리기가 좀 더 쉬워질 거예요.

두 사람은 몇 차례 이메일을 주고받고 통화도 한 번 했습니다. 대화 분위기는 좋았어요. 다음 날 아침 남자는 '좋은 아침'이라며 이모티콘 다섯 개를 붙여 문자를 보냈고, 여자도 마찬가지로 '좋은 아침'이라고 신속하게 답했습니다. 그러고 나서 출근을 했지요. 일을 마친 뒤 휴대폰을 켜니 메시지가 15개나 와 있었어요. 마지막 메시지에는 물음표가 가득했고 그건 '왜 연락이 없어?'라는 의미였지요. 여자는 일할 때는 휴대폰을 꺼놓는다고 답장을 보냈어요.

'답 없는 사람을 기다리는 게 얼마나 힘든지 알아요?' 남자의 문자였습니다.

여자는 휴대폰을 한참 뚫어지게 바라보았죠. '진심인가? 유치원생 아냐?'라는 생각이 들었습니다. 그래서 '아니요'라고 대답했어요.

그러자 남자에게서 바로 답이 왔어요. '내 생각을 하긴 했어요?'

어이가 없어서 웃음이 터져 나왔죠.

'아니요. 저는 일했어요. 그리고 당신이 어떤 사람인지 아직 제대로 알지도 못하는데요.'

이 메시지를 보내자, 그에게서 전화벨이 계속 울려 그녀는 핸드폰을 내려놓았습니다.

이런 경우 끊어내는 것이 맞아요. 어떤 관계가 될지 뻔히 보이니까요. 물론 여자는 갑자기 연락을 끊어 상대를 혼란스럽게 하지 않고 '관계에 대해 서로 원하는 바나 생각하는 게 너무 다른 것 같아요'라고 정확히 설명하고 끝냈죠. 이처럼 상대에게 집착하는 행동은 관계를 시작할 때뿐 아니라 끝날 때도 나타납니다.

너를 놓치지 않을 거야!

상대를 놓치고 싶지 않아 이별을 거부하면서 문제를 회피하려고만 하는 사람들이 있습니다. 이런 경우에는 혼자 살아갈 엄두가 나지 않아 집착하는 것일 수 있어요. 그 사람 없는 삶은 상상도 안 되고 그러고 싶지도 않은 거죠. 이런 사람들은 상대가 거부하면 오히려 더 자극을 받습니다. '하, 그런다고 내가 너를 놓칠 것 같아?'라고 생각하는 거죠.

다음 사례처럼 누구나 관계를 맺을 자유, 그리고 관계를 끝낼 자유가 있다는 걸 받아들이지 못하는 겁니다.

부부는 얼마 전 남자의 외도로 오랜 결혼생활을 청산했습니다. 남자는 헤어지면서 충분히 보상했다고 생각했어요. 심지어 좀 불공평하다는 기분마저 느꼈죠. 건축가였던 그가 심혈을 기울여 지은 아름다운 집은 여자가 가졌고, 자신은 월세로 지냈으니까요. 그런데 이혼 절차가 공식적으로 마무리된 뒤에도 여자는 소송을 계속했고, 남자는 계속 법원에 가야 했어요. 자신의 외도에 여자가 얼마나 상처받았는지, 그럼에도 대화로 풀어보려고 얼마나 노력했는지, 남자는 과소평가했던 겁니다.

소송이 하나 끝나면, 곧바로 다음 소송이 이어졌죠. 남자가 보기엔 여자가 모든 권리를 다 가져가는 것 같았지만, 여자는 지금까지도 그가 뭔가 숨기는 것 같고, 이 상황이 공정하지 못하다고 생각했습니다.

어느덧 이혼 당시 열 살과 열두 살이었던 아이들은 대학을 졸업했어요. 이혼 소송시효가 끝나기 전에 여자는 다시 한 번 소송을 걸었습니다. 이번에는 자기와 잘 맞는 변호사를 찾았어요. 그렇지만 중간에 절차를 위반하는 바람에 이번이 정말 마지막 소송으로 남게 되었지요. 이렇게 길고 지치는 과정을 겪으면서 둘 사이에 남았던 애정과 존중은 완전히 바닥났습니다. 아이들도 이제 엄마와 있을 때는 아빠 이야기를, 아빠와 있을 때는 엄마 이야기를 안 하는 것에 익숙해졌고요.

좋은 이별을 위해서는 먼저 상대가 더는 함께할 마음이 없다는 사실을 받아들여야 합니다. 그런데 그 사실을 받아들이지 못하고 계속 거부하면 과거에 갇혀 고통에서 벗어날 수 없어요. 자아(에고)에 갇혀버리는 겁니다.

자존감에 대한 질문

당신의 자존감은 얼마나 발달했나요? 일단 '자기 연민'에서 벗어나기만 해도 큰 발전입니다. 자신이 가치 없는 사람이라고 느껴지는 순간은 언제인가요?

어떤 사람과 있을 때, 혹은 어떤 상황에서 자신을 가치 없는 사람으로 느끼나요?

그런 기분을 느끼는 것이 무슨 도움이 될지 생각해봅시다. 내가 쓸모없다고 느끼는 데서 얻는 점이 있나요? 이런 생각을 통해 새로운 것을 배우거나 경험할 수 있나요?

내가 경험하는 모든 것은 영혼이 주는 숙제와 관련 있어요. 누군 가 더 이상 나와 함께하고 싶지 않다면, 나와 함께하고 싶은 사람은 아무도 없다는 뜻일까요?

당연히 아니죠!

그렇지만 상대에 대한 미움이나 슬픔에만 빠져 있다면, 다른 사람 도 나와 만나고 싶지 않겠지요. 나중에 헤어지게 됐을 때 어떻게 나 올지 이미 짐작이 가니까요.

반대로 상대가 나를 놓아주지 않는 상황이라면 어떨까요? 분명히 이별을 시작했는데도 계속 억지로 가까워지려고 한다면, 선을 긋 는 방법이 두 가지 있습니다. 우선 '신체적'인 선을 긋는 거예요. 아 직 풀지 못한 문제가 무엇인지 대화를 통해 알아내고, 그에 맞춰 선 을 긋습니다. 상대가 극렬하게 거부하면 더 강하게 그을 필요가 있 겠죠. 대화만으로도 해결되는 경우도 있어요. 반면 분명히 말해야만 해결될 때도 있지요. 분명하게 이야기한다는 것은 단지 말만이 아 니라, 말을 하고 그에 따라 확실히 행동으로 보여줘야 한다는 것입 니다.

지금은 밤 11시, 전화가 울립니다. 그녀는 이미 누가 전화했는지 알고 있습니다. 3주 전에 이혼한 전남편이지요. 원래 이 시간에 전 화를 걸거든요. 아마 술을 마셨겠죠. 텅 빈 집에서 슬픔이 밀려왔을 테고요. 남편이 무슨 말을 할지도 알고 있습니다. 처음에는 울먹이듯 이야기하고, 가 끔은 진짜 울기도 해요. 그다음에는 그녀에게 돌아오라고 간청합니다. 그럴 수 없는 이유를 조심스럽지만 분명히 말하려 하면 욕을 퍼붓는 바람에, 여자는 매일 욕설을 들어야 했죠. 이런 통화가 매일 밤 이어졌고, 어느덧 매일 치르는 의식이 되었습니다. 친구는 왜 전화를 꺼놓지 않느냐고 물었어요. 아니면 적어도 전화를 받지 말라고 했지요. 지금까지는 왜 그러지 않았을까요?

이 말을 듣고 생각해보니 자신이 전남편을 진정시키고, 아픔을 다독이고, 이별을 이해하고 받아들이도록 돕고 싶었다는 사실을 깨달았어요. 그렇게 선의를 베푼 결과, 매일 욕이나 들었던 것이죠. 그런데도 밤에 전화하지 말라고 말하기는 겁났습니다. 그녀가 풀어야 할 영혼의 숙제는 바로 선을 긋는 것이었고, 이제야 그 연습을 시작할 수 있게 되었습니다.

신체뿐 아니라 정신적으로도 선을 그어야 할 때가 많습니다. 둘 중 무엇을 먼저 시작할지는 상황에 따라서 직감이 답을 알려줍니다. '정신적' 측면에서 거리를 둔다는 것은 연결돼 있던 두 사람의 영혼을 분리하는 것을 말해요. 영혼을 분리할 때는 앞서 말한 '마음속 작별인사'와 비슷하게 명상이나 시각화하는 것이 도움이 됩니다.

명상으로 영혼의 연결 끊어내기

조용히 눈감고 호흡에 집중하면서 내면의 눈을 통해 내 몸 어느 부분이 파트너와 연결됐는지를 탐구해보세요. 머릿속으로 이미지를 떠올리는 거죠. 어쩌면 명치 부근에 상대와 연결된 끈이 있을 수도 있겠죠. 혹은 두 사람의 심장이 밧줄로 이어진 이미지일 수도 있어요. 촉수처럼 몸을 파고들었거나, 다리를 휘감고 있을 수도 있고요. 마음속에 어떤 이미지가 나타나든, 그 이미지를 받아들여야 합니다.

명상을 계속하면서 상상을 통해 가위 등의 도구를 만들어 내 몸에 연결된 그 끈을 직접 잘라냅니다. 그리고 연결 부분을 상대방에게 다시 보내세요.

이윽고 신체의 그 부분에 손을 대 끊어진 부분을 '봉합'합니다.

이 의식을 '진짜 되나 한번 해볼까' 하는 마음으로 시작하지 마세요. 실제로 그렇게 됩니다. 내가 허락하지 않으면 아무도 내 영혼에 마음대로 자기 영혼을 연결할 수 없어요. 모든 사람의 영혼은 대등한 존재입니다. 다른 사람의 영혼은 내 영혼이 가진 독립성이나 확신을 무시할 수 없어요. 마찬가지로 내게 확고한 결정 의지가 있다면 다른 사람이 무시할 수 없습니다. 반면, 스스로를 너무 약한 사람으로 생각하면 상대가 아무 거리낌 없이 막 대할 수 있어요. 스스로 그렇게 생각하고, 그런 태도를 보이는 것은 "나는 방어하지 않을 거야!"라고 말하는 것과 같아요. 결국 자기 선택이에요. 그 선택이 옳지 않다 해도, 자신이 스스로 선택한 것입니다.

너에게 돌아가고 싶어

상대를 붙잡고 싶을 때, 다시 생각해보면 고통을 즐기는 마조히즘적 성향이 아니고야 말도 안 되는 일임을 새삼 깨닫게 됩니다. 함께하고 싶지 않다는 사람과 왜 굳이 함께해야겠다고 생각할까요?

 식당에서 밥을 먹다가 옆 테이블에서 40대로 보이는 남자와 상당히 젊은 여자가 대화하는 것을 우연히 듣게 되었어요.

남자는 "너도 알잖아. 내가 지금까지 누구를 진지하게 사귄 적이 없다는 거. 그럼 다른 사람은 다 정리해야 하니까. 그런데 너를 대하는 마음은 정말 지금까지와는 전혀 달라"라고 말한 후 여자의 손을 꼭 잡고 눈을 깊이 들여다보았습니다.

저는 여자의 표정을 살폈는데, 웃고 있었어요. 저라면 아마 '내가 잘못 들었나?'라는 생각이 가장 먼저 들 것 같았어요. 그리고 그 말이 어째서 칭찬도 아니고 미래를 함께하자는 약속도 될 수 없는지를 남자에게 설명했을 거예요. 지금 나와 함께 있는 것이 기쁘다고 말하는 대신, 이 관계를 위해 자기가 무엇을 포기하는지를 말하고 있잖아요. 이런 관계가 어떻게 발전할지는 겪어보지 않아도 대충 알 수 있답니다.

이별 후의 상실감

헤어지고 나면 우리 영혼은 다시 독립성을 되찾아야 해요. 가끔은 그러기가 쉽지 않을 때도 있습니다. 특히 오랫동안 함께 산 상대와 헤어졌다면 신체 한 부위를 잃은 것처럼 허전함이 클 거예요.

아버지가 돌아가신 후 어머니는 하루에도 여러 번 전화를 걸어 부탁하셨어요. 어머니는 뭔가를 스스로 하는 것 자체를 거부했어요. 아직 70세로 정정하신데도 항상 "나는 너무 늙었잖니!"라는 말을 입에 달고 사셨죠.

저도 하는 일이 있어 언제나 부탁을 들어줄 수 있는 건 아니었는데, 그럴 때마다 나쁜 딸이 된 것처럼 죄책감이 느껴졌어요. 어머니는 저도 일하는 사람이라는 것을 전혀 이해해주지 않았습니다. 제 일을 그냥 취미 정도로 생각했어요. 어머니는 집안일 말고는 다른 일을 해본 적이 없거든요. 그리고 제게도 이제 돌볼 가족이 있다는 걸 전혀 고려하지 않으셨고요.

저 역시 아버지가 돌아가신 것이 슬픈데, 제 감정 따윈 안중에도 없어요. 48년간 아버지와 살다 혼자가 된 허전함만 생각하십니다. 그렇지만 어머니만 남편을 잃은 것이 아니라, 저도 아버지를 잃었잖아요. 페이스북도 잘하시면서 인터넷 뱅킹은 어린아이처럼 못하겠다고 하세요. 정말 하지 못하는 게 아니라, 제가 해주기를 바라는 거죠. 하지만 더 이상은 저도 못하겠어요!

이별의 상실을 겪는 과정에서 모든 사람은 자기만의 문제를 극복해야 합니다. 성인인 자녀는 부모가 이혼이나 사별 후 크게 변한 모습에 놀라는 경우가 많아요. 이 경우 스스로를 고립시키는 것부터 갑자기 친절하고 부드러워지는 것까지, 다양한 반응이 나타납니다. 여성이라면 처음으로 자기만의 시간을 즐기게 되는 사람도 많아요. '가정주부'였던 여자는 대부분 은퇴도 없이 계속 남편을 돌보았으니까요. 이런 상황에서 남편과 사별하면 처음에는 혼란스럽고 삶의 목적을 잃은 허전함을 느낄 수 있어요. 그러면서 우울함과 슬픔에 빠지기도 하죠. 하지만 남편이 세상을 떠났다는 슬픔을 극복하고 나면 편안한 마음으로 자유를 즐기는 사람도 많습니다. 그동안 부부로 살면서 자신은 상대를 돌보기만 했다는 것을 비로소 깨달은 거죠. 상대를 챙기는 것이 이들에게는 사랑의 표현이었을 거예요. 또한 서로를 챙기는 것이 아니라, 상대를 돌보는 관계만 경험했기 때문에 누군가 "재혼할 생각은 없으세요?"라고 물으면 "절대로 안 하죠!"라고 대답합니다. 남자 뒤만 따라다니며 챙기는 삶으로는 돌아가고 싶지 않으니까요.

상대의 새로운 연인을 반겨주기

이별 후 겪게 되는 많은 일 중에는 극복하기 쉬운 일과 어려운 일이 있습니다. 특히 상대에게 새 연인이 생긴 경우, 마음속 약한 부분이나 상실에 대한 두려움을 자극할 수 있어요.

나는 떠났으니, 다른 사람이 그 자리를 차지할 수 있어요. 내가 먼저 떠난 것이 아니라 새로운 사람에게 빼앗겼다면 좀 더 힘들 수 있겠지만, 어쨌든 그 자리는 이제 내 것이 아니에요. 이제 다른 사람의 자리가 됐고, 그 사실을 인정해야 합니다.

남편은 저와 이혼 후 여자친구를 몇 번 사귀었고, 그럴 때마다 저는 그들을 반갑게 대했어요. 그들도 그 사실을 알았고 우리 딸에게도 따뜻하게 대했지요. 한번은 중국에서 온 여자친구를 사귄 적이 있어요. 중국에서는 이혼한 전 배우자와 만나거나 연락하는 일이 정말 드물다고 해요. 즉 이혼하면 마치 사별한 것처럼 절대 만나지 않는 거죠. 그래서인지 그분은 처음엔 우리가 친구처럼 지내는 것을 쉽게 받아들이지 못했어요.

당시 딸은 대학을 졸업하고 아빠가 살던 미국 LA로 돌아와 정착할 계획이었어요. 딸은 아빠 집으로 들어갈 것이었고, 전남편과 딸 모두 제가 딸을 보러 미국에 갈 때는 당연히 그 집에서 지낼 것으로 생각했지요. 하지만 그의 여자친구에게는 당연한 것이 아니었습니다. 그 사실을 알고는 미국에 도착하자마자 전남편과 그의 여자친구와 함께 저녁을 먹자고 했지요. 그리고 그 전에 남편에게 이미 "우리 그때 기억나……?" 등의 말은 절대 하지 말라고 당부해두었어요. 그는 지금까지도 이걸 잘 지키고 있지요.

아무튼 우리는 식당에서 만났어요. 제 소개를 하고 전남편이 당신을 만나 얼마나 행복해 보이는지, 그리고 그는 항상 당신 같은 사람을 만나기를 원했는데 드디어 찾게 돼 저도 정말 기쁘다고 말했죠. 당시 저는 약혼한 상태였기 때문에 제 약혼자가 안부를 전해달라고 한 것까지 이야기했어요. 이런 식으로 내가 당신들 관계에 조금도 위험요소가 되지 않는다는 걸 전하려 모든 노력을 했어요.

식사하는 내내 저는 그녀에게 집중했어요. 그녀도 아들이 하나 있었고 가끔 아들을 부모님 댁에 맡긴다고 하더라고요. 우리는 아이를 오랜만에 볼 때 얼마나 기쁜지 이야기했습니다. 그리고 저는 이번에 오게 된 사안을 설명하면서 멀리 떨어진 호텔보다 딸과 함께 있고 싶다고 했어요. 그녀도 이해한다고 했죠. 이어서 저는 제가 딸을 보러 와도 당신의 남자친구(이 부분을 특히 강조해서 말했죠) 집에서 지내는 게 이상해 보일 수 있고, 그래서 다소 혼란스럽거나 짜증 날 수도 있는 걸 이해한다고 말했어요. 그리고 딸은 곧 독립할 테니 그 집에 머무는 건 이번 한 번뿐일 거라고도 했지요.

이런저런 이야기를 하다 그녀의 얼굴을 보니, 더 이상 방어적인 모습은 보이지 않더라고요. 그다음에 전남편에게 당신이 요리를 정말 잘한다는 이야기를 들었다고 말하자, 그녀는 잠시 뭔가를 생각하는 듯했어요. 전남편은 그녀에게 "우리 내일 저녁에 같이 요리해줄까?"라고 물었어요. 그녀는 고개를 끄덕이고 미소를 지었죠. 저는 그 집에 머물게 해줘서 고맙다고 했어요. 식사를 마치고 다음 날 저녁에 다시 만나기로 약속하고 포옹한 후 헤어졌지요. 다음 날 저녁 그녀는 전남편 집에 와서 요리를 해주었고, 저는 어디까지나 잠시 방문한 손님처럼 행동했습니다. 그리고 그 후 몇 년간 서로 연락을 주고받는 사이가 되었죠.

저는 제가 과거에 사랑한 사람들이 모두 행복했으면 좋겠어요. 그리고 이기적인 생각일 수 있지만 가끔씩 만나 편안한 시간을 함께 보내고 싶습니다. 이런 상황에서는 상대의 새로운 파트너도 함께 편안할 수 있는 자기만의 '위치'가 있어야 해요. 전남편과의 관계에서 여자친구의 위치는 항상 저보다 '우선'이어야겠죠.

이혼 후 새로운 가족관계를 위한 십계명

1

서로를 존중하기

2

지금까지 함께한 시간에 감사하기

3

상대 때문에 마음 아팠던 일, 그리고 자신 때문에
스스로 아파했던 일 용서하기

4

주도권 싸움을 하지 않기

5

넓은 마음 갖기

6

나를 부추기지 않고 편안하게 해주는 사람들과 함께하기

7

감정을 진정시키는 방법을 배우기

8

내 삶을 챙기며 살기

9

아이와 계속 만나고, 아이를 상대의 대체품으로 생각하지 않기

10

상대의 새로운 연인을 반겨주기

아이들과의 이별, 그리고 패치워크 가족

파트너와 헤어지면서 아이들과도 헤어지는 경우, 이별을 극복하는 것은 당연히 더 힘들어집니다. 내가 낳은 아이든, 파트너의 아이든, 아이들이 있으면 이별은 두 사람만의 일이 아니니까요. 슬픔을 혼자 극복하고 자기 길을 가는 게 아니라 '우리 모두' 함께 겪는 일이라고 생각해야 한다는 거죠. 여기서 말하는 '우리'에는 전 파트너와 아이들뿐 아니라 앞으로 만나게 될 새로운 파트너도 포함됩니다.

그런데 미혼 여성이 아이가 있는 파트너를 만나 패치워크 가족의 일원이 되는 경우, 그 안에서 어쩐지 2순위로 밀려난 듯한 마음에 혼란스러울 때가 있습니다.

1순위는 아이들입니다

아이가 있는 사람을 만날 때 아이와 1순위 자리를 놓고 경쟁하는 건 의미 없는 일입니다. 저는 아이들을 최우선시하지 않는 사람과는 만나고 싶지 않습니다.

한번은 아이가 둘 있는 남자와 사귄 적이 있는데, 어느 날 그를 만나자마자 전화가 왔지요. 딸에게서 온 전화였는데, 지하철 막차를 놓쳤고 집까지 너무 멀어서 갈 방법이 없다는 거였어요. 제 연인은 바로 일어나 옷을 입으며 아무래도 딸을 데리러 가야겠다며 사과했어요. 그 말에 저는 "아이를 데리러 안 가면 그게 사과할 일이죠"라고 대답했습니다.

상대방에게 1순위는 아이들이고 나는 2순위라는 사실을 진심으로 받아들이면 무의식적으로라도 아이들을 질투하지 않게 됩니다. 그의 딸과 함께 처음 휴가를 떠났을 때 저는 부녀가 단둘이 보내는 시간이 반드시 있어야 한다고 계속 이야기했어요. 아직 낯선 여자와 계속 함께 있는 건 딸로서는 정말 힘들 수 있거든요. 아빠와 둘만의 시간을 보내기 전에 아이는 "제가 잠깐 아빠를 독차지해도 될까요?"라고 가볍게 물었죠.

2순위를 인정하는 것은 정말 중요합니다. 아이들은 부동의 1순위임을 인정하면 정말 편해지거든요. 아이들은 아직 어리고 많은 보살핌이 필요합니다. 반면 저는 성인이니 스스로를 챙길 수 있고요. 그리고 아이들에게서 아빠를 떼어내거나 아빠가 아이들을 돌보는 데 죄책감을 느끼도록 만들어서도 안 되지요.

만약 상대에게 아이가 있는데도 그의 1순위가 되고 싶다면 몇 가지 이유 때문입니다. 우선 마음이 불안하고 자신감이 없어서 그럴 수 있어요. 이런 경우에는 자신이 민감하게 반응하는 부분을 주의 깊게 생각해보고, 보다 차분히 반응하는 방법을 연습해볼 좋은 기회가 되겠죠. 즉 영혼의 숙제를 해결하는 겁니다. 짜증이 나거나 '또 애들이랑 시간을 보내고 있네'라는 생각이 들 때마다 잠시 멈추고 내가 아이들과 경쟁관계가 아니라는 사실을 떠올려보세요. 그리고 스스로에게 "저이는 아이들을 사랑해. 그건 좋은 거잖아. 사랑을 아는 사람이라는 거니까"라고 잘 말해주는 거지요.

만약 '다른 사람의 관심과 애정을 받지 못하는 나는 쓸모없는 사람'이라는 어린 시절의 애정 결핍 때문에 불안하고 자신감이 떨어지면 '내가 나를 사랑하고 관심을 가지니 나는 소중한 사람이야'라고 생각해볼 수 있겠죠.

혹은 여러 요인이 동시에 작용해 1순위를 욕심내는 것일 수도 있어요. 아이들에게 질투나 부러움을 느껴서가 아니라 어쩌면 아버지와의 관계에서 존중받지 못해서 그럴지도 모릅니다. 어린 시절에 무슨 말을 해도 아버지는 귀담아듣지 않았고, 원하는 것이 있어도 늘 무시했던 거죠. 그래서 파트너와 아이의 돈독한 관계 속에 내 자리는 없고, 들러리 역할일 뿐이라는 생각이 드는 거예요. 하지만 잘 생각해보세요. 실제로 그런지, 아니면 혼자 그렇게 느끼는 건지 말입니다. 이런 생각들은 평소의 습관을 그대로 보여줍니다. 영혼의 숙제는 항상 따라다닌다는 것을 기억하세요. 이런 새로운 상황에 처했다면 더 말할 것도 없고요.

혹시 파트너에게 분명히 표현하기를 망설이고 있지는 않나요? 솔직한 생각을 말할 용기가 나지 않나요? 자기감정을 부정하고 있지는 않나요? 주변에 부추기는 사람이 있는 건 아닌가요? 상대가 아니라 친구와만 고민을 나누고 있진 않나요?

불만이 있으면 그냥 그대로 두지 말고 상황을 바꿔보려고 노력하는 것이 좋아요. 일단 정확히 어떤 부분을 바꾸고 싶은지 곰곰이 생각해보세요. 특히 이전 관계에서 배운 것을 실천해보는 것이 중요해요. 이 관계에는 파트너의 여자친구인 내 자리도 당연히 있습니다. 신발장 옆처럼 불편하거나 소외된 자리가 아니고요. 그런데 가끔 파트너와 근본적인 문제를 의논하는 대신 갖은 노력을 다해 자기가 원하는 위치를 차지하려는 사람도 있습니다.

"너희도 클 만큼 컸으니 이제 크리스마스에 서로 선물 주고받는 건 그만하자." 새엄마는 이제 성인이 될 날이 얼마 남지 않은 두 아이에게 이렇게 말했어요. 딸은 열아홉 살, 아들은 열여덟 살이었죠. 2년 전 아빠와 결혼해 새엄마가 된 이후 사실 좋을 때보단 안 좋을 때가 더 많았는데, 이제는 아예 폭탄선언을 한 거죠. 아들은 대수롭지 않다는 듯 그러자고 했어요. 하지만 딸은 벌떡 일어나더니 "네, 그러세요! 혼자 하시면 되겠네요. 저는 아빠한테 선물 드릴 거거든요!"라고 쏘아붙이며 방으로 들어갔습니다. 아버지는 당황해 아무 말 없이 다 먹은 음식 그릇만 정리할 뿐이었어요.

새엄마는 자기 말이 옳다고 생각했어요. 그 말을 한 데는 그럴 만한 이유가 있었죠. 딸이 자주 '예의 없이' 굴었기 때문에 그러지 말라는 분명한 신호를 보내고 싶었던 겁니다. 그녀는 친구에게 딸과의 일을 이야기하며 조언을 구했어요.

"그걸 네 맘대로 결정하면 어떡해! 다른 가족들과 이야기한 것도 아니고 통보해버린 거잖아. 딸이 화낼 만도 하지. 나라도 그러겠다. 선물이란 사랑의 표현인데, 네 말인즉 이제 딸은 아빠한테도 그렇고, 너한테도 그렇고 사랑받지 못할 거라는 말이나 다름없잖아. 너는 모든 걸 좀 자기중심적으로 생각하는 것 같아. 딸은 네가 아니라 친엄마가 그 말을 했어도 기분 나빠 했을 거야. 게다가 아직 어려! 십대잖아. 내가 너라면 일단 딸한테 사과할 거야."

가끔 새로운 파트너가 가족 일에 전혀 무관심하거나, 모든 일을 '나 아니면 그 외 다른 모든 것'이라는 식으로 받아들이는 때도 있어요.

55년간 제 곁을 지켜주신 훌륭한 아버지셨지만 이제는 뭐…… 돌아가셨다고 생각하고 살아요. 아버지는 3년 전 자신을 돌봐준 간병인과 결혼하셨고, '새어머니'는 우리가 그 집에 있는 것 자체를 싫어하셨어요. 저와 언니에게 집 열쇠를 내놓으라고 하셨고, 뭐 그건 어느 정도 이해할 수 있었어요. 하지만 아버지를 만날 수 없게 완벽히 차단하셨고, 아버지도 그러라고 하셨어요. 아버지는 2년간 손자를 한 번도 만나지 못했어요. 그게 마음이 아프냐고요? 네, 그렇죠. 하지만 그것도 어쨌든 아버지의 선택이니까요. 아버지는 곁에 여자가 없는 것이 두려워서 그분이 원하는 대로 무조건 다 따랐어요. 적어도 그분을 만나기 전까지 55년간은 정말 훌륭한 아버지였어요. 다른 아버지들과 비교해도 결코 손색없는 분이셨죠. 상황이 달라질 수 있을까요? 아마 아닐 것 같아요. 언니와 저도 할 수 있는 건 다 해봤지만, 달라진 건 없었거든요.

영혼의 눈으로 봤을 때 이건 어떤 상황일까요? 혼자 되는 것을 두려워하는 사람은 똑같은 사람을 만납니다. 이런 사람은 옆에 아무도 없는 상황을 몹시 불안해해요. 그리고 상대가 항상 자신을 제일 중요한 사람으로 생각해주기를 바랍니다. 동시에 다른 존재는 2순위고 뭐고 아예 멀리 떨어져 있는 편이 안전하다고 생각하죠. '내가 이 사람에게 특별한 사람이 되려면 다른 사람과 관련된 과거를 다 없애야겠어, 이 사람은 내 것이야'라고 단정 짓는 거지요. 그리고 자기 자리를 지켜내며, 그 자리를 뺏을 위험 요소는 완전히 치워버리는 것이 좋다고 생각합니다. 불순한 의도가 있어서 그러기도 해요. 곁에 가족이 없어야 더 쥐락펴락할 수 있고, 이 사람이 죽고 나면 그 유산까지 차지할 수 있다는 의도 때문이지요.

첫 걸음을 뗄 준비

서로를 잘 모르는 상태에서 패치워크 가족이 되는 경우도 많습니다. 남자의 새 여자친구가 앞으로 돌보고 함께 지낼 아이들의 엄마를 모르는 경우, 아이들의 엄마가 만남을 거부해서 그럴 수 있습니다. 반대로 아빠가 전처의 새 남자친구를 투명인간 취급하거나, 한 방에 있는 것조차 싫어하는 경우도 있고요.

여자는 사랑에 빠졌을 때부터 이미 쉽지 않으리라는 것을 알았어요. 남자는 이혼한 지 얼마 안 된 상태였고, 남자가 관계를 끊으면서 아이들 엄마는 마음에 상처를 입었지요. 갑자기 아이들의 새엄마가 된 여자는 어떻게 하면 좋을지 고민했습니다.

결국 직접 부딪혀보기로 했습니다. 아이들 엄마에게 이메일을 썼어요. '안녕하세요, 그에게서 이야기 들었어요. 아마 다음 주에 아이들을 처음 만날 것 같아요. 저는 아이가 없어서 친엄마가 챙겨주는 것과는 다를까 봐 걱정입니다. 혹시 중요한 사항이 있다면 알려주실 수 있나요? 저녁에 아이들이 잠자리에 들기 전에 하는 일이 있나요? 제가 알아야 할 규칙 같은 것은요? 그리고 혹시 아이들 양육에 특히 중요하게 생각하는 것이 있나요? 제 부모님도 제가 어렸을 때 이혼하셨는데, 아빠가 저를 너무 오냐오냐 키워서 엄마가 좀 힘드셨대요. 아래에 제 전화번호를 남깁니다. 한번 연락 주시면 좋겠네요. 감사합니다.'

여자는 남자에게도 이메일을 보여주었는데, 남자는 전혀 반색하지 않았어요. 지나치게 공손하다면서요. "나이도 비슷한데 꼭 이렇게 극존칭을 써야겠어?"라고 말했죠. 그리고 아이들 엄마 일은 관여하지 않는 게 나을 것 같다고도 했습니다.

하지만 여자의 생각은 확고했어요. "관여할 수밖에 없지. 이제 나도 관련 있는 사람이야. 아이들을 만나거나 돌보지 않으면 그렇다 하겠지만, 당신 여자친구니까 그럴 수는 없겠지. 그리고 지금 이 상황에서 아무것도 않고 가만히 있지도 않을 거야. 그건 안 되지. 나도 이 가족의 일원인걸."

아이들 엄마에게서 온 답장은 짧고 간결했어요. '우리 양육방식은 애들 아빠가 잘 알고 있을 거예요. 그냥 그대로 하시면 돼요'라고요.

그렇다고 여자는 실망하지 않았어요. 쉽지 않으리라는 건 분명히 알고 있었으니까. 여자는 궁금한 점이 있을 때마다 질문을 했어요. 가끔 아이들에게 안부를 전해달라고도 하는 등 몇 달간 꾸준히 예의와 존중을 담아 대하자 어느새 아이들 엄마의 태도도 한결 온화해졌습니다.

그 밖에 패치워크 가정을 꾸린 두 사람 사이에서 아이가 태어나면 가족 분위기가 달라집니다. 이런 경우, 원래 있던 아이들이 보기에 새로 태어난 아이만 사랑과 관심을 독차지하고 있을까요, 아니면 자신들도 전과 다름없이 존중받고 있다고 생각하나요?

'사랑을 확인'하기 위해선 둘 사이에 아이가 필요하다고 생각하는 사람들도 있습니다.

마흔 살 그녀에게는 열한 살과 열여섯 살 아이들이 있어요. 남자친구는 서른 살이고 지난 3년간 아이들에게 훌륭한 아버지 역할을 해왔습니다. 그녀는 지난 2년간 커리어에 집중하면서 이제 곧 부서장으로 승진을 앞두고 있어요. 그런데 지난주, 남자친구가 동료의 아이를 안아주는 모습을 우연히 보았고, 아이를 바라보는 온화한 눈빛에 감동하면서도 동시에 조금 걱정이 되었어요. 자신의 나이를 감안하면, 둘 사이에 아이를 가질 수 있는 시간이 얼마 남지 않았기 때문이었죠. 하지만 이제야 열심히 일한 노력의 결실로 승진을 앞두었는데, 정말로 다시 '처음부터 시작'할 수 있을까요?

남자친구에게 이 고민을 털어놓자, 그는 놀란 듯 그녀를 바라보았어요.

남자친구는 "내가 뭔가 부족하다고 생각하는 것처럼 보여?"라고 물었어요. 그녀는 아니라고 대답했죠. 그는 "아이를 키우는 데 시간이 얼마나 드는지는 나도 알고, 우리는 그럴 시간이 더 없잖아. 혹시 정말 아이를 하나 더 낳고 싶어? 아니면 이미 아기가 생긴 건 아니지?"라고 말하며 미소를 짓고 그녀를 껴안았습니다.

362

"그런데 나중에 아이를 갖고 싶어졌는데 그때 내 나이가 너무 많으면 어떡해."

"그건 그때 가서 생각해보자. 혹시 내가 너무 젊다고 날 쫓아내려는 건 아니지……?"

두 사람은 한참 동안 그 얘기를 했습니다. 이 관계가 언제까지 이어질지는 누구도 알 수 없었지만, 계속 가깝게 지내면서 서로에게 애정을 쏟는 관계로 지내고 싶다는 것만은 분명했어요. 그러자 여자의 긴장도 풀렸습니다.

어떤 이야기를 하고 난 직후 우리 몸의 반응을 보면, 그 대화가 어땠는지를 알 수 있어요. 이 경우 긴장이 풀렸다는 것은 마음이 편안해졌다는 증거예요.

두 사람의 문제는 두 사람이 풀어야

이는 앞으로 관계를 계속 이어가는 데 정말 중요한 부분이고, 특히 패치워크 가족이라면 더 그렇습니다. 관계에 문제가 있을 때 그 관계에 속한 모든 사람이 솔직하게 마음을 터놓고 이야기하면 해결책이 나옵니다. 반면 자기만 주목받기를 원하고, 누군가 소외되거나 배제되고 문제가 있는데도 서로 외면하면 문제는 썩기 시작하지요.

아이들이 이해할 수 있을 만큼 컸다면 문제 해결 과정에 얼마간은 함께 참여할 수 있어요. 또한 구체적으로 얼마나 걸릴지는 모르지만, 자신이 진정 원하는 것에 대해 적어도 지금보다는 더 오랫동안 스스로 내면을 성찰해야겠다고 느낄 때도 있어요. 이때 내면의 성찰이란 문제를 어떻게 해결하고 싶은지, 모두에게 적합한 해결방법은 무엇인지 스스로에게 묻는 것을 말합니다.

남자친구의 딸이 우리 집에 들어와 함께 살게 되었을 때, 제 딸이 쓰던 방을 쓰기로 했어요. 딸은 미국 LA에 살면서 직장생활을 막 시작한 터라, 당분간 그 방은 계속 비어 있을 예정이었거든요. 그렇지만 특히나 외동이던 딸로선 집에 낯선 여자아이가 엄마랑, 그것도 자기 방에 들어와 산다는 것을 받아들이기 쉽진 않았죠. 딸은 1년에도 여러 번씩 저를 보러 오던 터라, 남자친구의 딸과 함께 살기로 했을 때부터 그 경우 어떻게 할지를 확실히 정해두었습니다. 남친의 딸은, 제 딸이 집에 오면 친구 집에 가 있겠다고 제안했어요. 원래 언니 방이니, 당연히 언니가 방을 쓰는 게 맞다고 생각한 거죠.

우리는 아이의 제안을 따랐고, 실제로도 그렇게 잘되었어요. 아이가 친구 집으로 떠나고 나서, 저는 그 방의 모든 것을 사진으로 남기고 아이의 옷, 책, 학용품을 상자에 담아 다락방에 가져다 두었습니다. 아이의 개인물품이니 소중하게 다루었지요. 그리고 침대 시트와 이불도 딸이 쓰던 걸로 바꾸고, 예전에 딸이 꾸며둔 사진을 모두 가져다 그 자리에 붙여두었어요. 마지막으로 약간 향을 피우는 의식을 거쳐 그 방의 에너지를 바꾸자 방은 다시 딸의 것이 되었습니다. 딸이 떠났을 당시의 모습과 느낌을 그대로 되찾았지요.

이후 딸이 떠난 후에는 다시 아이의 물건을 가져다 사진대로 모든 것을 제자리에 돌려놓았어요. 마지막에는 마찬가지로 향을 피워 아이 방으로 에너지를 바꾸었습니다. 그렇게 우리 두 딸은 각자 다시 방에 돌아왔을 때 아무

위화감 없이 원래 생활하던 대로 지낼 수 있었습니다.

그때 청소를 도와주던 분도 감쪽같이 방을 돌려놓는 걸 보고 믿기 어려워했어요. "맙소사, 고생을 사서 하시네요!"라면서요.

하지만 정말 소중하게 생각하는 두 아이의 행복을 위한 일이라 조금도 힘들지 않았습니다.

일요일 저녁, 엄마 집으로 돌아온 아이는 화가 나 있었습니다. 아빠 집에는 자기 방이 없고 손님방에서 지내라고 했다는 거예요. 그조차 자기 마음대로 꾸밀 수도 없었다고 합니다. 아이 아빠는 그 방을 정말 손님방으로만 사용하고 싶어 했고, 실제로 그 집에는 손님이 자주 오기 때문에 결국 열다섯 살 딸은 한 달에 하루만 그 방에 머물게 되었죠. 부부가 이혼했을 때 막내는 겨우 세 살 난 아기였고, 주로 엄마와 살다 보니 아빠와는 그리 관계가 깊지 못했습니다. 반면 터울이 큰, 이미 성인인 두 언니는 아빠와도 가깝게 지냈어요. 하루는 큰언니가 아빠 집에 온다고 하자 막내는 손님방도 아닌 거실 소파로 밀려났다고 합니다.

엄마 집으로 돌아온 막내는 "이제 다시는 그 집에 안 갈 거야!"라고 했어요.

아이가 보기에 좋은 것은 언니가 다 가져가고, 자기는 푸대접을 받는다 생각하니 질투가 나는 것은 당연합니다. 그렇지만 이는 언니의 잘못도, 막내의 잘못도 아니에요. 막내와 아빠가 풀어야 하는 문제였지요. 그래서 아빠와 막내는 마음을 터놓고 오랫동안 대화했고, 결국 앞으로는 가끔 그 집에서 자는 대신 주말에 단둘이서 여행이나 소풍을 다녀오기로 했습니다. 그렇게 두 사람 모두 마음이 편해졌지요.

떠나고 싶어

이별 후에 완전히 새 출발을 하고 싶어 하는 사람도 있습니다. 새로운 도시로 이주하거나 새로운 환경에서 새로운 삶을 살고 싶은 거지요. 새로운 일을 시작하거나 새로운 사랑을 하고 싶어서, 혹은 오랫동안 이사하고 싶은 마음만 있다가 이제야 실행에 옮기는 것일 수도 있어요. 성인인 우리에겐 '새 출발'이 그렇게 어려운 일이 아니고 깨끗이 마무리되었다는 느낌에 오히려 홀가분할 수 있겠지만, 아이들은 적응하기 힘든 경우도 많습니다.

아이가 있어도 당연히 새 출발을 할 수 있습니다. 하지만 내가 정말 원하는 것이 새로운 출발이 아니라 단순한 현실 도피는 아닌지 다시 한 번 생각해봐야겠지요. 왜냐하면 새로운 환경에 처하더라도 우리는 변함없이 우리 자신이고, 개인적인 문제가 자연스럽게 사라지진 않는다는 걸 항상 알고 있어야 하거든요.

그리고 아이가 있다면 새 출발 전에 다른 쪽 부모가 사는 곳도 반드시 고려해야 합니다. 아이를 낳겠다는 결정은 아이의 부모가 되겠다는 선택이기도 하니까요. 그러니 아이가 엄마와 아빠 모두 문제없이 만날 수 있도록 보장하는 것은 부모의 의무이지요.

감정코칭을 할 때, 한 고객이 조언을 청한 적이 있었어요. 그녀는 이혼 후 각자의 집에서 따로 살면서 네 살 난 딸아이를 키우고 있었어요. 따로 살았지만 근처여서 왕래하기가 쉬웠죠. 그녀는 남부의 한적한 산골로 이사하고 싶었는데 차로 꼬박 하루가 걸리는지라 그럼 딸이 아빠와 멀리 떨어져 지내야 하는 게 고민이었습니다. 저는 아이 아빠도 그 근처로 이주할 계획이 있는지를 물었고, 그녀는 아니라고 했어요. 그렇다면 반대로 아이 아빠가 딸을 데리고 그렇게 멀리 이사한다면 받아들일 수 있겠는지를 물었습니다. 그것이 그녀의 고민에 대한 제 답이었지요.

그녀는 잠시 생각에 잠겨 말이 없더니 절망스러운 눈빛으로 이렇게 말했습니다. "네, 그러면 저도 싫을 것 같아요. 그렇지만 제가 원하는 건 남부에서 사는 것인데, 왜 삶의 낙을 포기해야 하는 거죠?"

삶의 낙을 포기한다는 말이 좀 과장되게 들리기는 해요. 하지만 가족인 이상, 자기만 생각할 수도 없는 노릇이지요. 입장을 바꿔 상대가 아이를 데리고 먼 곳으로 이사하는 바람에 아이를 자주 볼 수 없다면 어떻겠어요? 인생은 길고, 아름다운 산악지대도 사라지지 않습니다. 적어도 아이가 다 클 때까지 그 산은 계속 거기 있을 거예요.

둥지 모델

부모가 이혼하고 나서 아이들은 계속 같은 집에서 지내고 엄마와 아빠가 번갈아 가며 아이들과 지내는 '둥지 모델'을 따르는 가족도 있습니다. 또 이혼했음에도 원래 집에서 셰어하우스처럼 일부 공간을 공유하며 함께 살기도 하는데, 보통 경제적인 이유에서 그렇게 하죠. 이렇게 생활할 때도 서로 분명히 합의해 규칙을 정할 필요가 있습니다.

여자는 남편의 외도를 알게 되었습니다. 이번이 처음도 아니고, 더는 참고 넘어갈 수 없어 이혼을 결정했지요. 남편은 동료에게 '둥지 모델'이라는 생활방식이 있다는 이야기를 들었고, 아이들과 더 많은 시간을 보낼 수 있는 둥지 모델에 관심을 보였습니다. 반면 여자는 처음에는 이런 제안을 진지하게 생각하지 않았어요. 아이들과 함께 사는 집에 각자 살 집까지 두 채가 필요한 셈인데, 집세를 감당할 수 없을 것 같았거든요.

그래서 이들은 해결 방법을 찾아보기로 했습니다. 물론 그 과정이 쉽지는 않았죠. 대화하다 보면 감정적인 모습이 튀어나올 때도 많았고, 날카로운 말로 서로에게 상처를 주기도 했지만 그럼에도 포기하지 않고 계속 해결책을 찾아나갔죠. 왜냐면 아이들이 받을 충격을 최소화할 수 있는 '적절한' 방법으로 이혼 후의 생활을 이어가고 싶었거든요. 큰딸은 열 살, 두 아들은 각각 여덟 살과 다섯 살로 아직 어렸으니까요.

남자는 각자 일주일씩 번갈아 가며 아이들과 지내기를 원했지만, 여자는 그럴 수 없었어요. 직업 특성상 일주일에 사흘은 집에 들어올 수 없었거든요. 그리고 아이들을 다른 사람에게 맡기는 것은 싫었고요.

결국 이들은 월요일부터 수요일까지는 엄마가 아이들과 지내고, 목요일과 금요일에는 아빠가 지내기로 했습니다. 주말에는 번갈아 가며 돌보고요. 두 사람은 부모의 이혼으로 아이들의 생활이 크게 바뀌는 것은 원하지 않았거든요. 그래서 아이들이 오가는 대신 부모가 아이들을 만나러 오기로 한 거지요.

가끔 조부모님이 봐주실 때도 있었는데, 그때도 아이들을 맡기는 것이 아니라 조부모님이 그 집으로 오셨어요. 아이들이 엄마와 함께하는 동안, 아빠는 자기 부모님 집에서 지냈습니다. 엄마는 적당한 아파트를 구해 그곳에서 혼자 지냈어요. 요가 수업도 들었고, 사무실에서 늦게까지 일하기도 하면서 자기만의 시간을 즐기기 시작했습니다. 남편이 양육권을 독차지하지 않고 둘 다 아이들을 정기적으로 만나고 있으니 마음도 편안했어요.

남자는 아빠 역할이 즐거웠습니다. 아이들을 온전히 돌보는 시간이 늘어난 덕분에 아이들과도 가까워졌지요. 그러면서 아이를 돌보는 데 얼마나 손이 많이 가는지를 비로소 깨달았어요. 주중에는 회사에서 일도 하고 아이들을 돌보며 바삐 살다가 아이들이 엄마와 시간을 보내는 월요일 전날인 일요일 저녁엔 집으로 돌아와 혼자 지냈는데, 그때마다 가슴에 구멍이 뚫린 듯 허전했습니다.

남자는 어느덧 자신에게 속 좁은 구석이 있다는 것을 처음 깨달았어요. 예를 들어 '월요일 아침에는 우유가 떨어질 것 같은데, 지금 더 사 놓을까 말까?' 같은 문제를 고민하는 거였죠. 그렇지만 시간이 지나면서 좀 더 여유롭게 행동할 수 있었고, 가끔 일요일 저녁에는 미리 다음 날 아침 먹을 음식을 준비해놓기까지 했습니다. 1년 후 아이 엄마는 지금 이렇게 지내도 괜찮은지, 아니면 아직도 예전에 말한 대로 1주일씩 번갈아 지내기를 원하는지 물었습니다. 남자는 지금 생활에 만족한다면서 이 방식에 완전히 동의했죠.

휴가를 갈 때도 마찬가지였어요. 함께 휴가를 보낼 집을 빌린 다음, 엄마가 휴가의 처음 절반을 머물고, 아빠가 나머지 절반을 그곳에서 지냈지요. 둘

다 서로를 배려하는 태도가 점점 깊어졌고 많은 이야기를 나누게 되었으며, 예전 같으면 생각지도 못할 만큼 친밀한 관계로 발전했습니다. 2년간 이런 생활을 이어오던 둘은 다시 함께 살아보기로 하고 집으로 돌아왔어요.

떨어져 있는 동안 두 사람 모두 마음의 숙제를 해결하면 이런 일도 일어날 수 있습니다. 하지만 재결합 시도를 하지 않더라도, 건설적인 태도로 서로를 존중하며 함께 살아가는 것은 모두를 위해 좋은 일이지요.

금방 왔다가 떠나는 사랑

금방 사랑에 빠지고 또 금방 식어, 계속 새로운 남자친구를 데려오는 여동생을 가정해봅시다. 여동생의 사랑은 항상 같은 순서로 진행돼요. 한눈에 반해 서로를 알아가다가 이내 사랑에 빠집니다. 그러고 나면 상대를 깊게 알아가는 시간을 갖지 않고, 금방 사랑에 빠진 만큼 또 금세 사랑이 식어버려요. 그러다 좀 있으면 다시 "나 사랑에 빠진 것 같아"라며 새로운 사랑을 찾습니다. 이런 행동을 언제까지 보고 있어야 할까요?

이혼 후 아이들에게 너무 빨리, 그리고 너무 자주 새 파트너를 소개하는 사람이 있습니다. 그러면 아이들은 그 사람이 내일도 함께할지 아니면 떠날지 알지 못해 혼란스러워할 수 있어요. 나중에는 새사람을 소개해도 '저 사람 이름을 굳이 알 필요가 있을까?'라는 생각

마저 들죠.[6]

처음 사랑에 빠질 때는 즐겁고 행복합니다. 그렇지만 금세 사랑에 빠졌다가 깨지는 과정이 반복되면 주변 사람들은 예측할 수 없는 패턴에 적응하기 힘들고 불안해져, 나중에는 지치고 피곤해집니다.

물론 "나 사랑에 빠졌어. 이 사람 어떤 것 같아?"라며 새 파트너를 당장 소개하고 싶은 충동은 이상한 것이 아니에요. 하지만 일단 둘이서 서로를 알아가고, 원하는 삶을 함께하기에 적합한 사람이라는 판단이 들고 난 후에 비로소 아이들이나 주변 사람들에게 소개하는 편이 더 낫지 않을까요?

아빠가 온다, 하지만 어디로?

'아빠가 온다'라는 비영리 이니셔티브*에 대한 아이디어는 한 소년이 아네트 하베르트Annette Habert (부록에서 자세한 인터뷰 내용을 확인할 수 있습니다)에게 "우리 아빠는 주말마다 다섯 시간을 운전해서 저를 보러 와요. 하지만 차에서 자야 해서 따뜻한 여름에만 올 수 있어요. 다른 계절에는 차에서 자기 너무 춥거든요. 제가 아빠를 위해 할 수 있는 일이 없을까요?"라는 말에서 출발했습니다.

소년의 말에서 힌트를 얻은 아네트는 '아빠가 온다' 이니셔티브(명칭은 '아빠가 온다'이지만, 엄마도 지원받을 수 있어요)를 시작했습니다. '아

---

* 이니셔티브: 특정한 문제 해결을 위한 계획이나 캠페인을 가리키는 말로, 여기에선 부모 방문 프로그램을 지칭합니다.

빠가 온다'는 아이를 방문하는 부모에게 그 지역의 자원봉사자가 무료로 묵을 수 있도록 집을 제공하거나, 아이를 만날 수 있는 다른 공간(예를 들어 주말에는 아이와 함께 놀 수 있는 공간으로 유치원을 제공)을 마련하는 등 부모와 아이들의 만남을 위한 여러 방안을 지원합니다.

특히 양쪽 부모가 같은 지역에 살지 않고, 금전적으로나 시간적으로나 아이들을 만나기에 부담이 큰 경우, 꼭 함께 영화관이나 박물관에 가지 않아도 아이들을 만날 수 있도록 공간을 제공합니다. 떨어져 살다 보니 아이들이 살고 있는 지역에 무엇이 있는지 잘 모르는 경우도 많아 이런 지원은 큰 도움이 되지요.

이 프로그램을 통해 이혼해서 따로 사는 부모도 큰 지출 없이 자원봉사자 집에 묵으며 아이들을 만남으로써 아이와 부모 사이의 유대감을 계속 이어갈 수 있고, 무엇보다 아이들에게 안심을 줍니다. 아빠가 '겨울에도' 나를 만나러 올 거라는 안도감을 주는 거지요. 또한 한쪽 부모와 사정상 다른 지역에 떨어져 사는 가족도 이 이니셔티브의 도움을 받아 만나서 함께하는 시간을 가질 수 있습니다.

아이들과 함께 보내는 시간

아이들과 얼마큼의 시간을 함께 보내는지는 부모의 거주지뿐 아니라 부모의 직업에 따라서도 달라집니다. 양쪽 부모가 아이들과 똑같은 시간을 보내기란 사실 행복한 가정에서도 아주 드문데, 특히 이혼해 떨어져 사는 가정에서는 더 신경 쓰지 못하곤 하죠.

여자의 직업은 가수였고, 남자는 교사였습니다. 직업 특성상 여자는 다른 지역에 다녀올 일이 많았어요. 그러다 딸을 낳고 나선 한 곳에 머물고 싶은 마음에 몇 년간 다른 지역에 가지 않고 잘 지냈습니다. 하지만 어느 순간부터 자신에게 활력과 기쁨을 주는 가수 활동이 크게 제한받는다는 생각에 사로잡혔어요. 특히 딸에게 약한 자폐 증세가 있어 모든 곳에 데리고 다닐 수 없었기 때문에 그 생각은 더욱 강해졌습니다. 엄마는 창의적이고 활기가 넘치는 반면, 딸에게는 정돈되고 분명하며 체계적인 생활이 필요했거든요. 아이 아빠도 익숙한 패턴을 선호하기도 했고요. 그래서 결국 이들은 함께 사는 것이 행복하지 않다고 생각해 이혼하고 각자의 길을 가기로 했습니다. 여자는 이혼을 결정하고 별거하는 동안 아이를 여기저기 데리고 다닐 수밖에 없었는데, 아홉 살 난 아이가 너무 힘들어하는 모습을 보곤 아이를 남편에게 맡기는 것이 딸의 안전에 좋을 거라는 사실을 깨달았지요.

대중이 나쁜 엄마라고 손가락질할 거라는 두려움에 몇 년간 고생했지만, 그래도 자신보다는 남편이 아이를 더 행복하고 편안하게 해줄 거라는 사실을 알고 있었어요.

그녀는 아이가 남편과 보내는 시간만큼 자신과도 함께해야 한다고 무리하게 주장하지 않았습니다. 아이를 만날 때도 주로 아빠와 아이가 함께 사는 집으로 가서 만났어요. 그 집에 자주 갔는데, 그때마다 딸이 아빠와 새엄마와 함께 안정적으로 살고 싶어 한다는 사실을 알 수 있었고, 이런 딸의 마음을 충분히 이해했습니다.

이 사례는 아이의 행복을 우선하고 있습니다. 여성들은 대부분 나쁜 엄마라는 낙인을 두려워하지만, 우리가 서로의 결정을 받아들이고 이해한다면 사회적으로 이런 시선은 바꿔나갈 수 있지요.

'이런 시선'에는 아이를 갖지 않겠다는 결정에 대한 시선도 포함됩니다. 아이를 갖지 않는 것을 이기적으로 바라보는 사람이 많아요. 하지만 그렇게 생각하면 사랑과 친밀함의 대상을 찾고, 육아를 경험하고, 가족을 꾸리겠다는 생각으로 아이를 갖는 것도 마찬가지로 이기적인 선택이지요. 심지어 지구에 인구가 너무 많다는 사실을 고려하면, 아이를 낳지 않겠다는 결정은 지구 전체를 위해 옳은 결정이라고 볼 수도 있습니다.

혼자서는 해낼 수 없을 때

요즘에는 새로운 생활방식이 많이 생기고 사회 전반으로 널리 퍼져나가고 있어요. 특히 이런 방식은 어떤 행동을 하고, 또 하지 않을지 정하는 것이 아니라 여러 경우에 알맞은 맞춤형 해결책을 제공합니다. 예를 들어 아이를 혼자 키우는 엄마가 경제적으로 어려워 모든 것을 홀로 감당하기 힘들 때, 같은 처지의 사람들이 모여 공동체를 형성하는 사례도 늘고 있지요. 이런 공동체 생활도 일종의 생활방식입니다. 이 경우 보육비나 주거비 등을 지원받을 수 있고, 심지어 상주하는 베이비시터도 있어요. 물론 다른 사람과 함께 생활하기란 쉽지 않고, 예상과는 전혀 다를 수도 있지요. 한편, 관계에 대한 영혼의 숙제는 현재 생활방식과는 상관없이 모든 상황에서 등장합니다.

공동체 생활을 하면 새로운 상황과 마주할 기회가 많아요. 공동체 생활은 이런 낯선 상황에 처했을 때 가장 먼저 어떤 반응을 보이는지, 혹은 방어적으로 무슨 생각을 하는지, 스스로 관찰할 기회가 됩니다. 예를 들어 (공동체에서 큰 도움을 받는다는 건 알지만) 다른 사람과 함께 산다는 것이 걱정될 수도 있지요. 가령 "어떻게 이런 데서 살아. 다른 사람이 계속 남자를 데려오면 어떡하지?"라고 일어나지 않은 일을 미리 걱정하기도 합니다. 하지만 주변을 둘러보고, 새로운 정보를 얻고, 그 정보를 활용해 새로운 길을 가는 과정에서 이별을 극복하고 성장할 수 있으니, 새로운 환경과 마주했다 해서 너무 걱정할 일은 아닙니다.

또한 문제를 혼자 해결하려거나 또는 '혼자서 모든 걸 해내야 해'라고 다짐하는 사람이라면 사람들의 도움으로 문제를 극복해 나가기가 어려울 수 있습니다. 하지만 군이 모든 것을 혼자서 할 필요는 없어요. 도움을 받으면 삶이 더 수월해집니다. 우리는 충분히 도움받을 권리도 있고요. 아이의 양육을 돕는 것은 인류 역사를 통틀어 언제나 그래왔던 일입니다. 아프리카 속담에도 '한 아이를 키우려면 마을 전체가 필요하다'라는 말이 있죠. 지금처럼 가족끼리 따로 살게 된 것도, 산업화 시대에 들어서면서 예전처럼 넓은 단독주택이 아니라 좁은 공용주택에 거주하게 돼 시작된 것이니 그리 역사가 길지 않아요. 그리고 요즘에는 다양한 대안적 생활양식과 시설도 점점 늘어나는 추세여서 이를 충분히 활용할 수 있습니다.

한쪽 부모가 사라지는 것

우리는 각자 최선을 다해 살아갑니다. 가끔은 아이들 곁을 떠나 완전히 떨어져 사는 게 최선이라는 생각에 좌절하기도 하지요. 상황이 '너무 복잡'해서 관계를 끊는 것 외에는 달리 방법이 없다고 여기는 겁니다.

전 파트너와 문제가 있거나 경제적인 어려움을 겪을 수도 있고, 다른 가족 구성원이 거부하거나 자녀와 갑자기 서먹해지는 등 다양한 이유로 가족과 멀어지고 버려졌다고 생각하면, 자신이 '사라져' 버리는 것만이 모두를 위한 '최선'이라고 합리화하게 됩니다. 하지만 가족을 괴롭히거나 폭력을 일삼던 파트너 혹은 부모가 아닌 이상 이렇게 갑자기 '증발'해버리는 것이 건강한 해결책일 리 없지요.

이혼하고 나서 3주도 채 되지 않아 남자는 연기처럼 사라져버렸습니다. 그는 오스트리아에 사는 여동생 집으로 갔고, 아이들(세 살, 네 살)이 어떻게 지내는지 묻는 빈도도 점점 줄어들었습니다. 이혼한 지 10년이 되도록 아이들을 만나지 않았고, 여자도 그의 소식을 듣지 못한 지 벌써 9년이었습니다. 남자가 생활비와 양육비를 보내지 않은 것도 8년이 흘렀고요. 여자는 전남편에게 그냥 아무것도 요구하지 않기로 했습니다. 그의 양육비 없이도 그럭저럭 아이들과 잘 지내고 있었으니까요.

여자는 매년 크리스마스마다 그 해에 있었던 일을 간략히 요약한 편지와 아이들 사진을 여동생 집으로 보냈습니다. 연락이 안 되는 것에 대한 걱정을 굳이 아이들에게까지 내색하고 싶지 않았지만, 아이들이 커서 엄마가 아빠와 만나지 못하게 떼어놓았느냐고 원망할까 염려스러워 모든 편지를 복사해서 보관했습니다. 전남편이 언젠가 자신의 무책임함을 깨닫고 연락할 거라는 희망을 완전히 접진 않았지만, 그가 자기 삶을 사는 것을 방해하고 싶지 않았기에 굳이 적극적으로 찾지 않았지요.

아이들은 아빠가 어딘가에 살아 있다는 것은 알고 있습니다. 아주 오래전에 찍은 가족사진이 아직 거실에 있기도 했고요. 하지만 아빠를 보고 싶다거나 만나보고 싶다는 말은 일절 꺼내지 않았습니다. 가끔 오히려 엄마가 아빠 이야기를 언급할 때도 있지만, 그럴 때도 반응이 없었어요. 그래서 여자는 친아빠와 연락할지 말지는 아이들에게 맡기기로 했습니다.

여자는 남자가 갑자기 '증발'한 이유를 도무지 알 수 없었습니다. 몇 년을 함께 살았고, 힘든 일은 회피하는 성향이란 건 알았지만 이렇게 완전히 사라져버릴 거라고는 생각하지 못했어요. 이 문제를 오랫동안 고민했지만, 그와 대화할 기회조차 없었기 때문에 개인적인 문제라고 결론지을 수밖에 없었죠. 이런 결론을 내린 후에는 그녀도 자기 인생을 살기 시작했습니다.

임신은 계획에 없던 일이었습니다. 남자는 자유로운 독신 생활을 포기하고 싶지 않았기에 둘은 아이가 태어난 지 얼마 되지 않아 헤어졌어요. 남자는 아이가 어렸을 때 몇 번 본 것이 다였고, 자주 보러 오지 않았어요. 아들과 단둘이서 시간을 보낸 적은 전혀 없었습니다. 아들이 조금 크자 남자는 아들에게 "일요일에 아빠가 자전거 들고 갈게. 곧 네 생일이잖니. 그리고 생일날 자전거 타는 법도 알려줄게"라고 약속했어요.

어린 소년은 그 말을 믿고 입구 계단에 앉아 종일 주차장만 바라보며 아빠를 기다렸습니다. 하지만 아빠는 오지 않았고, 전화도 없었습니다. 그 후로도 비슷한 일이 여러 번 있었어요. 언젠가부터 아이는 아빠를 기다리지 않았고, 전화가 와도 받지 않았습니다. 나중에 남자가 갑자기 심장마비로 사망하자 이미 성인이 된 아들은 이렇게 말했습니다.

"이제는 정말 만날 수 없네."

어린 시절에 아버지에게 거부당하고 사랑받지 못한 경험은 분명히 마음속 상처로 남게 됩니다. 부모가 약속을 지키지 않은 것, 아이곁에 있어 주지 못한 것에는 분명히 이유가 있어요. 하지만 그 이유를 알아내는 건 그 당사자의 일이지, 아이가 할 일은 아닙니다. 그럼에도 이런 모든 행동이 아이에게는 풀리지 않는 수수께끼가 되어 계속 따라다니며 삶 전체에 영향을 미치지요.

영혼의 숙제라는 측면에서 접근해보면, 앞의 사례는 성인이 되어 어린 시절을 돌아보면서 숙제가 시작됩니다. 인생에서 처음 만난 남자는 믿을 수 없는 사람이었고, 아버지의 사랑은 씁쓸한 기억일 뿐이에요. 그러면 영혼의 차원에서 어린 시절로 돌아가야 하는 이유는 무엇일까요? 과거의 경험을 '아픈 것'으로 분류해 마음 깊이 숨겨놓는 대신, 그것을 꺼내 이리저리 살펴보고 생각해야 합니다. 이제 성인으로서, 자신의 특정 행동이 마음속 어디에서 왔는지 알 만큼 성숙해지기도 했으니까요. 그의 경우 '특정한 행동'이란 동성애자를 보면 알 수 없는 분노를 느낀다는 거였어요. 어머니와 친하게 지내는 사람 중에는 항상 동성 커플이 있었으니 낯설거나 어색해 거부감을 느끼는 건 아니었습니다. 오히려 그 반대로 다른 사람들보다 더 익숙한 환경이었지요.

그렇다면 남성 간의 사랑에 그토록 거부감을 느꼈던 이유는 그가 아버지의 사랑을 경험해보지 못했기 때문 아닐까요? 이 경우에는 아버지에 대한 거부감과 애정 결핍이 합쳐져 남성 간의 사랑에 거부감을 느끼는 것일 수도 있어요. 그렇지만 언젠가 그도 아버지가 되고, 또 아들을 가질 수 있겠죠. 그럼 아버지의 부재로 인한 마음속 상처를 치유할 가능성도 더 높아질 것입니다.

떠나는 쪽은 몰라도 남는 쪽은 항상 혼자서 "왜?"라고 묻게 됩니다. 떠난 사람은 이유를 알려주지 않으니까요. 그렇게 남겨진 사람은 그 이유를 알기 위해 온갖 생각을 하지요. 특히 아이들은 스스로 하찮은 사람이라고, 부족하고 사랑받을 자격이 없으며, 내 잘못 때문에 부모가 떠났다고 생각합니다. 아이였던 자기의 잘못이 아니라 무책임하게 행동한 부모의 잘못임을 깨달을 만큼 성숙해지기까진 아주 오랜 시간이 걸려요. 가끔은 너무 늦게 깨달아, 그때는 이미 부모가 세상을 떠난 지 오래인 경우도 있지요.

내가 어떤 사람인지는 행동이 말해줍니다

아이들을 떠나는 부모는 행동을 통해 자신이 어떤 사람인지를 말해줍니다. "나는 믿을 수 없는 사람이고, 그 사실을 저도 알아요. 제 행동으로 다른 사람에게 상처를 준 것도 알지요. 그래서 사과했지만, 관계를 다시 시작할 능력은 없습니다. 도망치는 편이 마음 편하고요. 너무 가깝게 지내면 뭔가 책임져야 할까 봐 두렵거든요. 변하는 것 같아도 근본적으로는 아니에요. 또 알아둘 것은, 꼭 당신이라서 그렇게 행동한 게 아니라 원래 그런 사람이라서 그래요. 그건 다 내 잘못이고, 내 문제예요"라고 말하는 것과 다름없지요.

이혼을 결정한 후 남자는 아이를 데려가기 위해 맹수처럼 싸웠습니다. 아이를 돌보려고 그런 게 아니라, 이혼하자고 한 아내를 괴롭히려고 양육권을 전부 가지려 했죠. 그때 아이는 엄마와 가족이 살던 집에서 살았는데, 남자도 집 열쇠를 갖고 있었지요. 남자는 금요일에 집에 들어와 옷장과 아이 침대를 제외한 모든 물건을 모조리 버렸습니다. 그전에 아동복지센터에는 아이 엄마가 데려간 일곱 살 딸이 안 좋은 환경에서 자라고 있다고 신고했지요. 복지센터에서는 월요일에 그 집을 방문하겠다고 여자에게 통보했고요. 여자가 아이와 함께 집에 돌아왔을 때, 집 안은 도저히 믿을 수 없을 만큼 난장판이었고 텅 비어 있었어요. 수중에 돈도 별로 없던 그녀는 다시 생활할 만한 공간으로 바꿀 여력이 없었습니다. 베란다에서 의자 두 개를 가져오고, 과일 상자에 식탁보를 덮어 테이블처럼 만드는 등 어떻게든 '거실' 느낌을 내보려고 애썼지요.

그날 저녁 그녀는 울면서 동생에게 전화로 상황을 설명했습니다. 다행히 동생은 얼마간 여유가 있었기에 두 사람은 그다음 날 동생의 차를 타고 저렴한 가구점으로 갔어요. 적은 예산이지만, 그래도 기본적인 가구를 갖추는 데에는 무리가 없었습니다. 일요일 내내 가구를 조립하면서 살 만한 공간으로 꾸미느라 바빴고, 저녁쯤엔 텅 비었던 아파트가 다시 사람 사는 집 꼴을 갖추게 되었어요. 아동복지센터 나온 사람은 월요일에 집을 방문하고 나서, 아이 아빠에게 이렇게 '예쁜' 집인데 왜 그런 신고를 했냐고 되물었지요.

하지만 이것은 남자의 고약한 행동의 시작일 뿐이었죠. 딸이 열세 살이 됐을 때, 그는 딸에게 알리지 않고 함께 살던 여자친구와 갑자기 결혼했어요. 결혼으로 여자친구가 그의 성을 따르게 돼 문의 명패가 둘에서 하나로 바뀐 것과 거실에 걸린 결혼사진을 보고서야 딸은 아빠의 재혼 사실을 알았지요.

당시 남자는 딸이 원하는 것을 배울 수 있도록 교육비를 지원하겠다고 약속했지만, 그 후 갑자기 사라져 만날 수 없었습니다. 그러다 몇 년 후 갑자기 나타난 남자는 어느덧 딸에게 아이가 생겼고 자신이 할아버지가 된 사실을 알게 되었어요. 그는 손자가 보고 싶었지만, 딸은 일단 분명히 하고 나서 아이를 보여주겠다고 했습니다. 아이가 아직 너무 어리기 때문에 쉽게 보여주면 그가 또 무책임하게 사라져버릴 거라는 생각도 했지요. 앞으로 잘하겠다고 말하면서도 약속을 안 지키고 나타나지 않는 게 이미 몸에 배어 있었거든요.

예상대로 다시 사라진 그는 또 몇 년 후 예고도 없이 다시 나타났습니다. 이제 손자뿐 아니라 손녀도 생겼지만, 딸은 아버지의 이런 행동에 완전히 질려버렸죠. 할아버지 때문에 아이들까지 혼란스럽게 만들고 싶진 않았어요. 그 후 남자는 또다시 사라져 다시는 나타나지 않았습니다.

딸은 어머니에게 안정과 보호를 받으며 자랐기 때문에, 아버지의 이런 행동이 자기 탓이 아니므로 스스로를 비난할 필요가 없다는 걸 일찌감치 알았어요. 어떤 이유로 그랬든, 약속을 어기고 걸핏하면 사라지는 행동은 아버지 잘못이고 그가 해결할 문제였던 겁니다.

부모가 과거를 후회할 때

우리는 저마다 순간순간 최선을 다해 삶을 삽니다. 그런데 시간이 지나면서 더 많은 것을 알고 나면 부모로서 예전 일을 후회할 때가 있어요. 사과하고 싶으면서도 어쩔 수 없다는 듯 "글쎄, 다 지나간 일이잖아"라는 식으로 넘어가면 안 되겠죠. 부모로서 과거가 후회될 때는 변명이 아니라 관련된 모든 이에게 사과하거나 함께 솔직히 대화해야 합니다.

'사과했으니 다 잘될 거야'라는 생각은 관계 개선에 전혀 도움이 되지 않아요. 무례하게 행동했고 그에 대해 사과했다면, 그것을 계기로 '잘될'지는 아이들과 배우자가 결정할 일이지 스스로 단정해선 안 됩니다. 그리고 어떤 결정을 내릴지는 아이들과 배우자의 선택입니다. 사과를 받아주지 않을 수도 있고요. 그렇다고 가족들을 곧바로 다시 피한다면 아직 깨달음이 부족한 거예요. 이제는 정말 가족에게 안정과 진정한 관심을 주어야 한다는 걸 깨닫지 못한 거죠.

부모 중 한 사람이 앞의 사례처럼 멋대로 사라져 연락두절이 되면, 아이들과 남은 배우자는 수년간 거부당한 기분으로 살게 됩니다. 그러니 몇 개월, 혹은 몇 년이 걸리든, 이들이 마음을 열어주기를 참고 기다려야 해요. 그동안 자신이 믿을 만한 사람임을 증명해야겠죠. 가족의 마음을 풀어줄 기회가 언제 다시 올지는 시간이 답을 줄 것입니다. 아이들에게도 부모를 받아들일 시간이 필요한 법이니까요. 또한 시효가 지났다 해도 아이들을 키운 배우자의 노력을 경제적으로 보상해주는 것도 좋은 방법이겠지요.

그 사이 성인이 된 아이들은 우선 갑자기 나타난 부모를 탐색합니다. "저 사람이 계속 있을까, 아니면 또 떠나버릴까?", "잘 지내기로 했는데 또 사라지면 어떻게 하지?", "과연 저 사과는 진심일까? 나이 들고 외로워서 찾아온 건 아니겠지?", "그냥 편안하게 지내고 싶어서 온 것 아니야?" 등등의 생각을 하게 됩니다.

마음도 치유될 때까지 기다리세요

현실을 회피하는 사람이 새로운 파트너를 만나는 경우, 아이들을 만나 사과하고 마음을 치유하는 데 그 파트너가 도움이 되기도 합니다. 새로운 파트너는 상대가 아이들을 버리고 살았으리라곤 상상도 못 하겠지만, 반면 또 어떻게든 그가 제대로 아이들을 만나게 하려고 열심히 노력할 수도 있습니다. 이런 노력은 하루라도 빠른 편이 좋겠지요.

톰, 마르쿠스에게. 너희 아버지는 그다지 잘 지내지 못하고, 너희가 필요해. 훌륭한 아버지는 아니지만 지금은 그래도 좀 달라졌단다. 너희에게 다가갔고, 자기 행동에 대해 사과했지. 그 이상 뭘 더 해야겠니? 이제 아버지를 용서해줄 순 없을까? 아버지가 얼마나 힘들어하는지 알면 아마 너희도 아버지를 더 잘 챙기게 될 거야. 다음 주 주말에 아버지 칠순 잔치가 있고, 손님도 많이 올 거야. 너희 둘 다 아내와 아이들을 데려오면 좋겠구나. 아버지를 실망시키지 않기를 바란다. 믿을게. 안녕. 마리아

이에 대한 아들들의 답변은 다음과 같았습니다.

마리아 아주머니께. 아버지를 걱정하고 계신 것은 잘 알겠어요. 그렇지만 저희는 아직 시간이 필요하고, 어서 아버지와 잘 지내야 한다는 압박은 느끼고 싶지 않아요. 그리고 저희가 없으면 사람들 보기에 좀 그래서 잔치에 참석하라는 느낌도 듭니다. 아버지는 고작 몇 달 전에 다시 나타나셨어요. 물론 아주머니 덕분에 그때라도 사과하신 거 잘 알고, 이 점에 대해서는 감사드려요. 그렇지만 아버지를 받아들이려면 시간이 더 필요합니다. 저희는 자라면서 아버지가 필요했고, 특히 엄마도 그 오랜 세월 동안 기다렸지만, 단 한 번도 연락하지 않았다는 거 아시잖아요. 아버지가 저희를 더 알아가고 싶다면 저희도 기꺼이 만나고 싶어요. 하지만 이런 식은 아닌 것 같습니다. 즐거운 파티 되시기를 바라요. 마르쿠스와 토마스 올림

두 아들은 분명히 자기 의견을 전달했습니다. 이렇게 확실히 하지 않고 애매한 말로 넘어가면 다음에 또 비슷한 초대를 받게 될 테고, 또 다른 변명을 생각해야겠죠. 하지만 솔직하고 분명하게 이야기하면 그럴 필요가 없습니다. 이렇듯 자기 생각을 분명히 이야기해야 건강한 방식으로 과거의 문제를 다루고, 언젠가 다시 함께 살 가능성을 열어둘 수 있지요.

그는 항상 나를 나쁘게 말해요

자기 생각을 분명히 말하는 것은 거의 항상 도움이 됩니다. 그렇지만 상대가 없는 자리에서 나쁘게 말하면 안 되겠죠. 상대를 비난의 대상이라기보다 함께 공동의 목표를 추구하는 사람으로 보는 게 최선입니다. 예를 들어 "이혼 가정에서 아이들이 마음을 못 잡고 힘들어하는 걸 많이 봤어. 우리는 이혼했지만 서로 잘 소통하도록 노력하면 어떨까?"라고 말하는 거지요. 물론 이렇게 말해도 상대는 "말해봐야 당신은 항상 화만 내잖아"라고 무성의하게 대답할 수 있습니다. 그렇더라도 서로를 힐난하는 상황이 안 되도록 의식적으로 노력하면서 "이제 그러지 않으려고 나도 노력할게"라고 대답해보세요. 상대의 말에 무조건 방어적("안 그래! 왜 그렇게만 생각해? 당신이야말로 항상 화만 내잖아!"라는 식)으로 대답하지 말아야 한다는 걸 명심하세요.

기술의 발달로 생겨난 새로운 수단을 활용해 소통하는 경우 오해가 생기기 쉬워요. 특히 메신저나 문자 메시지로 빠르고 짧게 소통할 때가 그렇습니다. 그래서 저는 중요한 이야기를 할 때는 직접 만나거나 적어도 전화로 대화하려고 해요. 문자 소통은 대부분 간략하고 생략도 많아, 의도와는 달리 무례하거나 차가워 보이기도 하거든요.

그런데 단지 주도권 싸움 때문에 상대에게 나쁜 말을 하는 사람도 있습니다. 이런 사람은 변할 가능성이 작고, 앞으로도 그럴 거예요. 그 사실을 아는 것만으로도 그를 이해하는 데 도움이 됩니다. 그는 원래 그런 사람이고, 아마 앞으로 헤어질 이유도 그 성격 때문임을 알게 될 테니까요. 그다지 놀라운 사실은 아니죠. 어쩌면 평생 그가 했던 말과 상황이 생각나겠지만, 또 그러지 않을 수도 있어요. 모두 마음먹기에 달린 거죠. 결국 그 생각을 계속할 것인지, 그러지 않고 평온한 마음으로 살아갈지는 스스로 선택하는 것입니다.

상대방을 적이나 바보로 만들지 않기

마음이 괴로워서 상대를 이해하지도, 용서하지도 못하는 경우, 말 한마디로 상황은 극단적으로 될 수 있습니다. 상대가 했던 말을 친구들과 몇 시간 동안 곱씹지 않도록 주의해야 해요. 그런다고 상황이 나아지기는커녕, 감정만 격해져 더 괴로울 뿐이죠. 상대방에 대한 험담을 쏟아놓으면 친구는(그 친구가 영적으로 깨어 있다면) 미소를 지으며 "네가 이런 말을 하는 이유는 아마……"라고 시작할 거예요.

그러게요, 우리는 왜 이러는 걸까요? 어쩌면 "네가 최고야!", "그런 일은 일어나지 않을 거야", "그 사람 완전 바보 아냐?"라며 내게 공감하고 안심시켜주기를 바라는 것일 수 있어요. 아니면 지금 처한 상황에서 어떻게 행동해야 할지 몰라 그러는 것일 수도 있습니다. 만약 그렇다면 현명한 조언으로 마음을 평온하게 해주는 상담사와 이야기해볼 수 있겠지요. 감정과 상황이 격해지길 바라지 않는다면, 상대를 있는 그대로 받아들여야 합니다. 상대는 (스스로 변하려고 노력하기 전까지는) 원래 그런 사람이에요. 자기 방식대로 행동하는 것이고, 그 행동을 바꾸는 건 내 몫이 아니지요. 한편, 유머가 도움이 될 수도 있습니다. 힘든 상황에서 유머를 발휘한다는 것이 분명 쉽진 않지만, 유머는 상황을 훨씬 더 편안하게 만들어주거든요. 상대의 의견이나 상황을 비난하는 대신 '흥미롭다'라고 말하는 것도 도움이 되는데, 이는 제가 개인적으로 좋아하는 말이기도 해요.

앞에서도 언급했지만, 전 배우자가 이런 행동을 하는 것은 놀라운 일이 아니에요. 원래 버릇과 반대되는 행동을 한다면야 놀랄 수 있겠지만요. 계속 방어적으로 행동하면 상대도 분명히 그걸 느낍니다. 그렇지 않은 척해도 다 드러나게 마련이에요. 그러니 상대를 적대적으로 대하면, 그쪽도 마찬가지로 적대적으로 행동할 것입니다. 이런 점에서 애매하게 공격적으로 행동하는 것보다는 분명히 이야기하는 것이 낫지요. 일단 사실을 이야기하고 왜 그런 행동을 하는지 물어보세요. 그리고 대답하지 않으면 이 과정을 몇 번 더 반복해보세요.

 "이번 주에는 내가 아이들이랑 일주일간 휴가를 가기로 약속했잖아. 왜 바꾸려고 하는데?"

"그 말투는 뭐야? 고상한 척하지 마. 당신이랑 안 어울려."

"이번 주에는 내가 아이들이랑 일주일간 휴가를 가기로 약속했다고. 왜 바꾸려고 하는데?"

"내가 일정이 안 된다니까. 어차피 당신 휴가 일정 바꾸는 거야 그다지 어려운 일도 아니잖아."

"무슨 말인지 이해가 안 돼. 이번 주에는 내가 아이들이랑 일주일 동안 휴가를 가기로 약속했잖아. 왜 바꾸려고 하는데?"

"그 주에 결혼식 초대를 받았는데 아이들도 데려가고 싶어서 그래."

짜증을 내지 않고, 비난하지도 않고, 째려보거나 시비 거는 말에 반응하지 않고 차분한 태도로 일관하면, 상대의 진짜 의도가 무엇인지 결국에는 듣게 됩니다. 그러려면 요점을 아주 분명하게 말하고 행동해야겠지요. 영혼이 배우고자 하는 것도 바로 이런 것입니다.

전남편과 아들은 결혼생활이 틀어진 게 그녀의 '잘못'이라고 항상 이야기합니다. 그녀가 이혼을 신청했을 때, 아들은 열다섯 살이었고 아빠와 함께 지내고 있었어요. 전남편은 아들에게 선물을 잔뜩 사주면서 엄마에 대한 비난의 말을 쏟아놨어요. 엄마가 우릴 '버렸고, 이기적으로 자기 인생만 살려고' 이혼한다면서요.

계속되는 이런 비난에 여자는 죄책감을 느꼈고, 어떻게 행동해야 할지 알 수 없었어요. 아들을 위해 일했고, 아들이 어디를 가든 차로 집에 데려다주었지만, 아들은 계속 경멸하는 태도를 보였지요. 차도 한 대 렌트해주었는데, 아들은 그 차가 쓰레기통인 양 마음대로 쓰레기를 버리고 험하게 사용했습니다. 이런 행동에 오랫동안 속앓이를 하던 그녀는 차를 좀 더 소중하게 다뤄달라고 부탁했지만, 아들은 오히려 "엄마야말로 진작 나를 소중하게 대해주지 그랬어!"라면서 화를 냈어요. 아들이 자기 곁을 떠나버릴까 봐 두려웠던 그녀는 아무 말도 하지 못했습니다.

여기서 여자와 아들의 관계를 보면 그녀가 어떤 감정을 느끼고 있는지 분명히 알 수 있습니다. 죄책감을 느끼면서 아들의 눈에서 자신에 대한 책망을 읽어냈지요.

여기에 아이 아빠가 엄마를 부정적으로 말한 것이 상황을 더 악화

시켰습니다. 그녀는 아들이 영영 자신을 만나주지 않을까 두려워 제대로 이야기하지 못했어요. 사실 그녀는 결혼생활 내내 남편에게 종속된 기분이었고 두 사람이 완전히 분리돼야 그 상황을 끝낼 수 있다고 생각해 이혼을 마음먹은 거였어요. 그녀는 이혼 후에도 아들과 서로 솔직하게 마음을 터놓으려고 대화를 몇 번 시도했습니다. 그렇지만 그때마다 분위기는 항상 똑같았어요. 아들은 날카로운 말로 공격했고, 상처받은 그녀는 어느 순간부터는 이성을 잃고 소리를 질렀지요. 그러면 아들은 엄마에게 거부당하는 기분에 아무 말도 않고 침묵했어요.

아들이 어른이 되면, 이혼이 그녀만의 잘못은 아니었고, 남편의 통제와 조종 때문이라는 걸 깨닫길 바랐어요. 언젠가는 자신을 이해하고 아들과 행복하게 잘 지낼 수 있으리라 믿고 싶었습니다.

자신을 낮추면 동등하게 소통할 수 없습니다

그녀는 전남편과 아들을 대할 때 늘 자신을 낮추었어요. 정상적으로 소통하려면 일단 이런 행동부터 그만두어야 합니다. 그러면 어떻게 해야 멈출 수 있을까요? 우리의 내면이 성장하면 자존감이 강해지고, 상대의 언행에 좌절해 소리 지르는 대신 다른 방식으로 자기 생각을 표현하게 됩니다. 안정적으로 행동할수록 우리가 발산하는 에너지도 더욱 분명해지며, 스스로를 낮추지 않고 당당한 태도를 취하면 소통도 달라지지요.

이때 상대를 잃을 수 있다는 두려움에, 좀처럼 당당할 수가 없습니다. 자녀가 성인이 되었거나 곧 성인을 앞둔 경우, 아이들은 잠시 거리를 두고 싶어 할 수 있습니다. 가슴 아픈 일이지요. 그렇지만 지금처럼 행동하면 아이들과의 관계도 건강해질 수 없어요. 저도 예전에는 딸의 사랑을 잃는 것이 가장 두려웠습니다. 당시 저는 분명 딸이 달가워하지 않을 결정을 계속 내릴 수밖에 없는 상황이었어요. 그러면서 우리는 꽤 많은 위기를 겪었지요. 그 과정에서 딸의 이야기를 듣고, 제 의견을 전하고, 불만이 있으면 꼭 이야기했어요. 딸의 십대는 제 인생에서 가장 힘들었던 시기죠. 그래도 지금 돌아보면 그것도 다 축복이었어요. 물론 정말 쉽지 않은 일이었지만요.

두 사람이 무언가를 함께하면 언제나 둘 모두 교훈을 얻습니다. 간섭이 심한 사람은 상대가 그만 간섭하기를 바라고, 선 긋기가 어려운 사람은 이제부터라도 선을 긋는 방법을 배우고 싶어 하죠. 영혼이 보기에 이런 사람들은 서로 배우고 성장하기에 '완벽한' 한 쌍입니다. 이 조합에서만 배울 수 있는 것도 있거든요. 물론 말이 쉽지 그 과정은 험난할 테지만요.

성인 자녀가 인연을 끊고 싶어 할 때

자녀가 부모 중 한쪽 또는 모두와 연락을 끊는 경우가 있습니다. 어떤 식으로든 아이들이 결정을 내리면, 그 문제로 함께 대화를 나눌 수는 있겠지만 그 결정을 존중해야 해요. 보고 싶지 않다고 해도 아이들과 계속 연락을 유지하는 방법도 있습니다. 편지를 보내거나 이메일에 사진을 몇 장 첨부해 보낼 수도 있지요. 또 생일에 선물을 보내는 방법도 있고요. 그렇지만 부담을 주어서는 안 됩니다. 편지에 비난하는 말을 쓰지도 말고요. 그저 늘 아이를 늘 생각하고 있다는 신호만 주는 거예요. 그리고 나중에 만났을 때 서로를 아끼고 존중하며 사랑을 담아 대할 거라는 태도로 아이들을 대해야겠지요. 이는 정말 중요한 부분입니다. 또한, 내가 원하는 상황을 상상하고, 원치 않는 상황은 생각하지 말아야 함을 항상 기억해야 합니다.

성인이 된 아이가 부모를 피하는 상황은 과거를 들여다보기에 아주 적절한 계기입니다. 무슨 일이 일어났던 걸까요? 오래전에 무슨 일이 있었기에 아이가 저런 반응을 보이는 걸까요? 이와 관련해 생각해볼 것이 있습니다.

- 나도 모르게 아이에게 폭력적으로 행동하지는 않았을까?
- 아이에게 너무 집착해서 부담스러웠던 것은 아닐까?
- 아이의 말을 흘려들었던 것은 아닐까?
- 정서적 안정을 주지 못한 것은 아닐까?
- 분명한 규칙이나 선을 만들지 못해 아이가 혼란스러웠던 것은 아닐까?
- 늘 걱정이 많은 것이 아이에게 거슬렸을까?
- 아이가 성인이 되었는데도 생활에 너무 간섭했던 걸까?
- 성격장애 문제는 아닐까?
- 내 성격이 문제일까, 아이 성격이 문제일까?

● 너무 오냐오냐 받아주며 버릇없이 키운 건 아닐까?

'실수'하지 않는 부모는 없습니다. 우리는 예전을 돌아보면서 '더 잘해줄 수 있었는데'라고 생각하지요. 의도하지 않았던 행동이 아이들의 마음에 상처가 될 때도 있고요.

가끔 직감이 정말 잘 들어맞을 때가 있어요. 어느 날 아침, 문득 딸이나 아들에게 전화해야겠다는 생각이 들 때가 있습니다. 직감이 신호를 보내는 것으로, 이럴 때는 바로 행동하는 것이 좋아요. 모든 문제를 합리적이고 이성적으로 판단해 해결하려는 사람들이 많아요. 그러나 이는 집을 짓는 데 망치 하나만 사용하는 것과 같습니다. 특히 아이들이 부모를 거부하는 것 같은, 이성적으로 답을 찾을 수 없는 상황에서는 마음이 보내는 소리에 귀 기울이는 것이 큰 도움이 되곤 하지요.

직감은 신체와 감정, 사고라는 세 가지 차원에서 정보를 전달합니다. 가령 어떤 행동이나 생각을 했을 때 그것을 '옳다'고 느끼면 몸에 편안한 기운이 퍼지는 것도 직감 때문이에요. 이럴 때는 노력이나 걱정 등 강렬한 감정들이 차츰 가라앉아 차분한 상태가 됩니다. 논리적 사고를 통해 결론 내리지 않아도 그것이 '옳은' 방향이라는 것을 아는 거지요. 직감은 영혼에 대한 정보를 전달합니다. 저는 이미 직감의 도움을 여러 번 경험했어요. 조용히 명상하며 스스로에게 답을 물은 적도 많았지요. 그리고 앞으로도 마주할 수많은 상황에 대해서도 어떻게 대처하는 것이 좋을지 스스로 답을 찾을 거고요.

명상에는 두 가지 유형이 있어요. 하나는 조용히 명상하는 것으로, 아무도 없는 고요한 곳에서 호흡을 관찰하거나 신체의 반응을 느끼면서 생각을 진정시키고 고요함을 즐기는 거지요.

다른 하나는 스스로와 내면의 대화를 나누는 것입니다. 각자의 취향에 따라 자기 영혼과 대화할 수도 있고, 종교가 있다면 자신이 믿는 신이나 천사 등과 대화를 나눌 수도 있지요. 뭔가 묻고 싶은 것이 있을 때, 저는 이 두 번째 방식으로 명상합니다.

내면의 대화를 통한 명상

우선 마음과 몸이 완전히 이완되고 편안해질 때까지 조용히 침묵합니다. 그런 다음 일종의 초대 형식으로 "어머니, 아버지, 하나님, 모든 천사와 스승님, 잠시 저를 도와주시고 제 영혼이 소통하는 것을 도와주시길 간청합니다"라고 기도합니다. 이제 마음속으로 제가 모닥불 앞에 앉아 있는 모습을 상상하는데, 맞은편에는 아무도 없어요. 그러고 나면 영혼을 통해 소통하고 싶은 사람에게(이 경우에는 아이들이겠죠) 나란히 앉아달라고 부탁합니다. 그리고 상대가 어떤 모습으로 다가오는지를 관찰해요. 뛰어올 수도, 억지로 발을 질질 끌며 올 수도 있고, 활기차게, 피곤하게, 혹은 평소와 다를 것 없는 모습으로 다가올 수도 있어요. 그러면 실제로 만난 것처럼 대화를 시작합니다. 우선 잘 지내는지를 묻고, 내가 해줄 일이 있는지, 서운한 점이 있는지를 물어봐요. 이때 저는 그 문제를 이해하는 것에 중점을 둡니다. 왜 그런 행동을 했는지, 그리고 질문에 어떻게 반응하는지를 알고 싶기 때문이지요. 내 생각을 전하기 위해 명상하는 것이 아닙니다. 제가 어떻게 반응할지는 이미 알고 있으니 굳이 알아볼 필요가 없지요. 상대의 반응을 통해 제가 깨달음을 얻고 영적으로 깨어날 수 있는지가 궁금한 거예요.

이렇게 대화하다 이해되지 않는 점이 있으면 다시 물어봅니다. 명상이 끝날 즈음에는 제가 할 수 있는 일이나 해야 할 일, 즉 숙제가 주어지기도 해요. 숙제가 주어지면 그 사실을 직감적으로 깨닫거나 상대와 '대화'하는 과정에서 알게 됩니다. 그러면 저는 항상 그 숙제를 해결하지요.

부모가 부재해도, 이런 방식의 명상을 통해 이들과 대화를 나눌 수 있지요. 한편, 자녀가 성인이 될 때까지 기다렸다가 이혼하는 부부도 있습니다.

어머니는 아버지의 세 번째 부인이었고, 아버지에게는 다른 자녀가 있었어요. 여자는 자신에게 이복형제가 있다는 사실을 40대 초반이 되어서야 처음 알았습니다. 그것도 어렸을 때 돌아가신 아버지를 조사하다 알게 됐죠. 어머니는 재혼해서 사시는데, 전남편 얘기를 싫어하셨거든요. 그 결혼생활은 불행했다고 했어요. 그녀는 이복형제를 만나보고 싶었습니다. 하지만 이 말에 어머니는 방어적인 태도를 보였어요. 몇 달 후 전화해 이복형제와 만났다는 이야길 하려 했는데, 어머니는 전화를 끊고 대화를 거부했습니다. 그게 벌써 10년 전 일이에요.

딸은 어머니와 대화하기 위해 모든 수단을 동원했어요. 다른 가족

(이모나 삼촌)을 통해서도 연락했고, 새아버지에게 중재를 부탁하기도 했지요. 계속 전화를 걸었고, 한번은 집으로 찾아가 문을 두드리자 새아버지가 나와 미안하다고 사과했어요. 그렇게 말하는 그도 난처하고 민망한 눈치였어요. 그렇게까지 했는데도 어머니는 딸과의 만남을 원치 않았어요. 이런 반응을 인정하기까지는 오랜 시간이 걸렸습니다. 딸은 당연히 이복형제를 만날 권리가 있다고 생각했고, 어머니가 왜 이렇게 방어적이고 단호한지 알 수 없었지요. 어머니가 '어려운' 사람이라는 것은 이미 예전부터 알고 있었지만요.

그러다 문득 그런 생각이 들었죠. 나는 왜 어머니를 어렵게 생각하고 있을까?

이 생각을 계기로 자신의 어린 시절을 깊이 생각해봤어요. 어릴 때 어머니는 항상 너는 '실수로' 태어난 아이라고 말하곤 했습니다. 당시 임신했다는 이유만으로 아버지와 결혼했거든요. 아버지는 자주 바람을 피웠고, 그녀는 어릴 때부터 어머니가 '엄마' 역할을 불편해하고 성가셔한다는 느낌도 자주 받았지요.

그녀가 명상을 통해 어머니와 만나자 몸이 엄청나게 조여드는 느낌이 들었어요. 그리고 갑자기 모든 것을 분명히 깨닫게 되었습니다. '어머니는 아이를 원하지 않았어. 애초에 그 누구도 돌보고 싶지 않다고 생각했지. 그러니 내가 이복형제와 만난다는 것은 어머니 인생에 아이가 늘어난다는 것으로 들렸을 거야. 그래서 그렇게 방어적인 태도를 보였던 거고. 어머니에게 돌봐야 할 대상은 자기 자신뿐이야. 두 번째 남편을 보면 분명히 알 수 있지. 그분은 사랑과 헌신으로 오롯이 어머니를 돌봐주니까'라고요.

어머니에겐 대화로 서로의 생각을 확실히 알고 싶은 마음이 없다는 걸 알게 되었어요. 분명하게 풀고 싶은 것이 없는 거죠. 어머니에게는(영혼이 아닌 인격) 이미 모든 것이 분명하니까요. 즉 자신이 누군가를 돌보는 역할은 끝났고, 다시는 그것을 떠맡고 싶지 않다는 거지요.

결국 어머니가 엄마 역할을 원하지 않았기 때문에, 딸은 어머니를 잃었습니다. 하지만 딸도 이제는 그런 마음을 이해할 수 있어요. 아이 자체를 원하지 않았으니 자신이 아니라 다른 아이였어도 달갑지 않았을 테죠. 애초에 어머니와 친해지길 바란 것도 아니어서 그 사실을 깨닫고 나서도 슬프기보다는 오히려 편안해졌습니다. 그녀는 오히려 이모에게서 어머니 같은 따뜻함을 느꼈기에 이모와 자주 만났지요.

이 경우 어머니가 해결할 영혼의 숙제는 솔직한 자기 생각을 말하는 것이겠죠. 하지만 어머니는 (아직) 그 숙제를 해결하는 데 관심이 없고, 다른 사람이 자기 영역에 들어오지 못하도록 선을 그을 뿐입니다. 어머니가 영적으로 깨어난 사람이었다면 딸에게 "엄마 역할은 나와 맞지 않고, 원하지도 않아. 엄마 역할을 해야 한다고 생각하면 정말 피곤하단다"라고 말했을 것입니다. 이렇게 말했다면 딸은 분명 어머니를 이해했을 거예요. 딸도 자유를 누리고 싶어 결혼도 출산도 하지 않고 살고 있거든요.

가끔 우리는 오래된 상처를 헤집는 것이 두려워 자신의 상황을 못 본 척 무시할 때가 있습니다. 그렇지만 다음과 같은 사실을 알 필요가 있어요.

상처가 완전히 나으면, 다신 헤집을 수 없습니다

하지만 겉으로만 '나은 것처럼' 보이는 상처, 즉 딱지가 앉은 상태라면 상처는 다시 벌어질 수 있어요. 딱지가 떨어진 후에야 상처는 완치되는 법이거든요.

부모님은 그녀가 두 살 때 이혼했고, 여자는 어느덧 삼십대 중반이 되었습니다. 어느 날 어머니가 이야기를 좀 하자고 했어요. 항상 이상하게 어머니와는 거리감이 있었기 때문에 처음에는 망설였어요. 어머니는 이혼 후 딸을 남편에게 맡긴 채 친구와 두 달간 해외로 훌쩍 떠나버렸어요. 아버지는 그 상황에서 할 수 있는 일이 없었고, 다음 날부터 딸을 유치원 종일반에 맡겼습니다. 아버지로부터 그 상황에 대한 설명이나 따뜻한 보살핌을 받은 기억이 없어요. 그렇지만 부모 모두에게 버림받았다는 느낌은 지금도 기억하지요. 그 상처가 아직 남아서 요즘에도 조금만 스트레스를 받으면 참을 수 없을 정도로 화가 나고 공황 발작을 일으킵니다.

어머니가 외국에서 돌아온 후, 부모는 번갈아 가며 딸을 맡았어요. 하지만 그녀는 언제나 부모에게 감정적으로 이용당한다고 생각해 부담스러웠습니다. 부모가 늘 기대려고 했기 때문에 자기 마음을 다스릴 수 없었지요.

아무튼 함께 식사하면서 어머니는 어린 시절 얘기를 꺼냈어요. 자기가 한때 가족을 버리고 떠나긴 했지만, 모녀 사이가 이렇게 멀어진 이유를 뭐라고 생각하는지를 물었어요.

사실 그녀는 어린 시절 얘기는 이제 하고 싶지 않았습니다. 몇 주 전에 아버지와 그 이야기를 했는데, 말하다 보니 상황이 심각해져 아버지가 "또 다 내 잘못이라는 거냐?"라고 원망의 눈빛을 보였거든요. 아버지는 "나도 그때 는 너무 힘들었어!"라며 감정을 주체하지 못하고 몸을 떨기 시작했고, 그래 서 아버지를 진정시키려 했어요. 늘 해왔던 것처럼 말이죠.

질문을 받은 딸은 처음에는 조금 망설였지만 어머니가 진심으로 궁금해 하는 것 같아 자신이 느꼈던 모든 것을 솔직하게 말하기로 했어요. 처음에는 좀 어려웠는데 이내 마음속에 있던 모든 것을 쏟아냈지요. 어머니는 딸의 얘 기를 집중해 들어주고, 사과했으며, 계속 관심 어린 시선으로 딸을 지켜봤습 니다.

어머니가 있는 그대로 수용하는 것처럼 보여 딸은 안심이 되었습니다. 어 머니는 자신을 방어하려고도, 언짢아하지도 않았습니다. 감정을 숨기고 회 피하려고 들지도 않았어요. 그녀를 이해하려고 애쓰고 있음을 분명히 느낄 수 있었습니다. 두 사람 다 눈물을 훔치면서도, 그렇다고 아버지를 위로했던 것처럼 어머니도 위로해야 한다는 생각은 들지 않았어요. 오히려 그 반대로, 처음으로 누군가 진심으로 이해해준다는 느낌을 받았지요.

상처를 치유하고 싶다면 내면에 집중해야 합니다. 자신의 내면을 돌아본 후 서로 대화하고 의견을 나누고 진심으로 사과한다면 더욱 좋겠지요. 상처를 들여다보면 감정이 솟구치게 마련인데, 이 감정을 억누르기란 쉽지 않아요. 이때 상대방의 말에 진심으로 귀 기울이면 서 말을 막지 않아야 합니다. "그렇지 않았어!"처럼 단박에 부정해버 리면 상처를 치유하는 과정이 바로 끝나버릴 수 있어요. 적어도 아 직 낫지 않은 상처로 고통받는 사람에게는 그렇게 보입니다. 그러니 우선 상대방이 하는 말을 막거나 깎아내리지 않으면서 주의 깊게 듣고 나서 할 말을 하는 것이 좋아요. 자기 입장을 '설명'하는 거죠.

대화 한 번으로 '이제 됐다'라며 모든 걸 정리하고 싶은 사람도 많지만, 사실 한 번의 대화로 모든 상처가 치유되지는 않습니다. 상처가 낫는 데는 시간이 필요한 법이니까요.

하지만 계속 소통을 거부하고 자기 연민에만 갇혀 산다면, 자녀가 성인이 되기까지 부모와 자식 간의 아픔과 관계를 성숙한 방식으로 치유하는 데 방해가 됩니다. 처음에는 어색하고 낯설어 대화를 거부하고 방어적인 태도로 나올 수 있지만 그래도 변할 수 있습니다. 문제는 장기적으로 계속 소통을 거부하는 경우인데, 이때도 양쪽 모두 교훈을 얻을 수 있어요. 한쪽은 사과하는 법을 배울 것이고, 다른 쪽은 용서하는 법을 배우겠지요.

부부는 함께 여자의 어머니에게 전화를 걸어 이혼할 거라고 알렸습니다. 이 말을 전하면서 앞으로도 아이들이나 가족을 잘 챙길 거라는 인상을 주려고 노력했어요. 두 사람 모두 어머니를 위로하고 싶었지요.

그다음 날 아침, 여자는 괜찮은지 알아보려 어머니에게 전화했어요. 전화 너머로 들려오는 목소리는 그리 좋지 않았습니다. 여자는 다시 한 번 어머니를 위로하면서도 '그래도 내 이혼인데, 위로받아야 하는 사람은 내가 아닐까?'라고 생각했습니다.

어머니는 "아이들은 어떠니?"라고 물었습니다.

"엄마가 전화해서 얘기해봐요. 애들도 통화하고 싶다고 했거든요."

하지만 아이들은 할머니와 통화할 수 없었습니다. 일주일 후 여자는 다시 전화를 걸었어요. 그때까지도 어머니는 아무 연락이 없었습니다. 목소리를 들으니 또 어머니를 위로해야 할 것 같았어요. 하지만 이젠 다른 사람의 불안한 감정까지도 늘 자기가 챙기려는 습관을 버리고 싶었습니다.

"왜 애들한테 연락 안 했어요?"

"애들 귀찮게 뭘 전화를 하니."

"할머니 전화가 귀찮겠어요? 애들한테는 할머니도 필요해요."

"그래, 그래, 알았다. 다 또 내 잘못인 모양이구나."

어머니는 걸핏하면 '다 또 내 잘못인 모양이구나'라곤 했어요. 언제나 울먹울먹 목멘 소리로 말이죠.

"엄마, 그 얘기 진짜 자주 하는 거 알고 있어요? 엄마가 그렇게 말하면 내가 무슨 대답을 해요. 나는 그냥 내 생각을 말한 건데 엄마는 항상 그렇게 기분 나빠하잖아요. 나도 위로받고 싶어요. 엄마는 내 엄마잖아. 이혼은 내가 하는 거고, 엄마만 힘든 게 아니라 우리 모두 힘들고 지쳐 있어요. 그런데 오히려 내가 엄마를 위로해야 할 것 같아. 왜 엄마는 애들이랑 나를 위로해주지 않는 거예요?"

전화선 너머론 아무 소리도 들리지 않았습니다. 딸은 어머니가 생각에 잠겼고 이번에야말로 항상 반복된 이 패턴을 바꿀 수 있으리라는 기대에, 수화기를 손으로 덮어 자기 숨소리가 혹여나 어머니의 생각을 방해하지 않도록 조심했습니다.

그렇지만 이번에도 들려온 건 한숨 소리뿐이었어요. "나도 알아, 그래. 다 또 내 잘못인 모양이구나." 여자는 당장 전화를 끊고 싶었지만 꾹 참았습니다.

"엄마, 또! 왜 자꾸 그 말만 하는 건데요? 무슨 얘기가 듣고 싶은 거예요?"

어머니는 침묵했습니다. "우리 어머니는 항상 내가 잘못했다고 하셨어. 아마 그렇지 않다는 말을 듣고 싶어서 내가 그러나보다……."

"엄마, 당연히 그렇지 않죠. 엄마가 잘하는 일도 많아요. 누구나 잘하는 일이 있는 반면, 서툰 일도 있는 거잖아요. 하지만 제가 지금은 엄마까지 위로할 힘이 없어요. 엄마는 내 엄마잖아요. 나는 지금 엄마의 위로를 받고 싶어요. 우리 애들도 그렇고요."

어머니는 다시 침묵했고, 여자는 어머니의 대답을 기다렸습니다.

"그래, 네 말이 맞아. 나는 네 엄마지. 미안하다, 우리 아가. 내가 너희를 위해 할 수 있는 일이 있을까?"

다른 사람의 시선을 수용할 수 있는 건 마음의 선물

자기 연민에 빠지는 대신 다른 사람에게 자기 생각을 솔직히 말하려면 큰 용기가 필요하다는 걸 알아야 이 '마음의 선물'을 받을 수 있어요.

반복하지만, 우리는 모두 영혼의 숙제를 갖고 태어납니다. 아이들은 이런 숙제가 실제 모습으로 구현된 것과도 같지요. 성인이 돼 어린 시절의 기억을 돌아보고 이해하며 서로를 용서하는 것처럼, 아이들도 자라 같은 과정을 거치게 됩니다.

우리 삶은 실수가 아닙니다. 살면서 경험하는 모든 일에는 의미와 당위성이 있어요. 그리고 자신을 더 잘 알수록 더욱 분명하게 자기 행동을 인지하고 살아갑니다.

다시, 나 자신을 아는 데서 오는 자유

특히 성인 자녀가 건전하지 않은 것(마약, 술, 불건전한 집단 등)에 빠져 부모와 인연을 끊으려 한다면, 당연히 아이를 구해내고 싶을 것입니다. 그런 시도를 하지 말라는 말은 아니에요. 시도조차 안 하면 분명 죄책감에 계속 괴로워할 테니까요. 그렇지만 아이 스스로 그 상태에서 빠져나오려는 의지가 없다면 아무리 애써도 소용이 없겠지요. 이제 완전히 빠져나왔다고 생각해 손을 놓는 순간, 다시 그곳으로 미끄러져 들어가버릴 테니까요. 그러므로 이런 경우 해야 할 행동과 하지 말아야 할 행동을 파악하기 위해 전문가의 도움이 필요한 상황도 많습니다.

십대 아이들의 성장 과정에선 이런 일이 자주 일어납니다. 이 시기 아이들은 이것저것 새로운 것들을 저질러보거든요.

그녀는 부모의 사랑을 받으며 아름다운 유년기를 보냈습니다. 하지만 청소년기에 온갖 마약을 시도했고, 가끔 정말 위험한 상황일 때도 있었어요. 그녀는 위태로운 상황에 아슬아슬하게 다가가면 어떤 느낌일지 궁금해하는 호기심 넘치는 아이였지요. 어떻게 대처해야 할지는 몰랐지만, 부모님에게 전화하면 어떤 위험에서도 구해줄 것임을 알았어요. 그리고 요즘 자기 때문에 많이 지쳐 있다는 것 또한 알았죠. 이런 험난한 청소년기를 보내고 마침내 성인이 된 그녀는 부모님께 죄송하다고 사과했어요. 그리고 이제 아이를 임신하고 나서야 잘못을 깨달은 그녀는 '내 아이는 그러지 않았으면' 하고 바랍니다.

얼마 전 장례식장에 갈 일이 있었어요. 장례식이 끝나고 함께 저녁식사를 했는데, 그 자리에서 올해 70세가 된 아들은 자기 인생이 잘못된 것은 모두 엄마 책임이라고, 이제 막 돌아가신 어머니를 비난했습니다.

이 모습을 보면서 그가 자기 삶을 전혀 다스리지 못하고 있구나, 생각했어요. 삶을 누구 탓으로 돌리는 건 우리가 정말 찾고자 하는 해결책이 아니죠.

찾아야 할 것은, 잘못한 사람이 아니라 해결책

모든 문제를 남 탓으로 돌리면 스스로 책임지는 것보다야 편하겠죠. 책임이 싫어 어른 되기를 거부하고 모두 다른 사람 때문이라고 탓해야만 마음 편한 사람도 있어요.

물론 이런 부분도 어린 시절의 경험이 영향을 미칩니다. 그렇지만 어린 시절에 아픔이 있었더라도 그 상처를 치유하고 성장하는 것은 자기 영혼의 숙제예요. 이미 40년도 더 지난 어린 시절을 계속해서 생각하면서 오래된 아픔을 느끼는 사람도 있는데, 이들은 자신의 경험을 이해하고 치유하여 새로운 자아를 위한 안정적인 기반으로 활용하기를 거부하는 것입니다.

그는 어릴 때는 몇 번 아버지를 본 적이 있었지만, 그 후 아버지는 사라져 나타나지 않았습니다. 아홉 살 때 어머니가 재혼하면서 새아버지가 생겼는데, 새아버지와는 그리 친밀한 관계를 만들지 못했습니다. 3년 후 새아버지도 갑자기 심장마비로 세상을 떠나면서 곁에서 사라졌지요.

성인이 된 그는 어린 아들을 키우던 여자와 사랑에 빠졌습니다. 그리고 새아빠가 되어 아들을 헌신적으로 돌봤어요. 성장 과정에서 참고할 만한 아버지상이 없었지만, 자신이 생각하는 아버지의 모습으로 아이를 대했어요. 그녀와 헤어지고 다른 사람을 만나 두 딸이 생겼을 때도 마찬가지로 모든 아이를 공평하게 사랑하고 돌봤습니다. 그렇지만 이상적인 아버지상이 없었기에, 자신이 아버지 역할을 충분히 잘하고 있는지 항상 의문이었어요. 아이들과의 관계는 사랑이 넘치고 정말 친밀했습니다. 아이들이 세상살이에 지쳐 '집'에 돌아가고 싶다는 생각이 들 때면 그의 집으로 찾아올 정도니까요.

그는 아버지 되기를 통해 아버지의 부재에 대한 자신의 상처를 치유했습니다. 이처럼 스스로 상처를 돌보고 치유하는 것은 자신에게 줄 수 있는 최고의 선물이에요. 어린 시절의 아픈 기억을 새로운 기억으로 덧입혀 그것이 현재에 악영향을 미치지 않는다면 그 아픔은 치유된 것입니다.

아쉬워하지 말고,
아파하지 말고

후회가 커질수록 아픔도 커집니다. 후회가 느껴질 때, 정확히 무엇을 후회하는지 탐구하는 것은 흥미롭죠. 누구나 관계를 맺거나 끊기로 결정할 자유가 있다는 걸, 받아들일 수 있나요? 상대가 나와 헤어진다는 건, 나라는 존재 자체를 거부하는 게 아니라, 단지 함께 생활하지 않겠다고 결정한 것뿐이에요.

그런데 마음이 아픈 것은 마음속 진실을 외면했거나 정말 진실하게 살지 않았다는 신호인 경우가 많아요. 그렇다면 이제 진실을 들여다볼 때입니다. 관계 안팎에서 자신을 드러내 보여주고, 마음 깊은 곳에서 진심으로 원하는 대로 살면 다친 마음도 많이 치유되지요.

마음은 여러 번 찢기면 딱딱하게 굳기보다는 부드러워져요. 마음이 찢어진다는 것은, 슬퍼하고 후회하며 감정적으로 아파하는 것을 말해요. 마음의 상처를 입은 거지요. 그러면 누가 상처 입은 걸까요? 그리고 누가 후회하고 있나요? 나 자신인가요? 그러면 여기서 '나'

란 무엇인가요? 인격? 아니면 영혼?

제가 아는 한 영혼은 상처 입지 않습니다. 영혼은 무한한 존재거든요. 상처받는 것은 우리의 인격입니다. 감정적으로 괴로울 때는 현실에 집중하지 못하죠. 하지만 후회하지 않으면, 이런 아픔을 느낄 일도 없습니다.

그럼 부드러운 마음이란 무엇일까요? 부드러운 마음은 연민을 느끼고, 다른 사람의 마음을 유연하게 받아들입니다. 그렇다고 이별을 열두 번도 더 겪고 나야 부드러워지고, 이혼을 다섯 번 하면 다섯 배 부드러워지는 것도 아니에요. 부드러운 마음은 열린 마음입니다. 마음이 부드러우면 다른 이의 마음에 공감하고 이해하면서도 드라마처럼 감정이 격해지지 않아요. 이런 마음은 오랫동안 관계를 유지하며 함께하는 사람뿐 아니라 관계를 끝내기로 하고 헤어진 사람에게서도 나타납니다.

우리는 아픔을 겪으면서 상대를 더 이해할 수 있고, 이런저런 경험을 통해 이 이해심을 계속 발전시킵니다. 사랑을 잘 이해할수록, 자기 결정이나 파트너 선택의 이유를 분명히 알고 행동할수록, 다른 사람과 관계를 맺을 수도, 거부할 수도 있다는 사실을 더 자연스럽게 받아들일수록, 그리고 이 모든 과정에서 내면의 성찰이 깊어질수록 우리는 영적으로 더 깨어난 상태로 현재 상황을 받아들입니다.

즉 우리는 이전의 파트너를 선택한 이유를 알았고, 그로부터 결론을 도출했습니다. 그러니 이제 새로운 사랑에 빠질 때도 그 관계를 더 잘 살펴볼 수 있겠죠. 이제는 마음이 보내오는 경고를 감지할 수 있습니다. 관계란 나를 휩쓸고 지나가 아무것도 못 하게 만드는 존재가 아니라, 관계 역시도 살면서 내린 수많은 결정 중 하나를 통해 만들어졌음을 압니다. 내가 어떤 관계를 맺을 수도 있고 아닐 수도 있지만, 무엇을 선택하든 잘해낼 수 있으리라는 것을 알지요.

과거의 경험 때문에 새로운 관계를 포기?

다시는 상처받고 싶지 않다는 마음에 좋은 관계로 발전할 사람을 피한다면, 두 사람이 함께할 멋진 기회를 놓치는 것입니다. 그러면 나중에 언젠가 시도도 안 해본 것을 후회할 수도 있어요.

반면에 바람직하지 않은 상대방을 '아니요'라고 거절하고 나면 나중에 기분 좋을 수 있지요. 이럴 경우 예전처럼 자동으로 '그래요'라고 대답하지 않았던 이유를 잘 알고 있으니 스스로가 자랑스러울 거예요. 이런 사람을 이미 겪어봐서, 함께할 때 무슨 일이 벌어질지 익히 알고 있으니 그렇게 결정한 거지요.

이와 동시에 내가 가는 길이나 견해를 정답이라고 단정할 순 없다는 사실을 마음 깊이 인정하는 것도 역시 현명한 자세예요. 영혼의 숙제를 해결하면서 어떤 교훈을 얻을지는 자기 몫이지요. 예를 들어, 죽기 살기로 옳고 그름을 따지려 들지 않으면 많은 문제와 싸움을 피할 수 있죠. 우리는 각자의 문제나 영혼의 숙제를 각자의 방식으로, 지금까지의 경험을 통해 배우고 연습한 바대로 해결해 나갑니다. 다른 사람을 이해하고 받아들이는 부분에서도 마찬가지예요.

자기 자신과 삶을 사랑하기

드라마처럼 극적인 상황에 놓였거나, 주변의 모든 상황이 험난해 감정에 휩쓸리는 중이라면 자신과 삶을 사랑하기 어려울 거예요. 하지만 그렇지 않습니다. 사실 '자기애'는 막연한 허상이 아니라 의외로 가까운 곳에 있어요.

스스로를 사랑하기 위해서는 감정을 이해하고 다루기 위한 '도구'가 필요합니다. 또 극적인 상황이라도 멀리 떨어져 객관적으로 볼 수 있어야 해요. 이때 따뜻한 눈으로 지켜봐주는 관찰자가 도움이 됩니다. 그리고 조용히 자신을 느껴보고, 자기 신체를 이해하고 받아들이는 시간도 필요합니다. 다른 사람의 행동이나 말에 반사적으로 방어하지 말고, 명확한 선을 그을 필요도 있지요. 대화할 때는 분명하게 진심을 담아 말하며, 오만하게 행동하지 말고, 다른 이를 평가하는 건 삼가야 합니다. 자기 삶은 스스로 만들어가는 것입니다. 자기 자신과 다른 사람을 위해 좋은 일을 하고, 자신에 대한 책임을 져야 해요. 물론 다른 사람의 일이 아니라 자기 자신에 '대해서만'입니다.

마음이 열리고 있나요?

모든 상황에 적용 가능한 이 질문은 삶을 더 풍요롭게 만들어줄 거예요. 즉, 이 말을 곰곰이 되새기고 마음의 소리를 계속 따라가다 보면 어느새 옳은 길이 앞에 나타나지요. 살면서 마주하는 모든 위기와 관계, 결정을 내려야 하는 상황에서 "내 마음이 열리고 있나?"라는 질문은 도움이 됩니다.

대답 여하에 따라 내 앞에 놓인 선택지를 정말 원하는지 아닌지를 아주 명확히 알 수 있습니다. 그러면 남은 건 하나겠지요. 마음속에서 들려오는 목소리를 따르는 것입니다.

지금 현재, 그리고 이전에 맺었던 관계는 모두 선물입니다. 함께했던 사람들에게 끌렸던 데는 다 이유가 있죠. 모든 관계에서 배울 점이 있었던 것에 그동안 함께한 모두에게 감사해야 합니다.

이별을 겪을 때마다 우리는 자기 자신을 더 잘 알게 됩니다. 헤어지는 과정에서 자신과 상대를 이해하게 되고, 더 현명해집니다. 물론 앞으로도 더 노력해야겠지만, 그래도 예전보다는 확실히 나아졌어요. 나를 잘 알수록 내가 원하는 삶을 꾸려나갈 수 있습니다. 그러다 다르게 살고 싶다는 마음이 들면, 또 방향을 바꿔 나아가겠지요.

외부에서 사랑을 찾으면 언제나 사랑에 허덕일 뿐

내 행복을 책임지는 사람은 나 자신뿐이라는 사실을 진심으로 이해하면 더 이상 외부에서 행복을 찾으려 하지 않습니다. 다른 사람이 나를 돌봐야 한다는 생각을 버리게 되는 거죠. 그럼 어린아이 같은 감정에서 벗어날 수 있어요. 이처럼 남에게 의지하는 이유는 다른 사람의 보살핌을 받고 싶다거나 완벽한 상대를 꿈꾸던 어린 시절의 사고에 갇혀 있기 때문이에요.

그런데 이런 상태에서 벗어났음에도 예전으로 돌아가 백마 탄 왕자님을 꿈꾸는 순간이 찾아올 수 있어요. 하지만 사실 왕자는 동화 속에나 있을 뿐 현실에서는 만날 일이 없지요.

내 안에서 사랑을 찾는다면, 즉 자신과 삶을 사랑한다면 사랑하며 살고 있는 것입니다. 그리고 이 사랑은 자석처럼 주변의 다른 사랑도 끌어들여, 결국 점점 더 큰 사랑 속에서 살아가게 되지요. 사실 삶에서 사랑을 인식하기란 그렇게 쉬운 일이 아니에요. 보통 사랑이란 뭔가 다르고 특별한 느낌이라고 생각하기 때문이죠. 하지만 이는 '사랑에 빠진' 느낌과 '사랑'이라는 상태를 혼동하는 것입니다.

사랑에 빠지면 천국에 있는 것처럼 황홀하고 머릿속은 온통 사랑으로만 가득 찹니다. 온 세상을 안아주고 싶고, 한껏 들뜨고 자유로운 기분이 들지요. 삶은 그 어느 때보다도 아름답고, 흥분과 설렘이 넘쳐나는 순간의 연속입니다.

이처럼 사랑의 열정이 솟아오르는 이유는 호르몬 때문이거나 사랑에 빠진 지 얼마 안 되었기 때문이에요. 그런데 이는 오래 이어지는 감정이 아닙니다. 오히려 이런 감정이 장기적으로 지속되면 견디기 힘들겠지요. 상상해보세요. 계속 그 상태에만 머물면서, 항상 상대만 생각하고, 영원히 오르가슴을 느낀다면 어떨지. "이제 됐으니까 그만하자"라는 말이 저절로 튀어나올 거예요. 사랑에도 휴식이 필요한 법입니다.

사랑은 열정이 아니라 편안하고 차분한 감정이에요. '사랑'의 상태는 오랫동안 계속돼도 지치지 않고 계속 즐거우면서도 편안합니다. 감정 기복 없이 마음이 평온하고, 상대방에게 감사하며 마음에 여유가 있어요. 마음이 소란스럽지 않고 조용하며, 긴장되지 않습니다. 긴장은 사랑할 때 느끼는 감정이 아니에요. 사랑은 차분하고 편안한 감정이지요.

우리는 다른 사람과 맺는 모든 관계를 통해 자신을 사랑하는 법을 배웁니다. 그리고 이 모든 관계는 지혜가 무엇인지 더욱 잘 알게 합니다. 지혜롭다는 것은 이미 이해한 것을 실제 경험을 통해 느끼는 것을 말하지요.

우리는 이별 과정에서 진정한 자기 모습을 발견합니다. 지금의 나는 어떤 사람인지, 무엇을 필요로 하는지, 어떻게 살고 싶은지, 이전 관계에서 배운 것 중 무엇을 실천할 수 있는지를 알게 되고, 이 과정을 통해 결국 자기 자신을 한층 더 알아가지요.

꼭 누군가와 '로맨틱'한 관계를 맺고 있지 않아도, 우리는 언제나 자기 자신과 함께 살아갑니다. 그러다 보면 다음의 말을 진정으로 이해하는 순간이 찾아올 거예요.

사랑은 상태입니다

감사의 말

인생은 과수원 길을 거니는 것과 같습니다. 과수원에는 시선을 사로잡는 나무들, 탐험해보고 싶은 길도 있고, 호기심을 유발해 한번 먹어보고 싶은 탐스러운 과일도 있지요. 과수원에서 시간을 보내다 보면 좋아하는 길과 그렇지 않은 길이 생깁니다. 어떤 과일이 몸에 좋은지, 또 어떤 과일은 먹을 수 없는지도 알게 되고요. 유독 마음에 끌리는 나무가 있는 반면, 앞길을 막아서는 나무도 있습니다.

삶의 마지막 즈음에 도달하면, 지금까지 걸어온 과수원 길을 되돌아보고 그 여정을 함께한 존재와 경험들에 감사하는 마음이 들지요.

저는 아직 살날이 많이 남았지만 그래도 마음의 정원을 유심히 살펴보곤 합니다. 그리고 이 정원에 필요한 것이 고요한 평화인지, 아니면 활기찬 공동체인지 생각해보지요. 어디로 가고 싶은지, 아직 탐구하고 경험하지 못한 것들은 무엇인지도 생각해봐요. 또 더 주의를 기울이고 영적으로 깨어 있어야 할 부분도 탐구합니다.

제게도 사랑하는 정원이 있어요. 그곳에는 놓치고 싶지 않은 사람들이 함께 삽니다. 사랑하는 슈탄코, 사랑하는 딸 율리아, 멜리아, 메를린, 우리 가족들, 오랜 친구들, 함께 영적인 부분을 탐구하는 형제

자매들, 현명한 스승들이 있고, 특히 저의 스승 솔라노와 현명한 우리 할머니께 감사하다는 말을 꼭 전하고 싶어요.

당신들과 함께 살며 저는 마음속 정원을 세심하게 잘 가꾸나갈 수 있는 사람으로 성장했습니다(물론 어디까지나 마음속 정원에서일 뿐, 실제 우리 집 앞마당 정원을 가꾸는 데는 영 재능이 없습니다). 저는 살면서 느끼는 모든 고요함과 웃음, 영적으로 깨어 있는 순간에 기쁨을 느낍니다.

자기 자신을 아는 데서 오는 자유

솔직한 마음으로 진실하게 소통하는 것은 언제나 즐겁습니다. 이 책을 쓰는 과정에서 저와 소통하며 따뜻한 마음으로 함께한 분들이 있어요. 랄프 레이 편집자는 함께한 30년의 세월 동안 언제나 그러했듯, 이번에도 '이별 지침서'라는 주제에 마음과 재능, 시간을 아낌없이 쏟아주었어요. 제목과 주제를 마음 깊이 이해하고 아낌없는 지원을 쏟아준 골드만 출판사의 자비네 슈테켈레, 카롤리네 콜스만, 베리트 호프만, 슈테파니 타베르나에게도 고마움을 전합니다. 물론 디자인, 인쇄, 유통에 수고해준 모든 분들 덕분에 이 책이 세상에 나올 수 있었지요.

삶을 어떻게 만들어갈지에 대한 선택지는 사람마다 참 다양합니다. 우리는 매일 새로운 선택지와 마주하며 살아가요. 그러므로 이

것이 삶과 잘 맞는지, 아니면 맞춰야 하거나 혹은 맞추는 과정에서 나를 잃어버리는 것은 아닌지 항상 확인하면 좋겠지요. 그럼에도 모든 결정에는 항상 타당한 이유가 있어요. 또한 우리에게는 결정의 결과가 마뜩잖을 때 방향을 바꿀 수 있는 선택권도 있음을 아는 것도 중요합니다. 우리는 실패한 게 아니에요. 결정을 내렸을 뿐이지요.

여러분 모두 각자의 마음의 정원에서 행복한 시간을 보내기를 바랍니다.

진심을 담아,
사브리나

부록: 이혼하는 부부를 위한 솔루션

- 이혼하려는 부부에 대한 현실적인 조언

  이혼 전문 변호사 비르깃 쇨러 박사와의 인터뷰

- 관계 개선을 시도하는 부부에 대한 조언

  작가이자 부부문제 상담가 볼프람 추어호르스트와의 인터뷰

- 이혼 후, 자녀와의 만남에 대한 조언

  '패치워크 2+1'의 아네트 하베르트와의 인터뷰

- 패치워크 가족을 위한 유익한 정보

- 이혼 후, 부모, 가족, 친구, 동료에게 쓰는 편지

이혼하려는 부부에 대한 현실적인 조언

이혼 전문 변호사 비르깃 쇨러Birgit Schoeller 박사와의 인터뷰
비르깃 쇨러 박사는 1994년부터 독일 뮌헨에서 변호사로 활동하고 있습니다.

사브리나 이혼 상담을 할 때 가장 흔한 이혼 사유는 무엇인가요?

비르깃 쇨러 상대를 중요한 사람으로 대해주지 않는다거나 결혼생활에서 자기 자신을 잃게 돼 이혼하는 경우가 가장 많죠. 그럴 땐 좀 더 일찍 부부 상담이나 심리치료를 받았으면 좋았을걸 하는 아쉬움이 남습니다.

사브리나 과거와 지금을 비교해봤을 때 부부가 이혼하는 방식에 달라진 점이 있나요?

비르깃 쇨러 60세를 넘겨 이혼하는 부부는 남편 쪽이 아내에게 막중한 책임을 느끼고, 나중에 나이가 들어서도 아내를 보살피는 걸 당연하게 생각하는 경우가 많아요. 사회적으로 여성의 권리가 점차 높아짐에 따라 돌봄이 꼭 여성의 역할이라는 인식은 줄어들고 있지요. 그럼에도 이혼 후 어떤 권리를 가져갈 수 있는지 남편 쪽에 설명해드려도, 그런 건 상관없고 본인은 그냥 이혼 후에도 아내를 잘 돌보고 싶다고만 하시죠. 확실히 좀 더 젊은 40대나 50대에서는 그런 모습을 거의 볼 수 없습니다.

사브리나 아무래도 그 세대 여성은 대부분 전업주부였기 때문일까요?

비르깃 쉴러 네, 대부분 아내가 전업주부였죠. 성 역할 모델이나 그에 대한 이해도 요즘 세대와는 완전히 달라요. 요즘처럼 아내가 자기 권리를 잘 알고, 적극적으로 활동하거나 직업이 있는 상황은 완전히 다릅니다.

사브리나 그런 모습을 보면 어떤 생각이 드시나요?

비르깃 쉴러 논리적으로는 당연하다는 싶으면서도 한편으론 조금 안타깝기도 해요.

사브리나 어떤 점이요?

비르깃 쉴러 노부부는 이제 두 사람이 이혼함에도 불구하고 사랑을 담아 서로를 보살피는데, 젊은 부부에게서는 그런 모습을 볼 수 없다는 것이 안타깝죠.

사브리나 두 사람 사이에 아이가 있는 경우에도 차이가 없나요?

비르깃 쉴러 큰 차이는 없는 것 같아요. 요즘 여성은 이혼이 아니라 결혼생활에서도 옛날 세대보다 책임감이 강해요. 남성도 아버지 세대보다 가정적이고, 여성도 대부분 파트타임이긴 하지만 다들 직업이 있고요. 다만 결혼 후 경제활동에선 여성이 남성보다 불리하기 때문에 결혼생활에서도 불균형이 생겨납니다.

사브리나 그 이유는 여성이 풀타임으로 일하지 않기 때문인가요?

비르깃 쉴러 네, 특히 교육수준이 높은 여성이 결혼할 때 나타나는 문제인데요. 결혼하고 아이가 생기면 삶이 어머니 세대와 비슷한 패턴으로 흘러가게 됩니다. 출산휴가를 받고 아이를 출산하면 얼마 지나지 않아 남편이 이렇게 말하죠. "당신도 이제 일해야지. 아르바이트 하고, 집안일은 나랑 같이하자." 이렇게 아르바이트나 파트타임으로 회사를 다니면서 나중에 연금을 받을 정도로만 돈을 버는데, 그러면서 경력은 점점 단절됩니다. 요즘에는 법적 제도가 있어 얼마간 연금을 보장해도, 정상적으로 근무했다면 벌었을 금액과 비교하면 턱없이 부족합니다. 이 사실을 이혼 후에야 비로소 알게 되는 여성들이 많아요.

사브리나 그러면 왜 그 사실을 좀 더 일찍 알지 못했을까요?

비르깃 쉴러 가정의 평화를 위해서 그런 경우도 있고, 남편과 대화해도 합의점을 찾기 어려운 문제라는 것을 알아서 일부러 피하는 경우도 많아요. 함께 잘 지내려면 불편한 문제로 부딪치고 싶지 않은 거죠.

사브리나 이런 상황에 있는 여성에게 해주실 조언이 있나요?

비르깃 쉴러 모든 여성이 연금 규정을 적극적으로 알아보고, 일반적인 직장생활이 아닐 때 나중에 어떤 결과로 이어지는지를 잘 생각해보면 좋겠어요. 만약 연금을 추가 납입할 계획이라면 남편 쪽에서 생활비를 지급하는 등 공평한 방식으로 보상하기로 남편과 합의해야겠죠.

사브리나 경제적인 문제는 복잡해서, 결혼생활을 원만히 이어가고 싶은 마음에 남편과 솔직히 상의하지 않는다고 생각하세요?

비르깃 쉴러 말하기 어려운 부분이네요. 저는 여전히 여성의 경제활동에는 어려움이 있다고 봐요. 능력은 동등한데, 아직도 여성이라는 이유만으로 남성보다 임금이 적은 것만 봐도 그렇죠. 그러니 여성들은 조심스러워지고 의견을 충분히 내세우기 어려워져요. 하지만 그때그때 자기 의견을 밝히지 않으면 나중에 한꺼번에 큰 문제로 다가올 때도 있어요.

사브리나　그러면 보통은 자문받은 후에야 이런 사실을 깨닫게 되나요, 아니면 이미 그전부터 알고 있나요?

비르깃 쉴러　저와 상담하고 나서 알게 되는 분이 많죠. 자기 권리를 잘못 알거나 아예 모르고 있는 경우가 자주 있어요. 언젠가는 상황이 나아질 거라는 막연한 희망을 품고 살다가, 이혼 후 삶에 대해 알고 나서 충격받는 분들도 있어요.

사브리나　그럼 경제적인 이유로 결국 이혼을 포기하고 결혼생활을 유지한다고 보세요?

비르깃 쉴러　보통 상담을 받으러 올 땐 이미 이혼을 마음먹은 경우가 많아요. 이혼하면 구체적으로 어떤 결과로 이어지는지, 어떤 대안이 있는지 확인한 후 이혼을 무르기도 하죠.

사브리나　이혼 후 삶에 대한 희망을 잃은 건가요?

비르깃 쉴러　이혼 후의 생활수준이나 아이들에 대한 두려움과 걱정 때문이죠.

사브리나　이미 이혼 후의 삶을 익히 잘 알아서 별로 놀라지 않는 고객은 얼마나 되나요?

비르깃 쉴러　우선 제 고객 중 절반 정도는 남성인데, 남성 고객은 그런 이야기를 들어도 여성만큼 놀라지는 않습니다. 이와 별개로 이혼 후의 경제적 문제를 미리 자세히 알고 있는 경우는 드물어요. 정말 복잡한 문제이기도 하고, 잘못 생각하는 부분도 많거든요.

사브리나　잘못된 생각이라면 보통 어떤 걸까요?

비르깃 쉴러　배우자의 빚을 갚아야 한다는 오해를 많이 하세요. 또, 재산분할을 할 때 가족이나 친척에게 상속받은 재산은 나눌 필요가 없다는 것도 잘못된 생각이죠. 그리고 결혼생활 동안 지출한 비용을 이혼할 때 정산해야 한다는 것도 사실이 아닙니다.

사브리나　그게 무슨 말인가요?

비르깃 쉴러　예를 들어 이혼하면서 위자료를 지불하는 쪽에서 "이건 불공평하죠. 결혼생활 동안 몇 년씩이나 집세와 휴가 비용을 다 냈는데 정산이 안 된다고요? 어떤 식으로든 고려해줘야 되는 거 아닌가요"라고 말하는 거죠. 그렇지만 원칙적으로 결혼생활 중 지출한 내용에 대해서는 이혼할 때도 정산하지 않아요. 이 부분을 완전히 잘못 알고 계시는 분들이 있지요.

사브리나　그러면 이런 분들은 공평함을 대체 뭐라고 생각하는 걸까요?

비르깃 쉴러　그렇죠? 또 어떻게 하는 걸 옳다고 생각하는지도 잘 모르겠어요. 예를 들어 미혼인 사람 중에는 결혼생활에 평등 보장 권리가 있을 거로 생각하는 분들이 있는데, 실제로 이런 권리는 없어요. 독일 아닌 다른 국가에서는 인정하는 곳도 있어요. 하지만 독일에서는 오히려 25년 이상 사실혼 관계를 유지했다면 오랫동안 함께 산 것을 인정해 이들이 헤어져도 여성이 파트너의 연금을 일부 수령할 권리를 갖거나, 또는 생활비를 받을 권리를 보장합니다.

사브리나　그러면 법적으로 혼인신고를 하지 않고 동거만 하려면 따로 계약을 맺어야 하나요?

비르깃 쉴러　네. 계약서가 있어야 법적인 보호를 받을 수 있습니다.

사브리나　이혼 과정에서 불쾌함을 표현하는 비율은 얼마나 될까요?

비르깃 쉴러　제 생각으론 30퍼센트 정도? '이건 정말 불공평하다'라면서 불쾌해하지요.

사브리나　'진짜 이건 아니지'라는 생각이 드는 사례도 있나요?

비르깃 쉴러　상대를 고의적으로 배신하거나, 외도하며 속이거나, 완전히 지치게 하려고 일부러 괴롭히는 것은 정말 잘못된 행동입니다. 그리고 아이들을 도구로 사용하는 경우도 그렇고요. 정말 끔찍하죠.

사브리나　아이들을 도구로 이용한다면 주로 어떤 일이 생기나요?

비르깃 쉴러　이혼 협상에서 유리한 입장에 서려고 아이들을 이용하려는 경우가 많아요. 예를 들어 아이들에게 답변서를 쓰라거나, 아이들 앞에서 상대를 정말 나쁘게 말하는 거죠. 혹은 "당신이 이렇게 하지 않으면 아이들을 평생 못 볼 줄 알아"라며 협박하기도 합니다. 아이들에겐 심적으로 엄청나게 부담되는 상황이죠.

사브리나　그런 일이 자주 있나요?

비르깃 쉴러　자주 있습니다.

사브리나　그럼 이런 행동은 주로 여성이 하나요, 남성이 하나요?

비르깃 쉴러　전통적인 결혼 권력구조에서는 남성이 돈을 벌기 때문에 경제적인 부분에서 우위에 있고, 여성은 아이들과의 관계에서 우위에 있어요. 상황이 나빠지면 각자 자기가 가진 위력을 사용하려고 합니다. 그렇다면 아이들을 이용해 압력을 가하는 것은 보통 여성 쪽이겠죠. 물론 남성도 주도권을 잡으려고 이용하는 경우가 있고요.

사브리나　그럼 변호사이자 중재인으로서 이런 상황을 어떻게 해결하세요?

비르깃 쉴러   부모의 그런 행동이 아이들에게 어떤 영향을 미치는지 설명하고, 심리치료사 등 전문가에게 상담받을 것을 추천합니다.

사브리나   그러면 보통 그 말을 따르나요?

비르깃 쉴러   네, 그렇게 하세요. 항상 그런 건 아니지만요.

사브리나   아이들에게 미치는 영향을 깨달아서 그런다고 생각하세요? 그럼에도 계속 아이들을 이용한다면 어떤 결과가 나타날까요?

비르깃 쉴러   실제로 계속 그러는 분들도 계세요. 부모가 아이를 수단으로 이용하면, 아이가 자라 어느 순간 그 사실을 깨닫고 부모에게 등을 돌리게 됩니다. 이런 주제를 다룬 논문도 있어요. 저도 꽤 많이 접한 주제고요.

사브리나   그러면 이혼 과정에 있는 사람들을 많이 만나실 텐데, 상담을 통해 상황이 진정되고 아이들과도 다시 잘 지내는 경우도 있나요?

비르깃 쉴러   어쩌다 그렇게 되기도 하죠. 새로운 파트너와 헤어질 때도 그렇게 될 수 있어요. 전화를 걸어와 "제가 다시 잘 지낸다는 것을 알려드리려고 전화했어요"라는 분도 계세요. 이혼을 잘 마무리하고 나면 대부분 행복해지는 것 같아요.

사브리나   이혼 과정에서 바람직하지 않은 행동으로 아이들을 이용하는 것 외에도 상대를 속이는 것에 대해 이야기하셨는데요, 이건 어떤 행동인가요?

비르깃 쉴러   재산이 있는데도 감추고 상대에게 알리지 않는 사례가 그렇네요. 합법적인 방법은 아니죠. 다양한 '트릭'이 있습니다.

사브리나　그럼 자신이 속았다는 걸 알게 되면 다들 놀라나요? 보통 결혼까지 했다면 상대를 잘 알 테니, 충분히 그럴 만한 사람이라고 생각하지는 않을까요?

비르깃 쉴러　말씀처럼 대부분은 그다지 놀라지 않아요. 앞서 말한 것처럼 자기 권리를 활용하는 것과 불법적인 방법까지 써가며 상대를 속이는 것은 다르지요.

사브리나　그러면 법적인 권한이지만 그래도 정말 너무하다는 생각이 드는 사례도 있었나요?

비르깃 쉴러　개인적으로 의뢰인의 행동을 평가하지 않으려고 노력하는 편이에요. 그럼에도 가끔 도저히 이해할 수 없는 행동들이 있지요. 합법이기는 하지만 정말 인간으로서 어떻게 그럴 수 있을까 싶은 분들은 사실 그렇게 많진 않고 5퍼센트 정도인 것 같습니다.

사브리나　이혼을 생각하는 분에게 조언한다면 무슨 말을 하시겠어요?

비르깃 쉴러　일단 이혼을 결심했다면 함께 앉아 기본적인 사항을 정리하고, 그런 다음 중재인이나 유능한 변호사의 도움을 받아 앞으로 이 문제를 어떻게 풀어나갈지 확실히 하는 것이 좋습니다. 그러기 위해서는 상황을 극단적으로 끌고 가지 않아야겠지요.

사브리나　보통 어떤 경우에 극단적인 상황이 나타나나요?

비르깃 쉴러　아무 말 없이 갑자기 생활비를 끊어버리거나, 공동 계좌를 해약하는 경우가 있지요. 그리고 이혼하자마자 새 파트너를 데려와 아이들에게 소개할 때도 상황이 심각해질 수 있습니다.

사브리나　어떤 조언을 받는지에 따라 결정도 크게 달라질 수 있죠.

이혼 변호사 중에 부부가 공평하게 이혼하도록 돕는 데 별 관심이 없는 분들도 있나요?

비르깃 쇨러　안타깝게도 그런 분들이 일부 있습니다. 가끔 상대측 변호사가 두 사람의 협의 따윈 안중에 없어 보일 때가 있어요. 해결책을 찾으려 하지 않는 거지요.

사브리나　그러면 이기는 데만 관심이 있는 건가요?

비르깃 쇨러　그렇다고 생각해요. 하지만 그런 태도라면 장기적으로 좋은 해결방안을 찾을 수 없죠. 최근 상대편 변호사 때문에 충격받은 적이 있어요. 4자 대면을 요청했는데 "저는 그런 것, 절대 안 합니다"라고 하더라고요. 그런데 놀랍게도 나중에 전화로 "의뢰인이 4자 대면을 원하네요"라기에 "잘됐네요" 했더니 "그래도 저는 이런 거 한 적이 없어요"라고 덧붙이더라고요.

사브리나　변호사가 상황을 오히려 악화시키는 경우는 얼마나 될까요?

비르깃 쇨러　항상 있죠.

사브리나　표현 방식 때문인가요, 아니면 변호사 개인의 성격 때문인가요?

비르깃 쇨러　성격 때문이죠. 특정한 표현 방식이나 덤비려는 듯한 전략이 나올 때가 있어요.

사브리나　결혼 계약서 작성도 하시죠. 결혼 계약에 대해선 어떻게 생각하세요?

비르깃 쇨러　보통 결혼생활에 대한 기대로 가득한 시점에 이혼 이야기를 다루다 보니 좀 어려운 점이 있죠. 결혼 계약은 굉장히 복잡한 상황이에요. 마지막 순간까지 협상을 미루다 결국 그 압박이 엄청나게 되죠. 이런 일은 피해야겠죠. 그런데 계약을 유리한 쪽으로 끌고 가려고 의식적으로 상대를 압박하는 사람도 있어요. 그렇게 원하는 대로 계약을 완료했다 해도, 상대가 불쾌하거나 반발심을 느껴 시작부터 삐걱거리기도 합니다. 이런 경우가 자주 있어요.

사브리나　"이 계약에 서명하지 않으면 결혼은 없던 일이 되는 거야"라는 식으로 나오는 건가요?

비르깃 쉴러　네, 그렇죠. 그렇지만 이런 행동에 반대되는 판례도 이미 있어요. 결혼 계약을 체결할 때 한쪽이 압력을 가했고 다른 사람이 그에 따랐다는 것이 분명한 경우, 계약은 무효화될 수 있습니다. 결혼 계약이 확정되기 전에 두 사람이 충분히 검토하고 상의할 시간을 갖는 것이 중요해요. 또한 나중에 소송으로 번지는 것을 막기 위해 두 사람 모두 법률 자문을 받아야 합니다.

사브리나　결혼 계약에 서명하지 말라고 조언하는 경우도 있나요?

비르깃 쉴러　네, 있죠. 저는 서명하지 말라고 하면서 "이 계약이 인생에 어떤 결과로 나타날지를 생각해보세요"라고 말씀드립니다.

사브리나　결혼 계약이 얼마나 중요하다고 생각하세요?

비르깃 쉴러　결혼 계약이 특히 중요한 경우는, 예를 들어 재산이 많거나 두 사람이 동업하는 등 회사가 개입될 때가 그렇습니다. 한 사람이 전업주부로 아이들을 돌보는 경우도 중요한데, 이럴 때는 거의 필수라고까지 봅니다. 그리고 결혼생활 동안 부동산을 함께 구입할 때도 '만약 이혼하면 어떻게 하지? 빚은 어떻게 갚고, 선매권은 어떻게 되지? 이혼하면 팔아야 하나, 아니면 둘 중 하나가 그 집에 살아야 하나? 누가, 얼마나 지내지? 이런 경우 상대방한테 세를 얼마 내야 하나?' 등 다양한 문제를 잘 생각해야 해요. 이혼 시 공동명의로 된 부동산이 있으면 이루 말할 수 없을 정도로 힘든 싸움이 이어질 수 있습니다. 또 연금 문제도 이야기해봐야 합니다. 한 사람만 경제활동을 하는 경우, 은퇴 후 그의 연금을 둘이서 나눠 받는 걸로는 사실 생활을 유지하기가 어렵거든요. 그래서 한 사람이 경제활동을 하고 다른 사람은 전업주부로 생활하는 경우라면 시작 단계에서부터 자문받아야 해요.

사브리나 1994년부터 이혼 전문 변호사로 활동하고 계신데, 이런 직업이 개인적인 삶에 영향을 미치지는 않았나요?

비르깃 쉴러 그렇지는 않은 것 같아요. 결혼생활이 원만하지 않은 경우가 많다는 건 예전부터 알았거든요. 결혼이 난제라는 건 항상 확신하고 있습니다. (웃음) 이혼도 좋은 결정이 될 수 있어요. 이혼을 잘 마무리하고 나서 두 사람 모두 더 나은 인생을 살기도 하거든요.

사브리나 이혼할 때 단순히 법적으로 갈라서는 것 말고 다른 뭔가가 필요하다고 생각하시나요? 이혼식을 치른다든지 하는 것처럼요.

비르깃 쉴러 이혼이 마무리된 다음, 함께 식사하거나 커피를 마시는 분들이 많아요. 이혼 절차가 순식간에 완료된 것에 놀라기도 하고요. 이혼식도 좋은 생각이네요. 법원에서 이혼 절차를 끝내고 바로 헤어져 각자 집에 가는 대신, 무언가를 함께한다는 자체만으로도 좋을 것 같고요.

사브리나 박사님 본인이 이혼하실 때는 어떠셨나요?

비르깃 쉴러 저희는 이혼 과정을 평화롭게 잘 마무리했어요. 다시 돌아가도 아마 그렇게 할 것 같아요.

사브리나   전통적인 결혼생활에서는 보통 남자가 여자보다 돈을 많이 벌었습니다. 당시에는 여자가 직업을 갖는 게 일반적이지 않았거든요. 하지만 이제는 달라졌죠.

비르깃 쉴러   그렇습니다. 사회적으로 성공한 여성과 평범한 남성이 함께하는 모습도 점점 많아지는데, 이런 경우 결혼생활이 좀 어려울 수 있어요. 여성이 사회적으로 성공해 수입이 더 많다면, 여성이 원해서 그런 게 아니더라도 자연스럽게 남성이 전업주부가 돼 아이들을 돌보게 되죠. 이런 경우 여성이 누군가 이끌어주고 지지해주길 바라면서 위기가 생겨납니다. 이때 전업주부로 생활하던 남성은 자신이 그럴 수 없다는 것에 크게 좌절하죠.

사브리나   여기서 지지한다는 것은 정서적인 부분을 말하는 건가요, 아니면 경제적인 부분인가요?

비르깃 쉴러   둘 다요. 이때 여성들은 다시 '여자'로 있고 싶다고 말하는데, 이 점이 흥미롭죠.

사브리나   아마도 과거의 성 역할 개념이 남아서, 자기도 모르게 어떤 부분에서는 그 개념을 따르고 있나 봅니다.

비르깃 쉴러   여성이 직업적으로 더 잘나가는 경우, 부부의 역할이 전통적인 모습과는 달라지는데, 계속 그렇게 지내기를 여성 쪽에서 원하지 않는 경우가 많아요.

사브리나   그러면 이혼할 때 이런 여성은 반대로 아내보다 돈을 더 잘 버는 부부의 남편 같은 모습을 보이나요?

비르깃 쉴러   네, 남편에게 생활비를 지불해야 한다는 사실에 보통의 남성보다 더 좌절하기는 하지만요.

사브리나 　좌절하는 이유는 뭘까요? 자기 수입이 더 많다면 예상 가능한 부분이지 않나요?

비르깃 쉴러 　이런 여성들은 남편이 자신에게 빚지고 있으며, 자기가 성취한 것의 혜택을 누린다고 생각합니다. 또한 여성이자 어머니로서의 삶을 빼앗긴 기분도 들죠. 자신이 생각하는 역할 모델과 실제 모습이 다른 것에 굉장히 감정적으로 반응합니다.

사브리나 　경제적인 역할을 맡는 경우, 그에 따르는 다른 것도 감당해야 한다고는 생각하지 못했던 걸까요?

비르깃 쉴러 　제 생각에는 일부러 경제적인 역할을 맡았던 것이 아니다 보니 그렇게 되는 것 같습니다.

사브리나 　이혼이 무탈하게 잘 해결된 듯한 사례는 얼마나 되나요?

비르깃 쉴러 　대부분 시간이 걸리기는 하지만 결국 적당한 결론에 도달해요. 굉장히 힘든 시기를 보내기도 하는데, 그래도 대부분 타협점을 찾지요. 소송으로 가는 경우도 절차를 마무리하고 나면 결국엔 평화롭게 지낼 수 있습니다.

사브리나 　이혼을 후회하는 경우도 있었나요?

비르깃 쉴러 　거의 없어요. 성별과 관계없이 이혼 전 별거 기간에는 슬퍼하고 헤어지기 싫다는 사람이 있어요. 하지만 그런 사람도 이혼을 마무리하면 대부분이 이전과는 달리 상황 전체를 좀 더 객관적으로 보게 되죠. 별거 기간이 끝나면 이미 "이제는 괜찮아진 것 같아요"라는 분도 많이 봤고요. 결혼생활을 잘 수행하지 못한 것을 안타까워하지만, 이혼 절차가 끝나면 대부분 놀라울 정도로 새로운 상황에 잘 적응하고 살아가세요. 저는 문제가 있어도 제때 대화로 풀면 이혼까지 가지 않을 수 있다고 믿어요. 부부 심리치료사들도 '모든 게 다 끝나고 너무 늦게 찾아오는 부부가 많아 안타깝다'라고들 합니다.

사브리나 오늘 인터뷰에 참여해주셔서 감사합니다.

관계 개선을 시도하는 부부에 대한 조언

작가이자 부부문제 상담가 볼프람 추어호르스트Wolfram Zurhorst와의 인터뷰
볼프람 추어호르스트는 역시 부부문제 상담가인 에바-마리아 추어호르스트와 25년간
결혼생활을 이어오고 있습니다.

사브리나 작가님, 상담을 받고 나서 다시 가까워지는 경우와 이혼을 결정하는 경우의 비율은 얼마나 되나요?

볼프람 먼저 헤어지자고 한 사람이 다시 잘해보려고 노력하는 경우, 거의 90퍼센트는 다시 가까워집니다. 저희는 이런 노력을 '관계 속의 이별'이라고 불러요.

사브리나 좀 더 자세히 설명해주시겠어요?

볼프람 서로의 일상을 분리하는 것을 말해요. 같은 집에 살면서 따로 생활할 수도 있고, 그럴 자신이 없으면 한쪽이 나가서 살 수도 있지요. 이런 생활은 굉장히 도움이 되기도 합니다. 한편 처음에는 그다지 내켜 하지 않으면서 '이렇게 따로 생활하는 건 곧 헤어지겠다는 것과 같은데, 대체 어떻게 다시 가까워질 수 있지?'라고 의심하는 사람도 있습니다.

사브리나 각자 다시 자기 삶에 집중하는 시간을 가져보는 것인가요?

볼프람 네. 그리고 '나는 살면서 무엇을 성취했을까? 아내/남편 또는

아이들의 의견을 따르거나 혹은 그들의 마음에 들고 싶어서, 아니면 모든 사람을 만족시키고 싶어 인생에서 포기한 것이 있을까?'라고 그동안 어떤 삶을 살았는지 돌아보는 것입니다. 이때 가장 중요한 것은 여성이든 남성이든 스스로에게 솔직하게 '나는 어느 부분에서 활력을 잃었고, 그건 실제로 무엇을 의미할까? 욕망을 너무 오랫동안 잊고 살았거나, 내게도 욕망이 있다는 걸 외면하고 등한시해서 너무 짧게 스쳐 가진 않았을까?' 질문하며 답을 찾는 것이지요.

사브리나　이에 동참하는 비율은 여성과 남성이 비슷했나요?

볼프람　네. 남성들은 탐색하려는 의지가 없거나 잘되지 않는 경우가 많았지만요. 그런데 대화를 하다 보면 '그러게. 이제는 내가 그런 행동을 하지 않네', '그건 언제나 좋아하는 일이었지', '그 일은 세 번 시도해봤지만 아내가 따라주지 않아서 결국은 못 했어', '그 일은 포기했지' 등을 생각하다 갑자기 무언가를 깨닫고 변하는 남성도 많이 봅니다. 일반화하려는 의도는 아니지만 제가 경험한 바에 따르면 보통 남성은 결혼생활 동안 자신의 참모습을 잃었다고는 생각하지 않아요. 설령 그런 생각이 들더라도 회피해버리고 다른 데서 보완하려고 하거든요. 예를 들어 회사, 스포츠 동호회나 사회에서 활동하는 것이 진정한 자기 모습이고 거기서 자아를 찾는다고 느끼는 거지요. 반면 여성은 '이렇게 사는 게 무슨 의미가 있어?'라거나 '이건 내가 원했던 삶이 아니야'라는 것을 훨씬 일찍 느낍니다.

사브리나　의무감 때문인가요?

볼프람　의무감과 상상력도 작용하지만, 무엇보다 '각자 원하는 삶을 추구해야 한다'라는 사회적 통념도 굉장히 중요한 역할을 합니다.

사브리나 그러면 다시 관계가 가까워지기 위해서는 어떻게 해야 할까요?

볼프람 언제부터 자기 삶을 잊고 살았는지 진정으로 깨닫고 느끼며, 다시 스스로에게 관심을 가질 준비와 그럴 의지가 있다면 관계는 가까워질 수 있습니다. 이처럼 스스로를 잘 알고 있어야만 다른 사람의 모습도 제대로 보고, 또다시 가까워질 수 있거든요.

사브리나 가끔 '그냥 서로를 놓아주는 게 낫겠다'라는 생각이 드는 커플도 있나요?

볼프람 그런 생각보다는 '왜 5년만 더 일찍 오지 않았을까, 왜 다른 시도는 해보지 않고 이렇게 멀리 돌아오고 힘든 상황을 견디기만 했을까'라는 생각이 드는 커플은 있어요. 두 사람이 이미 너무 멀어졌다는 것을 알게 되면 '세상에, 어떻게 이렇게 오래 버텼을까! 어떻게 여기까지 왔을까!'라고 생각하게 돼요. 이 일을 시작하고 얼마 안 되었을 때는 상대의 말이나 인상을 보고 지금보다 훨씬 더 빨리 판단했던 것 같아요. 하지만 요즘에는 '이건 좀 흥미롭네. 이 관계가 실제로는 어떤지 궁금하다'라고 오히려 호기심이 생깁니다.

사브리나 그 말은 '서로 헤어지는 게 오히려 낫겠다'는 커플은 없었다는 뜻인가요?

볼프람 상담받기 전에 혼자서, 혹은 둘이서 함께 관계를 개선하기 위해 이런저런 시도를 하는 커플이 많아요. 두 사람이 완전히 다르고, 서로 다른 부분에서 생기가 돌고, 관심사가 상이하고, 각자 할 말만 하고 있다고 느끼면 저는 느낌 그대로 표현합니다. 그 상황을 불편해하지도 않고, 두 사람을 일부러 가까워지게 하려고도 않죠. 그냥 "왜 그렇게 행동하시나요?"라고 말해요.

사브리나 그러면 이런 경우 두 사람이 최대한 오래 함께하는 것이 목표일까요?

볼프람 그렇지는 않습니다. 그렇게 목표를 정해두면 관계의 생동감과 친밀감이 약해져요. 물론 두 분이 몇 달이나 몇 년간 더 상담받으러 오면 정말 기쁘기는 해요. 이렇게 집중적으로 노력하다 보면 어떤 문제를 겪더라도 신속하고 솔직하게 대응할 수 있거든요. 최근에는 30년간 함께한 부부를 상담하고 있는데, 이분들이 10년만 일찍 서로를 좀 더 솔직히 대하거나 다른 도움을 받았다면 지금은 훨씬 더 서로를 아끼게 됐을 것 같더라고요. 아마 그랬다면 좀 더 일찍 "이대로는 안 되겠어. 정말 뭐라도 해보자"라고 말했을 수도 있어요. 꼭 몇십 년을 살아야만 변화할 필요를 느끼는 건 아니잖아요? 좀 더 일찍 시작할 수 있습니다. 저희 부부는 직업 특성상 이런 노력을 상대적으로 일찍 시작한 편인데, 이제는 관계에 기복이 있어도 큰 파도가 새로운 세계로 보내주는 것으로 느껴져 정말 감사해요. 이 파도는 기분이 별로거나 마음 불편한 상태로 나아가고 있을 때 우리를 아예 다른 곳으로 실어다 줍니다. 이 과정에서 파트너가 항상 함께하면서, 제 성장을 흥미로운 시선으로 바라봐주죠. 그러니 가끔 불안할 때도 파트너에게 다가갈 수 있다는 사실을 알려주는 아주 귀중한 선물이라고 생각합니다.

사브리나 저는 맺는 관계마다 그 수준이 다 달랐어요. 저 자신을 더 잘 알수록, 좀 더 솔직하게 관계를 맺고 제 의견을 상대에게 전달할 수 있었죠. 물론 그런 경우도 서로 정말 가까워지기까지는 시간이 걸리지만, 이런 '숙제'를 해결했다면 더 빨리 그 파도에 올라탈 수 있다고 생각합니다.

볼프람   그럴 수 있어요. 물론 당신은 그런 점에서는 더 잘 판단하겠지요. 상담받으러 오는 분들이 당신처럼 관계를 맺지는 않아요. (웃음) 결혼을 두 번, 세 번 했음에도 첫 번째 결혼에서의 문제를 여전히 해결하지 못해 계속 상담이 필요한 분들도 많아요. 같은 문제를 계속 반복한다는 사실을 깨닫고 스스로 놀라면서도, 그 문제를 완전히 무시하거나 똑같은 딜레마에 빠져 고민하곤 하죠.

사브리나   영혼의 숙제를 해결하지 못하면 그 문제는 계속 나타나게 마련이거든요.

볼프람   바로 그거죠.

사브리나   행복하고 친밀한 관계를 맺는 데 방해가 되는 문제는 어떤 것인가요?

볼프람   자기 자신을 부정하는 경우가 그렇습니다. 오래된 생각과 신념에 갇혀 진정한 자신을 느끼지 못하고 자신의 표현을 믿지 못하는 거지요.

사브리나   '표현'이란 무엇인가요?

볼프람   있는 그대로의 모습을 다른 사람에게 보여줄 용기를 말합니다. 특히 자신이 되고 싶은 모습을 보여주는 것이 아니라, 그 순간 진정으로 느끼는 자신을 보여주는 용기를 말하죠.

사브리나   인터뷰 마지막 문장으로 참 좋은 말이네요. 오늘 귀중한 경험을 나누어주셔서 감사합니다.

이혼 후, 자녀와의 만남에 대한 조언

'패치워크 2+1'의 아네트 하베르트Annette Habert와의 인터뷰
아네트 하베르트는 앞서 언급한 '아빠가 온다' 이니셔티브를 만든 사람입니다.[7]

사브리나 자기를 만나러 온 아빠가 하룻밤 묵을 곳을 수소문하던 소년의 말에서 '아빠가 온다' 이니셔티브가 시작되었습니다. 보통 아들을 보러 올 때 아빠는 차에서 잠을 자곤 했는데 겨울에는 그럴 수 없어서 아이는 봄이 되어야 아빠를 볼 수 있었지요. 저는 이런 일이 있다는 것은 전혀 몰랐습니다.

아네트 아이를 보러 온 엄마나 아빠가 임시 거처를 찾는 일이 빈번하다는 것을 저희도 이 일을 하면서 알았어요. 한번은 아파트 맨 위층 창고 앞 계단에 매트리스를 깔고 잔다는 아이 엄마를 만난 적이 있어요. 아이는 그 아파트에 살았는데, 엄마가 어디서 자는지 몰랐다고 합니다. 이런 건 제3자가 보기에도 '아이고, 왜 그렇게까지 해야 하죠?'라는 생각이 들 만큼 정말 쉽지 않은 일이지요.

사브리나 하룻밤 묵게 해달라고 부탁했는데 '이혼한 배우자가 집에 묵는 건 안 된다'라고 거절하는 경우는 얼마나 되나요?

아네트 거실이나 손님방 등 남는 공간에 하룻밤 묵을 수 있도록 상의해서 해결하고 싶지만, 그게 굉장히 부담스럽다는 말을 자주 들어

요. 예전에 함께 살던 집에 묵는 경우, 아직 과거의 아픔을 돌아볼 만큼 회복되지 않은 상태에서 그때의 아픔과 상처가 남은 공간으로 돌아가는 것일 수 있거든요. 또는 '전 배우자와 새 파트너가 문 너머 한 침대에 누워 있는데, 그 거실에서 어떻게 잠을 잘 수 있어'라는 생각이 들기도 한다는 거죠. 이런 상황에서는 전 배우자의 새로운 관계를 포함해 모든 사람이 혼란스럽고 불안할 수 있어요. 또한 아이들에게 '그래, 이제 예전처럼 아침마다 엄마가 아빠에게 커피를 끓여주네. 그러면 곧 아빠랑 이 집에서 함께 살게 되겠지'라는 헛된 희망을 줄 수도 있지요. 이런 상황은 아빠가 근처에 살면서 잠깐 들러 가족과 커피를 마시고 가는 것과는 완전히 다릅니다. 한 집에서 자고 '예전처럼 잠옷을 입고 집 안에 있는' 상황은 함께 살던 시절의 기억을 불러일으켜 아이들에게는 못 할 짓이 될 수 있어요. 물론 아이 집에 묵으면서 잘 지내면 더할 나위 없겠지만, 장기적으로 문제가 발생하지 않을 거라는 보장은 없지요. 저희가 관찰한 바에 따르면 아이를 혼자 키우는 부모는 본가 근처로 이사하는 경우가 많아요. 그렇게 본가와 가깝게 지내다 보면 자연스레 그 가족만의 분위기가 생겨납니다. 이런 상황에서 상대가 아이를 만나러 왔을 때 "그냥 우리 집에서 자고 가"라고 해도, 친척이나 가족이 "어떻게 그 사람을 집에 들이니?"라고 하면 그들까지 설득해야 하는 부담이 있죠. 이처럼 생각만큼 쉽지 않은 경우가 많다는 걸, 저희도 이 일을 하고서야 알았습니다. 이혼 후에도 두 사람이 노력하고 협력해 아이들을 잘 키우고 싶어 하는 부모가 정말 많다는 사실에 매번 놀라고 존경심이 들어요. 그리고 부모가 협력하여 아이를 키우는 데 가족 아닌 제3자가 숙소를 제공해주는 저희 시스템이 도움이 된다고 생각합니다.

사브리나   그렇죠. 이런 경우 이혼한 부모가 어떤 조언을 듣는지, 그리고 다른 가족이 얼마나 압박을 주는지에 따라 상황은 많이 달라지겠죠. 한쪽이 새로운 파트너와 함께하는 경우, 그 사람이 "아니, 이건 싫어"라고 하기도 하나요?

아네트   새로운 관계가 시작되면 다시 안정감을 잃어버리는 경우가 많아요. 이제부터 어떻게 할지 겨우 답을 찾았는데 새 사람이 나타나면서 그 모든 것이 흔들릴 수 있기 때문이지요. 모처럼 새 가족을 꾸렸으니 잘살고 싶은데, 전 배우자와 계속 마주쳐야 하는 이 상황이 걱정스럽고, 전 배우자를 보면 '모든 관계는 결국 끝난다'는 아픈 기억이 되살아나기도 하거든요. 그래서 이 일을 하면서 만나는 부모님들께 반드시 당부합니다. "중요한 건 여러분이 전 배우자와 헤어졌다는 것이 아니라 '완벽한' 가족에 대한 꿈에서 빠져나왔다는 거예요. 이전 관계를 제대로 끝내지 못하면 계속 그 꿈에만 사로잡혀 현실을 살지 못합니다."

사브리나   이혼하고 나서 새로운 사람을 만나자마자 가정을 꾸리려는 사람도 있지요.

아네트   그렇습니다. 그래도 전 배우자가 아이들을 만나러 오지 못하게 새 파트너 쪽에서 압박하는 것은 거의 보지 못했어요. 적어도 저희 이니셔티브에서는 그런 경우가 없었죠. 오히려 반대로 "아이와 제가 시간을 보낸 후에는 아이의 새아빠까지 모두 함께 식사하고 갑니다"라고 말하는 아빠도 있었어요. 이렇게 '두 아빠'와 보내는 경험은 아이에게도 물론 아주 좋습니다. 가끔 엄마가 "이제 이분이 새로운 '아빠'니까, 아빠라고 부르렴" 하면서 새 파트너를 소개하기도 해요. 그러면 아이의 생물학적 아빠는 당연히 아주 곤란해지고 '이제 내가 물러나야 하나? 내가 나타나지 않는 게 아이에게 더 좋은 건 아닐까?'라고 생각할 수도 있습니다. 모든 사람이 정말 힘겹게 새로운 길을 찾아나가고, 어떻게 행동해야 할지 몰라 불안해하고, 변화에 어떻게 대처할지 계속 고민합니다.

사브리나 저도 제가 낳은 아이 말고 파트너가 데려온 아이가 둘 있는데, 이 아이들을 '선물받은 아이들'이라고 불러요. '의붓자식'이나 '계모'라는 말을 들으면 마음이 조금 쓰라리죠. 이런 호칭에 대한 제안이 있으신가요?

아네트 저희는 생물학적 부모를 주로 '마음아빠'나 '마음엄마'라고 불러요. 생물학적 부모는 아이를 태어날 수 있도록 한 사람이에요. 그러니 서로가 마음으로 연결된 것도 당연하지요. 또 이 말은 부모에게도 '부모가 아이에게 준 가장 큰 선물은 이 세상을 살아가도록 낳아준 것이며, 마음으로 연결되어 있다'라는 인상을 줍니다. 그러니 새아빠나 새엄마와 경쟁할 필요도 없고, 아이에게 얼마나 잘하는지를 애써 증명해 보일 필요도 없지요.

사브리나 부모들에게 바라는 점이 있으신가요?

아네트 가족관계를 교육하는 사람으로서 답변드리자면, 항상 아이를 생각하면 좋겠습니다. 그리고 언제나 일관성 있게 행동하고, 자기 내면을 키워나가면 좋겠어요. 예를 들어 '과거에 우리 부모님은 어떠셨지?' 같은 생각을 해보는 거죠. 대화하는 법을 연습하고 '나'를 주어로 하는 '나 전달법'을 사용해보세요. 연습하다 보면 익숙해집니다. 저희는 부모 교육을 할 때 "이혼할 때 아이는 몇 살이었나요?"라는 질문으로 시작해요. 두 번째 질문은 "어렸을 때 가장 처음 이별을 경험한 것은 언제였나요?"입니다. 그러면 "저희 부모님은 이혼하지 않으셨어요"라는 대답도 있지만, 꼭 부모의 이혼이 아니더라도 분명 이별을 경험한 적이 있을 거예요. 가끔은 잊고 있던 기억이 갑자기 떠오를 때도 있습니다. 그러면 그 기억을 잘 살펴보고, 전문가의 도움이 필요하다는 것도 알게 되지요. 우리는 네 살배기 아들을 보며 자기 내면의 아이도 함께 바라봅니다. 아이의 슬픈 눈을 바라보며 '나도 그랬었지'라고 옛 기억을 떠올리게 되지요. 이처럼 해결되지 않은 기억이 있다면 내면의 아이를 통해 그것을 돌아보고 극복해야 합니다. 과거의 기억에서 벗어나는 의식을 치를 수도 있고, 그 기억의 근원이 무엇인지 탐구해볼 수도 있겠죠. 중요한 것은 당시 어렸던 자신에게 무슨 일이 일어났는지 제대로 보는 것입니다.

사브리나 일단 자기 마음을 치유해야 아이들의 마음도 돌볼 수 있다는 거군요.

아네트 네, 그렇죠. 이때 아이들과 너무 떨어져 살아 자주 보지 못하는 슬픔도 받아들여야 해요. 한 달에 한 번 세 시간밖에 못 보는 경우도 있는데, 그러면 1년에 실제로 함께할 시간이 얼마나 되는지 계산해볼 필요가 있어요. 물론 참 마음 아픈 일이지만요. "아이를 한 달에 한 번밖에 못 보는데, 제가 과연 무엇을 해줄 수 있을까요?"라고 묻는 분들이 계세요. 그러면 저희는 "아이를 위해 매일 할 수 있는 일이 있어요. 우선 스스로를 돌보는 겁니다. 아이들에게는 강한 엄마/아빠가 필요하거든요. 밖으로 나가 햇살을 즐기며 춤을 춰보세요, 아이들을 생각하며 추는 거지요. 경제적인 부분도 잘 관리하고, 생활공간에 규칙을 만드시고요. 무언가에 중독됐다면 도움을 받아 정상적인 생활로 돌아가야 합니다." 이 모든 것을 스스로 하기 어렵다면, 다른 사람의 도움을 받을 수도 있어요. 자신을 가꾸고 바르게 사는 것을 부모의 의무로 보는 것도 중요합니다.

사브리나 아이를 한 달에 세 시간만 본다고 말씀하셨는데, 왜 그렇게 짧게 만나게 되나요?

아네트 우선 법원의 명령 때문이지요. 아이를 오랜만에 만나거나 아이가 너무 어린 경우, 대부분 반나절만 만날 수 있습니다. 처음에는 반드시 다른 쪽의 동행하에만 만날 수도 있어요. 그럼 정말 짧은 만남 속에서 조금씩 아이와의 관계를 구축해가려고 노력하게 되지요. 그런 다음 금요일 오후에 세 시간 정도 만나고, 나중에는 토요일 오전에 추가로 세 시간을 더 만날 수 있습니다. 아이와의 만남이 잘 이어질수록, 만나는 시간도 길어집니다. 이런 방식을 취하는 이유는 이것이 아이들에게 가장 유익하면서도 양쪽 부모와 모두 충분한 유대감을 갖는 방법이기 때문입니다. 너무 오랫동안 함께 있으면 아이들은 다시 헤어지는 것에 상실감을 느끼는데 당연히 좋지 않겠죠. 아이가 어릴수록 더 자주 만나야 해요. 이런 만남을 저희는 '엄마 시간'과 '아빠 시간'이라고 부릅니다. '면접교섭'이라는 단어가 거슬려 좀 바꿔본 거지요. 말이 주는 이미지라는 게 있잖아요. 한편 정말 멀리 떨어져 살다 보니 아이들을 만나기 어려운 경우도 있어요. 차로 5시간 거리에 사는데, 일주일에 세 번씩 아이를 보러 간다는 건 보통 어려운 일이 아니죠.

사브리나 그렇게 멀리 떨어져 살면 아이를 계속 만나기 어렵겠네요. 그래도 시도한다는 것이 참 대단해요.

아네트 우리 기관의 도움을 받는 부모들은 한 시간에서 세 시간 정도 보려고 평균 500킬로미터 거리를 이동해요. 그래야 아이들을 만날 수 있거든요. 주말에 아이를 만나기 위해 금요일 저녁에 퇴근하고 바로 이동하거나, 야간 근무를 마친 즉시 운전대를 잡기도 해요. 이때 드는 비용은 아이들을 만나러 가는 비용에 반영되지 않지요. 그러고 나면 다시 일주일을 일하기 위해 재충전할 시간도 없이 완전히 지친 채 월요일에 출근하곤 합니다. 또한, 갈 때는 괜찮지만 올 때는 아이와 다시 작별해야 하고, 이제 4주 뒤에나 볼 수 있다고 생각하면 마음도 무겁지요.

사브리나 보통 아이가 있는 경우는 이혼해도 가능한 가까운 곳에서 살려고 하지요. 본가로 돌아가는 경우 이외에 어떤 이유에서 먼 곳으로 이사하는 건가요?

아네트 이유는 다양해요. 부모 중 한쪽이 가족과 함께한 곳에서 최대한 멀리 떨어져 살기를 원하기도 해요. 한번은 아이 엄마가 2년간 다섯 번이나 다른 도시로 이사하는 바람에 아이 아빠도 숙소를 다섯 번이나 새로 찾아야 했던 경우도 있었죠.

사브리나 계속 도망치려고 하는 것 같네요.

아네트 그래도 일부러 괴롭히려고 그렇게 한 건 아니었어요. 두려움 때문에 원래 살던 곳을 떠나 계속 옮겨 다닌 거죠. 또는 새로운 파트너를 만나 이사하기도 해요. 새로운 사랑에 빠져, 계속 그곳에 남을지 아니면 새로운 사랑을 따라 다른 곳으로 갈지를 결정하는 거죠.

혹은 일 때문에 다른 곳으로 이사할 수밖에 없는 경우도 있고요.

사브리나 이렇게 멀리 떨어져 살다 보니 아이들을 보러 갈 때 비용이 상당한 경우도 있겠네요. 보통 경제적인 이유로 '아빠가 온다' 이니셔티브에 도움을 청하게 되나요?

아네트 우리 단체의 도움을 받는 분들의 직업은 굉장히 다양해요. 건축가나 치과 의사도 있고, 일을 쉬고 있거나 청소년청에서 일하는 분도 있어요. 그 외에도 교사, 음악가 등 거의 모든 직업군을 생각하시면 돼요. 꼭 금전적인 이유에서가 아니라 "호텔비를 낼 수 없는 상황은 아니지만, 호텔에 있으면 너무 외로워요. 호텔에서는 제가 아이 아빠가 아니라 그냥 손님일 뿐이거든요. 그래서 자원봉사자 집에 머물면서 격려를 받고 감정적인 부분에서 도움을 받고 싶어요"라고 하죠. 우리 도움을 받으면서 배우는 점이 많다고 좋아하는 분들이 많아요.

사브리나 중재가 아주 중요한가요?

아네트 중재는 굉장히 중요하고, 큰 도움이 됩니다. 일반적인 갈등 해결방식을 따르는 동시에 추가로 중재를 받는 것이 정말 중요해요. 지금도 이혼 소송비용 지원을 받을 때 보통 변호사 수임료에만 지원금을 쓰고, 중재인에게는 도움을 청하지 않아요. 하지만 이혼한 부모에게 필요한 '양육에서의 협력'을 위해선 반드시 필요하죠. 이혼은 했지만 함께 아이를 양육하기 위해서는 부부로 사는 것과 부모로 사는 것을 구분하는 법을 배워야 하는데, 이때 중재가 도움이 됩니다. 요즘 저희는 독일 전역에서 중재인을 찾고 있고, 어떻게 하면 전국적으로 서비스를 제공할 수 있을지 고민하고 있습니다. 부모가 항상 같은 지역에 사는 건 아니라서, 아마 화상회의 식으로도 가능할 것 같아요. 중재는 이혼한 부부가 조화롭게 살아가는 데 도움을 준다는 점에서 정말 중요합니다. 이런 점에서 전국적으로 많은 분이 중재인의 도움을 수월하게 받을 수 있도록 좋은 아이디어가 있는 분들과 만나고 싶습니다.

사브리나 도움을 주실 분이 분명 계실 겁니다. 오늘 인터뷰 감사합니다.

이본 볼로쉰Yvonne Woloschyn은 수년 전부터 '선물받은' 아이들을 포함한 다섯 아이와 함께 살며, 제1차 패치워크 가족 총회를 창시했습니다. 패치워크 가정의 엄마로서 도움받고 싶었기에 다양한 전문가를 찾아 패치워크 가정의 생활을 더 편하고 조화롭게 만드는 방법을 알아보려 한 것입니다. 이 노력의 하나로 제1차 패치워크 가족 총회가 개최되었습니다. 온라인으로 개최된 총회에서는 각계 전문가들과의 화상 인터뷰가 이루어졌는데, 이후 이 인터뷰는 하루에 하나씩 무료로 배포되었고 나중에 '총회 패키지'로 판매되었습니다.[8] 저도 인터뷰에 참여했고, 다른 분의 인터뷰도 몇 개 보았지요. 특히 총회가 정말 다양한 분야를 망라하고 있다는 점이 인상적이었습니다. 이 총회에서는 심리학자 슈테파니 슈탈Stefanie Stahl, 뇌과학자 게랄드 휘터Gerald Hüther, 교육 전문가 카티아 잘프랑크Katia Saalfrank, 교육 전문가 얀 우베 로게Jan-Uwe Rogge 등 32명의 전문가와 진행한 33개의 인터뷰를 통해 패치워크 가정이 함께 살아가는 데 보다 유익한 팁을 제공했습니다.

이에 대해 이본 볼로쉰은 심리학, 가족 심리치료, 법률, 코칭, 상담, 실제 패치워크 가정의 부모 등 각계 전문가들이 유용한 팁을 제공하고 있다고 설명합니다. 또한, 패치워크 가족 총회에서는 다음과 같은 질문에 답을 찾을 수 있다고 말했습니다.

- 어떻게 하면 파트너의 아이들과 함께 어울려 잘 살아갈 수 있을까?
- 어떻게 하면 모든 사람을 만족시키려는 강박에서 벗어날 수 있을까?
- 계속 반복되는 갈등에 어떻게 대처해야 할까?
- 패치워크 가정에서 살면서 파트너와의 사랑을 유지하려면 어떻게 해야 할까?
- 어떻게 하면 죄책감에서 벗어날 수 있을까?
- 어떻게 하면 우리 가족이 평화롭고 조화롭게 잘 살 수 있을까?

패치워크 가족 총회를 통해 다음 상황에 놓인 부모들이 도움받을 수 있습니다.

- 패치워크 가정의 엄마/아빠로서 내 역할을 정확히 모른다.
- 파트너와 아이들 문제로 갈등을 겪고 있다.
- 나를 거부하는 아이들에게 다가갈 방법을 알고 싶다.
- 전 배우자와 분쟁을 겪고 있다.
- 가족 내에서 강한 사람으로 보이고 싶다.
- 행복한 패치워크 가정을 꾸려나갈 방법을 찾고 있다.

이혼 후, 부모, 가족, 친구, 동료에게 쓰는 편지

우리 곁에는 가깝게 지내면서 우리의 행복을 중요하게 생각하는 가족, 친구, 동료들이 있습니다. 하지만 이렇게 친하고 가까운 사이에서도 생각과 경험, 사고방식은 각자 다르지요. 서로가 다른 이유는 다양하지만, 그들의 말은 우리를 지지해줄 수도 있고 휘두를 수도 있어요.

주변 사람들이 어떤 조언을 하는지 잘 인식하는 것도 중요합니다. 그 조언을 아무 생각 없이 따르기 때문이 아니라, 항상 같은 이야기를 계속 듣다 보면 그 말이 무의식적으로 영향을 미치기 때문이죠. 어떻게 해야 할지 모르겠다면 주변 사람들이 어떻게 하는지 살펴보세요. 주변에 어떤 사람들이 있는지에 따라 그 행동을 따라 했을 때 마음이 치유되거나 편안해질 수도 있고, 또 그렇지 않을 수도 있겠죠.

주변 사람들의 영향을 최대한 유익하고 도움 되는 방향으로 활용하기 위해서는 우리도 자기 의견을 분명히 이야기할 필요가 있어요. 처음부터 잘 말하지 못했어도, 늦은 때란 절대 없습니다.

이번 장에서는 주변 사람들에게 쓰는 편지에 대한 아이디어와 제안을 실었습니다. 왜 '편지'라는 수단을 택했을까요? 물론 말로도 할 수 있고 그게 가장 좋겠지만, 말로 하기 어려운 때도 있고, 또 글로 썼을 때만 나오는 다른 효과가 있거든요. 자기가 쓴 글을 읽으면서 상대에게 어떤 이야기를 하고 무엇을 원하는지를 확실히 알아갈 수도 있습니다.

이 편지들은 여러분이 내용을 참고하고 아이디어를 얻을 수 있도록 제시하는 것뿐이니 실제로 편지를 쓸 때는 여러분의 상황에 맞춰 자기 생각을 쓰기를 바랍니다.

사랑하는 부모님께

저희가 부부로서는 헤어졌지만, 가족으로서 헤어진 것은 아니라는 걸 알고 계시죠. 저희는 앞으로도 아이의 원가족이고 또 좋은 부모가 되고 싶어요. 그러기 위해서는 부모님 도움이 필요합니다. 누구 한쪽의 편을 들지 말아주세요. 서로 편 가를 필요가 없는 일이거든요. 가끔 제 행동이 지나칠 때도 있고, 또 가끔은 남편 행동이 지나칠 때도 있을 거예요. 하지만 저희는 이제부터 함께하는 시간을 어떻게 만들어갈지, 계속 연습하며 배워가고 있어요. 서로의 감정을 이해하면서도 감정에 휩쓸리지 않도록 노력하고 있고요.

아이들이 저희 둘 중 한 사람, 그리고 할머니, 할아버지와 만나지 못하는 상황은 바라지 않아요. 그리고 부모님께서도 저희 두 사람을 모두 잘 대해주셨으면 좋겠어요. 저희는 '누구의 잘못인지' 따지지 않습니다. 함께 이 관계를 시작했고, 이제는 부부생활을 끝내려는 것뿐이에요. 말씀드렸듯 가족관계를 끝내려는 건 아니에요.

저희 사이의 문제는 어른들끼리만 해결하고 싶어요. 물론 아이들도 자기 생각을 이야기할 수 있지만, 부모님께서도 아이들 앞에서 혹여나 저희 두 사람의 편을 가르는 이야기를 하지 않도록 주의해주셨으면 좋겠어요.

서운한 점이 있으면 꼭 직접 말씀해주세요. 문제가 있다는 것을 알아야 그 문제를 해결할 수 있고, 말씀하시지 않으면 눈치채지 못할 수도 있거든요. 부모님의 의견을 수용하겠지만, 결국에는 저희가 옳다고 생각하는 방식으로 살 거라는 사실을 이해해주시리라 믿어요. 저희 행동이 틀린 것처럼 보일 수도 있겠지만, 모든 사람이 같은 결정을 내리는 건 아니잖아요. 이미 말했듯이 저희가 뭔가 놓치고 있는 것 같으면 말씀해주세요. 그렇지만 저희가 부모님 생각과 다르게 행동하더라도 그냥 받아들여주세요. 그렇다고 저희가 무시하거나 안 듣는 건 아니니까요.

부모님이 계셔서 정말 기쁘고, 저희가 가는 길을 함께해주시는 것에 감사드려요. 자식이 흔들리고 힘겨워하는 모습을 보기란 쉽지 않다는 것을 저희도 잘 알아요. 그래서 이렇게 저희를 지지해주시는 것에 정말 진심으로 감사하고 있어요.

저희를 도와주시는 것처럼 저희도 함께 문제를 잘 해결해 나갈게요.

감사합니다.

사랑하는 ○○에게

엄마 아빠는 너희를 사랑한단다. 지금은 힘든 상황이지만, 우리는 앞으로도 계속 한 가족이야. 많은 상황이 벌어져서 미안해. 다시 모든 게 분명하고 편안해질 수 있도록, 엄마 아빠는 최선을 다하고 있다는 사실을 알아주면 좋겠어.
아마 너희도 각자 자기만의 생각이 있을 거야. 원하는 것이 있으면 언제든 편하게 말해주렴. 물론 힘든 점이 있어도 꼭 말해주어야 해.

지금은 우리 모두 익숙하지 않은 시간을 보내고 있지. 엄마 아빠는 너희 마음이 어떤지, 그리고 이 시기를 잘 버텨내기 위해 우리가 어떻게 하면 좋을지 알려주면 좋겠어.

너희 생각을 솔직하게 말한다고 엄마 아빠는 기분 나빠하지 않을 거야. 너희가 우리 문제를 해결하려고 할 필요도 없어. 이건 너희가 할 일이 아니라, 엄마 아빠가 직접 해결해야 하는 일이거든.
엄마 아빠가 '이상한' 행동을 하는 것 같으면 편하게 말해주렴. 함께 그 행동에 관해 이야기하고 해결 방법을 찾아보자.
우리는 너희를 사랑한단다.

엄마와 아빠가

사랑하는 친구들에게

너희가 나를 도와주면 좋겠어. 요즘 나는 정말 힘겨운 시간을 보내고 있고, 가끔 감정적으로 너무 부담스럽기도 해. 상황을 제대로 보지 못할 때도 있어서 너무 지나친 행동을 할까 봐도 걱정돼. 남편과의 별거 기간을 최대한 잘 보내고 싶어. 가끔 내가 흔들려도, 이 목표를 위해 조언과 도움을 주면 고마울 것 같아. 내가 하는 모든 일을 옳다고 하지 않고, 내가 목표를 잊지 않도록 상기시켜줄래?
나는 남편과 함께 부모로서 계속 아이들 곁에 있으면서 세심하게 챙겨줄 거야. 그러면서 서로를 존중하고 사랑을 담아 대하면서, 가끔 상대가 그러지 못하더라도 이해해주는 것이 목표야.

그 과정에서 너희가 응원해주면 좋겠어. 내가 너무 과하게 행동하거나 상대방을 휘두르려고 하면 꼭 알려줘. 이런 부탁을 했다는 것을 스스로 잊지 않도록 가끔 말해줘. 만약 그럼에도 내가 별 반응을 보이지 않더라도, 너희 생각을 말해주는 것은 내겐 정말 소중한 일이라는 것을 꼭 믿어주길 바라. 미리 고맙다고 말하고 싶어. 꼭 내 편을 들거나 내 말이 옳다고 해주지 않아도 괜찮아. 내가 내 생각에만 갇혀 다른 것을 보지 못할 때는 너희가 객관적으로 바라봐주면 좋겠어. 하고 싶은 말이 있으면 꼭 말해줘. 그렇지만 내가 조언을 따르지 않고 스스로 결정하려 한다면, 그 점을 이해해주길 바라.

진심으로 고마워!

이 제목을 읽는 순간 어쩌면 '아니, 이런 편지는 쓰고 싶지 않아요. 회사 사람들이 몰랐으면 좋겠어요'라고 생각할지도 모릅니다. 그렇지만 제 경험상 사람들은 상대가 어떤 상황을 겪고 있는지 알았을 때 훨씬 더 이해심 있는 태도로 반응합니다. 굳이 말하지 않아도 주변 사람들은 당신이 평소와는 다르다는 걸 알아챌 거예요. 그리고 비밀을 만드는 것은 우리에게도 힘든 일이지요. 안 그래도 이혼 때문에 신경 쓸 일이 많은데, 괜찮은 척까지 해야 한다면 두 배로 힘들어집니다.

동료 여러분께

아시다시피 저는 최근에 이혼했어요. 사실 감정적으로 힘들 때가 많아서, 평소와는 다르게 반응할 수도 있다는 점을 이해해주시면 감사하겠습니다. 저희는 잘 헤어졌고 앞으로도 아이의 원가족이자 부모가 되어주려고 해요. 이 과정에서 많은 분의 도움을 받을 수 있어 참 다행으로 생각합니다.

감사합니다.

이 책을 여기까지 읽으셨다면, 아마 아이에게 이런 편지를 받을 일은 없을 거예요. 그렇지만 주변에 있을 수도 있어 실어보았습니다.

사랑하는 엄마, 아빠에게

더 이상 엄마 아빠 사이에서 고민하고 싶지 않아요. 모두를 만족시키는 건 너무 어려워요. 엄마 아빠 모두 제 부모님인데, 가끔 한 분을 선택해야 할 것 같은 기분이 들어요. 그러고 싶지 않아요. 두 분 모두 앞으로도 제 부모님이면 좋겠고, 서로 친절하고 편하게 대하는 모습을 보고 싶어요.
문제가 있으면 제게 말하지 마시고 두 분이 상의하세요. 저도 제 할 일이 있어요.
제가 부모님을 위로하거나 챙겨야 한다는 기분은 느끼고 싶지 않아요. 부모님이 스스로를 챙기지 못해서 제가 그것까지 책임져야 한다는 느낌도 싫고요. 엄마 아빠는 저 말고 다른 데서 도움을 받는 게 좋을 것 같아요. 저는 아직 아이고, 어른들의 일까지 판단할 수 없어요.
그래도 엄마 아빠를 여전히 사랑해요. 이런 제 생각을 받아들여주시면 마음이 편해질 것 같아요.

○○ 드림

1. Molly S. Castelloe: 5 Styles of Family Relating. How well does your family function emotionally?, 2013. 11. 25. https://www.psychologytoday.com/us/blog/the-me-in-we/201311/5-styles-family- relating, 2019. 5. 6 접속

2. Thomas Meyer: Trennt Euch! Ein Essay über inkompatible Beziehungen und deren wohlverdientes Ende, Diogenes, Zürich 2018, p. 76

3. https://www.songtexte.com/songtext/roger-cicero/ich-hab-das-gefuhl-fur-dich-verlorn-73d8a6a9.html의 표현을 약간 수정함, 2019. 5. 7 접속

4. 예를 들어 "어떻게 말하면 좋을까? 자유롭게 말하는 법 배우기" 등 온라인으로도 제공됨. www.SabrinaFox.com 참조

5. Laura Ewert: "Getrennt ist das neue Zusammen" 참조, taz, 2019. 2. 25 http://www.taz.de/!5573009, 2019. 5. 7 접속

6. 사회 프로젝트에서도 이런 점에서 관점이 달라지고 있습니다. 아동복지센터에서 자원봉사자들은 2~4주간 열정적으로 봉사활동을 하고 아이들을 열심히 돌봅니다. 그런 다음 다시 떠나고, 다른 봉사자들이 오지요. 자원봉사자들은 다른 사람을 위해 무언가 좋은 일을 했다는 기분에 만족감을 느낍니다. 그렇지만 남겨진 사람들은 아이들이 오랫동안 함께한 관계자를 더 좋아한다는 생각에 어쩐지 소외감을 느껴요. 새로운 사람들이 자신과 가깝게 지내다가 갑자기 다시 사라질 때 아이들의 행동방식이 변하는 것으로 밝혀졌습니다. 보통 그 나이 아이들은 낯선 사람에게 잘 다가가지 못하는 경향이 있어요. 그런데 이런 행동이 학습된 아이들은 새로운 사람을 아주 반깁니다. 그 사람에게 무언가(관심, 선물, 스킨십)을 얻으려면 빨리 얻어야 한다고 생각하는 거지요. 왜냐하면 어차피 그 사람은 다시 빨리 떠나버

릴 테니까요. 이것이 아이들이 나중에 장기적인 관계를 만들어가는 데 도움이 될까요? 아마 아닐 겁니다.

7. 이 이니셔티브의 대략적인 내용은 다음과 같습니다. 아네트 하베르트는 부모가 따로 사는 아이들을 위한 부모 방문 프로그램 '아빠가 온다'를 창설했습니다. 이 이니셔티브는 이혼 후 아이와 부모가 멀리 떨어져 사는 경우에 부모와 자녀 간 유대감을 강화하기 위한 프로젝트입니다. '아빠가 온다'는 아이와 멀리 떨어져 사는 부모에게 자원봉사자가 제공하는 숙소를 비롯해 협력 유치원이나 해당 지역 아동센터에서 아이를 만날 수 있는 공간을 제공합니다. 지출 없이도 아이들을 만날 수 있게 하여 자녀 방문의 문턱을 낮춥니다. 또한 부모를 대상으로 자녀 양육 교육을 실시해 부모의 역량을 강화하고, 아이들을 직접 만나는 경우와 멀리 떨어져 사는 경우, 아이들의 행복을 지켜주는 방법을 제시합니다.

8. https://patchworkfamilien-kongress.de

옮긴이_ 김지유

충남대학교 독어독문학과를 졸업하고 한국외국어대학교 통번역대학원 한독과 석사 과정을 수료했다.
대기업과 공공기관에서 통역사로 일했으며, 현재 출판번역 에이전시 유엔제이 소속 전문번역가로
활동하며 좋은 외국 도서를 한국에 소개하고 있다.
옮긴 책으로《우리에게 닥친 기후재앙을 멈추는 법》이 있다.

이별 후의 삶

초판 1쇄 발행일 2023년 5월 10일 | 지은이 사브리나 폭스 | 옮긴이 김지유
펴낸이 김현관 | 펴낸곳 율리시즈 | 책임편집 김미성 | 표지디자인 북디자인 경놈 | 본문디자인 진혜리
종이 세종페이퍼 | 인쇄및 제본 올인피앤비
주소 서울시 양천구 목동중앙서로7길 16-12 102호 | 전화 (02) 2655-0166/0167
팩스 (02) 6499-0230 | E-mail ulyssesbook@naver.com | ISBN 979-11-983008-0-5 03180
등록 2010년 8월 23일 제2010-000046호 | ⓒ 2023 율리시즈

이 책의 본문 중 일부에는 아모레퍼시픽의 아리따글꼴이 사용되었습니다.